高等学校应用型本科创新人才培养计划系列教材
高等学校网络商务与现代物流管理外包专业课改系列教材
教育部产学合作协同育人项目系列教材

物流配送中心规划与运作管理

（第二版）

青岛英谷教育科技股份有限公司
青岛农业大学
编著

西安电子科技大学出版社

内 容 简 介

本书以培养创新型、应用型本科人才为指导思想，结合现代教学理念，注重理论与实践相结合，内容包括物流配送中心概述、物流配送中心规划项目管理、物流配送中心选址、物流配送中心规划实施、物流配送中心设施规划仿真软件、物流配送中心运作管理、物流配送中心设施设备管理、物流配送中心系统方案评估与规划实例等。

针对物流配送中心规划与运作管理的特点，本书将内容分为理论篇与实践篇。理论篇的内容平实易懂，其中包含大量典型的物流企业案例和前沿的物流技术环节，每一章都配有大量课后习题，便于学生掌握。实践篇的内容源于实际工作中经常遇到的问题，能帮助学生加深对理论知识的理解，锻炼学生发现问题、分析问题、解决问题的能力，提升学生的双创实践技能。

本书可作为高等院校物流管理、物流工程、电子商务、供应链管理等相关专业的教材，也可作为企事业单位相关人员自学和培训的参考用书，同时对相关专业的研究生也有一定的参考价值。

图书在版编目(CIP)数据

物流配送中心规划与运作管理 / 青岛英谷教育科技股份有限公司，青岛农业大学编著.
—2 版. —西安：西安电子科技大学出版社，2022.4(2023.1 重印)
ISBN 978-7-5606-6386-9

Ⅰ. ①物…　Ⅱ. ①青…　②青　Ⅲ. ①物流配送中心—经济规划　②物流配送中心—企业管理　Ⅳ. ①F252.24

中国版本图书馆 CIP 数据核字(2022)第 040785 号

策　　划　毛红兵
责任编辑　雷鸿俊
出版发行　西安电子科技大学出版社(西安市太白南路 2 号)
电　　话　(029)88202421　88201467　　邮　　编　710071
网　　址　www.xduph.com　　电子邮箱　xdupfxb001@163.com
经　　销　新华书店
印刷单位　咸阳华盛印务有限责任公司
版　　次　2022 年 4 月第 2 版　2023 年 1 月第 2 次印刷
开　　本　787 毫米×1092 毫米　1/16　印　张　22.5
字　　数　532 千字
印　　数　1001～3000 册
定　　价　59.00 元
ISBN 978-7-5606-6386-9/F
XDUP 6688002-2

高等学校网络商务与现代物流管理外包专业课改系列教材编委会

❖❖❖ 前　　言 ❖❖❖

物流业是融合运输、仓储、货代、信息等产业的复合型服务业，是支撑国民经济发展的基础性、战略性产业。物流配送中心是为了保证货物高效流通而建立的物流综合管理、控制与配送的机构。物流配送中心的合理规划与运作管理，对于推进城市配送体系建设、优化物流配送网络结构、提升物流服务水平、降低物流配送成本等具有重要作用。在2014 年国务院下发的文件《物流业发展中长期规划(2014—2020 年)》、2019 年交通运输部办公厅下发的文件《关于推进乡镇运输服务站建设加快完善农村物流网络节点体系的意见》(交办运〔2018〕181 号)以及 2018—2021 年发布的中央 1 号文件中均明确指出配送及配送中心在物流业发展中具有重要地位。

本书是在 2016 年第一版基础上修订而成的。在此次修订过程中，我们在保持上一版结构基本特征的同时，结合时代的发展做了一些修改、补充和调整。首先，增加了物流配送中心的发展趋势、物流配送中心选址规划、物流配送中心设施设备管理等内容，并对物流配送中心运作的整个流程进行了详细补充；其次，对书中不合时宜的表述进行了调整，结合时代的发展对内容进行了更新；最后，每章根据章节内容增设了关键术语、思维导图、实践作业部分，方便读者进行学习、巩固与掌握。

本书以培养新时代具有“工匠精神”的创新型、应用型物流管理本科人才为目标，以物流配送中心规划与运作管理的基本理论知识为主线，在吸收国内外物流配送中心规划设计的最新理论与实践成果的基础上组织课程内容体系，注重不同学科专业知识在规划设计中的应用，具备较强的实用性。本书是作者根据自身多年的教学经验与仓储物流规划管理实战经验，结合教学所需，以“121”工程创新人才培养的理念为引导，在参考大量文献且与诸多企业实战人士沟通的基础上编写而成的。通过学习本书，学生能够系统掌握物流配送中心规划与运作管理方面的知识和技能，利用所学知识解决物流配送中心规划与运作中遇到的实际问题，培养解决问题的思路，锻炼创新思维与能力。

本书分为理论篇和实践篇。理论篇包括 8 章：第 1 章介绍了配送与物流配送中心的概念、物流配送中心的分类与类型选择、配送及物流配送中心的产生与发展等内容；第 2 章介绍了项目管理的概念与基本工具，项目成功的关键因素，物流配送中心项目规划的原则、步骤及规划建议等内容；第 3 章介绍了物流配送中心选址要考虑的主要因素以及物流配送中心选址的决策步骤、单设施和多设施选址问题相对应的选址方法、物流配送中心选址与布局的各类方法等内容；第 4 章介绍了物流配送中心规划资料收集的方法与种类，基础资料整理与分析的方法与步骤，物流配送中心的作业功能规划、信息系统规划、区域布置规划等内容；第 5 章介绍了 AutoMod、FlexSim、Arena、Extend 等 4 款物流配送中心设施规划仿真软件的基本功能和特点，FlexSim 软件的基本使用方法以及相关的仿真实例操作等内容；第 6 章介绍了物流配送中心运作进行的各项作业、货物编码原则、搬运作业合理化的方法、拣货和补货作业管理、配货作业管理、送货作业管理和线路优化的基本方法等内容；第 7 章介绍了储存设备的功能与分类、各货架的结构特点和使用场合、搬运设备的功能与特点、各搬运设备的性能和使用场合、输送设备的功能与分类、各输送设备的性能与使用场合、站台的类型和形式、各站台设备设施的优缺点等内容；第 8 章介绍了物流配送中心系统方案评估概述、评估方法、物流配送中心规划实例等内容。实践篇包括 8 个实践项目：项目管理工具运用、配送模式选择与分析、基础资料分析、物流配送中心系统规划、车辆调度、配送线路选择与优化、配送服务管理以及物流配送中心总体规划与设计。

本书具有以下特点：

(1) 注重传统经典理论与电子商务条件下物流配送中心规划与运作管理特点的结合。本书在编写过程中非常注重对基本理论的介绍与基本思路的引导，以及这些知识在现实中的应用，希望读者在学习过程中能够灵活掌握。同时，本书还特别注重物流配送中心规划仿真软件使用技能的培养。

(2) 引入了部分项目管理的基本知识和工具。物流配送中心规划过程实际上是一个复杂的项目运作过程。根据实践总结，本书特别介绍了项目管理方面的基本内容和管理工具，有助于规划工作的开展。

(3) 结构与内容上的特色。为了更符合教学要求，本书在结构编排上进行了精心设计，分为理论篇和实践篇。理论篇不是枯燥的概念与理论，而是通过简洁平实的语言，紧密与现实联系，注重学生对内容的理解。每章开始设有学习目标、关键术语、思维导图，让学生在学习过程中做到有的放矢。书中的视频拓展部分是在基本知识点的基础上对描述问题的引申理解，以启发学生思路。实践篇既有对知识的巩固，又有对知识的延伸应用，且注重工作实践中问题的展现，能够在很大程度上锻炼学生分析问题、思考问题和解决问题的能力。

(4) 突出系统性。一方面，本书的内容组织从系统的角度考虑，涵盖了物流配送中心规划与运作的多方面内容，有助于学生从整体上把握所学知识；另一方面，本书强调系统性思维和工作方法在物流配送中心规划与运作管理中的应用，希望能够帮助学生解决其日后工作中的实际问题。

(5) 突出前沿性。本书在编写过程中注重物流前沿技术的应用，引入了规划仿真软件、智慧配送、无人配送中心、自动导引车(Automated Guided Vehicle，AGV)、自动化立体仓库货架等自动化、数字化的前沿技术等内容，使本书的内容与时代接轨。

(6) 突出“121 工程”人才培养的理念。我们始终把培养高级创新型、应用型本科人才的理念贯穿于本书的编写过程中，注重理论与实践相结合。

本书由青岛农业大学王宏智老师担任主编，负责全书的编写、统稿工作。感谢青岛英谷教育科技股份有限公司的孟洁老师、青岛农业大学 2020 级研究生张新鑫和张霞飞为本书的统稿、编校所做的工作。同时，感谢青岛英谷教育科技股份有限公司王莉莉、金成学、于志军、孙昕等老师对本书提出修改意见。在编写本书期间，作者还得到了各合作院校专家及一线教师的大力支持与协作。在此，衷心感谢每一位老师与同事为本书所付出的努力。

在编写本书的过程中，作者参考了大量的书籍和资料，在此向相关作者表示衷心的感谢。有些资料由于疏忽没有注明出处，作者如有发现请联系我们，我们将予以补充。另外，十分感谢诸多企业管理人员和专家对本书提出的建议和意见。

由于水平有限，书中难免有不足之处，欢迎大家批评指正！读者在阅读过程中如发现问题，可以通过电子邮箱(yinggu@121ugrow.com)发给我们，以帮助我们再版时进一步完善本书。

本书编委会
2022 年 1 月

❖❖❖ 目　　录 ❖❖❖

理　论　篇

实 践 篇

理论篇

第1章　物流配送中心概述

学习目标

掌握物流配送中心的概念和作用；明确物流配送中心的形成原因；了解国外和国内物流配送中心的产生和发展历程及特点；掌握物流配送中心的分类与类型选择的主要内容；了解物流配送中心的发展趋势。

关键术语

物流配送中心　仓储中心　物流节点　转运型节点　储存型节点　流通型节点　综合型节点　物流园区　货运服务型　生产服务型　商贸服务型　综合服务型　物流信息服务　信息化管理水平　自动化物流配送中心　配送线路　储存型配送中心　流通型配送中心　流通加工型配送中心　智慧配送　无人化配送中心

思维导图

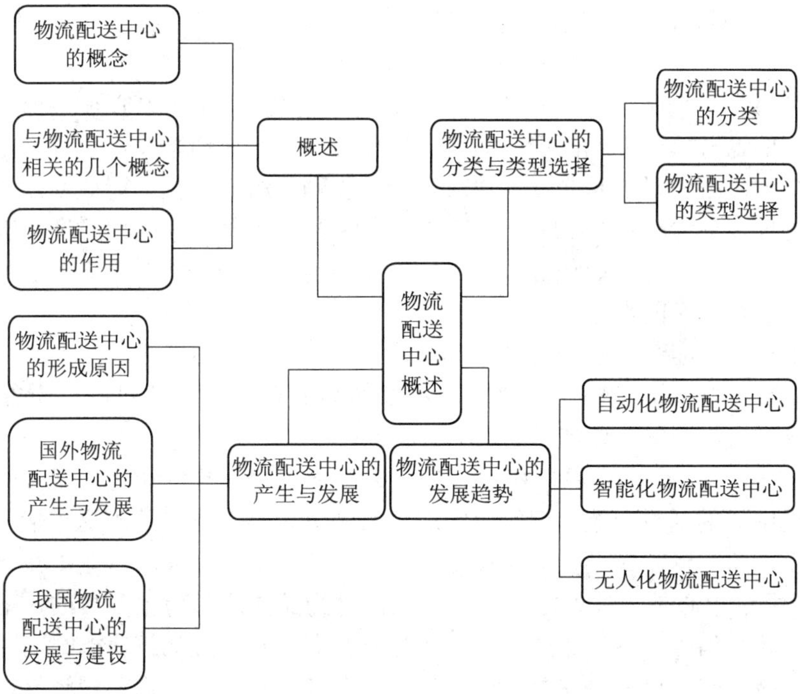

1.1 概述

根据中华人民共和国国家标准《物流术语》(GB/T 18354—2021)的解释：配送(Distribution)是指在经济合理区域范围内，根据客户要求，对物品进行拣选、加工、包装、分割、组配等作业，并按时送达指定地点的物流活动。而物流配送中心(Distribution Center)是指从事配送业务且具有完善信息网络的场所或组织，其能够大规模集结、吞吐货物，具备储存、保管、分拣、搬运、装卸、运输、配载、加工、信息传递、结算等主要功能及一系列的相关延伸功能。

本书中对物流中心、配送中心不再进行严格区分，而统称为物流配送中心。深刻理解物流配送中心的概念与内涵对于物流配送中心的规划有着重要的作用，本节将分别介绍物流配送中心的概念、与物流配送中心相关的概念及物流配送中心的作用三个方面的内容。

1.1.1 物流配送中心的概念

不同国家学者对物流配送中心的概念存在多种理解。王之泰先生在《物流学》中将其定义为："配送中心是从事货物配备(集货、加工、分货、拣选、配货)和组织对用户的送货，以高水平实现销售或供应的现代流通设施。"我国国家标准《物流术语》(GB/T 18354—2021)中把物流配送中心的概念定义为"从事配送业务且具有完善信息网络的场所或组织"，并认为其应基本符合下列要求：主要为特定客户或末端客户提供服务，配送功能健全，辐射范围小，多品种、小批量、多批次、短周期，主要为末端客户提供配送服务。

日本《市场用语词典》中对物流配送中心的理解是："配送中心是一种物流节点，它不以储藏仓库的这种单一形式出现，而是发挥配送职能的流通仓库，也称作基地、据点或流通中心。配送中心的目的是降低运输成本，减少销售机会的损失。"《物流手册》对物流配送中心的定义是："配送中心是从供应者手中接受多种大量的货物，进行倒装、分类、保管、流通加工和情报处理等作业，然后按照众多需要者的订货要求备齐货物，以令人满意的服务水平进行配送的设施。"

梳理上面对物流配送中心的定义，可以总结出以下几个要点：

(1) 物流配送中心是一种物流节点，不以物品的存储为主要目的，重在发挥流通职能，以"货物配备"为其主要特色。

(2) 物流配送中心为客户提供配送服务，突出配送的效益性和客户服务的满意性。送货是物流配送中心的基本职能，但物流配送中心不一定要有自己的配送车辆，也可以利用社会上运输企业的车辆完成送货，重在低成本、高效率、高服务水平地实施配送服务。

(3) 物流配送中心是一种设施，该设施以促进物品的流通为主要目的，配备一定的现代装备和工艺，不但处理商流还处理物流，是兼有商流和物流全部功能的流通设施。

当前，一些比较先进的物流配送中心其配送业务流程都由网络系统连接，当系统的任何一个神经末端收到一条需求信息时，该系统都可以在极短的时间内做出反应，并可以拟订详细的配送计划，通知各环节开始工作，因此物流配送中心信息化运作的特点十分明显。

视频：DIAGEO 配送中心

结合上述配送中心的知识，观看教学视频，进一步了解配送中心的特点。

1.1.2　与物流配送中心相关的几个概念

下面介绍与物流配送中心相关的几个概念。

1. 物流节点

节点是一个抽象并且应用很广泛的概念，通俗地说，就是某个大环境中的一个点或者一段，如某条高速公路上的收费站。物品在从生产厂家向消费者手中实体流动的过程中，能够直接到达仅是一种理想情况，大多数情况下需要多个中转程序才能够完成，而每一个中转点就可以称为一个物流节点(Logistics Node)。

物流节点是指物流网络中连接物流线路的联结之处。广义的物流节点是指所有进行物资中转、集散和储运的节点，包括港口、空港、火车货运站、公路枢纽、大型公共仓库、现代物流(配送)中心及物流园区等；狭义的物流节点仅指现代物流意义的物流配送中心、物流园区和配送网点及仓储中心等。由此可见，物流活动实际上就是物品在线路与节点间的流动。在线路上主要进行运输方面的活动，在节点上主要进行包装、装卸、保管、配货、流通加工等方面的活动。物流活动中离开了物流节点的支持，物流系统必然无法正常运转，可见物流节点在整个物流系统中处于非常重要的地位。

1) 物流节点的分类

目前我国各种类型的物流节点处于发展期，在功能、作用、结构等方面尚在探索过程中，没有一个统一的分类规则。物流节点依据主要功能可以分为以下几类：

(1) 转运型节点：主要职能是连接不同的运输方式，如铁路运输线上的货站，不同运输方式间的转运站、港口、码头、空港等都属于此类节点。这类节点在运输线路上以转运为主，重点在于衔接货物的快速流通，因此货物在此类节点上停留的时间一般较短，进出货物较频繁。

(2) 储存型节点：主要职能是储存货物，如以存储经营为主的仓库、国家储备粮仓、货栈等都属于此类节点。因为这类节点在运输线路上以存储为主，重点在于调节供需之间的时间差，所以货物在类节点上停留的时间一般比较长，进出货物不是很频繁。从发达国家仓库的发展历程来看，尽管储存型节点逐渐向流通型节点转化，但不可否认，这种类型的节点还是不可或缺的。

(3) 流通型节点：主要职能是组织货物在物流系统中的流动，如常见的集散中心、流通中心等都属于此类节点。因为这类节点在运输线路上以促进物资的流通为主，重点在于支持高效、准确、经济的物流，所以货物在此类节点上追求物流效益的最大化、成本的最低化，货物的进出按照一定的数据分析或经验控制为主。流通型节点是不同物流节点的重要组成部分，是提高整个物流系统效率和效益的主要因素。

(4) 综合型节点：综合型节点重在综合，即在某节点中实现两种以上主要功能，且节点中的各种功能并非独立完成，而是将若干功能有机结合于一体、具有完善的设施和协调工艺。例如，按服务地域层次划分的城市物流节点、国际物流节点，按经营性质划分的自用型节点、公共型节点，按在供应链中的作用划分的供应型节点、销售型节点等都是综合型节点。综合型节点能够适应物流大量化、复杂化、精准化、快速化的特点，是现代化物流系统中节点未来发展的方向之一。

需要特别指出的是，以上各种类型的物流节点是以其主要功能进行分类的，并不意味着仅有此功能。例如，在经营存储型仓库的企业中往往也设置一定的流通加工区域，满足不同客户的需求，但其以存储职能为主。

2) 物流节点的功能

在物流学形成初期，学者和实业家们都比较侧重于物流基本功能的研究，如运输、存储、包装等。随着物流系统化观念的增强，人们越来越着重于从整体角度来考虑物流系统的协调运转，注重系统效益的价值，因此连接物流系统的物流节点越来越受到人们的重视。现代物流网络中的物流节点对优化整个物流网络起着重要作用，它不仅执行一般的物流职能，而且越来越多地执行指挥调度、信息交流等神经中枢职能，是整个物流网络的灵魂所在。

现代物流节点的主要功能如下：

(1) 衔接功能。不同的物流线路之间要互相打通，必然需要通过一定的媒介，物流节点便具备此功能，将不同线路衔接在一起，形成一个庞大的物流网络。例如，大型货轮从国外进口一批矿石，需通过货车运输到全国各地，这不仅需要大批量的货车，还需要长时间的装卸，因而会导致货轮滞留码头，此时作为矿石临时存储地的码头仓库就起到了关键的作用，高效率地打通了海运到陆运的通道。物流节点的衔接功能主要通过以下方法实现：通过转换运输衔接不同运输手段，通过加工衔接干线物流及配送物流，通过储存衔接不同时间的供应物流和需求物流，通过使用集装设备及整合信息衔接并优化客户需求。

(2) 信息功能。现代物流一个主要的特征就是对信息的整合利用。在现代物流系统中，每一个节点都是物流信息的一个点，若干个这种类型的信息点和物流系统的信息中心结合起来，便成了指挥、管理、调度整个物流系统的信息网络。通过信息的共享与交流达到将不同物流单元连接成一个整体的目的，从而实现资源的最优配置。阿里巴巴与众多股东打造的“菜鸟网络”，很大程度上就是对各物流节点信息的整合与利用。

(3) 管理功能。实际上，物流节点大都是集管理、指挥、调度、信息、衔接及货物处理为一体的物流综合设施。整个物流系统能够有序化、正常化运转，其效率和水平的高低取决于物流节点管理职能的实现情况。

2. 仓储中心

仓储中心从功能上看就是仓库。“仓”是存放物品的建筑物和场地，具有存放和保护物品的功能；“储”表示收存以备使用，具有收存、保管、交付使用的意思；仓储，即为利用仓库存放、储存未即时使用的物品。仓储中心也同样具有集货、分货、送货功能，但以储存功能为主，目的在于对生产、销售、供给等活动进行调节。

仓储中心的作业具有以下几个主要特点：

(1) 作业过程不连续。作业过程中不乏出现货物越库直拨的情况，但大多情况下是货物先验收入库，后在库内停留一段时间。货物的流动属于间接性的。

(2) 作业量不均衡。月度甚至每天的作业量都存在一定的波动，有时可能会波动比较大。例如，由入库量与出库量的差异或者时间上的不确定性等因素造成作业量不均衡的情况。

(3) 作业对象复杂。专用型的仓库其作业对象都是固定的；其他类型的仓库则大部分作业对象是多种多样的，不同对象的作业条件和方法可能存在比较大的差异，作业情况复杂。

(4) 作业范围广泛。虽然大部分仓库作业环节是在仓库内部完成的，但也存在去车站提货、去货运公司提货、提供配送作业等情况，配送范围很广，根据客户的要求而定，作业的外在范围相当广泛。

传统意义上对仓储中心的理解是以货物储存为主，储存货物的量较大，品种不多，储存时间较长，保管条件较好，强调物资“存”的职能，弱化物资“流通”的职能。但随着经济的发展及社会生产生活方式的改变，仓储中心“存”的职能逐渐弱化，“流通”的职能逐渐增强，仓储增值服务越来越多。

3. 物流园区

《物流术语》(GB/T 18354—2021)中对物流园区(Logistics Park)的定义是：“为了实现物流设施集约化和物流运作共同化，或者出于城市物流设施空间布局合理化的目的而在城市周边等区域，集中建设的物流设施群与众多物流业者在地域上的物理集结地。”

1) 物流园区的类型

根据物流园区的依托对象来划分，可以把物流园区分为以下几类：

(1) 货运服务型。该类型物流园区以提供货运服务为主，应符合以下要求：依托空运、海运或陆运枢纽而建，至少有两种不同的运输形式衔接；提供大批量货物转换的配套设施，实现不同运输形式的有效衔接；主要服务于国际性或区域性物流运输及转换。其中，空港物流园区依托机场，以空运、快运为主，衔接航空与公路转运；海港物流园区依托港口，衔接海运与内河、铁路、公路转运；陆港物流园区依托公路或铁路枢纽，以公路干线运输为主，衔接公路、铁路转运。

(2) 生产服务型。该类型物流园区以服务于生产为主，应符合以下要求：依托经济开发区、高新技术园区等制造产业园区而建；提供制造型企业一体化物流服务；主要服务于生产制造业物料供应与产品销售。

(3) 商贸服务型。该类型物流园区以服务于商贸企业为主，应符合以下要求：依托各类大型商品贸易现货市场、专业市场而建，为商贸市场服务；提供商品的集散、运输、配送、仓储、信息处理、流通加工等物流服务；主要服务于商贸流通业的商品集散。

(4) 综合服务型。该类型物流园区以提供综合性的物流服务为主，应符合以下要求：依托城市配送、生产制造业、商贸流通业等多元对象而建；位于城市交通运输主要节点，提供综合物流服务；主要服务于城市配送与区域运输。

另外，根据经营主体的不同，可以把物流园区分为政府主导型物流园区和市场主导型物流园区；根据功能定位的不同，可以分为综合化物流园区和专业化物流园区。

2) 物流园区的功能

不同的物流园区在功能上会存在一些差别，一般是根据对市场的预测和主要客户的需求来确定，但主要功能应该包含以下几个方面：

(1) 全面的物流服务。充分利用园区内的各种物流基础设施，提供多种物流服务，完成各种物流作业功能，如系统化处理进货、装卸、验货、存储、订单处理、分拣、配送等作业内容，注意不同作业内容间的衔接与转化；借助已有的信息优势和专业化优势，为园区内各类企业提供物流增值服务，整合园区的所有物流资源等。

(2) 集约互补功能。园区的仓储设施具备一定的规模效应，能够充分利用各种现代化的设备和先进的仓库管理方法实现规模作业，从而降低仓储成本，提升仓储管理效率，进而追求物流总成本的最小化。要千方百计把本企业的专业特色显示出来，把本企业的专业运作成本降下来，把规范服务提上去，以此来增强企业的市场竞争能力。非本企业专长的业务，其运作成本肯定比专业公司高，应该转让给专业公司去做，以实现优势互补，形成集合优势。例如，做仓储的不做运输，跑长途的不做市内配送。此外，园区在技术、设备、规模管理上也应该有非常强的集约功能。

(3) 提供物流信息服务。现代化的物流园区一般建有自己的物流信息平台，该平台与社会公用信息网及大型企业内联网进行联网，使园区成为信息汇集地，并实现高效处理信息的功能；同时，利用现代化的通信技术，提高物流系统的管理效率。例如，通过信息平台发布各种物流信息；在园区的运输车辆上搭载 GPS 定位设备，实现对车辆的定位跟踪，更加高效地调度车辆。

(4) 多式联运。其主要表现在要实现公路、铁路、河运、海运等多种不同运输形式的有效衔接。作为综合特点非常强的物流园区，其应该是各种不同物流线路的公共交汇点、一体化的一种节点。在这里可以采用最先进的技术、最好的管理办法，来实现铁路、公路、水运、空运等运输形式的有效转换。

(5) 车辆停放。园区内既可以规划出企业自有车辆的停放处，也可以规划出园区客户的车辆停放处，还可以为外来车辆提供便利的停车场所。

(6) 辅助服务。园区可通过政府管理部门、行业管理部门和配套服务企业，如工商、税务、运输管理、金融、保险、维修企业等单位的入驻，为物流行业提供全方位的配套服务。例如，协助进行商品的仓储检验和报关、代理征税；开设货物运输紧急救援系统；利用信息技术，协助进行货物跟踪；通过仲裁系统，帮助交易双方处理纠纷等。另外，物流园区可以通过提供物流教育培训、结算、需求预测、物流系统设计咨询等功能，在提高全社会物流效率的同时，加快实现园区的经营目标。

4. 概念的比较分析

上面对物流范围内的几个概念进行了介绍，包括物流节点、仓储中心、物流园区等。下面对这几个概念进行比较，以分清其相同点和不同点，如表 1-1 所示。

表 1-1　物流相关概念比较

名称	规　模	功　能	供应链位置	存货品种与周期	作业特点	服务范围	服务客户类型	经营性质
仓储中心	规模较大	以储存为主要功能，“去仓储化”趋势明显，向配送中心、物流中心过渡	中游	品种较多，存货周期较长	整进整出等，大批量、少批次	范围较大	一般承接厂商的大规模存货	独立的企业，提供社会化物流服务
物流配送中心	规模依据配送的要求而定	以组织或供应、执行实物配送为主，既有集货又有分货功能，同时还具备流通加工职能，有保管养护功能	下游	品种较多，存货周期较短	多品种、小批量、多批次	20 ～ 300 km	终端客户或零售店等，一般为公司内部服务	通常是独立企业，为其他企业服务
物流园区	规模更大	集物流、商流、资金流、信息流一体	中游	多品种、多批次、多客户	依据入驻园区的客户运作特点而定	范围更大	依据园区的功能定位进行招商，含多家物流或配送企业	租赁
物流节点	以上都可以称为物流节点							

1.1.3　物流配送中心的作用

物流配送中心的存在，在货物交易与流通、地区经济发展、专业化物流服务及支持电子商务活动等方面起到了积极的作用。

(1) 减少交易次数和流通环节。物流配送中心将原来厂商与众多客户的业务联系转变为厂商与几个物流配送中心间的业务联系，因为物流配送中心的业务量一般比较大，从而大大减少了交易次数；物流配送中心的调节可以使众多客户的库存及物流配送中心的库存都能够达到优化配置；通过物流配送中心的成组、成批直达运输和集中储运，有利于降低物流系统成本，提高物流系统效率。

(2) 促进地区经济的快速增长。物流配送中心类似于交通运输设施，是经济发展的保障、吸引投资的环境条件之一，也是拉动经济增长的内部因素。物流配送中心的建设可以从多方面带动经济的健康发展。

(3) 提供优质的物流服务。物流配送中心提供的物流服务主要体现在保管、包装、加工、配送、信息等诸多方面。现代物流活动的复杂性，在运输方式、地理气候、物资性质等方面的多样性，也要求必须建立物流配送中心，才能够提供更专业、优质的服务。

(4) 为电子商务活动提供物质技术基础。现代社会电子商务的飞速发展，必须借助货品配送才能够将物品送达客户手中，而实施配送活动的基础就是物流配送中心的支持。物流配送中心的存在为电子商务的发展提供了必要的物质技术支持。通过发挥物流配送中心聚集与分拨的作用，保证了电子商务活动的顺利开展。

1.2　物流配送中心的产生与发展

物流配送中心是物流配送网络的枢纽，也是流通企业实施供应链管理的重要设施之一。当前普遍的观点认为，物流配送中心是以仓库为基础发展而来的。第二次世界大战之后，为了满足日益增长的物资需求，西方工业发达国家逐步发展了物流配送中心，加速库存物资的周转。

1.2.1 物流配送中心的形成原因

在国际上，仓库可以分为两大类：一类是以长期储藏为主要功能的保管仓库，另一类是以货物流通为主要功能的流通仓库。流通仓库的主要特点在于仓库中保管的货物停留时间较短，经常处于运动状态，较频繁地进出仓库。这种仓库的进一步发展使得仓库和联结仓库的流通渠道形成了一个整体，这一整体对整个物流渠道起着调节作用，因此被称为物流中心、流通中心等。

随着配送业务的兴起，社会经济的发展，物流过程被进一步细分，仓库职能逐渐向多元化发展，再加上市场经济体制造就的普遍买方市场环境，卖方通过优质的服务争夺用户，企业出现“营销重心下移”“贴近顾客”的营销战略，所谓的“末端物流”受到了空前的重视。物流配送中心就是适应这种新的经济环境，在仓库不断进化和演变过程中出现的创新型物流设施。

1.2.2 国外物流配送中心的产生与发展

物流配送中心兴于第二次世界大战后的发达国家，由于传统仓库已经无法满足当时物流发展需求，物流配送中心在原有仓库的基础上发展而来。物流配送中心随着经济的发展而发展，美国、日本以及欧盟主要成员国是物流配送中心发展良好的典型，其发展特点有许多相似之处。本节以这些国家物流配送中心在发展过程中表现出的实际形式，介绍国外物流配送中心的产生与发展。

1. 美国物流配送中心的产生与发展

从 20 世纪 60 年代起，货物配送的合理化就在美国受到普遍的重视，他们认为：当生产领域提高劳动生产率的潜力被挖尽后，对流通领域商品流量的调整将是企业利润的主要来源。为了向流通领域要效益，美国企业采取了一系列的措施，包括：将老式的仓库改为物流配送中心；引进计算机管理网络对装卸、搬运、保管等作业环节实行标准化操作；连锁店共同组建配送中心，促进连锁店效益的增长等。

1) 连锁经营企业的物流配送中心

美国典型连锁经营企业的物流配送中心主要有三种类型，即零售型、批发型和仓储型，各自特色十分明显。

(1) 零售型物流配送中心。该类配送中心以沃尔玛公司的配送中心为典型代表，由沃尔玛公司投资建立，经营本企业的配送业务。配送中心内采用先进的信息技术为其高效的配送系统提供服务，确保各店的稳健经营，同时实现了总体物流成本、库存成本等指标的降低。

(2) 批发型物流配送中心。该类配送中心以美国加州食品配送中心为典型代表，中心依靠计算机系统管理海量商品的配送业务。首先由业务部门通过计算机获取各会员的订货信息，及时向生产商和运输部门发出订货指令；然后生产商和运输部门根据货物指示单的先后顺序、缓急情况安排发货，除配送美国本土的店铺以外，还辐射到其他国家。

(3) 仓储型物流配送中心。该类配送中心以福来明公司的食品配送中心为典型代表，其主要任务是接受独立杂货商联盟的委托业务，为该联盟在该地区的若干家加盟店配送货物。仓储型物流配送中心的特色主要体现在配送中心的内部布局和管理上，如保管商品严格按照生产日期和批次进行先进先出管理，货架上层用于暂存商品，下层用于待出库的商品配送；不同特点的商品进行严格的分区管理，分别采用不同的配货方式；与客户间实行无障碍的信息系统管理等。

2) 美国物流配送中心的特点

美国物流配送中心的发展和运营具备以下几个显著特点：

(1) 信息化管理水平高。WMS(Warehouse Management System，仓库管理系统)、TMS(Transportation Management System，运输管理系统)、GIS(Geographic Information System，地理信息系统)、条形码技术、RFID(Radio Frequency Indentification，无线射频识别)技术、语音拣选技术、自动分拣技术等被广泛应用于物流配送中心的作业中。例如，沃尔玛公司拥有自己发射的商用卫星，实现了全球门店、配送中心的联网。通过全球网络，沃尔玛可以在 1 小时内对全球 4000 多家分店内每种商品的库存、上架以及销量情况全部盘点一遍。

(2) 自动化设备的应用。以信息化管理为依托，美国的物流配送中心将先进的机械设备用于物流作业的多个环节。例如，亚马逊配送中心就采用大量的机器人用于日常作业，但同时也并不一味地追求机械化、自动化，而是在综合评价的基础上，衡量其成本的投入与产出比是否合理。

(3) 配送线路的优化。在美国，一个较大的配送中心往往在国内外拥有几十家分公司，分布于全美及周边国家的交通枢纽、经济中心城市周围，这样就可以利用这些分散的配送中心确定合理的输送线路。

(4) 观念上的变革。美国的一些配送中心将供货方和购货方不仅看作服务对象，而且看作经营伙伴，这种观念上的变革必然带来行为上的变革。

(5) 准时正确的送达服务。美国物流配送中心为客户提供高效率的服务，按照向客户承诺的时间点准时将正确的物品送达。一旦承诺，使命必达，千方百计地满足客户需求。

3) 美国物流配送中心发展的外部条件

美国物流配送中心发展的外部条件主要有以下几个方面：

(1) 美国经济的发展已经达到了一个相当高的水平，市场消费量可观，因而对物流的需求也大，特别是直指“末端物流”的配送服务。

(2) 美国高速公路发达，网络化程度高，已达到 100 km 的高速公路里程。铁路、公路、港口、航空等运输方式交织起来，交通网络四通八达。

(3) 商业零售发展迅速，特别是连锁超市、便利店等的出现，带动了物流的变革。

(4) 经济的腾飞使社会化分工向更细的方向发展，从而使制造商把精力集中于核心竞争力的提升，物流商把精力集中于物流服务的改进。

2. 日本物流配送中心的产生与发展

日本现代城市配送中心也是由传统的仓储运输发展而来的。随着日本国民经济的高速发展，国内消费结构发生了极大的变化，市场竞争日益激烈。从生产角度来看，生产朝着小批量、多品种、新品种方向发展，商品的流通更加频繁；而从消费需求来看，超市连锁店、专卖店、便利店等各种业态应运而生，为商品的流通提供了多样化的渠道，越来越多的厂商、批发商开始重视物流的作用。特别是连锁企业的不断深入发展，对物流配送业务提出了更高的要求，于是物流设施共用、物流配送共同化等趋势得到了迅速的发展。

1) 日本物流配送中心的主要运作类型

(1) 大型商业企业自设的配送中心。该类型的配送中心一般由资金雄厚的大型销售公司或连锁超市公司等投资建设，主要为本系统内部的店铺提供配送服务，同时也发展一部分社会配送业务。例如，建于 1980 年的卡世美中央流通中心(见图 1-1)，占地 5139 m^2，建筑面积 17818 m^2，可为公司内的零售店提供商品配送服务。

图 1-1　卡世美中央流通中心

(2) 批发商投资、小型零售商加盟组建的配送中心。该类型的配送中心以批发商为龙头，与零售商组成加盟模式，实际上就是商品的社会化配送。这是批发商与零售商之间一种“双赢”的合作模式：一方面，零售商的资金少、规模小、运营成本难以降低的问题得以解决；另一方面，批发商也稳定了其客户群，提高了市场占有率，且能充分发挥物流设施的社会效益。例如，批发商 GGG 投资建立了多个为日本小公司和门店服务的配送中心(见图 1-2)，这些小公司为了与大型超市竞争自愿结合起来加盟，不必再建物流设施，而 GGG 在进货和配送方面都可以取得一定的规模效益，双方均能享受到一定的合作成果。

图 1-2　GGG 物流配送中心

(3) 专业提供第三方服务的配送中心。专业的物流企业接受客户委托，为客户提供配送服务。该类型配送中心能够带来更加专业化的物流服务。例如，西友座间物流配送中心(见图 1-3)由西友公司总部投资建造，除了为本系统的店铺配送外，主要配送对象还有便利店。西友总部、座间物流中心、便利店三者之间以合同为约束手段，开展稳定的业务合作。

图 1-3　西友座间物流配送中心

2) 日本物流配送中心的主要运作特点

日本物流配送中心的主要运作特点如下：

(1) 多功能化。为了满足厂商和销售商对物流全过程高效化的要求，日本配送中心具备收货、验货、储存、保养、装卸、配货、流通加工、分拣、发货、配送、结算、信息处理等多种功能，实现了物流一体化。

(2) 系统化。为了达到高效、低成本运营的目标，日本物流配送中心十分重视系统化的设计。一方面，通过数据支持使得各作业环节之间衔接紧密、相互配合，实现整个物流体系均衡协调运行；另一方面，注重对物流流程的过程管理和具体操作的作业管理，始终从全局的有效性考虑，而不仅仅是瞄准一个或几个问题点进行优化。

(3) 规模化。配送是一种规模经济活动，规模经营产生规模效益。日本的物流配送中心力争统一进货、统一配货、统一管理，从而可以享受批量折扣，降低流通费用和社会交易成本，以低于社会平均价格出售商品，获得合理的商业利润而赢得竞争。

(4) 自动化。日本的物流配送中心大量采用由计算机控制的自动拣选配货系统，实现了无纸化操作，提高了商品处理速度，减轻了员工的工作强度，降低了对员工的专业技能要求，提高了作业的准确率和经济效益。

(5) 立体化。日本的城市化程度较高，物流配送中心受地价的影响比较大，为了提高土地的利用率，采用立体化仓库成了大多数企业的首选。日本的立体式仓库都比较高，大都在十五层上下，从第二层起，所有的楼面提供给货主作储存和流通加工用，而底层作为大型分拣作业场。

(6) 集成化。为保证物流活动的高效化，日本的物流配送中心、冷藏冷冻仓库、货物集散中心、办公室、展示厅、会议室等设施通常集中规划，共同使用。而政府在统筹规划、政策扶持等方面起着重要的作用，规模巨大的物流配送中心通常由政府统一规划和开发，分别由企业投资经营，组织多种运输形式，构成一个大型的公共物资流通中心。

(7) 信息化。日本在物流管理体系中广泛地应用信息技术，在各个运营环节普遍实行电子化操作，同时与客户、供应商等经由计算机网络进行信息的交换和处理，因此在库存管理、配送效率、配送准确率等方面都有较高水平。

3. 欧盟主要成员国物流配送中心的产生与发展

欧盟自全球一体化进程加快以来，物流业发展迅速。很多欧盟成员国的物流配送中心的业务活动以运输货物为主，围绕着运输进行货物的配送。

1) 欧盟主要成员国配送中心的类型

(1) 运输业物流配送中心。这类物流配送中心运输能力比较强，可调动的运输设备比较多。但是，并非所有的运输设备都由物流中心自备，有些物流配送中心拥有的运输设备很少，它向客户配送货物或运送货物主要是依靠租用社会上众多运输公司的车辆来完成的。

(2) 零售业物流配送中心。这类物流配送中心既是提供物流服务的组织，同时又隶属于零售公司，是商品销售中心。

(3) 批发业物流配送中心。这类物流配送中心向多家超市和商店配送各种货物，如加工食品、冷冻食品、服装、日用品、建材等，其库存能力强，配送规模大、速度快，各类设施比较完善，适应各种配送需求。例如，芬兰 SESKO 公司中央配送中心是垄断芬兰商品批发和零售的五大集团之一，它把芬兰划分成 13 个区域，按区域配置分店和设立仓库，直接经营的商店有 800 多家，公司的地方仓库储存着 400～2000 种畅销商品。

(4) 汽车制造业物流配送中心。在德、法等国家，随着汽车制造业的不断发展和竞争加剧，汽车配件的供给和需求不断增加，先后建立了许多供应汽车配件的组织，即配件中心。从职能上看，这些配件中心既负责向客户供应和销售汽车配件，也从事货物存储、分拣、配送等物流活动，向客户提供系列化的后勤服务，起着物流配送中心的作用。

2) 欧盟主要成员国配送中心的特点

(1) 配送中心集中化。随着欧洲一体化的进程不断深入，近年来，欧盟各成员国物流业发展呈现进一步集中化的趋势。许多跨国公司形成联盟，将过去分散在各国的多个物流配送中心逐步削减和整合，进一步简化中间环节，加快配送速度，降低总成本，提高物流效益。

(2) 配送中心业务以运输为主。欧盟物流配送中心大多由各国的运输企业发展而来，各种运输企业，不论是陆运、海运还是空运企业，都不同程度地转化成了物流配送中心，实现以运输为主的物流配送活动。

4. 发达国家物流配送中心的特点

尽管发达国家的物流配送中心依国情不同各具特点，但总体来说有相似之处，突出表现在以下几个方面：

(1) 物流配送中心种类繁多。根据性质和行业的不同，物流配送中心大致分为直属运输业的配送中心、批发业配送中心、零售业配送中心和汽车制造业配送中心。

(2) 物流配送中心网点布局合理。日本的配送中心大多选址合理、规模适中，设置在商业中心附近，尽量靠近公路、海港，以便能够迅速调运商品；欧洲各国的配送中心则在欧盟的统一协调下布局。

(3) 物流配送中心硬件设施先进。配送中心大部分拥有半自动化、自动化机械设备，采用计算机控制，物流运转速度很快。

(4) 配送方式和手段先进、科学。例如，采用先进的自动分拣系统和无线通信设备跟踪货品的流转情况，采用卫星定位系统跟踪货品的运输等。

1.2.3　我国物流配送中心的发展与建设

20 世纪 70 年代以前，我国经济研究中几乎没有使用过“物流”一词，70 年代末才从国外引进“物流”的概念，我国正式研究物流发展问题是从 20 世纪 80 年代中期开始的。市场经济体制改革之后，我国开始积极学习借鉴美国、日本等发达国家的经验。经过多方面深入的改革，我国在北京、上海等对外交通便利的港口城市全方位开展配送中心试点工作。之后几年，我国又相继出台了诸多有关商业性物流配送中心阶段性建设的政策性文件，系统地提出了“转换机制、集约经营、完善功能、发展物流、增加实力”的发展方针。

2001 年，国家经贸委、铁道部等联合印发的《关于加快我国现代物流发展的若干意见》中指出，发展现代物流的总体目标是“积极采用先进的物流管理技术和装备，加快建立全国、区域、城镇、企业等多种层次的、符合市场经济规律、与国际通行规则接轨的，物畅其流、快捷准时、经济合理、用户满意的社会化、专业化现代物流服务网络体系”。

2009 年，国务院公布的《物流业调整和振兴规划》中指出：“一些制造企业、商贸企业开始采用现代物流管理理念、方法和技术，实施流程再造和服务外包；传统运输、仓储、货代企业实行功能整合和服务延伸，加快向现代物流企业转型；一批新型的物流企业迅速成长，形成了多种所有制、多种服务模式、多层次的物流企业群体。全社会物流总费用与 GDP 的比率，由 2000 年的 19.4%下降到 2008 年的 18.3%，物流费用成本呈下降趋势，促进了经济运行质量的提高。”

2014 年，国务院公布的《物流业发展中长期规划(2014—2020 年)》中指出：“物流企业资产重组和资源整合步伐进一步加快，形成了一批所有制多元化、服务网络化和管理现代化的物流企业。传统运输业、仓储业加速向现代物流业转型，制造业物流、商贸物流、电子商务物流和国际物流等领域专业化、社会化服务能力显著增强，服务水平不断提升，现代物流服务体系初步建立。”

2020 年 8 月，国家发展改革委会同工业和信息化部、公安部、财政部、自然资源部、交通运输部、农业农村部、商务部、市场监管总局、银保监会、国家铁路局、民航局、国家邮政局、中国国家铁路集团有限公司等 13 个部门和单位联合印发《推动物流业制造业深度融合创新发展实施方案》(发改经贸〔2020〕1315 号，以下简称《实施方案》)。《实施方案》更加突出物流业和制造业的“深度融合”和“创新发展”。其中，“深度融合”体现在物流业与制造业在供应链全链条上的战略合作、相互渗透、共同发展；“创新发展”体现在结合制造企业实际需求不断创新物流管理和服务模式，同时适应物流业创新发展趋势，反过来优化制造业生产流程，发展定制化生产等服务型制造新模式，进一步提高物流业、制造业的市场竞争力和增值水平。

在各项政策的支持下，我国物流配送中心发展迅速，苏宁物流、京东物流以及海尔的日日顺物流是其中的重要代表。

2012 年，苏宁物流从苏宁的内部服务体系中剥离出来，转型成为第三方物流公司。2015 年 1 月，苏宁物流集团成立。2018 年 4 月，继无人机、AGV 机器人仓、苏宁物流“无人军团”后再添无人配送小车“卧龙一号”(见图 1-4)、无人重卡“行龙一号”(见图 1-5)，苏宁打造的机器人仓储、无人物流的智慧物流样本正逐步成形。2019 年 5 月 28 日，苏宁物流和林德(中国)叉车达成战略合作协议，双方在供应链一体化、智能物流、无人技术等多个领域陆续展开全面合作，同时双方还将从技术到服务，进一步整合产业优势及资源，开放赋能，基于新业务触点打造智慧物流解决方案，共同提升物流行业的智能化水平。

图 1-4　苏宁“卧龙一号”

图 1-5　苏宁“行龙一号”

京东集团自 2007 年开始自建物流，2012 年正式注册物流公司，2017 年 4 月 25 日正式成立京东物流集团。2014 年 10 月，位于上海的京东“亚洲一号”(见图 1-6)正式投入使用。京东“亚洲一号”总建筑面积约为 10 万平方米，分为 4 个区域——立体库区、多层阁楼拣货区、生产作业区和出货分拣区。其中，立体库区库高 24 m，利用自动存取系统(AS/RS 系统)实现自动化高密度储存和高速拣货能力；多层阁楼拣货区采用各种现代化设备，实现自动补货、快速拣货、多重复核、多层阁楼自动输送能力。

图 1-6　京东“亚洲一号”

海尔日日顺物流原先服务于海尔集团的家电销售，网点遍布全国，深入县、乡、村级地区，优势是配送和安装的一体化以及大件配送。2020 年 8 月，日日顺物流位于青岛即墨通济新经济区的首个大件物流智能无人仓——日日顺即墨无人仓(见图 1-7)投入运行。

该无人仓应用全景智能扫描站、关节机器人、吸盘龙门拣选机器人等多项定制智能设备，采用 5G 和视觉识别、智能控制算法等人工智能技术，可实现冰箱、空调等大件商品 24 小时不间断分拣作业。目前，日日顺物流正在杭州、黄岛、即墨、南昌、海宁等多地建设大件物流智能仓，与传统仓相比作业效率有效提升约 1 倍，拣货正确率可达 100%，空间使用效率提升 3 倍。作为大件家居物流的领军企业，日日顺物流在智慧物流领域实现了无人化、智能化和智慧化，构建着新消费时代的新基建。

图 1-7　日日顺即墨无人仓

1.3　物流配送中心的分类与类型选择

由于建造企业的背景不同，物流配送中心的功能、构成和运营方式会有很大区别，因此在规划物流配送中心时，应充分注意物流配送中心的类别及其特点。

1.3.1　物流配送中心的分类

在不同的分类标准下，物流配送中心可分为多种类型，且同一家物流配送中心也可能兼属多种类型。例如，某连锁超市集团自建的物流配送中心除给本集团的超市配送商品外，还是多个品牌的区域代理商，那么该物流配送中心既属于自营配送中心，也属于城市配送中心。

1. 按物流配送中心主要服务功能分类

物流配送中心的主要功能有存储、分拣、流通加工、配送运输、送达服务等，根据业务侧重点的不同，可以对物流配送中心的类型进行如下划分：

(1) 储存型配送中心。该类物流配送中心以货物的储存为主，如生产企业储存的原材料、辅料等，用以满足生产需求，防止生产中断。配送范围比较大的物流配送中心通常也要保持较高的库存水平，以应对客户的需求。该类型的物流配送中心一般规模较大，配送作业简单，物资存储时间较长，存储量较大。

(2) 流通型配送中心。该类物流配送中心以货物的流通为主，以暂存或直接转运的形式进行配货、送货。该类型配送中心典型的运作方式是整进零出，货物周转速度快，多采用较先进的设备辅助作业，以提高流通效率。

(3) 流通加工型配送中心。该类物流配送中心具有流通加工职能，根据用户的需求或者市场竞争的需要，对配送物进行加工之后再进行配送。加工形式一般以分装、贴标、简单初加工、产品组装等为主，技术含量偏低。

2. 按物流配送中心的主要职能分类

(1) 供应型配送中心。供应即供给所需的财物，也指满足所需的物资。配送中心执行供应的职能，专门为某个或某些用户(如连锁超市)组织供应。该类物流配送中心的主要特点是配送的用户有限且稳定，用户的配送要求范围也比较确定，属于企业型用户。因此，物流配送中心库存的品种比较固定，进货渠道也比较稳固。

(2) 销售型配送中心。该类物流配送中心执行销售的职能，以销售经营为目的，配送仅是为达到销售经营目的而采取的手段。该类物流配送中心大体可以分为三种类型：第一种是生产企业自建的物流配送中心，把自己生产的产品直接销售给消费者；第二种是流通企业作为自身经营的一种方式，为扩大销售而建立的物流配送中心；第三种是流通企业和生产企业联合建立的协作性物流配送中心。该类物流配送中心的用户一般不确定，而且数量很大，但单个用户的购买数量较少。因此，这种物流配送中心实行配送的计划性较差，库存物品的结构也比较复杂。

3. 按配送区域的范围分类

(1) 城市配送中心。该类物流配送中心以某个城市的区域范围为配送范围，多采用汽车配送，并且可以直接到户。这类物流配送中心往往与零售经营相结合，配送反应速度很快，灵活性强，在多品种、小批量、多批次配送方面优势明显。

(2) 区域配送中心。该类物流配送中心有较强的区域辐射能力和足量的库存准备，可以向省、全国乃至国际范围的用户配送。这类物流配送中心一般规模比较大，客户的需求量大，配送的批量也大，既可以配送给下一级的城市配送中心，又可以配送给批发商、企业等小客户，但以服务大客户为主。

4. 按配送商品的属性分类

根据配送货物的属性，物流配送中心可以分为食品配送中心、冷冻食品配送中心、特种商品配送中心、日用品配送中心、医药品配送中心、化妆品配送中心、家用电器配送中心、电子(3C)产品配送中心、服饰产品配送中心、汽车零件配送中心以及生鲜处理中心等。

5. 按物流配送中心的运营主体分类

(1) 自营配送中心。自营配送中心又可以分为生产企业自营的物流配送中心和商业企业自营的物流配送中心。生产企业自营的物流配送中心一方面从事企业内部所需原材料、零配件等的采购、库存管理等业务内容；另一方面从事产品的销售配送，直接面对企业的客户。商业企业自营的物流配送中心是现代商品流通的一种发展趋势，这类物流配送中心有的从事原材料、辅料等的物资流通，有的从事大型超市、连锁店的商品配送。

(2) 第三方配送中心。该类物流配送中心由专门从事物流服务的企业组建并管理，向生产商、分销商、零售商等客户提供物流配送服务。第三方配送中心的专业性比较强，拥有标准的装卸货平台、先进的货架设备、分拣系统、较强的运输能力、高效率的信息处理功能等，是提高整个供应链效益和效率的重要保障。

1.3.2 物流配送中心的类型选择

物流配送中心的类型选择主要根据企业的性质、经营方向、战略目标、配送中心的功能设定等因素而定。也存在物流配送中心在运营过程中转型或多种类型交叉的情况，或者在规划初期即要具备复合类型的特点，这就需要根据市场特点、成本支出、战略规划等因素来综合决策。

例如，专业从事第三方物流服务的企业在建立物流配送中心时，在选址、设备选择、作业方式选择上就会与生产企业自建的配送中心在满足本企业的物流需求方面存在较大差别。首先，第三方物流企业要考虑市场状况，如果市场需求以提供仓储分拣配送一体化服务为主，而生产企业却按照储存型配送中心进行设备选型，就与市场需求方向相违背，这种情况下，第三方物流企业不能按照储存型配送中心选型；其次，要考虑服务范围，如果以服务本城市客户为主要经营方向，则对原有靠近市中心的老库进行改造比在市郊新建一个仓库可能更合适。诸如此类，需要结合各方面因素进行综合考虑。

1.4 物流配送中心的发展趋势

由于我国快递业务结构以电商快件为主，而电商快件对速度非常看重，因此对物流配送中心设施装备需求进一步升级，自动化、智能化、无人化等新型物流配送中心发展速度较快。

1.4.1 自动化物流配送中心

当今的流通领域已将高科技物流技术[自动分拣系统(Automated Sorting System)、自动化立体仓库等]广泛应用于配送中心。根据我国企业目前的规模和发展趋势，应该加强学习并采用物流现代化技术，主要包括以下几个方面。

1. 自动分拣系统

自动分拣系统是第二次世界大战后在美国、日本等发达国家的物流中心、配送中心或流通中心所必需的物流设施之一。该系统的作业过程可以简单描述为：接收成百上千家供应商或货主通过各种运输工具送来的成千上万种商品，在最短时间内将这些商品卸下并按商品品种、货主、储位或发送地点等参数进行快速准确的分类，并将这些商品运送到指定地点(如指定的货架、加工区域、出货站台等)；而当供应商或货主通知物流中心按配送指示发货时，自动分拣系统则在最短时间内从庞大的高层货架存储系统或其他指定地点中准确找到要出库的不同数量的商品，然后按配送地点的不同，运送到不同的理货区域或配送站台集中，以便装车配送。随着科学技术日新月异的进步，特别是感测技术(激光扫描)、条码及计算机控制技术等的导入使用，自动分拣机已被广泛用于配送中心。我国的邮政等系统也已使用自动分拣设备多年。

自动分拣系统的结构如图 1-8 所示，一般由上件装置、输送装置、分拣格口、控制系统和分类装置组成。

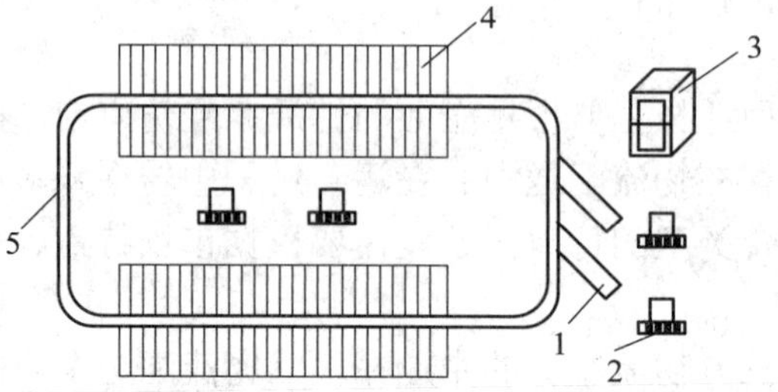

1—输送装置；2—上件装置；3—控制系统；4—分拣格口；5—分类装置

图 1-8 自动分拣系统的结构

上件装置的作用是识别、接收和处理分拣信号，根据分拣信号的要求指示分类装置按商品品种、商品送达地点或货主类别等分拣需求对商品进行自动分类。这些分拣需求可以通过不同方式(如条形码扫描、色码扫描、键盘输入、重量检测、语音识别、高度检测及形状识别等)输入分拣控制系统中，从而得到决定某种商品该进入哪一个分拣格口的分拣信号。

分类装置的作用是根据上件装置发出的分拣信号，当具有相同分拣信号的商品经过分类装置时，改变其在输送装置上的运行方向，使其进入相应输送机、分拣格口或其他接口设备。分类装置的种类很多，一般有推出式、浮出式、倾斜式、输送式和分支式几种，不同的装置对分拣货物的包装材料、包装重量、包装物底面的平滑程度等有不尽相同的要求。分类装置的两侧一般要连接若干个分拣格口，使分好类的商品滑下主输送机(或主传送带)，以便进行后续作业。

输送装置的主要组成部分是传送带或输送机，其主要作用是使待分拣的商品鱼贯通过上件装置到达分类装置上。输送装置是与分类装置柔性连接在一起的，输送装置上的物品要能准确无误、无损坏地送至指定的位置。

分拣格口是已分拣商品脱离分类装置即主输送机(或主传送带)进入集货区域的通道，一般由钢带、皮带、滚筒、容器等组成滑槽，使商品从分类装置(主输送装置)滑向集货站台或其他接口设备，在那里由工作人员将该格口的所有商品集中进行处理，或是入库储存，或是组配装车并进行配送作业。

控制系统对物品的信息实行全程跟踪和处理，对分拣全过程进行在线监控，以保证系统运行中信息和设备的安全性与可靠性。

以上五部分装置通过计算机网络联结在一起，配合人工控制以及相应的人工处理环节，构成一个完整的自动分拣系统。

2. 自动化立体仓库

自动化立体仓库的出现是物流技术的一个划时代的革新，它不仅彻底改变了仓储行业劳动密集、效率低下的落后面貌，而且大大拓展了仓库功能，使之从单纯的保管型向综合的流通型方向发展。自动化立体仓库是用高层货架储存货物，以巷道堆垛起重机存取货物，并通过周围的装卸搬运设备自动进行出入库存取作业的仓库。

自动化立体仓库具有普通仓库无可比拟的优越性。首先是节约空间、劳力，立体仓库的单位面积储存量为普通仓库的 4～7 倍；其次是提高仓库管理水平，减少货损，优化、降低库存，缩短周转期，节约资金。近年在冷冻行业，自动化立体仓库的发展极快。

自动化立体仓库主要由货架、巷道堆垛起重机、周边出入库配套机械设施和仓储管理控制系统等几部分组成。货架长度大、排列数多、巷道窄，故密度高；巷道机上装有各种定位的检测器和安全装置，保证巷道机和货叉能高速、精确、安全地在货架中取货。目前，立体仓库自动控制方式有集中控制、分离式控制和分布式控制三种。分布式控制是目前国际发展的主要方向，大型立体仓库通常采用三级计算机分布式控制系统。三级计算机分布式控制系统由管理级、中间控制级和直接控制级组成。其中，管理级对仓库进行在线和离线管理；中间控制级对通信、流程进行控制，并进行实时图像显示；直接控制级则由 PLC(Programmable Logic Controller，可编程序控制器)组成的控制系统对各设备进行单机自动操作，使仓库作业实现高度自动化。

视频：Dior 全自动配送中心

结合上述配送中心的知识，观看教学视频，进一步了解自动化物流配送中心。

1.4.2　智能化物流配送中心

计算机技术在物流方面的应用已远远超出了数据处理、事务管理的范畴，正在跨入智能化管理的领域。而智慧配送是指在配送管理业务流程再造基础上，利用 RFID、网络通信、GIS 等信息化技术及先进的管理方法，实现提货、送货、退货、回收管理的双向通信、补货提醒、配送路径优化等智能管理功能，从而降低配送成本，提高配送效率。

传统物流配送作业中普遍存在分货拣货验货效率不高、补货滞后、配送路线重复导致配送成本过高等问题。而在物流转型时代，人们对配送管理环节中如何优化配送路径、如何智能补货提醒、如何准时收货发货、如何高效分拣及准确验货提出了更高的要求。针对这些问题，采用智慧配送技术建立的智能化配送中心，可以实现配送路线的智慧化决策、提货送货时的快速验货及配送货物库区内的快速分拣。

1.4.3　无人化物流配送中心

科技的进一步发展推动了智能制造业的升级，物流业、智能制造业以及零售业正在进一步融合。同时，新零售模式逐渐取代传统电商和零售，使得物流的重要意义进一步加深。

如今，在配送中心、分拨中心以及制造企业生产线与仓库、新零售门店、无人餐厅乃至无人码头等越来越多的场景中，包括无人化仓储、无人化分拣、无人化线边库等物流环节，AGV(Automated Guided Vehicle，自动导引车)、机器人等自动化、智能化设备得到广泛应用，助力企业改善物流运营，减少用人数量，提高物流效率，降低物流成本，增强竞争优势。特别是电商与新零售、快递、汽车、电子等行业，更希望加快引入自动化、智能化物流设备取代人工作业。

但是，受技术尚不成熟、成本有待下降、政策配套欠缺等因素影响，物流无人化尚处于起步阶段，并未大范围应用，只有一些发展较快的龙头企业在物流无人化方面有所发展。

除此之外，物流无人化需要大量应用高技术设备与智慧系统来支撑，在京东集团前副总裁、X 事业部总裁肖军看来，目前中国人口基数较大，人力成本还没有成为企业面临的最大挑战，他建议企业引入自动化系统时，应从局部改善开始尝试，逐渐积累经验后再扩大应用范围。要实现整个物流场景的无人化，并非依赖某一种设备的开发应用，最重要的还是整体解决方案。

在未来，以无人仓、无人车、无人机为代表的物流无人化技术将成为促进物流业发展的重要动力，既可以大幅度提升物流运营的效益，还会促使物流行业产生变革，加快物流行业从劳动密集型向技术密集型的转变。

视频：未来配送中心

结合本节配送中心的知识，观看此视频，思考未来的配送中心还可以在哪些方面产生突破。

经典案例

德马泰克为 Centresoft 实施的交叉带分拣机解决方案

德马泰克作为世界领先的自动化物流系统和解决方案集成商，依托丰富的系统集成经验、强大的全球资源整合能力和“一站式”物流系统解决方案，一直走在物流技术发展的前沿。

在 2019 年的 CeMAT ASIA 大会上，德马泰克集中展示了托盘、纸箱/料箱、拆零三种不同的物流解决方案。采用德马泰克新一代优选系列堆垛机的自动高架库存储托盘货物，堆垛机可与 AGV 协同作业，机器人完成托盘的自动拆垛和码垛。在它旁边展示的德马泰克的灯光拣选系统，吸引了大量现场观众参与体验。这些解决方案都已经集成到 Dematic iQ 软件中，这使客户能够高效管理库存，完成物流作业。此外，现场还展示了德马泰克 Etow 嵌入式地链输送系统的模型，以及适用于处理料箱的 AutoStore 高密度存储系统的静态模型。德马泰克的模块化高密度自动存储系统如图 1-9 所示。

图 1-9 模块化高密度自动存储系统

德马泰克的分拣系统也走在世界前列。德马泰克为 Centresoft 实施了一套高速分拣系统，这套系统核心设备采用了德马泰克最新的 3 代交叉带分拣机(见图 1-10)，其独特设计大大提升了 Centresoft 在伯明翰的仓库的产能。交叉带分拣机具有高速、高准确性的特点，可对货品进行主动性分拣，每个单独的载货单元均采用皮带输送机，根据不同配置形成输送分拣环。通过安装这一新的系统，Centresoft 的分拣效率可高达每小时 15 000 个货品。德马泰克高度自动化分拣系统由具有单件化和分离功能的输送系统加上导入分拣主线上独特的单个高速导入站组成。该系统在 9 周内可完成安装实施，整个系统的占地面积非常小，建造在仓库的中间夹层内。

图 1-10　德马泰克 3 代交叉分拣机

Centresoft 是英国领先的多版本视频游戏专家，从事视频游戏、硬件与相关周边产品的销售包括负责索尼各类游戏机(PlayStation)与微软(Xbox)，在英国境内的直销、第三方配送以及批发。德马泰克在 Centresoft 安装的交叉带分拣机覆盖了预包装收集功能，货品由多达 5 个包装与贴标机来管理。每一个包装机负责装盒与贴标，每小时可完成 2500 个货品包装作业。德马泰克分拣系统从这 5 个包装机中汲取货品，并使其排成整齐的一列，一条单独的输送线每小时可以运输 15 000 个货品。接着，货品被自动扫描与识别，由导入站送入德马泰克高速交叉带分拣机上。分拣系统由 150 个滑道出口组成，德马泰克分拣管理系统根据货品上的送货地点编码分别将其分拣至相应滑道，并装进英国统一的邮政袋里等待发运。邮政袋中的货品由德马泰克分拣管理系统记录与追踪，由此控制装袋速度。邮政袋一旦装满，就由系统封好，并贴上统一的货品标签，随后被直接送到待发区，由此进入英国皇家邮政流转网络。

近 20 多年来，交叉分拣机技术已然成为德马泰克物流解决方案不可分割的一部分，德马泰克分拣机也在不断升级和创新。当前最新推出的 3 代德马泰克交叉带分拣机，其悬空导入方式为分拣机注入了新的元素，让提供客户各种新配置成为可能，在分拣机行业及在德马泰克的产品线中具有绝对的领先意义。其可以提供更多的布局可选方案，配送中心以及传统的分拣机外围空间都可受益。

从分拣机上的滑道长度来看，这是德马泰克迄今为止生产的最小型的交叉带分拣机。从设备中央甚至外部实现双向分拣，意味着设备的长度可以缩短至标准设备配置的近一半，因为在相同长度分拣主线的两边可以紧凑地配置更多滑道。其悬空式导入设计，对比标准的 30°～45°倾斜导入设计大大提升了导入速度。正是因为导入速度提高，所需的与下线作业相连的输送机数量可以相应减少，简化了整个输送机的布局，使得分拣作业更直观，并节省了占地面积，也降低了投资成本。

这种应用于最新一代分拣机的设计是专门为客户开发研制的，这样的客户往往对库内包裹分拣提出了从单一的、小体积到复杂的、大体积的分拣需求，因此这种应用集成了无限可扩展分拣管理软件，简化了机械与模块设计，适用于各个尺寸与规模的作业要求，专为处理宽泛货品与包装种类而设计，将成为电子商务与直销业务的首选方案。

【本章小结】

本章首先介绍了配送与物流配送中心的概念，以及与物流配送中心相关的概念；而后介绍了国外物流配送中心和我国物流配送中心的发展概况；接着介绍了不同标准下物流配送中心的分类，以及如何选择物流配送中心的类型；最后结合德马泰克的案例，探讨了物流配送中心的发展趋势。

【拓展阅读】

1. 陈国. 电商物流配送中心文献综述研究[J]. 中外企业家, 2015(3): 65, 67.

2. 沈长鹏. 自动化系统如何适应不断变化的物流需求?[J]. 物流技术与应用, 2017, 22(10): 124-125.

3. 吴菁芃. 现代物流配送中心分类与规划分析[J]. 物流技术与应用, 2020, 25(7): 159-163.

【实践作业】

1. 任务名称

我国配送中心发展情况调研。

2. 任务描述

学习本章内容，选取我国的物流配送中心进行研究，加强对配送和配送中心的理解。

3. 任务实施

选择你所感兴趣的 2～3 家国内物流配送中心，了解它的发展背景及当前的发展状况，思考它们的未来发展趋势。

第 2 章　物流配送中心规划项目管理

学习目标

本章学习物流配送中心项目管理方面的内容。首先要理解项目管理的概念与内涵，了解项目管理中一些常用的管理工具，明确项目成功的几个关键因素；其次要掌握物流配送中心规划项目管理的主要知识，包括物流配送中心项目规划的主要原则、步骤、内容及建议；最后通过对延边烟草仓配一体智能化配送中心成功案例的学习，对物流配送中心项目管理有一个全面认知。

关键术语

项目管理　项目管理工具　项目成功的关键因素　物流配送中心项目规划　物流配送中心项目规划的主要原则　物流配送中心项目规划的步骤　物流配送中心项目规划的内容

思维导图

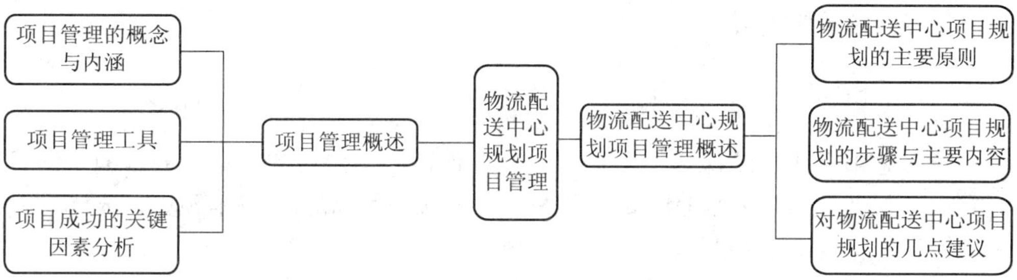

2.1 项目管理概述

物流配送中心项目是一个系统工程，耗时长、投资大、涉及面广，而且需要众多不同方面的专业人员参与合作。一般而言，建造一个设施完整、功能齐全、服务优良的现代化物流配送中心，需要经过规划设计与施工作业两个过程，经历前期论证规划、中期施工、后期竣工验收与生产准备三个阶段。尽管不同业务需求的物流配送中心在业务范围、作业内容、设施设备等方面存在诸多不同，但在系统规划设计、基本的操作原理方面有许多共同之处，首先就是需要掌握项目管理(Project Management，PM)的相关知识。

2.1.1 项目管理的概念与内涵

项目管理是指项目的管理者在有限资源约束下，运用系统的观点、方法和理论，对项目涉及的全部工作进行有效的管理，即从项目的投资决策开始到项目结束，都要进行计划、组织、指挥、协调、控制和评价，以实现项目的目标。

项目管理的思想是：具有不同技能专长、不同部门归属的员工，因为项目的需要而组成了一个团队。项目经理是该团队的唯一领导者，其肩负着领导团队在不超出预算的情况下，保质保量地按时完成项目的任务。项目的管理者不仅是项目的执行者，而且参与到项目的需求确定、选择、计划、实施直至完成的全过程，需要在项目的时间、成本、质量、风险、合同、采购、人力资源等各个方面对项目进行全方位的管理。由此可见项目管理的重要性与特殊性，它可以帮助企业处理需要跨领域解决的复杂问题，并实现更高的运营效率，是一种综合性的管理活动。

1. 项目管理的要素

项目管理主要有三个要素：质量、工期和成本。质量管理包含质量计划、质量保证与质量控制等，是项目成功的保障；工期管理包括保证整个项目的工期、分解的子项目的工期按时完成，保证项目顺利执行；成本管理包括资源计划编制、成本预算、成本控制等内容，以确保项目在批准的预算范围内顺利完成。

2. 项目管理的特性

(1) 普遍性。项目作为一种一次性和独特性的社会活动而普遍存在于人们的各项活动之中，如一次聚会、一次郊游、一款软件的开发、一个物流配送中心的设立等，而每一个项目的执行都需要一定的管理活动。

(2) 目的性。进行项目活动，开展项目管理是为了达成或超越项目设定的目标或满足项目相关方未明确提及的潜在需求等，不存在凭空而想、无目的执行的项目。

(3) 系统性。系统性指在项目管理中必须根据具体项目各要素或各专业之间的配置关系做好系统性的管理，而不能孤立地开展项目各个专业的独立管理。

(4) 创新性。其包含两层意思：一是项目本身具有创新之处，项目管理是对创新的管理；二是项目管理不是死板的格式化管理，而是通过一定的管理创新对项目进行有效的管理。

(5) 独特性。每个项目都是独特的，如其提供的产品或服务有自身的特点，或者其提供的产品或服务与其他项目类似，然而其时间和地点、内部和外部的环境、自然和社会条件有别于其他项目，因此项目的过程总是独一无二的。

3. 项目管理的过程

实施一个项目的全过程或项目中的某个阶段都需要有对应的项目管理过程，该过程大致由五个不同的具体管理过程构成。

(1) 起始过程：属于项目的发起阶段。该过程需要明确以下内容：决策一个项目或项目阶段是否起始、决策一个项目或项目阶段是否继续进行，以及定义一个项目阶段的工作与活动等。

(2) 规划过程：属于项目的计划研究阶段。其主要工作包括：确定和细化项目目标、为实现项目目标和完成项目任务所要解决的问题范围规划必要的行动路线、制订行动方案、进行成本预算、制订应急处理预案等。

(3) 执行过程：属于项目的具体实施阶段。其主要工作包括：组织和协调项目实施所需的各种资源、确保项目各阶段按计划顺利推进、解决项目实施中的各种冲突、保证项目成果物的产出等。

(4) 控制过程：属于项目管理中的催化剂和改良剂。其主要工作包括：制定标准、监督和测量项目工作的实际情况、分析与绩效目标时间的差异、采取补救措施等。这些都是保证项目目标得以实现，防止偏差积累而导致项目失败的管理工作与活动。

(5) 收尾过程：正式验收产品、服务或成果物，按照计划阶段的设定，按部就班地进行操作，达到项目结束所必备的约束条件。

项目管理的五个过程之间存在一定的关联性，前一个过程的成果是另一个过程的依据，特别是执行过程与控制过程之间的关系更密切。

具体到每一个项目阶段，同样也存在这五个管理过程，五个过程间的先后、交叉、重叠关系更加复杂，如图 2-1 所示。

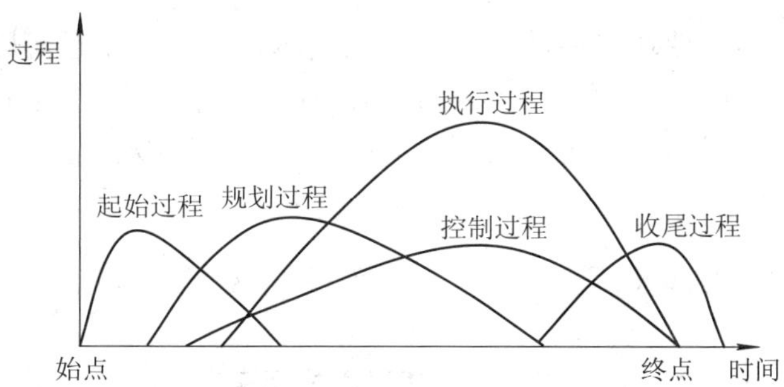

图 2-1　某项目阶段五个过程的关系

4. 项目管理的内容

项目管理是一项复杂性、系统化的管理工程，涉及诸多方面的内容，总结起来主要表现在以下九个方面：

(1) 范围管理：是为了实现项目的目标，对项目的工作内容进行控制的管理过程。范围管理包括范围的界定、规划、调整等。

(2) 时间管理：一方面设定项目的起止时间点；另一方面在项目计划时间内对各种活动进行时间段的估计、排序、安排、控制、调整等工作，以提高项目推进的效率。

(3) 成本管理：一方面对整个项目成本预算进行管理；另一方面对各阶段子活动进行成本的预算与费用的控制，进行相关资源的配置等工作。成本管理是控制费用支出的有效手段，是保证项目合理投入的前提。

(4) 质量管理：为了确保项目达到投入方制定的质量标准而实施的一系列管理活动，包括质量规划、质量控制、质量保证等。

(5) 人力资源管理：为了保证项目的顺利进行，对所需人力资源的管理，包括项目组的组织结构、岗位职能、岗位编制、人员技能、人员招聘等。

(6) 沟通管理：为确保项目的顺利进行而开展的信息处理、资源调配、需求达成等一系列的管理活动，贯穿整个项目的始终，是项目进行中的润滑剂。

(7) 风险管理：对项目风险的识别、分析到采取应对措施的一系列过程，具体包括风险识别、风险量化、预案制订、风险控制等内容。

(8) 采购管理：为了从项目实施组织之外获得所需资源或服务而采取的一系列管理措施，包括采购计划的制订、采购与征购的实施、资源的选择及合同的管理等工作。

(9) 集成管理：为确保项目各项工作能够有机地协调和配合而开展的综合性和全局性的项目管理工作，包括项目集成计划的制订、项目集成计划的实施、项目变动的总体控制等。

从项目管理五大过程(包括各项目阶段中的五个过程)错综复杂的交织关系以及项目管理的九大内容体系中不难看出，进行有效的项目管理对管理人员的综合素质要求颇高，同时也要求项目组成员具有较高的综合素质水平。

2.1.2 项目管理工具

项目管理工具是为了使项目能够按照预定的成本、进度、质量等顺利完成，而对人员(People)、产品(Product)、过程(Process)和项目(Project)进行分析和管理的一类工具。本节按照项目管理的过程，介绍一些常用的管理表格工具及其模板。

1. 项目起始过程

项目起始过程中主要涉及两张表，分别是项目组成员表和项目策划任务书，如表 2-1 和表 2-2 所示。

表 2-1 项目组成员表

一、项目基本情况			
项目名称		项目编号	
制表人		编制日期	
项目经理		审核人	

续表

二、项目组成员							
姓名	工作岗位	主要职责	主要专长	成功案例	联系方式(至少两种)	紧急联系方式	原工作部门及岗位
项目经理(签字)：					日期：　　年　　月　　日		

表 2-2　项目策划任务书

一、项目基本情况			
项目名称		项目编号	
制表人		编制日期	
项目经理		审核人	
二、项目描述			
1. 项目背景与目的			
2. 项目目标(如项目的质量目标、费用目标等，尽量用数据描述)			
三、项目节点计划(时间节点细化并标明阶段性成果物)			
四、项目评价标准(说明项目的成果物能够符合什么样的标准才能被接受)			

五、项目主要利益相关人(既包含项目组成员，又包含与该项目直接相关的人员，如承建商等)				
姓名	工作岗位	隶属单位	职务	联系方式(至少两种)

2. 项目规划过程

项目规划过程中主要涉及以下几张表：工作分解结构(Work Breakdown Structure，WBS)表、项目进度计划表、项目风险管理表、项目沟通计划表及甘特图(Gantt Chart)等。

1) 工作分解结构表

简单理解，工作分解就是把一个项目按照一定的规则分解成多个任务，再把每个任务细分成多个子工作项，每一个工作项贯穿到每个人的日常工作中，而每个人可以把手中的工作项再进行细分，直到不能分解为止。

工作分解结构表处于规划过程的中心，是制订工作进度计划、资源需求、成本预算、风险管理、采购计划等工作的重要基础，如表 2-3 所示。

表 2-3　工作分解结构表

一、项目基本情况										
项目名称					项目编号					
制表人					编制日期					
项目经理					审核人					
二、工作分解结构(多个成员从事一项活动时，成员 A 为负责人，估算值为最可能值)										
代码	任务名称	活动内容	时间估算	人员估算	费用估算	其他安排	关联事项	任务分配		
								成员 A	成员 B	成员 C
项目经理(签字):							日期：　年　月　日			

2) 项目进度计划表

在确定完成所需工作时间的基础上，根据相应的工作量，对各项工作的完成顺序、起止时间、相互衔接关系以及完成该项工作所需的劳动力和各种劳动资料的供应做出具体策划和统筹安排，如表 2-4 所示。

表 2-4　项目进度计划表

一、项目基本情况						
项目名称			项目编号			
制表人			编制日期			
项目经理			审核人			
二、项目进度计划						
代码	任务名称	活动内容	时间起止点	所需资源	责任人	参与人
项目经理(签字):				日期：　年　月　日		

表 2-4 在直观性上稍差一些，如果任务名称、包含活动的子项多，则不容易体现出计划的进度与关联，因而常用另外一个工具——甘特图。

甘特图是由亨利·甘特于 1910 年开发的。他以图示方式通过活动列表和时间刻度形象地表示出任何特定项目的活动顺序与持续时间。其中，横轴表示时间，纵轴表示活动(项目)，线条表示在整个期间上计划和实际的活动完成情况。甘特图可以直观地表明任务计划在什么时候进行，以及实际进展与计划要求的对比。管理者由此可以非常便利地弄清每一项任务(项目)还剩下哪些工作要做，并可评估工作的进度。除此以外，甘特图还有简单、醒目和便于编制等特点，可以利用 Excel 表格、Word 表格等工具绘制，也可以通过 Microsoft Project、GanttProject 等软件进行绘制。图 2-2 所示为某项目各任务的甘特图。

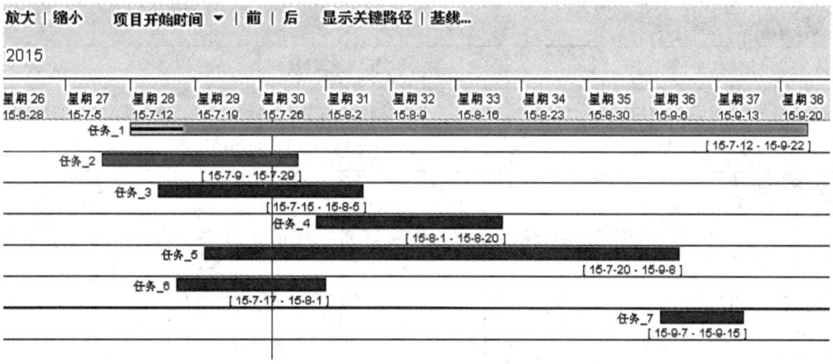

图 2-2　某项目各任务的甘特图

3) 项目风险管理表

项目风险管理是指通过风险识别、风险分析和风险评价认识项目的风险，并以此为基础合理地使用各种风险应对措施及管理方法、技术和手段，对项目风险实行有效的控制，妥善地处理风险事件造成的不利后果，以最小的成本保证项目总体目标实现的管理工作。项目的风险是客观存在的，有些风险可以预知，可以通过一定的方法避免和消除可能发生的风险；有些风险是无法预知的，但也可以通过一定的方法使发生风险时的损失降到最低或消除风险。常见的项目风险管理表如表 2-5 所示。

表 2-5　项目风险管理表

<table>
<tr><td colspan="7">一、项目基本情况</td></tr>
<tr><td>项目名称</td><td colspan="3"></td><td>项目编号</td><td colspan="2"></td></tr>
<tr><td>制表人</td><td colspan="3"></td><td>编制日期</td><td colspan="2"></td></tr>
<tr><td>项目经理</td><td colspan="3"></td><td>审核人</td><td colspan="2"></td></tr>
<tr><td colspan="7">二、项目风险管理
风险等级及风险发生概率(M)的判断依据：
高风险：M≥60%；中高风险：60%>M≥50%；中风险：50%>M≥30%；中低风险：30%>M≥10%；低风险：M<10%</td></tr>
<tr><td>代码</td><td>风险预估</td><td>发生概率</td><td>风险等级</td><td>影响程度及范围</td><td>应对措施</td><td>责任人</td></tr>
<tr><td></td><td></td><td></td><td></td><td></td><td></td><td></td></tr>
<tr><td></td><td></td><td></td><td></td><td></td><td></td><td></td></tr>
<tr><td></td><td></td><td></td><td></td><td></td><td></td><td></td></tr>
<tr><td></td><td></td><td></td><td></td><td></td><td></td><td></td></tr>
<tr><td></td><td></td><td></td><td></td><td></td><td></td><td></td></tr>
<tr><td colspan="5">项目经理(签字)：</td><td colspan="2">日期：　　年　　月　　日</td></tr>
</table>

4) 项目沟通计划表

沟通贯穿于整个项目的全过程，包括项目组织与各利益相关者之间的关系、沟通方式的选择、沟通频率的制订、沟通渠道的选择、沟通结果的反馈等内容。沟通计划就是针对沟通内容而制订的计划与安排。没有沟通，项目难以顺利进行；没有沟通计划，难以发挥资源的优化配置。常见的项目沟通计划表如表 2-6 所示。

表 2-6　项目沟通计划表

一、项目基本情况						
项目名称			项目编号			
制表人			编制日期			
项目经理			审核人			
二、项目沟通计划						
代码	相关人员	所属组织及职务	沟通内容	沟通方式	沟通时间与频率	责任人
项目经理(签字)：					日期：　　年　　月　　日	

3. 项目执行与控制过程

这两个过程是项目管理的核心过程。项目计划安排能够被有效地实施，并能根据实施过程中的情况进行必要的修正，确保项目顺利完成，都取决于此过程的工作是否有效。在此对典型的管理工具予以简单介绍。

1) 项目会议纪要表

项目会议纪要表是对项目进行过程中涉及的所有会议进行记录，以起到记录保持、总结、提醒、问题跟进等作用的一种表格，一般格式如表 2-7 所示。

表 2-7　项目会议纪要表　　　　编号：

一、项目基本情况			
会议主题		会议主持人	
会议地点		参会人员及职务	
会议日期		未到人员及职务	
记录人		审核人	
二、会议目的			
三、会议内容与相关资料			
四、发言内容记录			
五、会议成果总结(现场达成的结论，以及待定结论的明确时间点、处理方式等，注意跟进)			
六、会议纪要发送的范围(明确报送、主送、抄送人员)			

2) 项目状态报告表

项目状态报告表是对项目的进展情况以及当前项目状态进行汇报的一种表格，以使项目相关领导、成员、关联人员等知道项目的实际现状及未来一定时期内的工作计划，一般格式如表 2-8 所示。

表 2-8　项目状态报告表

<table>
<tr><td colspan="4">一、项目基本情况</td></tr>
<tr><td>项目名称</td><td></td><td>项目编号</td><td></td></tr>
<tr><td>制表人</td><td></td><td>编制日期</td><td></td></tr>
<tr><td>项目经理</td><td></td><td>审核人</td><td></td></tr>
<tr><td>项目当前状态</td><td colspan="3"></td></tr>
<tr><td>本次汇报周期</td><td colspan="3"></td></tr>
<tr><td colspan="4">二、上期问题反馈(上期问题的处理结果回顾、遗留的未形成决议问题的跟进及处理情况、从上期中取得的经验和教训等)</td></tr>
<tr><td colspan="4"></td></tr>
<tr><td colspan="4">三、当前任务状态概述(当前进展的主要任务、进展情况如何、取得了哪些成果、与项目初期规划的差距等)</td></tr>
<tr><td colspan="4"></td></tr>
<tr><td colspan="4">四、下阶段工作计划[明确未来时间段内主要工作计划、预计成果物有哪些、对可能出现的风险是否已有相关预案、与工作分解结构表是否对应(若有出入，原因是什么)、需要何种资源的支持才能与工作分解结构表对应、是否已经相关领导批准等]</td></tr>
<tr><td colspan="4"></td></tr>
<tr><td colspan="4">五、财务状况说明</td></tr>
<tr><td colspan="4"></td></tr>
<tr><td colspan="4">六、本期问题及需求说明(本期存在的主要问题及需要何种资源支持)</td></tr>
<tr><td colspan="4"></td></tr>
</table>

3) 项目变更管理表

项目在具体执行过程中可能会遇到一些特殊情况，导致项目的某些内容项或内容项的先后完成顺序需要做出一定程度的变更，以便于项目的顺利进行。项目变更需要遵循一定的程序和授权审批，经相关人员批准后方可执行变更内容，不允许私自更改项目计划。常见的项目变更管理表如表 2-9 所示。

表 2-9　项目变更管理表　　　　编号：

<table>
<tr><td colspan="12">一、项目基本情况</td></tr>
<tr><td colspan="2">项目名称</td><td colspan="4"></td><td colspan="2">项目编号</td><td colspan="4"></td></tr>
<tr><td colspan="2">制表人</td><td colspan="4"></td><td colspan="2">编制日期</td><td colspan="4"></td></tr>
<tr><td colspan="2">项目经理</td><td colspan="4"></td><td colspan="2">审核人</td><td colspan="4"></td></tr>
<tr><td colspan="12">二、历史变更记录(按时间顺序记录每一次变更内容，务求准确简练)</td></tr>
<tr><td>序号</td><td colspan="2">变更时间</td><td colspan="2">变更内容</td><td colspan="2">变更原因</td><td colspan="2">变更项前后对比</td><td colspan="2">申请人</td><td>审批人</td></tr>
<tr><td></td><td colspan="2"></td><td colspan="2"></td><td colspan="2"></td><td colspan="2"></td><td colspan="2"></td><td></td></tr>
<tr><td></td><td colspan="2"></td><td colspan="2"></td><td colspan="2"></td><td colspan="2"></td><td colspan="2"></td><td></td></tr>
<tr><td></td><td colspan="2"></td><td colspan="2"></td><td colspan="2"></td><td colspan="2"></td><td colspan="2"></td><td></td></tr>
<tr><td colspan="12">三、变更申请细则</td></tr>
<tr><td colspan="3">欲变更内容描述</td><td colspan="2">变更原因</td><td colspan="4">变更后效果预估</td><td colspan="3">欲执行变更的日期</td></tr>
<tr><td colspan="3"></td><td colspan="2"></td><td colspan="4"></td><td colspan="3"></td></tr>
<tr><td colspan="3"></td><td colspan="2"></td><td colspan="4"></td><td colspan="3"></td></tr>
<tr><td colspan="3"></td><td colspan="2"></td><td colspan="4"></td><td colspan="3"></td></tr>
<tr><td colspan="12">四、变更的影响分析</td></tr>
<tr><td colspan="12">1. 若不做变更会对项目产生哪些影响？(用数据支持理由，证据要充分、客观)</td></tr>
<tr><td colspan="12"></td></tr>
<tr><td colspan="12">2. 变更程度的等级(按变更项的影响范围计，影响到细项的具体执行为低级，影响到细项所在阶段的执行为中级，影响到整个项目的执行为高级)</td></tr>
<tr><td colspan="2">高级</td><td colspan="2">□</td><td colspan="2">中级</td><td colspan="2">□</td><td colspan="2">低级</td><td colspan="2">□</td></tr>
<tr><td colspan="12">3. 影响因素分析</td></tr>
<tr><td colspan="3">对成本的影响 □</td><td colspan="3">对进度的影响 □</td><td colspan="3">对资源的影响 □</td><td colspan="3">其他影响 □</td></tr>
<tr><td colspan="3"></td><td colspan="3"></td><td colspan="3"></td><td colspan="3"></td></tr>
<tr><td colspan="3">申请人签字：</td><td colspan="6"></td><td colspan="3">日期：</td></tr>
<tr><td colspan="12">五、审批</td></tr>
<tr><td colspan="2">审批人</td><td colspan="5">审批意见</td><td colspan="3">审批人签字</td><td colspan="2">日期</td></tr>
<tr><td colspan="2">直接领导</td><td colspan="5"></td><td colspan="3"></td><td colspan="2"></td></tr>
<tr><td colspan="2">项目经理</td><td colspan="5"></td><td colspan="3"></td><td colspan="2"></td></tr>
<tr><td colspan="2">公司领导</td><td colspan="5"></td><td colspan="3"></td><td colspan="2"></td></tr>
</table>

4) 鱼骨图

项目的执行和控制是一项复杂的管理活动，为了抓住问题的主线，重点解决主要矛盾，我们经常会用到一种分析问题的工具——鱼骨图。鱼骨图的基本原理是：问题的特性总是受到一些因素的影响，项目组成员可以通过集思广益把这些因素都找出来，分清重点，分出主次，把这些因素有条理地整理出来，并标出重要因素，因其形状如鱼骨，所以称为鱼骨图，又称特性要因图、因果图。鱼骨图是一种透过现象看本质的分析方法。我们把要解决的问题标在“鱼头”上，产生问题的几个主要方面标在“鱼刺”上，每一个方面又由哪些因素造成的标在更细的“小刺”上。如此，问题产生的原因就很明晰了，再根据具体的原因找出对应的解决方法即可。鱼骨图常见的形式如图 2-3 所示。

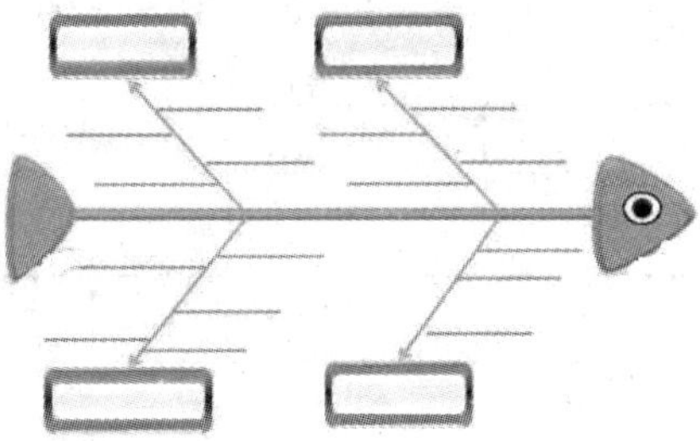

图 2-3　鱼骨图

5) PDCA 循环法

为了使分解的每一项子任务顺利地、高质量地完成，经常会用到一种分析工具——PDCA 循环法。PDCA 循环法是美国质量管理专家戴明博士推广应用的一种质量管理方法，在生产、生活的多个领域被广泛应用。PDCA 由英语单词 Plan(计划)、Do(执行)、Check(检查)和 Action(处理)中的第一个字母组成。计划，即找出问题，分析问题，形成解决问题的方案并预计结果；执行，即按照解决问题的方案予以实施；检查，即核查方案实施的结果是否达到预期目标；处理，即根据检查结果，采取必要的措施巩固已有的成果，对失败教训加以总结，对未达预期的目标转入下一个 PDCA 循环。

PDCA 循环有两层含义：① PDCA 的四个过程是周而复始的，即运行完一个过程后，解决了一些问题，未解决的问题进入下一个循环，因此这是一个阶梯上升的过程；② 每一个工作项都可以适用该循环，即在大循环系统里又有小循环系统，小系统的完成带动大系统的前进，所以可以把整个工作系统看作 PDCA 小环和大环同时滚动、向上发展的过程。PDCA 循环如图 2-4 所示。

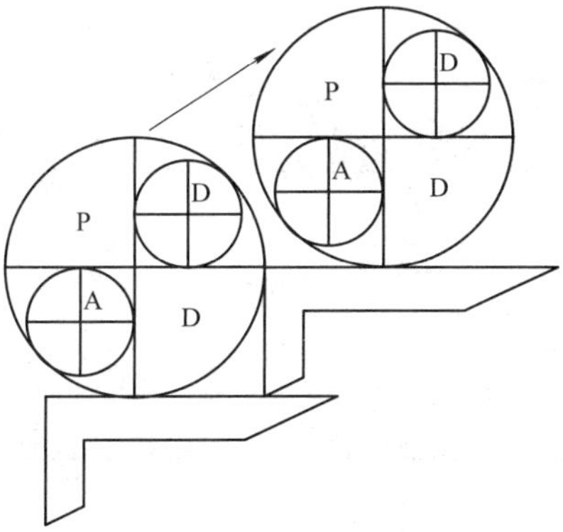

图 2-4　PDCA 循环

视频：PDCA 循环讲解

结合上述 PDCA 循环的学习，观看教学视频，加深对 PDCA 循环的理解。

4. 项目收尾过程

该过程主要涉及项目成果物的评估与验收、对项目整体性的总结，以及项目过程中涉及的各种文件的整理与归档等相关工作。项目总结表如表 2-10 所示。

表 2-10　项目总结表

<table>
<tr><td colspan="6">一、项目基本情况</td></tr>
<tr><td>项目名称</td><td colspan="2"></td><td>项目编号</td><td colspan="2"></td></tr>
<tr><td>制表人</td><td colspan="2"></td><td>编制日期</td><td colspan="2"></td></tr>
<tr><td>项目经理</td><td colspan="2"></td><td>审核人</td><td colspan="2"></td></tr>
<tr><td colspan="6">二、项目完成情况总结</td></tr>
<tr><td colspan="6">1．时间总结</td></tr>
<tr><td>项目开始时间</td><td></td><td>计划完成时间</td><td></td><td>实际完成时间</td><td></td></tr>
<tr><td colspan="6">差异分析：</td></tr>
<tr><td colspan="6">2．人员总结(以工作阶段划分，核算每一个阶段人员工时效率计划与实际的差距、项目组员工技能需求计划与实际的差距等，并分析原因)</td></tr>
<tr><td colspan="6"></td></tr>
<tr><td colspan="6">3．成本总结</td></tr>
<tr><td>计划成本</td><td colspan="2"></td><td>实际成本</td><td colspan="2"></td></tr>
<tr><td colspan="6">差异分析：</td></tr>
<tr><td colspan="6">4．成果物总结</td></tr>
<tr><td>计划取得的成果</td><td colspan="2"></td><td>实际取得的成果</td><td colspan="2"></td></tr>
<tr><td colspan="6">差异分析：</td></tr>
<tr><td colspan="6">5．项目经验教训总结</td></tr>
<tr><td colspan="6">(1) 项目过程中积累的经验(突出典型性，分析什么条件下产生的及是否具有普适性)</td></tr>
<tr><td colspan="6"></td></tr>
<tr><td colspan="6">(2) 项目过程中取得的教训(着重于成因分析与反思，提出可行性的思路，尽量细化)</td></tr>
<tr><td colspan="6"></td></tr>
<tr><td colspan="6">(3) 总体建议与意见及心得分享</td></tr>
<tr><td colspan="6"></td></tr>
<tr><td colspan="4">项目经理(签字)：</td><td colspan="2">日期：　年　月　日</td></tr>
</table>

2.1.3　项目成功的关键因素分析

一个项目的实施会受到多种因素的综合影响，这些因素有些属于重要的、关键性的因素，有些属于一般性的因素，有些因素的重要性还可能随着项目的进展发生变化。为了确保项目成功完成，通常需要对以下几种因素进行分析和研究。

1. 项目的可行性研究

在项目立项阶段要进行详细的市场调查与合理的市场预测，采用科学的方法，尽可能搜集与项目相关的多方面资料。通过专家、技术人员、公司高层的反复研究与论证，整合多种资源，以达成项目实施的共识，证明这是一个值得开展的项目。

2. 项目经理的选择

项目经理可能从一开始就参与项目的可行性研究，也可能是在项目确定后参与项目的开展。项目经理可以从公司内部调岗或者从外部招聘，一般根据项目性质、公司决策等因素而定。但一般情况下，一位优秀的项目经理至少需要具备以下几种素质：丰富的项目管理经验，特别是与所实施项目内容相关联的操作经验；超强的团队领导能力，能够合理组建并领导项目团队，发挥集体的合力；良好的职业素养，正直、忠诚、抗压、锲而不舍、胸襟坦荡，并能影响他人；良好的沟通能力，善于协调和整合各种资源的使用；鲜明的个人魅力，能够使团队成员愿意跟随，共同进退等。

3. 公司高层领导的支持

一个项目的开展会涉及不同岗位人员聚集、不同组织间的业务关联、不同利益体间的交叉，因此会面临来自多方面的压力甚至是阻力，如果没有公司高层领导的积极支持，项目的进展可能会受到极大影响。通过公司高层的重视以及资源的扶持，形成一种项目必须开展且要成功的“势”，将会给项目组的工作带来很多便利。

4. 项目团队的搭建

首先要具备项目所需要的各种技术专长人员；其次是不同专长人员的职责分工以及他们之间协作关系的安排，在这方面需要项目经理具有相当丰富的管理经验，以免造成合力未发挥反而影响个体表现的情况；再次，项目经理拥有对团队的绝对管理权，不受制于任何一方，以确定其对团队的影响力。按照项目经理对项目的认知与把握，进行团队成员、组织结构、职责分工等方面的建设。需要注意的是，所选择项目人员的技术可能不是最好的，但只要能够满足项目的要求或经过一定的培训后可以满足需求，并且具备积极的工作热情和开拓创新精神，那么这样的人员就是合适的。

5. 项目的计划性与计划可控性

从项目的整体规划到阶段性计划，再到具体工作内容的进度计划，都必须明确时间截止点与成果物。项目运行期间完全按照此计划执行，配合必要措施的实行，以确保计划顺利实施。没有周全的计划将无法开展项目，没有对计划的监控则无法保证成果物的产出。

6. 预知与把握风险的能力

在项目开展的各个阶段都会不可避免地出现一些风险因素，对项目的实施产生一定影响。有些风险是能够估计的，可以提前形成处理预案；有些风险是难以估计、突发性的，此时需要项目经理具有极强的风险把控和处理能力，降低或消除风险带来的损失。

7. 重视沟通的作用

沟通体现在多个层面，主要包括：项目经理与公司领导层之间的沟通，沟通内容包括项目进度、需要的资源、遇到的困难、与计划偏离的原因、调整方案等；项目组与业务管理外部组织的沟通，如资源共享、资源临时性调用、交叉问题点的共同讨论等；项目组成员之间的沟通，如融洽的工作氛围、畅通的沟通渠道、多样化的沟通方式等都有助于团队力量的发挥。沟通是一种有效的润滑剂，在整个项目的管理中占有相当重要的地位。

总之，一个项目的成功与否受到多方面因素的影响，是多种因素综合作用的结果。执行项目管理就是要善于对多种因素进行管理，形成良性的发展势头，努力达成项目目标。项目人员务必以发展的眼光、务实的精神、科学的态度、专业的技能，通过科学的管理手段与方法，使项目沿着成功的道路推进。

2.2 物流配送中心规划项目管理概述

物流配送中心规划是指从空间和时间上对物流配送中心的新建、改建和扩建进行全面系统的规划。物流配送中心项目是一个复杂的系统工程，前期设计规划的合理性将对物流配送中心的设计、施工、使用、作业质量和安全，以及所在地区或企业的物流合理化等产生直接和深远的影响。

2.2.1 物流配送中心项目规划的主要原则

物流配送中心项目的前期规划阶段非常关键，一旦项目开始全面进入运作实施阶段，则很难再进行较大的调整。因此，物流配送中心项目规划必须符合科学原理，通过分析、计算和比较，提出最优方案，同时还要考虑资金、人员、技术、管理等方面的可行性。为了确保物流配送中心在建设和运营时最大限度地避免投资失误，对生产、生活造成不利影响，必须遵循一些基本原则。

1. 统筹原则

从系统的角度分析和看待物流配送中心项目规划，每一个规划的子项目既要保证单项最优，又要把其放在所属子系统中保证子系统最优，还要把子系统放在整个系统中保证整个系统最优。当规划的子项目或子系统不能保证整个系统最优时，要对其做适当的调整。例如，对物流配送中心建筑物的设计与规划要为物流配送中心运营的业务服务，当不能满足业务需求时，再好的建筑物规划也是一种失误。

具体到物流配送作业的业务流程，从收货、检验、入库到分拣、复核、出库、配送等环节，它们之间是相互关联、相互影响、密不可分的，必须对整个流程进行统筹考虑，进行业务流程梳理，才有可能实现物流配送中心低成本、高效率运营的目标。

2. 经济性原则

既要保证高质量，又要追求低成本。体现在建造物流配送中心方面，要考虑到这是一个耗资巨大、建设周期长的项目，要做出多个方案并进行经济、技术等方面的比较，做好可行性研究，力求以最少的投资取得最大的企业效益与社会效益；体现在物流配送中心项目运营规划方面，要从供应链的角度出发，在满足高水平服务的同时，努力降低物流成本。

3. 柔性原则

在规划物流配送中心时，无论是规划建筑设施、选择机械设备、设计信息系统还是安排作业流程，都要考虑到其应对变化的能力，是否具备一定的柔性，能够满足业务量的增加、经营范围的拓展等变化。

市场是变化的，有时与预测的偏差会很大，而物流配送中心建设周期恰恰比较长，所以在项目建设规划上可以考虑分期建设；而在具体业务的运营中，规划的业务流程与实际作业间也可能存在一定偏差，需要进行有效的调整。这些都是为了实现对资源的有效配置而实行的柔性策略，并且这种柔性也是必须要施行的，否则就会产生不经济的问题。在现实操作中，既要掌握柔性原则，又要掌握柔性的尺度，如果为了达到某种效果而进行不科学的变动，就可能为未来产生更大的问题埋下隐患。

4. 适度先进性原则

一个物流配送中心的软、硬件设备系统往往被看作物流配送中心先进性的标志，但是当软、硬件设备系统的功能不能充分发挥时，这种“先进性”是需要质疑的。欧洲物流界认为“先进性”就是合理配备，能以较简单的设备、较少的投资实现预定的功能，比较强调先进的运营思想和运营方法。随着我国经济的快速发展，以及各种信息技术在物流领域的应用，许多先进的物流设施设备被开发出来，但与之对应的运营思路和方法却难以快速实现，因而在规划物流配送中心项目时要掌握适度先进性原则。

5. 交通便利性原则

物流配送中心属于物资的流通中心，所以必须要保证建筑物周边交通的便利性，最好在多种交通形式的交汇处。这种便利性既包含当下的交通状况，又包含未来相当长一段时间内的交通状况。如果不能全面地考虑交通问题，将会给后面的运营带来很大风险。

2.2.2　物流配送中心项目规划的步骤与主要内容

物流配送中心的新建和运营是一个复杂的项目，期间涉及不同环节、不同领域、不同内容的规划与设计，并且还必须保持项目规划的系统性，因此操作难度比较大。但如果按照一定的标准，采用科学的统筹方法，遵循一定的步骤，保持诸多需要规划设计内容间的协调性与统一性，就能够实现物流配送中心的合理规划。通常可以把物流配送中心的规划过程划分为四个阶段：前期准备阶段、总体规划阶段、详细设计阶段和系统实施阶段，如图 2-5 所示。每一个阶段由不同的工作内容组成，各工作内容之间存在一定的前后关系或交叉并行、互相影响关系。

1. 前期准备阶段

首先要明确物流配送中心规划的主要目标，在此基础上有针对性地收集基础资料、分析资料，并确定规划设计的约束条件。确定规划目标一般从两个方面入手：一是确定物流配送中心的定位，二是确定物流配送中心主要的具体规划目标。

(1) 定位。确定新建物流配送中心属于哪种类型、采用何种配送模式、配送的物品是什么、服务的地域范围有多大等，只有在这些信息确定的情况下才能开展后面的工作。例如，流通型的物流配送中心与储存型的物流配送中心在建筑结构、内部规划、选址等方面存在很大的差别。

(2) 主要的具体规划目标。常见的规划目标主要体现在以下几个方面：降低物流成本；提高客户服务水平；提高配送效率；降低库存水平，优化库存结构；降低物流作业差错率；追求规模经济效益；增强企业综合竞争力等。

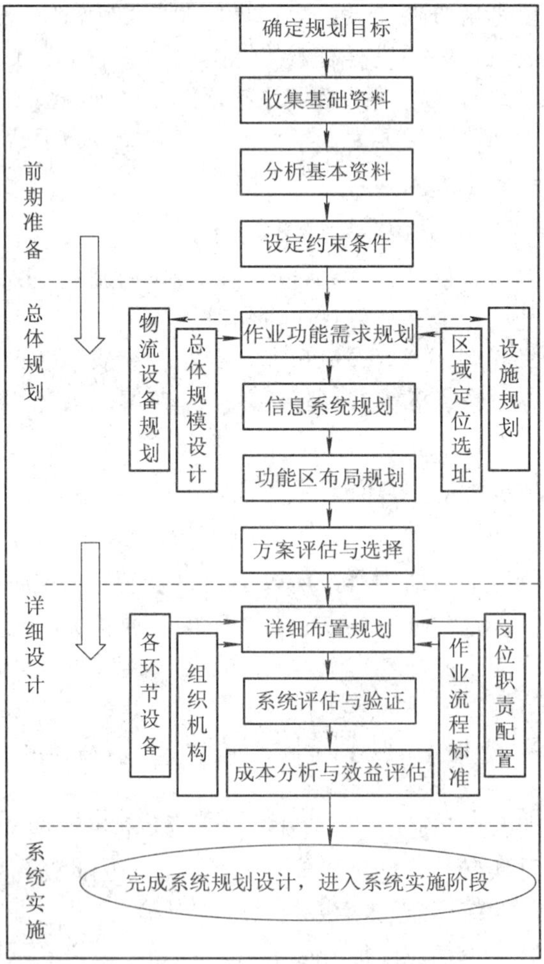

图 2-5　物流配送中心规划步骤

2. 总体规划阶段

在该阶段主要从以下几个方面入手进行分析与规划：

(1) 总体规模设计。明确物流配送中心的定位和目标后，根据市场总容量、发展趋势、竞争对手状况、资金状况等因素确定目标份额，以决定物流配送中心的规模、配送所能覆盖的范围等。如果对以上情况的预测发生较大的偏差，会导致设计规模出现失误。规模设计大了投资偏高，效率低下；规模设计小了则不能满足市场需求，失去市场机遇，还难以发挥规模配送的优势。

(2) 区域定位选址。首先明确物流配送中心所服务的大体区域，然后在该区域范围内寻求合适的地址。任何一个生产系统或服务系统都存在于一定的环境之中，物流配送中心如果处于一个良好的生态圈中，即从环境、交通、区域政策到人文、水电、治安等方面，将大大促进后期的业务运营，取得良好的经济效益和社会效益。物流配送中心不是一个独立存在的系统，其运营会不断地受到外界环境的影响，会因环境的改变而调整自身的活动，同时其本身的活动又不断地影响到周围的环境，因此若不能与环境形成一个互相促进、互为发展的友好生态圈，将会给物流配送中心的正常经营带来较大影响。如果某个物流配送中心属于多个物流配送中心网络的其中之一，还要考虑到规划中的中心在网络结构中所起的作用，把布局的因素考虑进来。

(3) 作业功能需求规划。作业功能需求规划主要是围绕物流配送中心的定位和具体规划目标进行作业功能的规划，包括拣选、储存、流通加工、配送等方面的规划。只有在确定主要功能的基础上才能进行设施与设备、信息系统及各功能作业区的规划。

(4) 设施与设备及信息系统规划。这既包括对建筑物具体建造的规划，也包括对物流配送中心采用的作业设备的规划，还包括与之配套的软件信息系统的规划等。其中，建筑物的设计与规划是单独一个范畴的问题，一般是物流配送中心项目相关人员提出设想与要求，经论证后，建筑设计单位按此执行，与物流配送中心作业规划的关联度不大，但设施是为作业服务的，必须满足作业规划的要求。中心内部设备及其相关软件操作系统的规划完全属于作业范围，是影响物流配送中心日后运营的核心因素，必须予以重视。

(5) 功能区布局规划。功能区布局规划主要包括对物流作业区、生活区、办公区、作业配合区等的总体布局规划。该布局规划是否合理直接影响到作业效率、安全管理等方面。

(6) 方案评估与选择。方案评估与选择主要是通过定性与定量相结合的研究方法评估方案的合理性与可行性，根据评估结果选择出合适的方案，为后面的详细设计提供依据。

3. 详细设计阶段

对经过评估选定的方案进行详细设计，主要确定作业各环节、各设施设备的详细设计，并结合设施和设备的特性、作业流程与标准对各作业功能区进行详细布置规划。同时，还要对组织结构、人员配置、岗位职责等方面进行设计。最后，对详细设计方案进行评估与验证，完成成本分析与效益评估。

4. 系统实施阶段

依据规划方案，物流配送中心项目进入系统实施阶段。在该阶段，要特别注意对项目实施过程的管理，既要严格按照规划方案执行，又要根据实际情况进行必要的方案修正。在对方案进行修正时，项目经理要综合多方面专业人员的意见，最终由高层领导审批，以确保项目实施的合理性。

2.2.3 对物流配送中心项目规划的几点建议

近年来，我国电子商务快速发展，给人们的生产生活带来了很大的变化，同时也给物流配送中心的运作带来了机遇和挑战。现代信息技术在物流领域的日益广泛应用、物流领域“第三利润源泉”的挖掘、“最后一公里”配送服务的竞争、客户关系管理理念的提升、客户“多品种、多批次、小批量”配送的需求等都对新建物流配送中心项目规划提出了很高的要求。为了顺应这种趋势，满足发展的需要，在进行物流配送中心项目规划时可参考以下几点建议。

1. 先进的设计规划理念

物流配送中心是集物流、信息流、商流于一体的现代化物流节点，当代信息技术、网络技术的发展必然深刻地影响物流配送中心的运营，而先进思想与理论的指导与科学方法的应用则是保持物流配送中心持续发展的重要保障。因此，在设计规划物流配送中心时要从战略的角度出发，吸收国内外的成功经验，应用现代、科学的设计理念，确保后期物流配送中心的运营达到适应性、先进性的要求。

物流配送中心规划对后期的运营效益、作业效率、竞争力等会带来先天性、长远性的影响，因而需要予以足够的重视。仅凭经验实行的规划往往难以取得满意的效果，以往的成功经验反而往往会阻碍对先进性理念的认识和实施。因此，要以发展的眼光汲取当代成熟的科学理论方法，以此为指导进行项目的设计与规划。例如，当前对供应链理论的研究与应用改变了很多企业之间、企业与客户之间的供求模式，实际上就是改变了企业之间、企业与客户之间物流的相关状态，作为关键节点的物流配送中心在整个供应链的运作过程中起着先行和中坚作用。如果不能将供应链管理的理念贯穿到物流配送中心项目的规划中，就难以适应时代的发展，更谈不上发展壮大了。

2. 高效的资源整合能力

物流配送中心项目的建设与运营规划是非常复杂、庞大的工程，涉及的专业领域也很广泛。没有一个人是通才，可以完全掌握整个项目的所有知识要求，因此必须要有众多不同领域的专业人才参与进来。例如，建筑物建设板块需要土建人才、设备施工板块需要机械人才、软件系统选择板块需要信息人才、日常运营需要运营人才等，他们的知识结构千差万别，并且相互交叉、缺一不可。对于某一规划方案，如果站在各自领域的角度可能都是很优秀的，但当组合到一起时就会出现相互矛盾的情况。而如何有效地整合这些资源，形成强大的合力，就需要领导与决策的艺术。

3. 扎实的准备与管控基础支撑

项目前期需要搜集大量的、多方面的资料和进行详细的调查分析，耗时可能比较长，花费可能比较大。但如果前期工作进行得比较草率，没有充足的数据与方案为项目实施做支撑，往往会造成实施过程中费用的急剧攀升，甚至直接导致项目的失败，使得投资白白浪费。生产领域讲究“一次完成的是优等品，二次返工的顶多是合格品”就是这个道理，而一次完成的优等品需要建立在扎实的生产准备与严格的管控基础之上。

4. 了解当地的物流产业政策

国务院印发的《物流业发展中长期规划(2014—2020 年)》(以下简称《规划》)中明确提出：加快部署现代物流业发展，建立和完善现代物流服务体系，提升物流业发展水平，为全面建成小康社会提供物流服务保障。

《规划》中还明确指出：要落实相关保障措施，深化改革开放，完善法规制度，规范市场秩序，加强安全监管，完善扶持政策，拓宽投资融资渠道，加强统计工作，强化理论研究和人才培养，发挥行业协会作用。各地区、各部门要充分认识促进物流业健康发展的重大意义，采取有力措施，确保各项政策落到实处、见到实效。地方各级人民政府要加强组织领导，完善协调机制，结合本地实际抓紧制定具体落实方案。因此，物流配送中心的规划要紧密结合当地政府的物流发展规划政策，充分考虑政策的导向与扶持，将会给物流配送中心项目的规划与开展带来很大便利。

总之，对物流配送中心的投资建设是一项很大、很复杂的工程，要围绕着为什么要设立、设立后想要达到什么样的效果等目标来组织对该项目的规划、投资建设及运营，要掌握必要的原则，围绕主要内容进行系统的设计与规划，并且在项目操作中要始终坚持科学的理论与方法。

经典案例

延边烟草仓配一体的智能化配送中心项目规划

吉林省烟草公司延边州公司(以下简称延边州公司)成立于 1983 年 12 月，负责延边地区烟草专卖管理及经营工作，下设七个县(市)分公司、四个烟叶生产管理部。延边州卷烟物流配送中心隶属延边州公司，采用仓配一体的业务模式，负责全区的卷烟集中仓储、分拣和配送。配送中心于 2013 年 8 月建成投产，具有较高的自动化、智能化水平和节能环保等级，受到业界广泛关注，被原国家烟草专卖局局长姜成康盛赞“省会公司学长春，地市公司学延边”，成为烟草行业地市级物流配送中心的建设典范。

■ 项目需求

延边州公司原卷烟物流配送中心在地址选择和整体规划设计上存在诸多问题，如周围交通不便，物流车辆入出园区障碍重重；生产作业区面积狭小，无法满足正常存储需求；设备落后、设施老化，人力作业劳动强度非常大；客户服务能力差，响应速度过慢，无法满足延边州公司对卷烟仓配的能力需求以及生产安全性、及时性的正常运营需求。为顺应企业发展需求，给客户提供更好的服务，2013 年延边州公司聘请北京佳苏泓源物流技术研究所，从配送中心项目立项选址到工艺方案设计，提供专业的项目咨询及规划设计服务。

配送中心主要针对全区卷烟零售户提供 B2B(Business to Business)的集中储配业务，处理能力需满足年配送 10 万大箱，全年 250 个工作日，日单班 8 小时工作制。除此之外，配送中心需要合理应用自动化设备、智能化系统，展示延边州公司蓬勃向上、以人为本、服务客户的企业形象。

■ 项目概况

延边州公司卷烟物流配送中心总建筑面积 2.1 万平方米，建筑主体包括仓储用房、分拣用房及部分配套用房，是一座融卷烟仓储、分拣及办公于一体的大型综合配送中心，采用实时备货技术，根据分拣任务自动补给。分拣实现件烟自动补货，条烟高速扫码、激光打码、自动塑包、自动合单。信息化软件与硬件结合，使整个仓储、分拣系统高效有序地运转。

■ 解决方案

北京佳苏泓源物流技术研究所立足延边州公司业务发展需求，结合行业与地方特色，对配送中心从总平面布局到工艺方案设计都进行了统筹规划。

1. 总平面设计

延边州地处吉林省东部，为严寒地区，常年主导风向为西北风。分析配送中心周边道路情况，园区南侧道路为城市主干道，临街面宜设置建筑主立面，展现良好的企业形象。在兼顾功能与环境因素的基础上，园区北侧布置生产区，南侧布置办公区。场地设置了南侧办公主要出入口和东侧物流主要出入口，实现人流与物流的有效分离。经营业务用房为二期建设，辅助用房和联合工房为一期建设，建筑群通过丰富的建筑立面造型，采用围合式辅助用房区设计。围绕建筑物四周设置环形道路，以满足交通运输及消防安全要求。总平面布置紧凑、布局大方，用地经济、功能分区合理，考虑了未来的发展变化，并与周边环境有机协调。

2. 工艺方案设计

联合工房内部按功能划分为仓储用房、分拣用房和辅助用房。其中，仓储用房包括收货区、仓储区和拆盘区；分拣用房包括分拣区、空笼车暂存区、发货暂存区和空纸箱暂存区；辅助用房为辅助办公区，设置监控室、会议室、设备间、综合部、仓储部、送货部和主任室等。

入库设两个门，上设 4 m 宽的挑檐雨篷，设内站台，内外高差 1.2 m。入库门采用自动升降门，开门卸货时，门封能够防尘和保温。泊车区预留有 38 m 宽的装卸场地，在联合工房南侧中部布置外站台车辆发货区，满足中转和直配车辆装车需要。

仓储形式采用 3 层横梁货架储存托盘，最大储存量为 1244 个托盘，可存储 7464 大箱卷烟。仓储区分为整托盘存放区(划分为同城烟区和非同城烟区)和散件区；另配置 10 组搁板式货架，每组满足 9 个品种卷烟暂存，合计 90 个品种，用于中小品种卷烟的零条拣选。备货系统布置空中备货轨道 20 道，包括 18 个固定品种轨道和 2 个动态品种轨道；分拣系统布置 1 条复合式条烟分拣系统，额定分拣效率为 18 000 条/h。复合式条烟分拣系统由 A 类卧式烟仓、B 类立式烟仓、C 类动态立式烟仓、自动填仓系统、裹膜系统及拣选货架组成。卧式分拣机由人工开封，通过导入式烟条填装机将烟条送入分拣烟道，A 类品种的卷烟由导入式烟条填装机将烟条送入分拣烟道，每一个品种占用 2 个烟道存放：对于 B 类卷烟，人工从拣选货架上取出条烟补到立式烟仓中；大品种中，一般一个品种至少设置一个烟道，小品种是混合烟道。

■ 主要作业流程

1. 收货入库

针对有准运证的订单收货处理，收货流程从司机到达开始。收货任务根据烟厂司机送达时间来安排，烟厂司机进入园区要在门卫处登记，系统反馈一号工程人员准备收货。一号工程人员启动卸货伸缩平台，件烟自动扫码，并由码垛人员进行码垛。作业结束，以保管人员签收入库单据为止。

如果有新增的卷烟和供应商，先要对基础信息进行维护，一号工程系统下载新数据；仓储系统通过手工界面录入新品，并启动新品备货任务。卷烟属于高值产品，因此对残损率的控制非常严格。如收货发现货损，则拒收损坏部分；如收货过程中造成残损，则需先进行责任界定再处理。

2. 上架

叉车工根据车载终端的提示将托盘货物送到相应货位并上架。如果发现指定货位有货，叉车工在车载终端上点击申请新货位，再按照提醒的新货位上架；同时系统报错，保管员做盘点处理，及时更新库存信息。

3. 出库排程处理

本流程主要针对后台各个系统在访销结束后进行出库、备货、配送任务的计算。

在分拣计算前，备货区主动对专用轨进行填货直至塞满。整件烟备货，根据当日工作任务，并结合备货区存储数量，确定整件烟数量、货位号并下达到显示终端：零条烟备货，根据当日工作任务，直接将当日需要备货的零条品规、数量下达到显示终端。运输调度根据送货单提前安排和调整配送计划，确定相应的车辆和人员。

4. 备货

下架备货流程是“即访即分”实现的关键，也是配送中心最为复杂的流程。本流程主要针对平置备货区备货(大中小品种)、零条库备货，大品种采用分两批次或多批次补足当日补货任务，中小品种采用一次补足当日补货任务，零条为双件低于 1 件开始补货。

保管员监控下架过程，定时查询任务是否发生堆积。如果发生堆积，现场寻找当前堆积任务的作业人并协助解决。系统打印下架备货清单，进行备货区日结。

5. 分拣补货

为适应“实时分拣”，保证分拣任务顺利进行，必须及时并严格按照备货区滑道口的信息提示进行补货。零条烟补货直接由仓储区零条拣选区一次向小品种分拣区补足当日分拣任务。

大品规件烟自动补烟至烟仓；小品规件烟补货根据计算机提示的顺序进行，备货员根据电子标签品规的提示，从搁板式货架上将零条卷烟取出及时填入立式烟机。

6. 自动分拣

分拣机结构采用垂直三层主线并联的形式，烟仓根据订单需求将条烟自动弹出在各段的分拣皮带线上，并采用压单技术消除订单间距，力求将各层主线能力发挥到极致。各层皮带线设置缓存空间，减少各子订单存在分拣时间差造成的互相等待。三层主线两两合流，最终汇集到一条主线上，通过精准的计算及控制，自动在线合成完整订单。

7. 打码

主要针对国家烟草专卖局推行的“两打三扫”工程所需要的条烟自动打码，特殊品规卷烟手工单独打码。分拣系统自动扫描出库的件烟，系统自动生成 32 位件烟号，分拣后在主输送线上自动打码。如果件烟条码无法扫描识读，打码员通过终端输入 32 位件烟号；如果件烟条码和编号发现损坏，无法识别，则通过打码程序做特殊号处理，分配一个特殊号打码。

8. 包装处理

叠垛机构根据卷烟零售户的订烟信息，将分拣好的卷烟自动叠垛，并推入热收缩炉进行塑封包装。条烟从包装机中推出后，复核人员根据复核单核对数量、品种，无误后将打好的标签粘贴于外包装上，码盘人员将塑封后的条烟装笼车。

9. 发货装车

本流程主要针对访销出货处理，送货员核实提货票据，清点装库数量。出车前司机进行车辆检查，保证车辆无故障、无安全隐患，再按送货顺序由远及近依次装车，且严格按照调度的要求装车。

■ 项目成果

1. 自动设备提高生产能力

截至目前，延边州公司卷烟物流配送中心已超额完成设计能力，达到年处理能力 11 万大箱。原来员工每天需工作 12 小时以上，且劳动强度非常大。新物流配送中心建成后，工作人员从繁重的体力劳动中解放出来，能在 8 小时内完成一天的分拣任务。采用自动化设备，件烟出库、条烟分拣、条烟合单等实现了自动化控制，避免了人工处理带来的差错，在生产效率得到极大提高的同时，提升了客户服务水平。

2. 智能系统助力运营管理

在本项目中，北京佳苏泓源物流技术研究所运用智能化系统助力卷烟物流配送中心管理运营。基于视频技术、GPS 卫星定位技术、RFID 技术及其他传感技术，在整个园区内实现安防监控、出入口管理、车辆定位、库存监控、一卡通系统管理等功能。在工房办公区夹层设计了中央调度指挥中心，将作业监控、安防监控、GPRS 监控、各类物流分析指标集中反馈到中央调度指挥中心，形成延边州公司卷烟物流配送中心的管理中枢。

3. 围合结构利于保温隔热

配送中心建筑形式采用围合式，用三面生产管理及生活辅助用房与一面联合工房进行建筑围合，形成内庭院，使管理人员在辅助区和工房区办公时可以自由选择短捷路线穿行于楼内各处。围合式建筑适合用地面积有限的物流园区，能极大程度节地，同时建筑围合后外立面面积大大缩减，经济性也非常明显。另外，围合式建筑本身由于其建筑立面的遮挡避风，能使内庭院及其间的使用房间形成良好的保温隔热效果，打造真正意义上的舒适办公环境。

4. 建设节能环保的绿色建筑

配送中心将“绿色”作为重要的设计目标之一，力求打造以绿色建筑为先导的生态园区。在建筑中使用了高效率的热绝缘措施、高性能的窗户、紧凑的维护结构等，以减少建筑对材料和能源的消耗；考虑了建筑施工过程以及建成后运营管理中的能源效率，赋予建筑使用可再生能源的能力，尝试利用了被动式太阳能、自然光照明、自然通风和降温；设计了太阳能光电转换系统，积极利用太阳清洁能源；采用节能照明技术，在室外采用太阳能庭院照明装置，在建筑室内公共空间，如门厅、走廊、楼梯间等采用节能照明灯具、声光控延时开关等措施；使用太阳能热水器、地板采暖系统等。

【本章小结】

本章介绍了项目管理的专业知识，旨在使读者在实际工作中重视项目管理知识在物流配送中心规划中的重要作用：首先介绍了项目管理的概念与内涵，然后介绍了项目管理中一些常用的管理工具，并且简单分析了项目成功的几个关键因素。在此基础上具体介绍了物流配送中心规划项目管理的基本知识，包括物流配送中心项目规划的主要原则、步骤及主要内容，并对物流配送中心的发展提出了几点建议。最后介绍了延边州烟草卷烟物流配送中心项目的成功规划案例。

【拓展阅读】

1. 李琴琴, 王伟, 陆参军. 现代物流配送中心内部功能布局规划研究[J]. 铁道运输与经济, 2015, 37(8): 22-28.

2. 过晓芳, 王宇平. 考虑物流服务水平的物流配送规划多目标模型[J]. 西南交通大学学报, 2012, 47(5): 874-880.

3. 李志鹏. 县域视角下的农村电商物流配送中心选址规划研究[D]. 北京：北京交通大学, 2019.

4. 余滢. 商品集散地专业配送中心规划与设计初探[J]. 商业时代, 2011(26): 35-36.

5. 王转, 贺文文. 基于订单资料分析的配送中心规划及应用[J]. 机械工程学报, 2007(4): 173-177.

【实践作业】

1. 任务名称

物流配送中心规划项目调研。

2. 任务描述

学习本章内容，选择你所熟悉的物流配送中心项目作为研究对象，查阅该项目规划资料。

3. 任务实施

思考你所选择的物流配送中心项目是从哪几个方面进行规划与分析的。

第3章　物流配送中心选址

学习目标

本章重点掌握物流配送中心的各种选址方法。首先要了解物流配送中心选址要考虑的主要因素以及物流配送中心选址的决策步骤；其次要掌握单设施和多设施选址问题相对应的选址方法，主要包括如何运用精确重心法、线性规划法、启发式方法和综合因素评价法等理论和方法进行物流配送中心的选址与布局，并掌握各种方法在实际应用过程中存在的问题以及各种选址方法的优缺点。

关键术语

物流配送中心选址　单设施选址　多设施选址　基本解析法　精确重心法　最优规划法　混合整数规划法　线性规划法　启发式方法　CFLP 法　Cluster 法　分级评分法　积点法　因次分析法

思维导图

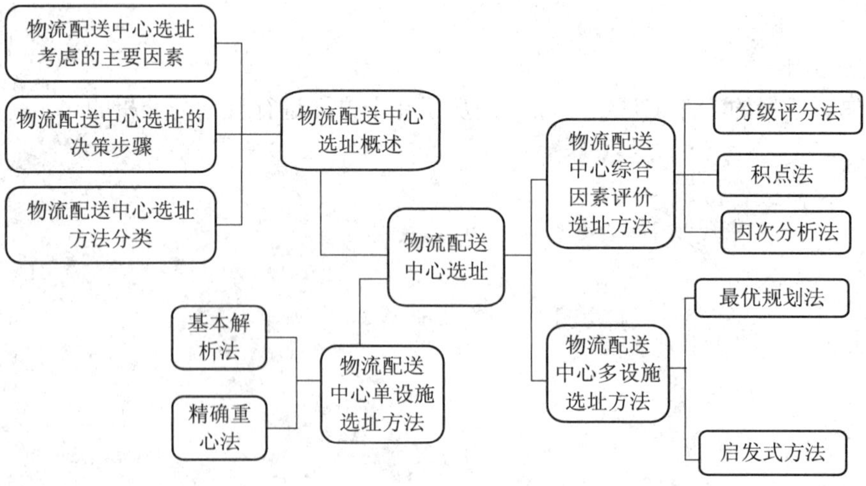

3.1　物流配送中心选址概述

物流配送中心选址是指选择物流配送中心所在的地理位置。其以提高物流系统规划的经济效益和社会效益为目的，根据供货状况、需求分布、运输条件、自然环境等要素，用系统工程的方法对配送中心的地理位置进行决策的过程，对物流系统的合理化具有决定性意义。

物流的实际运动空间表现为网络结构，由点和线构成，点通常称为物流节点，线一般指运输线路，作为物流节点的物流配送中心是物流网络中十分重要的组成部分。物流配送中心要完成多种物流活动要素，如包装、装卸、保管、分货、配货、流通加工等；同时，物流配送中心要与运输过程相互衔接，协调不同等级的运输过程。从发展趋势来看，物流配送中心不仅执行一般的物流职能，而且越来越多地要执行指挥调度、处理信息等职能，是整个物流网络的关键所在。因此，物流配送中心的优化配置对物流系统的效率和运行成本具有重要的影响，而物流配送中心的合理选址则属于物流企业发展的战略决策问题。

不论是政府进行社会物流系统规划，还是企业拓展经营网络，都要就物流配送中心的合理选址进行分析。因为物流配送中心建设投资规模大，占用大量城市土地，且建成后不易调整，对社会物流和企业经营具有长期的影响，所以对物流配送中心的选址决策必须进行详细论证。选址的失误对于社会物流系统而言，可能导致社会生产和商品交换的无秩序和低效率；对于企业经营而言，可能导致企业效率不能满足客户需求而直接影响企业的经营利润。

3.1.1　物流配送中心选址考虑的主要因素

影响物流配送中心选址的因素繁多，以下四个方面是评价物流配送中心选址合理与否时必须要重点考虑的因素。

1. 社会环境因素

(1) 要充分考虑运输费用。新建物流配送中心要使总的物流运输成本最小化，大多数物流配送中心应选择接近物流服务需求地，以便缩短运输距离，降低费用。

(2) 要能实现准时运送。新建物流配送中心应保证客户在任何时候提出物流需求都能获得快速满意的服务。

(3) 新建物流配送中心要能很好地适应货物的特性，经营不同类型货物的物流配送中心最好能分别布局在不同地域。

2. 自然环境因素

(1) 地质条件。物流配送中心是大量货物的集结地，某些重量很大的建筑材料堆垛起来会对地面造成巨大压力，而如果物流配送中心地面以下存在着淤泥层、流沙层、松土层等不良地质条件，就会在受压地段造成沉陷、翻浆等严重后果，因此物流配送中心地面的土壤承载力必须要高。

(2) 气象条件。物流配送中心在选址过程中主要考虑的气象条件有温度、风力、降水量、无霜期、冻土深度、年平均蒸发量等指标。例如，选址时要避开风口，因为在风口会加速露天堆放货物的老化。

(3) 地形条件。物流配送中心应建在地势高、地形平坦的地方，且应具有适当的面积，选在完全平坦的地形上是最理想的；其次选择稍有坡度或起伏的地方，应该完全避开地形上有陡坡的地方。

(4) 水文条件。物流配送中心在选址时必须远离容易泛滥的河川流域与上溢地下水的区域，要认真考察近年的水文资料，地下水位不能过高，洪泛区、内涝区、河道、干河滩等区域绝对不能作为物流配送中心的地址。

3. 经营因素

(1) 经营环境。物流配送中心所在地区优惠的物流产业政策对物流企业的经济效益将产生重要影响，数量充足和素质较高的劳动力条件也是物流配送中心选址考虑的因素之一。

(2) 物流费用。物流费用是物流配送中心选址的重点考虑因素，大多数物流配送中心选择接近物流服务需求地，如接近大型工业区、商业区，以便缩短运输距离，降低运费等物流费用。

(3) 货物特性。经营不同类型货物的物流配送中心最好能分别布局在不同地域，如生产型物流配送中心的选址应与当地的产业结构、产品结构、工业布局等进行综合考虑。

(4) 服务水平。现代物流过程中，能否实现快速配送是服务水平高低的重要指标，因此在物流配送中心选址时，应保证用户任何时候向物流配送中心提出物流需求时都能获得快速满意的物流服务。

4. 基础设施状况因素

(1) 交通条件。物流配送中心必须具备方便的交通运输条件，最好靠近交通枢纽来布局，如紧邻港口、交通主干道枢纽、铁路编组站、机场等，并有两种以上运输方式相衔接。公路运输是物流配送中心的主要货运方式，靠近交通便捷的干道进出口是物流配送中心选址的主要考虑因素之一。由于我国地域辽阔，铁路的运力强、费用低，同时水运也有运输成本低的优势，因此大规模的物流配送中心最好靠近铁路、港口。

(2) 公共设施状况。物流配送中心的所在地要求道路、通信等公共设施齐备，有充足的供电、水、热、燃气的能力，且场区周围要有污水、固体废弃物的处理能力。

基础设施状况因素的权重系数一般是 0.2～0.4，该因素仅次于经营因素，应在物流配送中心选址评价时占较大的权重。

5. 其他因素

(1) 土地资源利用。物流配送中心的规划应贯彻节约用地、充分利用国土资源的原则。物流配送中心一般占地面积较大，周围还需留有足够的发展空间，因此地价的高低对布局规划有重要影响。此外，物流配送中心的布局还要兼顾区域与城市规划用地的其他要素。

(2) 环境保护要求。物流配送中心的选址需要考虑保护自然环境与人文环境等因素，尽可能降低对城市生活的干扰。例如，大型转运枢纽应适当设置在远离市中心的地方，使城市交通环境状况能够得到改善，城市的生态建设得以维持和发展。

(3) 周边状况。物流配送中心是火灾重点防护单位，不宜设在易散发火种的工业设施

(如木材加工、冶金企业)附近，也不宜选择居民住宅区附近。

自然环境因素的权重系数一般是 0.1～0.3，在物流配送中心备选地址的自然环境条件相差不大的情况下，可将该权重确定得小一些，否则应大一些。经营因素的权重系数一般是 0.3～0.5，这是进行物流配送中心选址时应考虑的主要因素。社会环境因素、基础设施状况因素以及其他因素的权重系数要视具体情况而定，一般设置为 0.1～0.2。

3.1.2　物流配送中心选址的决策步骤

物流配送中心选址决策包括几个层次的筛选，是一个逐步缩小备选范围的选择过程(见图 3-1)。

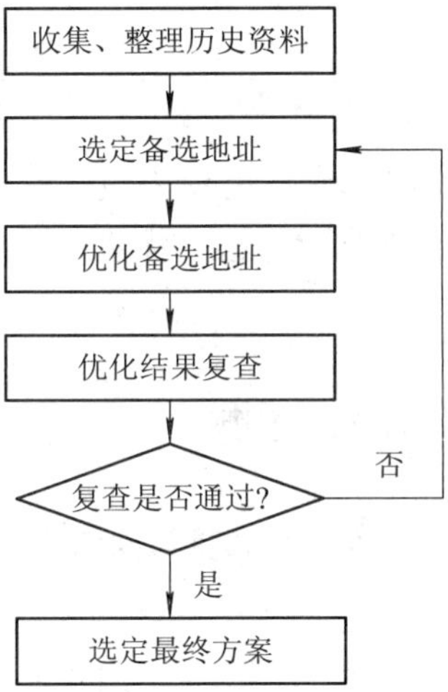

图 3-1　物流配送中心选址程序

1. 收集、整理历史资料

通过对物流历史资料的收集和整理，可以获得对物流系统现状的认识，以确定物流配送中心服务对象的需求条件，并初步确定物流配送中心的选址原则。获得准确的第一手历史资料对后续物流配送中心备选地址的选择及其定量化模型的设计均有重要作用。

2. 选定备选地址

在进行物流配送中心位置选择时，首先要根据 3.1.1 小节所述各影响因素进行定性分析和审慎评估，大致确定出几个备选地址。

在确定备选地址时，首先要确定地区范围，如在世界范围内选择，要先确定在哪个国家；在某一个国家范围内选择，要先确定在哪个省份。然后进一步将位置确定在某个城市或商业地区。备选地址的选择是否恰当，将直接影响到后续对最优方案的确定——备选地址过多，后续优化方案的工作量将过大，成本高；备选方案过少，可能导致最后的方案远离最优方案，选址效果差。所以，合适备选地址的确定是物流配送中心选址及网点布局中非常关键的一步。

3. 优化备选地址

在备选地址确定后，接下来要做的是对这些地址进行更详细的考察，并在此基础上建立数学模型，通过定量化计算得出优化后的地址。近年来，选址理论发展迅速，计算机技术广泛应用，为定量化选址方法的研究提供了有利条件，目前已有多种优化选址方法被开发出来。

4. 优化结果复查

由于在定量分析中主要考察对选址产生影响的经济性因素，因此当将定量模型得出的结果直接应用于物流配送中心选址时，常常会发现在经济上最为可取的选址地点在实际上却行不通，这是因为除了经济性因素以外，还有很多非经济性因素影响物流配送中心地点的确定，如自然条件、劳动力因素等。因此，在这一步里要将其他非经济性因素考虑进去，如综合地理、地形、环境、交通、劳动力以及有关法规等条件对优化结果进行复查，评价优化结果是否具有现实可行性。复查时，要将各项影响因素根据它们的影响程度赋予相应的权重，采用加权法进行复查。

5. 选定最终方案

如果优化结果通过复查，即可将优化结果作为最终选址方案；如果优化结果没有通过复查，则返回第 2 步，重复进行备选地址筛选、优化备选地址、复查等一系列步骤，直至得到可行结果。

3.1.3 物流配送中心选址方法分类

根据不同的标准，可以将物流配送中心选址方法划分为不同的类型。

1. 按影响因素划分

在决定设施定位的因素中，通常某一个因素会比其他因素更重要。例如，在工厂和仓库选址中，最重要的因素一般是经济因素；在零售店选址时，地点因素带来的收入往往起决定性作用——地点因素带来的收入减去场地成本就得到该地点的赢利能力；在服务设施(医院、自动化银行、慈善捐赠中心或维护设施)选址时，交通便利程度则可能是首要的选址要素，在收入、利益与成本难以确定时尤其如此。

2. 按选择的离散程度划分

有的选址方法需要考察一个连续空间内所有可能的点，并选择其中最优的一个，这就是连续选址法(Continuous Location Methods)；有的选址方法则是在一系列可能方案中做出选择，这些方案事先已经过合理性分析，这就是离散选址法(Discrete Location Methods)。后者在实践中更为常用，主要针对物流配送中心多设施选址问题。

3. 按物流配送中心的数量划分

单一物流配送中心的选址与同时对多个物流配送中心进行选址是截然不同的两个问题：单一物流配送中心选址无需考虑配送中心竞争力、配送中心之间需求的分配、集中库存的效果、配送中心的成本等因素，主要考虑的因素只有运输成本，因此规划较为简单；而多个物流配送中心选址问题则复杂得多，需要综合、均衡考虑多种因素。

4. 按时间维度划分

选址方法的性质可以是静态的，也可以是动态的：静态方法是以某单一时期(如一年)

的数据为基础进行选址，而动态方法则是以多个阶段(如某连续几年的第一季度)的数据为基础进行选址。

5. 按数据的集成程度划分

选址问题往往涉及对众多网络设计布局的评估。为了控制问题的规模以便于求解，在解决实际选址问题时，有必要使用集成度较高的数据关系。由于该方法精度有限，因此只能将设施定位在较大的地理范围内(如整个城市)；另外，使用集成度较低数据关系的方法，尤其是场地选址法，能够对只隔一条城市街道的不同位置加以区别。后者在零售业选址和工厂、仓库位置选址中尤其重要。

3.2　物流配送中心单设施选址方法

物流配送中心单设施选址是指选址的物流配送中心数量单一，即在一个配送中心为复数顾客配送货物，其产生的运输费用最小的地方就是所需选择的物流配送中心的位置。目前，物流配送中心单设施选址方法主要有基本解析法和精确重心法。

3.2.1　基本解析法

运输成本一般是距离、需求量以及时间的函数，基本解析法是指根据距离、需求量、时间或三者的综合，通过在坐标上显示，以物流配送中心位置为因变量，用代数方法求解物流配送中心的坐标(见图 3-2)的一种方法。

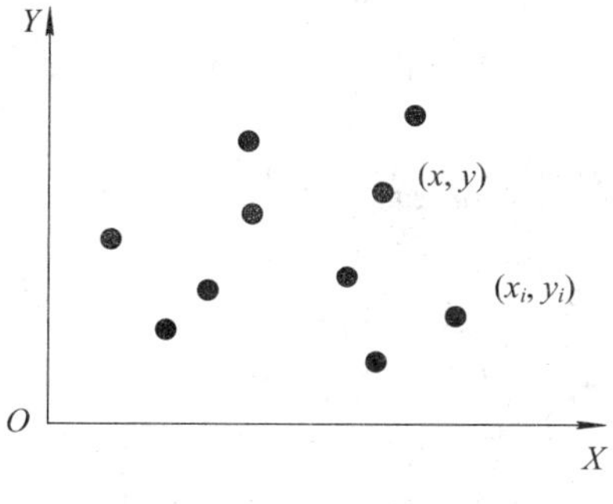

图 3-2　基本解析法

由于在实际运用中一般只考虑距离，因此基本解析法又称为距离中心法。距离中心法的思想是通过不断反复才能得到一个不断改进的配送中心位置。由于是单一设施选址，因此配送中心的运营成本固定不变，而运输费用随距离而变化，建设成本可以视为固定不变，因此可以只考虑在不同地点设置的配送中心由于与各用户之间的距离不同而引起的运输费用的变化，找出令运输总费用最小的点，并将其作为最佳设施坐落点。

设物流配送中心的坐标是(x_d, y_d)，则物流配送中心到用户 j 的运输费用为 $\alpha_j d_j$，α_j 为运输费率，d_j 为工厂和各处 j 的直线运输距离。此时总运费 T 为

$$T=\sum_{j=0}^{n}\alpha_j d_j$$

式中，$d_j=\sqrt{(x_d-x_j)^2+(y_d-y_j)^2}$，$x_j$、$y_j$为用户$j$的横纵坐标。

现在要求(x_d, y_d)为何值时使得总运费最小。显然，能使$\frac{\partial T}{\partial x_d}=0$和$\frac{\partial T}{\partial y_d}=0$成立的坐标点就是所求物流配送中心的最佳位置，即令

$$\begin{cases}\frac{\partial T}{\partial x_d}=\sum_{j=0}^{n}\frac{\alpha_j(x_d-x_j)}{d_j}=0\\ \frac{\partial T}{\partial y_d}=\sum_{j=0}^{n}\frac{\alpha_j(y_d-y_j)}{d_j}=0\end{cases}\tag{3-1}$$

由此可得x_d和y_d的解为

$$\begin{cases}x_d^*=\frac{\sum_{j=0}^{n}\alpha_j x_j/d_j}{\sum_{j=0}^{n}\alpha_j/d_j}=0\\ y_d^*=\frac{\sum_{j=0}^{n}\alpha_j y_j/d_j}{\sum_{j=0}^{n}\alpha_j/d_j}=0\end{cases}\tag{3-2}$$

由于其中还含有x_d、y_d，直接求解很困难，因此一般采用迭代法进行求解。其具体步骤如下：

(1) 在只考虑需求量的条件下求出各用户的需求中心，并将此点作为初始点，计算出相应的总运费。

(2) 将所求得的初始点坐标代入式(3-1)和式(3-2)，计算出经上述公式所求的物流配送中心改善点的坐标，并计算出相应改善点的总运费。

(3) 如果改善后的运费低于改善前的运费，即运费下降，则说明总运费还有进一步下降的可能，那么将改善点的坐标继续代回原公式，再计算改善点，这样反复计算下去，直至最优。

基本解析法只考虑与运输成本相关的需求量、距离或时间三者中的某一个变量，来解出运输成本最低的物流配送中心的坐标。其考虑的影响因素较少，模型简单，主要适用于单个物流配送中心选址问题；而对于复杂的选址问题，基本解析法难以适用，通常需要借助其他更为综合的分析技术和方法。

3.2.2 精确重心法

求解物流配送中心最佳地址的模型有离散型和连续型两种：离散型选址是指在有限的

候选位置中选取最为合适的一个或者一组位置为最优方案，相对应的模型称为离散型模型；而连续型选址是指在一条路径或一个区域里的任何位置都可以作为选址地点，相对应的模型称为连续型模型。相比于离散型模型，连续型模型的地点选择没有特定限制，比较自由。

精确重心法模型是一种连续型模型，指通过寻求加权的直线距离最小化确定选址地点，一般适用于大面积且无直线限制的选址。在选址时，如果运输费用在生产成本中占有较大比例，并且是由一个工厂向多个配送中心或仓库发货，或由一个配送中心或仓库向多个销售点送货，都适合采用精确重心法。应用此方法时，运输费用等于货物运输量与运输距离以及运输费率的乘积。

如图 3-3 所示，在一直角坐标系中，需新建工厂的坐标为 $p_0(x_d, y_d)$，n 个配送中心或仓库或原材料供应点 w_j 的坐标分别为 $q_j(x_j, y_j)$，现在欲求此工厂的位置，使从工厂到各处的运输费用最小。

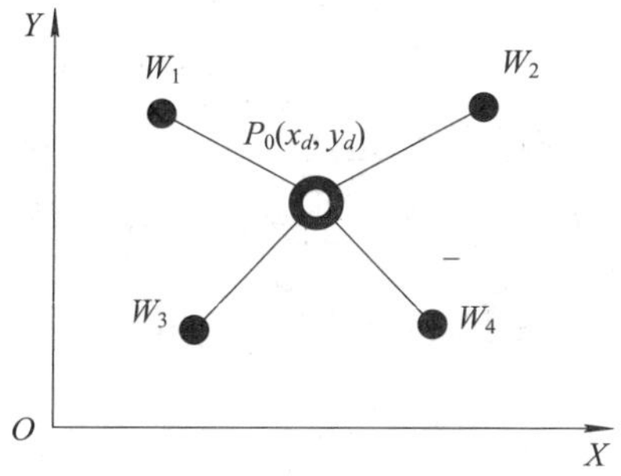

图 3-3　精确重心法坐标

已知条件为：W_j 为新建工厂 P_0 与 W_j 之间的物流量，α_j 为工厂到各个配送中心或原材料供应点或仓库 W_j 的每单位物流量单位距离所需的运输费用(运输费率)，d_j 为工厂到 W_j 的直线运输距离，由此可得工厂到各个 W_j 点总运输费用为

$$T = \sum_{j=0}^{n} \alpha_j W_j d_j \tag{3-3}$$

令

$$\alpha_j W_j d_j = c_j \tag{3-4}$$

式中：c_j 为工厂到仓库或供应点 W_j 的运输费用。

$$d_j = \sqrt{(x_d - x_j)^2 + (y_d - y_j)^2} \tag{3-5}$$

故

$$T = \sum_{j=0}^{n} \alpha_j W_j \sqrt{(x_d - x_j)^2 + (y_d - y_j)^2} \tag{3-6}$$

现在要求(x_d, y_d)为何值时使得总运费最小。

显然，能使 $\dfrac{\partial T}{\partial x_d}=0$，$\dfrac{\partial T}{\partial y_d}=0$ 成立的坐标点就是所求工厂的最佳位置，即令

$$\frac{\partial T}{\partial x_d}=\sum_{j=0}^{n}\frac{\alpha_j W_j (x_d-x_j)}{d_j}=0 \tag{3-7}$$

$$\frac{\partial T}{\partial y_d}=\sum_{j=0}^{n}\frac{\alpha_j W_j (y_d-y_j)}{d_j}=0 \tag{3-8}$$

由此可得 x_d 和 y_d 的解为

$$x_d^*=\frac{\sum_{j=0}^{n}\alpha_j W_j x_j / d_j}{\sum_{j=0}^{n}\alpha_j W_j / d_j}=0 \tag{3-9}$$

$$y_d^*=\frac{\sum_{j=0}^{n}\alpha_j W_j y_j / d_j}{\sum_{j=0}^{n}\alpha_j W_j / d_j}=0 \tag{3-10}$$

由于其中还含有 x_d、y_d，直接求解很困难，因此一般采用迭代法进行求解。其具体步骤如下：

(1) 给出工厂初始位置 $(x_d^{(0)}, y_d^{(0)})$，利用式(3-6)计算出 $(x_d^{(0)}, y_d^{(0)})$ 相对应的总费用 $T^{(0)}$。

(2) 将 $(x_d^{(0)}, y_d^{(0)})$ 代入式(3-5)、式(3-9)和式(3-10)中，计算出工厂的改进位置 $(x_d^{(1)}, y_d^{(1)})$。

(3) 利用式(3-6)求出 $(x_d^{(1)}, y_d^{(1)})$ 对应的总费用 $T^{(1)}$。

(4) 将 $T^{(1)}$ 与 $T^{(0)}$ 进行比较，若 $T^{(1)}<T^{(0)}$，则返回步骤(2)，再将 $(x_d^{(1)}, y_d^{(1)})$ 代入式(3-5)、式(3-9)和式(3-10)中，计算出工厂的第二次改进位置 $(x_d^{(2)}, y_d^{(2)})$；若 $T^{(2)}\geqslant T^{(1)}$，则说明 $(x_d^{(2)}, y_d^{(2)})$ 就是最优解。

如此反复迭代计算，直至 $T^{(k+1)}\geqslant T^{(k)}$，求出 $(x_d^{(k)}, y_d^{(k)})$ 这一最优解为止。

通过例 3-1，可以更好地了解精确重心法在选址问题中是如何使用的。

【例 3-1】 已知一工厂坐标位置 A 以及各供货点和仓库的位置坐标，现需要新建一配送中心 P，将工厂生产的产品配送给各处。工厂到配送中心 P 的运输费率为 $a_0=20$ 元/(t·km)，配送中心 P 到各需方的运输费率均为 $\alpha_1=50$ 元/(t·km)，配送中心 P 的位置坐标初始值

P_0 为(8,8)，其他各设施的位置坐标和输送产品量如表 3-1 所示。问此配送中心应设在何处最为经济合理。

表 3-1　设施位置坐标和输送产品量

各　设　施	位置坐标(x_i, y_i)	输送产品量(W_j)
D_1	(13, 8)	5
D_2	(7, 11)	15
D_3	(3, 9)	5
D_4	(4, 14)	10
E_1	(3, 4)	15
E_2	(11, 4)	10
E_3	(7, 6)	20
A	(21, 12)	80

解　首先计算出配送中心到工厂和各需方的直线距离，如表 3-2 所示；然后按下式求出较为理想的位置：

$$x_d^{(1)}=\frac{\sum_{j=0}^{n}\alpha_j W_j x_j / d_j}{\sum_{j=0}^{n}\alpha_j W_j / d_j}=\frac{9821}{1192}\approx 8.2$$

$$y_d^{(1)}=\frac{\sum_{j=0}^{n}\alpha_j W_j y_j / d_j}{\sum_{j=0}^{n}\alpha_j W_j / d_j}=\frac{9399}{1192}\approx 7.9$$

表 3-2　配送中心到工厂和各需方的直线距离

距离	D_1—P_0	D_2-P_0	D_3-P_0	D_4-P_0	E_1-P_0	E_2-P_0	E_3-P_0	$A-P_0$
距离 d_j/km	5.0	3.2	5.1	7.2	6.4	5.0	2.2	13.6

以上所求点即为配送中心 P 第一次改进的位置。根据计算，当配送中心位置为 $P_0(8, 8)$时，$T^{(0)}=39\ 785$ 元。同理，再按 $P_1(8.2, 7.9)$计算配送中心到工厂 A 和各需方的直线距离，并按上述公式求出第二次改进的配送中心位置坐标，则

$$x_d^{(2)}=\frac{9861}{1187}\approx 8.3$$

$$y_d^{(2)}=\frac{9327}{1187}\approx 7.9$$

根据计算，可见当配送中心 P 的位置为 $P_1(8.3, 7.9)$时，$T^{(1)}=39\ 615$ 元。

通过上述计算之后，将 $T^{(0)}$与 $T^{(1)}$进行比较：$T^{(1)}<T^{(0)}$，表明物流中心 P 的位置有进一步改进的可能，故需要继续迭代计算。再算出由配送中心到工厂 A 和各需方的距离和运输费用，经过计算后可得，$T^{(2)}=39\ 765$ 元。因为 $T^{(2)}>T^{(1)}$，所以 $T^{(1)}$最小，即 $P_1(8.3, 7.9)$为所选配送中心最合理的位置。

这种方法的优点是按运输费用最小原则来选址，并对候选位置不加限制，因此具有较大的灵活性。但其缺点也是由于灵活性较大，计算出来的最佳选址点可能受实际地理状态(如高山或河流、湖泊等)限制，而不宜修建配送中心。此外，上述计算的距离均为直线距离，这往往也不符合实际情况。因此，在实际距离不是直线距离的情况下，可在运输费率α_j中加以修正，使之适当增大，以补偿与实际距离的偏差。

3.3 物流配送中心多设施选址方法

物流配送中心多设施选址是指选址的数量不唯一，即在多个配送中心为顾客配送货物。其主要用到选址方法有最优规划法和启发式方法。

3.3.1 最优规划法

最优规划法属于一种精确算法，能够得到最优解，但其存在一定的难度，复杂问题难以建模，大规模问题则难以求解，且选址要素必须是可量化的。常见的混合整数规划法就属于这种方法。

1. 混合整数规划法

混合整数规划法是通过给定离散的决策变量、目标函数与约束条件，使其能够对所考虑的问题进行较为全面和客观的描述，适合于解决物流网络设计中常见的、较为复杂的选址问题。

一个典型的此类选址问题可以描述为：某几家工厂生产数种产品，这些工厂的生产能力为已知，每个消费区对每种产品的需求量也已知。产品首先从工厂运送到仓库，集中后再经由仓库运往消费区，使消费区的需求得到满足，且每个消费区由某一指定仓库独家供货。各个仓库能承受的总的年吞吐量有上限和下限的要求。仓库成本表示为固定成本(实际用地所承担的费用，包括固定投资、维护费用、工人工资等)加上线性可变成本(包括货物的搬运费用、储存费用等)。运输成本被看作是线性的，与运输的距离有关。决策的目标是找出物流网络中仓库的数量、规模和位置，使得通过该网络运送所有产品的固定成本和线性可变成本在以下条件约束下降至最低：

(1) 不能超过每个工厂的供货能力。

(2) 所有产品的需求必须得到满足。

(3) 各仓库的吞吐量不能超过其吞吐能力。

(4) 必须达到最低吞吐量，仓库才可以开始运营。

(5) 同一消费区需要的所有产品必须由同一仓库供给。

为了对上述问题建立混合整数线性规划模型，首先要给出各参数和变量的代号。具体参数说明为：i为商品，$i \in M$，M为货物种类集合；j为工厂，$j \in N$，N为工厂个数集合；k为仓库，$k \in K$，K为备选仓库个数集合；l为消费区，$l \in L$，L为消费区个数集合；S_{ij}为工厂j生产商品i的年生产能力；D_{il}为消费区l对商品i的年需求量；f_k为仓库k每年运营的固定成本；v_k为仓库k单位变动成本；C_{ijkl}为商品i从工厂j经仓库k到达消费区l的单位平均成本。

具体变量说明为：X_{ijkl} 为商品 i 从工厂 j 经仓库 k 到达消费区 l 的数量；Z_k 为若仓库投入经营，则为 1，否则为 0；Y_{kl} 为若仓库 k 为消费区 l 提供服务，则为 1，否则为 0。其混合整数规划模型为

$$\mathrm{TC} = \min \sum_{i \in M} \sum_{j \in N} \sum_{k \in K} \sum_{l \in L} C_{ijkl} X_{ijkl} + \sum_{k \in K} \left[f_k z_k + v_k \sum_{l \in L} \left(\sum_{i \in M} D_{il} \right) Y_{kl} \right]$$

需要满足的约束条件为

$$\sum_{k \in K} \sum_{l \in L} X_{ijkl} \leqslant S_{ij}$$

同时，所有用户的需求必须得到满足，即

$$\sum_{j \in N} X_{ijkl} = D_{il} Y_{kl}$$

对于所有的 X_{ijkl}，均满足条件 $X_{ijkl} \geqslant 0$。

混合整数规划法的最优解可以应用分支定界法求解，分支定界法是一种求解整数规划问题的最常用算法。这种方法不但可以求解纯整数规划，还可以求解混合整数规划问题。求出混合整数规划法模型的最优解，就得到了配送中心选址的最佳可行方案。

通过例 3-2，可以更好地了解混合整数规划法在选址问题中是如何使用的。

【例 3-2】 现有三个顾客需要两种产品，但每个顾客只能由同一个仓库供货，如图 3-4 所示。仓库 1 的货物搬运处理成本为每千克 2 元，如果投入营运，则该仓库的固定成本为每年 10 万元，仓库的处理能力为每年 11 万千克；仓库 2 的货物搬运处理成本为每千克 1 元，固定成本为每年 50 万元，处理能力无限制，不存在维持仓库运营的最低数量限制。有两个工厂为仓库提供产品。每个工厂都可以生产其中任何一种产品，但每种产品的单位生产成本是不同的。工厂 1 的生产能力有限制(每年可生产 6 万千克产品 1 和 5 万千克产品 2)，工厂 2 生产任意一种产品都没有生产能力的限制。现要求弄清该使用哪些仓库，怎样将顾客需求分配给它们，以及各工厂应该向每个仓库供多少货物。

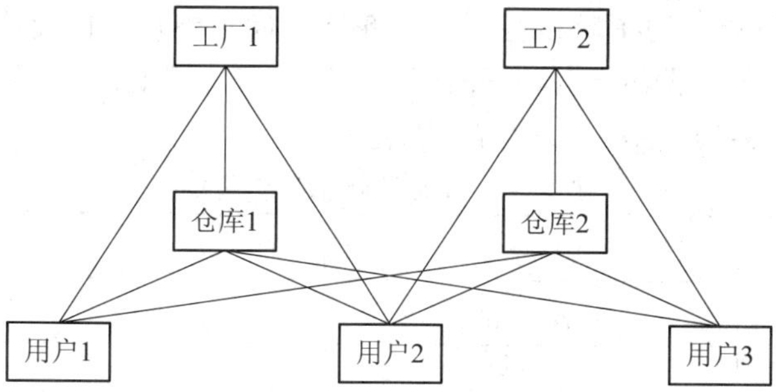

图 3-4　供货结构

解　将问题的数据代入上述混合整数规划模型，如在 MATLAB 软件中，利用其自带的线性整数规划函数(intlinprog)输入相关数据进行求解。解的结果是使用仓库 2，并利用工厂 2 进货，其物流成本如表 3-3 所示。

表 3-3 成本计算结果

类 别	成本/元
产品	1 020 000
运输成本	1 220 000
仓库处理成本	310 000
仓库固定成本	500 000
总 计	3 050 000

2. 线性规划法

实际生活中常常会遇到这样的问题：一个多层次物流配送中心网络在若干年前已经建成，但经过一段时间后，用户及其需求发生了很大的变化，需要对该网络进行布局调整，重新分派各子配送中心的配送范围及配送量。对于工厂供应多个需求点(仓库、工厂、配送中心和销售点)的问题，通常采用线性规划法求解更为方便。

线性规划法可以同时确定多个设施的位置，目的是使所有设施的生产运输费用最小，即在相应约束条件下令所求目标函数为最小。工厂生产能力以及消费者需求的约束条件为

$$\sum_{j=1}^{n} X_{ij} \leqslant P_i$$

$$\sum_{i=1}^{n} X_{ij} \geqslant S_j$$

式中：m 为工厂数量；n 为销售点数量；P_i 为工厂 i 的生产能力；S_j 为销售点 j 的需求；X_{ij} 为从工厂 i 到销售点 j 的产品数量，$X_{ij} \geqslant 0$。

最小运输成本的目标函数为

$$\min(Z) = \sum_{i=1}^{m}\sum_{j=1}^{n} C_{ij} X_{ij}$$

式中：C_{ij} 为工厂 i 生产一单位产品并运输到销售点 j 的运输成本。

通过例 3-3，可以更好地了解线性规划法在选址问题中是如何使用的。

【例 3-3】 某公司由两家工厂向三个销售点 A、B、C 配货，各个工厂到销售点的单位运价及产需量如表 3-4 所示，求最佳配货方案。

表 3-4 单位运价及产需量

产 量		需 求 量		
		A	B	C
		7	10	7
工厂 1	16	35	30	48
工厂 2	8	40	43	32

解 线性规划法的基本思想是将产品优先分配给运输费用最少的销售点，如表 3-5 所示。

表 3-5　线性规划法求解表

产　量		需　求　量		
		A	B	C
		7	10	7
工厂 1	16	③35(6)	30(10)	48(0)
工厂 2	8	④40(1)	43(0)	32(7)

步骤 1　选择最少运价 30(工厂 1 至销售点 B)，将工厂 1 的 16 个产品分配 10 个到销售点 B，还剩 6 个，B 的需求量已得到满足，不需要工厂 2 提供，则在 B 列中对应工厂 2 的位置补 0，将销售点 B 划去，不再讨论。

步骤 2　选择剩下的运价中最少的 32(工厂 2 到销售点 C)，将工厂 2 的 8 个产品分配 7 个到销售点 C，还剩 1 个，C 的需求量也得到了满足，所以在 C 列对应工厂 1 的位置补 0，将销售点 C 划去，不再讨论。

步骤 3　选择剩下的运价中最少的 35(工厂 1 至销售点 A)，将工厂 1 剩下的 6 个产品分给销售点 A，A 需 7 个产品，还缺 1 个。

步骤 4　将工厂 2 剩下的 1 个产品分给销售点 A，至此所有产品分配完毕。最小运费为

$$Z = 35 \times 6 + 30 \times 10 + 48 \times 0 + 40 \times 1 + 43 \times 0 + 32 \times 7 = 774$$

对于分配过程，需要说明以下两点：

(1) 当产量 P_i 不等于需求量 S_j 时，按 P_i、S_j 中小者进行分配。若按 S_j 分配，则与 S_j 同列的其余位置补 0；若按 P_i 分配，则与 P_i 同行的其他位置补 0。

(2) 当产量 P_i 等于需求量 S_j 时，则一次完成产销分配，或在行上或在列上补 0，但不能同时补 0。

3.3.2　启发式方法

启发式方法是一种逐次逼近最优解的方法。启发式方法与最优规划法的最大不同在于它不是精确式算法，不能保证给出的解决方案是最优的，但只要处理得当，获得的可行解与最优解是非常接近的；另外，启发式算法相对最优规划法计算简单，求解速度快。所以，在实际应用中，启发式方法是仅次于最优规划法的选址方法。

用启发式方法进行配送中心选址及网点布局时，首先要确定计算总费用的方法，拟定判别准则，规定改进途径；然后给出初始方案，迭代求解。我们经常使用的 CFLP(Capacitated Facility Location Problem，固定容量设备选址问题)法和 Cluster 法都属于启发式方法。

1. CFLP 法

CFLP 法是用线性规划中的线性规划法确定各配送中心的市场占有率，求出配送分担地区的重心；再用混合整数规划法确定场址的建设位置。当配送中心的能力有限，且用户的地址、需求量以及多个配送中心的数目均已确定时，可采用 CFLP 法，从由多个物流配送中心组成的配送系统的备选地点中选出总费用最小的地点。

CFLP 法的基本步骤为：首先设定物流配送中心的初始地点；然后在保证总运输费用最小的前提下，求出各物流配送中心的供应范围；再在所求出的供应范围内将各物流配送中心自初始地点分别移动至其他备选地点，以使在供应范围内的总费用下降。当移动物流配送中心至任何备选地点都不能继续使本区域总费用下降时，则计算结束；否则继续移动物流配送中心到新地点并求其供应范围。重复以上过程，直到费用不再下降为止。

其具体步骤如下：

步骤 1 设定物流配送中心初始地点。根据用户需求分布情况和物流配送中心的配送能力，适当地确定物流配送中心的数量及其各自设置的地点，并以此作为初始方案。这一步骤将直接影响整个计算的收敛速度，因此非常重要。

步骤 2 确定各暂定物流配送中心的供应范围。设需求用户有 n 个；暂定的物流配送中心有 k 个，分别为 s_1，s_2，…，s_k；从物流中心 s_i 到用户 j 的单位运输费用为 $h_{s_i j}$；以总运输费用 U 为最低目标，则构成的运输问题模型如下：

$$\min U = \sum_{i=1}^{k}\sum_{j=1}^{n} h_{s_i j} X_{s_i j}$$

$$\sum_{j=1}^{n} X_{x_i j} \leqslant M_{s_i}$$

式中：$i=1$，2，…，k；$j=1$，2，…，n；$X_{s_i j}$ 为配送中心 s_i 到用户 j 的运输量，$X_{s_i j} \geqslant 0$；M_{s_i} 为物流中心 s_i 的容量。

$$\sum_{i=1}^{n} X_{x_i j} \geqslant D_j$$

式中：D_j 为用户 j 的需求。

对上述问题进行求解，就可以求得各暂定物流配送中心的供应范围。这可以表述为各配送中心服务的用户合集：$N_i = \{j : X_{x_i j} \neq 0\}$，$i=1$，2，…，$k$。

步骤 3 在上述各配送范围内，将暂定的物流配送中心移动到其他备选地点，寻求可能的改进方案，从而使总费用最低。设在原定物流配送中心 s_i 的配送范围为 N_i，除 s_i 之外，还有 L_i 个可作为物流配送中心的备选地点，在这些地点设置物流配送中心的固定费用分别为 F_{t_l}，则以 $t_l(t_l \in L_i)$为新的物流配送中心时，N_i 内的总费用为

$$U_{t_l} = \sum_{j=1}^{N_i} h_{t_{lj}} X_{t_{lj}} + F_{t_l}\text{，}\ t_l \in L_i$$

步骤 4 再令 $U_{t_l}^* = \min(U_{t_l})$，如果 $U_{t_l}^* \leqslant U_{s_l}$，则说明步骤 3 求出的目标函数值是步骤 2 求出的第 i 个物流配送中心目标函数值的一部分，在此情况下令 $s_i' = t_i'$，否则令 $s_i' = s_i$。对所有备选地点重复上述过程，得到新的物流配送中心的集合 $\{s_i'\}_{i=1}^{k}$。

步骤 5 将新的物流配送中心与旧的物流配送中心的总费用进行比较，如果前者大于或等于后者，则说明总费用已经不能再下降，计算可停止；如果前者小于后者，则说明新的物流配送中心地点可使总费用下降，通过重复上述步骤，总费用还有进一步降低的可能性。为了使总费用降低，用新的物流配送中心地址代替原有物流配送中心地址，重复上述

步骤，直到总费用不再下降为止。

2. Cluster 法

Cluster 法的基本思路是：先将物流配送中心定位在各个需求点，然后通过对需求点进行组合以降低物流配送中心的数目，并根据组合后的需求点的几何重心安排新的配送中心地址，直到总费用不再降低为止。Cluster 法相对其他方法而言要简便得多。

通过例 3-4，可以更好地了解 Cluster 法在选址问题中是如何使用的。

【例 3-4】 假设在某一地区有 5 个主要市场，现在要设计一个配送中心网络来负责这些主要市场的配送。5 个主要市场之间的距离如表 3-6 所示，每个市场的需求量都是 5 万吨；该网络的配送中心个数不限，配送中心的建造费用和运营费用都是相同的，分别为 200 万元和 100 万元；另外，运输费率是 0.1 元/(t • km)。按 Cluster 法设计此配送中心网络，具体步骤如下。

表 3-6　5 个主要市场之间的距离　　km

市　场	市场 1	市场 2	市场 3	市场 4	市场 5
市场 1	—	400	800	750	700
市场 2	400	—	900	850	650
市场 3	800	900	—	1000	650
市场 4	750	850	1000	—	800
市场 5	700	650	650	800	—

步骤 1　假设在每个市场各建造一个配送中心，总共需要建造 5 个配送中心，由于与各市场的距离是 0，因此运输成本为 0。总费用由建设成本、运营成本以及运输成本构成，因此该方案总费用为

$$5 \times 200 + 5 \times 100 + 0 = 1500\ (\text{万元})$$

步骤 2　将市场 1 和市场 2 组合成一组，并在两个市场直线距离的中点设置新的配送中心，同时服务这两个市场。新的配送中心到市场 1 和市场 2 的距离分别为 200 km。配送中心的总数目可以减少到 4 个，建造成本和运营成本减少 $200 + 100 = 300$(万元)，而运输成本增加 $0.1 \times 200 \times 5 \times 2 = 200$(万元)。所以，与初始方案相比，该方案总费用下降了 100 万元，即为 1400 万元，优于初始方案。

步骤 3　按上述方法继续分组，检验总费用是否还可以继续下降。如果不能继续下降，则说明已经达到最优，否则继续计算。由于其他几个市场之间的距离不小于 600 km，如果继续将两个组合并，总费用就会增加，因此方案无法继续改进，已达到最优。

根据上述计算可知，配送中心网络应在市场 1 和市场 2 直线距离的中点设置一个物流中心，另外在市场 2 和市场 4 以及市场 5 所在地分别设置一个配送中心，从而使总费用最小。

3.4　物流配送中心综合因素评价选址方法

综合因素评价法是一种全面考虑各种影响因素，并根据各影响因素的重要程度对选址方案进行评价、打分，以找出最优方案的多因素评价方法，包括分级评分法、积点法、因

次分析法等。它们的共同特点是对各选址影响因素根据不同的影响程度分别考虑，并予以综合评价，从而使评价结果更加客观，方案更加可行。

1. 分级评分法

分级评分法是指对不同配送中心选址方案中的所有因素进行评分，并根据分数值的高低确定最优地址的一种方法。这种方法首先要列出影响地址选择的所有因素，然后按照因素的重要程度确定其权数。其具体步骤如下：

步骤 1 针对设施选择的基本要求和特点，列出要考虑的各种因素。

步骤 2 根据各因素的相对重要性程度，分别规定相应权重。

步骤 3 对每个方案进行审查，并按每个因素的优劣排出该因素在各个方案中的等级系数。

步骤 4 把每个方案的每个因素的等级系数与权重乘积相加，得出每一个方案的总分数。所有方案中，总分数最高者为最佳。

通过例 3-5，可以更好地了解分级评分法在选址问题中是如何使用的。

【例 3-5】 对某一设施的选址有 A、B、C、D 四种方案，影响选址的主要因素有七项，设每个因素在方案中的等级分为 A、E、I、O 和 U 五级。现设定 A＝4 分，E＝3 分，I＝2 分，O＝1 分，U＝0 分。各因素权重和设施评分结果如表 3-7 所示。

表 3-7 各因素权重和设施评分结果

考虑因素	权 重	各方面等级和分数			
		A	B	C	D
设施地址	8	A/32	E/24	I/16	I/16
面积和外形	6	A/24	A/24	E/18	U/0
地势和坡度	2	O/2	E/6	I/6	I/6
风向、日照	5	E/15	E/15	I/10	I/10
铁路接轨条件	7	I/14	E/21	I/14	A/28
施工条件	3	I/6	O/3	E/9	A/12
与城市规划关系	10	A/40	E/30	E/30	I/20
合 计		133	123	103	92

从表 3-7 中可以看出 A 方案的分数最高，选 A 址最佳。应用此方法的关键是对各因素确定合理的权数等级，这需要征求各上级管理部门的意见，并取平均值。

2. 积点法

积点法是指先确定选址过程中所要考虑的主要因素，然后按因素优劣程度的比例分配积点数，最后将每一个因素的所得积点数相加，总积点至最高者为最佳结果的一种选址方法。

积点法的具体步骤如下：

步骤 1 确定所要考虑的主要因素，数量最好在 5～15 个。

步骤 2 确定某一备选方案可能得到的最高积点，通常最高总积点为 500 点或 1000 点。

步骤 3 确定每一因素的最高积点，确定原则是将某一备选方案中各因素按重要性排列，积点数与因素重要性成正比，各因素的最高积点数之和等于该方案最高总积点数。

步骤 4　针对每一因素，比较各备选方案，依次给予适当的积点。注意，赋予积点时，该因素要按照优劣不同赋予不同积点数，并且在最佳方案中，该因素的值不能超过上面确定的最高限度。

步骤 5　就每一备选方案，将每一个因素的所得积点数相加，总积点至最高者为最佳。

积点法与分级评分法很相似，只是在对每一因素赋值时略有不同。积点法要求按因素优劣程度的比例分配积点数，这方面比分级评分法的相应做法更客观。

3. 因次分析法

因次分析法是将经济因素(成本因素)和非经济因素(非成本因素)按照相对重要程度统一起来综合分析的方法。设经济因素和非经济因素重要程度之比为 $m:n$，经济因素的相对重要性为 M，则 $M=\dfrac{m}{m+n}$，相应非经济因素的相对重要性为 N，则 $N=\dfrac{n}{m+n}$，且有 $M+N=1$。

1) 确定经济因素的重要性因子 T_j

设有 k 个备选地址，c_j 为每个备选地址的各种经济因素反映的货币量之和，即地址的经济性成本。此处取成本的倒数进行比较是为了和非经济因素相统一，因为非经济因素越重要其指标应该越大，而经济因素成本越高经济性越差，所以取倒数进行比较，计算结果大者经济性好。

2) 计算非经济因素的重要性因子 T_f

步骤 1　确定单一非经济因素对于不同候选地址的重要性，即就单一非经济因素将被选地址两两比较，令较好的比例为 1，较差的比例为 0。将各方案的比例除以所有方案所得比例之和，得到单一非经济因素相对于不同地址的重要性因子 T_d，即

$$T_d=\frac{W_i}{\sum\limits_{i=1}^{k}W_i} \tag{3-11}$$

式中：T_d 为单一因素对于备选地址 j 的重要性因子；W_i 为单一因素所获得的比例；$\sum\limits_{i=1}^{k}W_i$ 为单一因素对于各备选地址的总比例和。

步骤 2　确定各个因素的权重比例。对于不同的因素，确定其权重比例 G_i。G_i 的确定可以用上面两两相比较的方法，也可以由专家根据经验确定，所有因素的权重比例之和为 1。

步骤 3　将单一因素的重要性因子乘以其权重，将各种因素的乘积相加，得到非经济因素对各个候选地址的重要性因子 T_f，即

$$T_f=\sum_{i=1}^{k}G_i\times T_{di} \tag{3-12}$$

式中：T_{di} 为非经济因素 i 对备选地址的重要程度；G_i 为经济因素 i 的权重比例；k 为非经济因素的数目。

3) 计算地址的重要性指标 C_t

将经济因素的重要性因子和非经济因素的重要性因子按重要程度叠加，得到该地址的重要性指标 C_t，即

$$C_t = MT_j + NT_f \tag{3-13}$$

式中：C_t 为地址的重要性指标；T_j 为经济因素重要性因子；T_f 为非经济因素重要性因子；M 为经济因素的相对重要性；N 为非经济因素的相对重要性。

通过例 3-6，可以更好地了解因次分析法在选址问题中是如何使用的。

【例 3-6】 某公司拟建一个配送中心，有三处待选地址 A、B、C，主要经济因素为年总成本，分别为 375、360、365；非经济因素主要考虑政策法规、气候因素和安全因素。就政策而言，A 地最宽松，B 地次之，C 地最次；就气候而言，A 地、B 地相同，C 地次之；就安全而言，C 地最好，A 地最差。据专家评估，三种非经济因素比例为 0.5、0.3 和 0.2。要求用因次分析法确定最佳地址。

解 (1) 确定经济性因素的重要性因子 T_j。

$$\frac{1}{c_2} = \frac{1}{375} \approx 2.67 \times 10^{-3}$$

$$\frac{1}{c_2} = \frac{1}{360} \approx 2.78 \times 10^{-3}$$

$$\frac{1}{c_3} = \frac{1}{365} \approx 2.74 \times 10^{-3}$$

$$T_{j\mathrm{A}} = \frac{\dfrac{1}{c_1}}{\sum\limits_{i=1}^{3} \dfrac{1}{c_i}} = \frac{2.67 \times 10^{-3}}{8.19 \times 10^{-3}} \approx 0.326$$

$$T_{j\mathrm{B}} = \frac{2.78 \times 10^{-3}}{8.19 \times 10^{-3}} \approx 0.339$$

$$T_{j\mathrm{C}} = \frac{2.74 \times 10^{-3}}{8.19 \times 10^{-3}} \approx 0.335$$

(2) 确定非经济性因素的重要性因子 T_f。

① 政策法规比较如表 3-8 所示。

表 3-8　政策法规比较

地　址	A-B	A-C	B-C	比例和	T_d
A	1	1	—	2	2/3
B	0	—	1	1	1/3
C	—	0	0	0	0

注：“A-B”表示 A 和 B 进行比较，余同。

② 气候因素比较如表 3-9 所示。

表 3-9　气候因素比较

地　址	A-B	A-C	B-C	比例和	T_d
A	1	1	—	2	2/4
B	1	—	1	2	2/4
C	—	0	0	0	0

③ 安全因素比较如表 3-10 所示。

表 3-10　安全因素比较

地　址	A-B	A-C	B-C	比例和	T_d
A	0	0	—	0	0
B	1	—	0	1	1/3
C	—	1	1	0	2/3

④ 各因素汇总如表 3-11 所示。

表 3-11　各因素汇总

因素(i)	地址(d)			权重(G_i)
	A	B	C	
A	2/3	1/3	0	0.5
B	2/4	2/4	0	0.3
C	0	1/3	2/3	0.2

(3) 计算各地址非经济因素重要性因子 T_f。

$$T_{f\text{A}}=\frac{2}{3}\times 0.5+\frac{2}{4}\times 0.3\approx 0.483$$

$$T_{f\text{B}}=\frac{1}{3}\times 0.5+\frac{2}{4}\times 0.3+\frac{1}{3}\times 0.2\approx 0.383$$

$$T_{f\text{C}}=\frac{2}{3}\times 0.2\approx 0.133$$

(4) 计算总的重要性指标 C_t。

假定经济因素和非经济因素同等重要，则 $M=N=0.5$，即

$$C_{t\text{A}}=0.5\times 0.326+0.5\times 0.483=0.4045$$
$$C_{t\text{B}}=0.5\times 0.339+0.5\times 0.383=0.361$$
$$C_{t\text{C}}=0.5\times 0.335+0.5\times 0.133=0.234$$

根据以上计算，A 地址重要性指标最高，故选择 A 作为物流配送中心地址。

经典案例

基于改进模拟退火算法的船舶物流配送中心选址研究

1. 引言

船舶物流配送中心是从事船舶货物配备和组织送货服务的现代海运物流设施。我们可以通过模拟退火算法进行船舶物流配送中心的选址计算。模拟退火算法是从某一较高初温出发，伴随温度参数的不断下降，赋予搜索过程一种时变且最终趋于零的概率突跳性，结合概率突跳特性，在解空间中随机寻找目标函数的全局最优解，从而有效避免搜索过程陷入局部极小并最终趋于全局最优的串行结构的优化算法。由于传统模拟退火算法受初始温

度和温度下降梯度的影响较大，难以控制算法的收敛速度，影响选址的实际经济效益，因此这里将研究基于改进模拟退火算法的船舶物流配送中心选址方法。

2. 改进模拟退火算法的船舶物流配送中心选址方法

1) 建立船舶物流配送中心选址问题数学模型

船舶物流配送中心选址问题在数学上可以视为最小成本问题，即通过变动相关参数以及约束条件，使得所有建设、运营等成本之和最小。

假设建立配送中心选址问题数学模型的背景为：在已知备选区域内进行选址；配送中心有多个供货点，同时用户的配送需求可以由多个配送中心满足；各配送中心与供货点、需求点之间对不同商品的单位运输费用已知；各配送中心对船舶物流配送货物的单位管理费用已知。根据以上假设背景，使用离散型函数建立物流配送中心选择数学模型，模型表达式如下：

$$\min E=\sum_{r=1}^{l}\sum_{i=1}^{m}c_{ki}W_{ki}+\sum_{i=1}^{m}\sum_{j=1}^{n}h_{ij}X_{ij}+\sum_{k=1}^{l}\sum_{i=1}^{m}\frac{g_i\sqrt{W_{ki}}}{2}+\sum_{i=1}^{m}z_iF_i \tag{3-14}$$

式中：E 为物流配送中心选址、投入使用的总费用；l 为物流配送网络中的供货点数量；m 为备选的配送中心个数；n 为需求点的数量；W_{ki} 为供货点 k 到物流配送中心 i 的货物目标运输量；X_{ij} 为中心 i 为需求点 j 运输的货物量；F_i 为中心 i 花费的包括建设、运营等在内的固定费用；c_{ki} 为运输单位货物从供货点 k 到配送中心 i 的费用；g_i 为配送中心 i 对物流货物的单位管理费用；h_{ij} 为中心 i 运输货物至需求点 j 的单位运费；z_i 是取值为 0 或 1 的变量，z_i 取值为 1 时，说明中心 i 被选中，反之则中心 i 未被选中。

模型的求解约束条件如下：

$$\begin{cases}A_k-\sum_{i=1}^{m}W_{ki}\geqslant 0\\ M_i-\sum_{k=1}^{l}W_{ki}\geqslant 0\\ \sum_{i=1}^{m}X_{ij}-D_j\geqslant 0\\ \sum_{j=1}^{n}X_{ij}-\sum_{k=1}^{l}W_{ki}\geqslant 0\\ W_{ki}\geqslant 0,\ X_{ij}\geqslant 0\\ i=1,2,\cdots,m,\quad j=1,2,\cdots,n,\quad k=1,2,\cdots,l\end{cases} \tag{3-15}$$

式中：A_k 为供货船舶 k 的供货能力；M_i 为物流配送中心 i 的建设容量；D_j 为需求点 j 的需求量。

建立船舶物流配送中心选址数学模型后，接下来要对求解模型的模拟退火算法进行改进。

2) 改进模型求解算法

这里将粒子群算法与模拟退火算法融合，实现对模拟退火算法的改进。粒子群算法属于进化算法的一种，和模拟退火算法相似，它也是从随机解出发，通过迭代寻找最优解。粒子群算法通过适应度来评价解的品质，但其比遗传算法规则更简单，没有遗传算法的

“交叉”(Crossover)和“变异”(Mutation)操作，是通过追随当前搜索到的最优值来寻找全局最优解。这种算法以其实现容易、精度高、收敛快等优点引起了学术界的重视，并且在解决实际问题的过程中展示了其优越性。粒子群算法是一种并行算法，其具体流程如下。

若粒子群的种群数量为 N，则初始化粒子速度 V_q 和位置 Y_q。惯性权重初始值为 w，算法迭代次数为 iter，允许迭代的最大次数为 $\text{iter}_{\max}$。退火算法的初始温度为 T，退火算法允许变坏的数值范围为 f_{val}。设定两个算法的初始参数后，初始化粒子算法的个体极值点 PY_i、全局极值点 GY_i、个体极值 P_{f} 和全局适应度值 G_{f}。

根据式(3-15)的各项约束条件，计算每个粒子的适应度 f，将适应度 f 与全局适应度值 G_{f} 比较。若 $G_{\text{f}}>f$，则个体极值和个体极值点均取初始值；反之全局极值点和全局适应度值取初始值，其余参数均不变，更新粒子速度和粒子位置，计算前后粒子适应度变化量。若变化量小于 0，则重复上述步骤，否则重新计算。当到达 $\text{iter}_{\max}$ 或得到最优解时，停止迭代，完成对模拟退火算法的改进。使用改进后的模拟退火算法求解式(3-14)模型，完成对船舶物流配送中心的选址。

将拟选定建设配送中心地址的相关数据代入式(3-15)的约束条件中，使用改进模拟退火算法按照上述流程求解。当算法输出最优解或所得解在所有可行解中能使得式(3-14)值最小时，则对应参数的地址为拟建设配送中心最优地址。至此，完成对改进模拟退火算法的船舶物流配送中心选址方法的研究。

3. 仿真实验

为直观验证基于改进模拟退火算法的物流配送中心选址方法的可行性，需要进行对比实验。由于在现实中对该方法进行验证需要较长时间，因此本次对比实验采用仿真实验形式。实验的参考组为基于模拟退火算法的物流配送中心选址方法，实验组为本案例研究的基于改进模拟退火算法的物流配送中心选址方法。通过分别对比两种算法的收敛速度以及应用这两种选址方法后的物流系统总成本，来衡量实验组和参考组选址方法的优劣。

应用实验组和参考组两个选址方法，根据给定的模拟城市参数，分别选址建立一个物流中心，建设、运营物流配送中心以及相关运输维护费用等参数如表 3-12 所示。

表 3-12　船舶物流配送中心选址参数

编　号	项　目	参　数
1	中心建设、运营总费用	50 万元
2	港口到物流中心运费	1000 ~ 2000 元/次
3	物流中心获取管理费用	300 元/m^2
4	物流中心送货费用	800 ~ 1000 元/次
5	物流中心人员支出费用	150 ~ 200 元/天

采用已知的 Spark 数据集对改进前后的模拟退火算法迭代速度进行测试，这些问题已经使用软件求得最优解。两种模拟退火算法的初始温度值均设置为 100℃，温度按照 0.90 的下降系数等比例下降。算法的迭代补偿均设置为 $5mn$。当温度下降至 1℃时，算法停止迭代。通过对比算法得到最优解耗费的时间，判断算法的收敛速度快慢。通过两次实验，验证实验组和参考组选址方法的可行性优劣。使用改进前后的模拟退火算法求解数据集问题的对比结果如表 3-13 所示。

表 3-13 两算法求解问题的对比结果

问题编号	改进模拟退火算法		模拟退火算法	
	相对误差/%	计算时间/s	相对误差/%	计算时间/s
1	0.12	1.047	7.86	4.233
2	0.07	1.856	6.56	5.247
3	0.21	0.831	13.20	6.428
4	0.15	1.593	11.28	12.483
5	0.04	2.632	16.89	14.425
6	0.03	3.428	26.75	18.347
7	0.02	1.275	18.47	41.162
8	0.05	8.721	36.74	57.831

分析表 3-13 中的数据，判断两个算法的收敛速度快慢。分析表 3-13 可知，改进后的模拟退火算法整体计算时间较改进前的算法大大缩短，并且改进后的算法计算出的结果的相对误差均小于 0.3%，远远小于改进前算法计算结果的相对误差，说明改进后的模拟退火算法的收敛速度更快，在算法的前半部分就已经收敛于最优解。

分别应用实验组和参考组选址方法选址后，进行物流配送。在模拟仿真平台上，两个方法选取的配送中心位置不重合。数次物流服务中，船舶物流系统的总成本如表 3-14 所示。

表 3-14 应用两个方法后的物流系统总成本

序　号	预计成本/万元	实验组方法/万元	参考组方法/万元
1	30	24.9241	28.6389
2	35	27.2237	33.8642
3	28	22.3648	26.5217
4	17	12.2342	15.6395
5	22	16.9586	19.2468
6	19	13.5850	17.3341
7	12	9.4268	11.0638
8	36	28.7596	34.7543

分析表 3-14 可知，相比参考组方法选取的地址，应用实验组方法选取的配送中心地址后，整个船舶物流配送系统的成本平均节省约 16.95%，说明实验组方法选取的物流配送中心地址更加合理，能够更好地完成物流配送服务。综合两次实验结论，应用本案例研究的改进模拟退火算法的船舶物流配送中心选址方法能够节省更多的投入成本，实用价值高。

4. 结语

本案例研究改进模拟退火算法的船舶物流配送中心选址方法，通过与传统选址方法的对比实验证明了本案例研究的方法具有可行性，同时也说明改进模拟退火算法对船舶物流网络优化有一定实用价值。

【本章小结】

本章首先说明了物流配送中心选址的必要性和重要性；然后介绍了物流配送中心选址

考虑的主要因素、物流配送中心选址决策步骤以及物流配送中心选址方法的类型；最后分别详细讲解了物流配送中心单设施选址方法、物流配送中心多设施选址方法以及综合因素评价法，比较分析了各种方法的优缺点以及在实际应用过程中存在的问题。

【拓展阅读】

1. 倪卫红, 陈太. 基于聚类-重心法的应急物流配送中心选址[J]. 南京工业大学学报(自然科学版), 2021, 43(2): 255-263.

2. 王勇, 黄思奇, 刘永, 等. 基于 K-means 聚类方法的物流多配送中心选址优化研究[J]. 公路交通科技, 2020, 37(1): 141-148.

3. 杨叶勇. “互联网+”时代农村物流配送中心选址的优化方案设计[J]. 商业经济研究, 2017(20): 100-102.

4. 郑乔芳, 郝忠娜. 考虑交通拥堵的物流配送中心选址研究[J]. 物流工程与管理, 2020, 42(10): 151-153.

5. 沈爱风. 基于运输成本的物流配送中心选址问题分析[J]. 物流技术, 2013, 32(17): 211-213.

【实践作业】

1. 任务名称

物流配送中心选址。

2. 任务描述

通过学习本章内容，学会根据相关数据选择合适的选址方法进行选址决策。

3. 任务实施

某公司准备建立一家物流配送中心，共有三处地址可供选择，各地点每年经营费用如表 3-15 所示，非成本因素优劣比较和各因素加权指数如表 3-16 所示。要求用因次分析法确定物流配送中心的位置。

表 3-15　各地址每年经营费用　　万元

地　址	劳动力费用	运输费用	税收费用	能源费用
A	150	120	160	180
B	200	100	230	210
C	180	80	250	230

表 3-16　非成本因素优劣比较和各因素加权指数

地　址	竞争对手	受欢迎程度	生活条件	可用劳动力情况
A	一般	很好	一般	好
B	较多	较好	好	很好
C	多	好	很好	一般
加权指数	4	3	1	2

第 4 章　物流配送中心规划实施

学习目标

了解物流配送中心规划实施程序的各个阶段；理解物流配送中心项目基础资料整理和分析的意义，并掌握基础资料整理的步骤与方法；掌握物流配送中心的作业功能规划、信息系统规划、区域布置规划的主要内容。

关键术语

建设程序　项目建议书　可行性研究报告　筹措资金　规划设计　施工准备工作　竣工验收　基础资料整理　审核　分类标准　编码与录入　汇总　EIQ 分析　物品特性　包装分析　货态分析　作业流程分析　事务流程分析　作业时间分布分析　区域功能规划　生产作业区规划　复核区　配送待发区　退换货区　生产作业辅助区　物流配合作业区　办公生活区规划　存储保管区运转能力规划　安全系数　拣选区运转能力规划　作业能力平衡规划　规划信息系统　道路交通区域系统规划　生产作业区空间规划　生产作业辅助区空间规划　办公生活区空间规划

思维导图

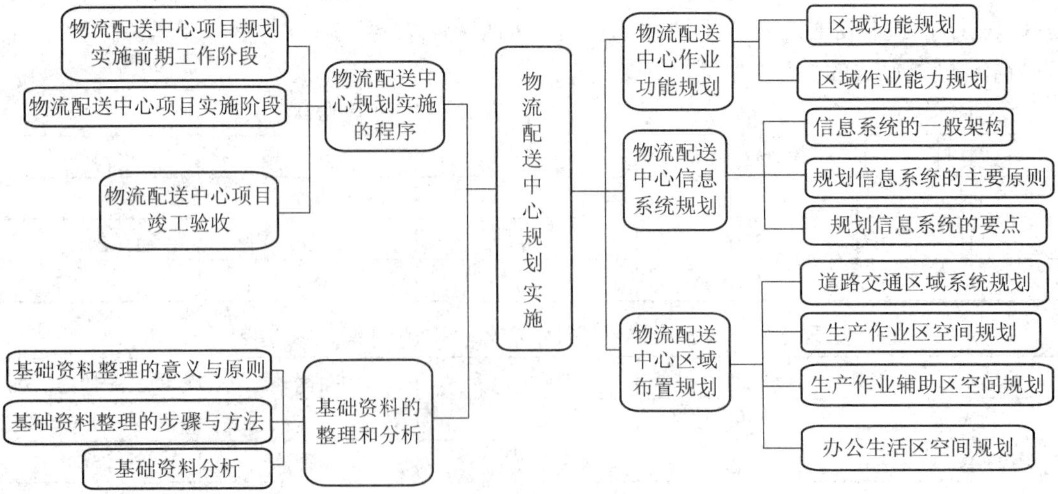

4.1　物流配送中心规划实施的程序

作为一个基本建设项目，物流配送中心的规划必须按照国家或地方的行政法规及有关规定进行，并遵循一定的建设程序。在第 3 章中介绍了项目管理的五个过程：起始过程、规划过程、执行过程、控制过程和收尾过程。而在运作物流配送中心项目时，通常可以把这五个过程再划分为三个阶段，即项目前期工作阶段(起始过程与规划过程)、项目实施阶段(执行过程与控制过程)和项目竣工验收及生产准备阶段(收尾过程)。

4.1.1　物流配送中心项目规划实施前期工作阶段

物流配送中心项目规划实施前期工作是指建设项目从谋划确定到开工建设之前所进行的全部工作。它是整个项目规划实施程序中非常重要的阶段，直接决定了项目能否开展，并为后续阶段打下坚实的基础。其主要包括形成建设意向、编制项目建议书、编制项目可行性研究报告并论证、筹措资金、规划设计、办理项目开工报告等工作。

1. 形成建设意向

企业根据自身的经营战略，结合仓储物流业务的现实情况与未来预期，同时参考国家的相关政策方针，并综合其他有关因素提出建设物流配送中心的设想。有此意向后，企业通常会成立一个专门的物流配送中心建设筹备组(此时的筹备组通常在功能、结构等方面还不健全)。筹备组需要搜集各种资料，进行多方面的分析，进一步确认建设物流配送中心的必要性，为编制项目建议书准备充足、准确的材料。同时，还要确定物流配送中心的类型、配送模式等大方向上的内容。

2. 编制项目建议书

项目建议书又称为项目立项申请书或立项申请报告，是由物流配送中心项目的负责人就建设该项目而提出的建议文件，是对拟建项目提出的框架性总体设想。项目建议书一般建立在对该物流配送中心大量相关资料的调查分析与技术研究的基础之上，是项目投资方向主管部门上报的文件，可供项目审批机关做出初步决策。上级主管部门对项目建议书的审批与否，关系到项目能否继续进行。项目建议书的编制可以减少项目选择的盲目性，为下一步的可行性研究打下基础。一般情况下，项目建议书主要由以下几个部分组成：

(1) 总论：包含项目名称、项目主体(申报单位、实施单位)、背景分析(项目的来源、形成过程、理由、必要性、优劣势分析等)、投资主体与投资结构(投资方名称、投资额、各投资方的投资比例等)、项目性质和类别归属、项目时限(前期准备时间、启动时间、完工时间)、项目实施地点(简要的选址介绍)、项目规模(主要规模指标、技术指标、规划条件等)及项目总投资与收益分析(项目总投资估算、净现值、投资回收期、盈亏平衡点、内部收益率等)等内容。

(2) 选址分析：包括项目所在区域概况(土地性质、周边建筑物、征拆迁条件、交通情况、配套设施等)、周边同类型项目分析、与本项目特点相关的其他选择条件说明等。

(3) 项目实施方案：包括项目的初步设计方案、总平面布局、功能区介绍、初步的各种规划参数、管理团队、工作分解结构表、初步的各阶段时间点估算的甘特图、项目的风险分析与控制措施等。

(4) 投资估算及资金筹措：包括初步的建设投资估算、流动资金估算、编制投资估算表和初步融资方案(资金筹措渠道、方式、成本等)等内容。

(5) 经济和社会评价：经济评价包括项目计算期、经营期，项目的收入与成本估算表，现金流量表，损益与利润分配表，总投资收益率，投资各方收益率，偿债能力分析，初步盈亏平衡分析等；社会评价包括带来的就业机会、给区域物流带来的影响、项目的示范效应等。

(6) 结论与建议：总述对项目初步方案的结论和建议。

3. 编制项目可行性研究报告并论证

可行性研究报告需要在投资决策之前形成，主要内容是对拟建项目进行技术与经济层面的全面分析，并在此基础上，综合论证项目建设的必要性、财务的盈利性、经济上的合理性、技术上的先进性和适应性，以及建设条件的可能性和可行性，从而为投资决策提供科学依据。

物流配送中心项目立项后，需要对该项目涉及的诸多资料进行进一步的梳理与完善，重点对物流配送中心项目的技术可行性和经济合理性进行研究和论证，主要包括物流配送中心的需求分析、市场竞争 SWOT(Strengths、Weaknesses、Opportunities、Threats，优势、劣势、机遇、威胁)分析、客户群分析、市场调查与预测分析、政策环境分析、成本收益分析、投资回收期分析、资金情况分析、物流配送中心的总体布局、各功能区规划、物流配送中心功能的设定、欲采用的设备、设施布置情况等内容。经过不同领域专家从不同角度进行的全面分析论证以及对多个方案进行的比较，最终通过资源整合确定最优的物流配送中心规划方案，为后续阶段的工程设计提供依据。

可行性研究报告的编制通常由建设单位委托具有相应资质的规划、设计和工程咨询单位承担，也可以由项目组组织有关物流专家、市政建设专家、建筑设计专家、物流设备专家、运输配送专家、物流信息技术专家等共同组成编制小组，在项目经理的协调下，进行可行性研究报告的编制。

当可行性研究报告编制完成后，需要进行必要的论证。一般由物流配送中心项目投资主体组织有关专家对可行性研究报告进行评审，评审的主要内容包括报告的准确性、项目的经济可行性、技术先进性、投资合理性等，并出具评审意见。建设单位根据评审意见确定是否需要建设该项目，发展和改革委员会相关部门根据评审意见确定是否对该项目进行审批。

4. 筹措资金

当物流配送中心项目可行性研究报告经研究论证获得批准后，投资主体就要着手进行筹资。资金的来源可以是多方面的，一般在可行性研究报告中对筹资方式、阶段、金额等都会做出计划，本阶段的工作主要是促使资金及时到位。

5. 规划设计

物流配送中心规划设计方案的审批规定各地不同，有的由发展和改革委员会审批，有的由行业主管部门审批。在进行规划设计时，一般委托有资质的设计单位按批准的可行性研究报告对项目工程进行具体设计，形成建筑施工方案，建设单位以此为依据建设物流配送中心。

6. 办理项目开工报告

在项目开工前需要办理各种繁杂的手续，如要分别到文物、水利、工业安全、环保、园林、消防、卫生等部门办理相关手续。当项目开工报告审批完成后，即可以根据物流配送中心的规划设计方案开工建设。

从项目前期阶段的几项主要工作内容来看，项目建议书及可行性研究报告的获批非常关键，特别是项目可行性研究报告具备纲领性文件的作用，是物流配送中心项目建设的主要依据。

一些发达国家在工程项目建设程序中非常重视可行性研究，会投入巨大的精力对项目进行调查研究和全面的技术经济分析论证，因此出现投资失控的情况比较少。而我国许多投资者和业主对此重视程度不是很高，对可行性研究的重要性认识不够，有些项目为了追求“降低成本”，甚至放弃前期的可行性研究工作，或者只简单地进行形式上的工作，导致对项目的估计和认识不足，造成投资失控、资源浪费或留下隐患。因此，必须从观念上彻底改正“重施工轻前期”的错误认识，切实把未雨绸缪的项目前期工作做扎实、做深、做细。

经典案例

××物流配送中心可行性研究报告(目录)

第一章　总论
1.1　项目名称
1.2　项目建设单位
1.3　报告编制单位
1.4　报告编制的依据
1.5　项目概况
1.6　主要技术经济指标
1.7　研究结论与建议
第二章　项目建设的背景及必要性
2.1　项目建设的背景
2.2　项目建设的必要性
第三章　市场分析及经营策略
3.1　物流业现状及发展趋势
3.2　主要物流品种及市场分析
3.3　项目经营的基本战略及营销策略
第四章　建设地址和建设条件
4.1　建设地址及概况
4.2　建设条件

第五章 建设规模及功能设计
5.1 建设规模
5.2 项目经营模式
5.3 项目功能设计
第六章 建设方案
6.1 项目建设指导思想和建设原则
6.2 土建工程方案
6.3 设备方案
6.4 总图布置
6.5 公用工程
第七章 土地利用与节能节水
7.1 土地利用
7.2 节能政策和设计依据
7.3 节能、节水措施
第八章 环境影响评价
8.1 环境保护标准及依据
8.2 环境保护原则和目标
8.3 环境影响分析
8.4 环境保护措施
8.5 环境影响评价
第九章 安全、卫生与消防
9.1 劳动安全卫生设计依据
9.2 劳动安全卫生防护措施
9.3 消防
第十章 组织机构设置与人力资源配置
10.1 组织机构设置
10.2 人力资源配置
10.3 人员培训计划
第十一章 项目实施管理与进度安排
11.1 项目的建设管理
11.2 项目的建设工期和施工进度
第十二章 投资估算与资金来源
12.1 投资估算依据
12.2 总投资估算
12.3 资金来源
第十三章 财务评价
13.1 财务评价依据
13.2 财务评价基础数据
13.3 财务评价指标

13.4 不确定性分析
13.5 财务评价结论
第十四章 研究结论与建议
14.1 研究结论
14.2 建议

从上述目录内容可以看到，可行性分析报告涉及的专业领域相当多，内容很丰富。但以上内容仅把物流配送中心作为一个建筑物的建设工程对待，没有涉及物流配送中心业务运作的内容，而一份完整的物流配送中心规划可行性分析报告至少还应该包含物流配送中心作业功能规划、信息系统规划、区域布置规划等方面的内容。

4.1.2 物流配送中心项目实施阶段

本小节介绍的物流配送中心项目实施阶段以及 4.1.3 小节中介绍的物流配送中心项目竣工验收阶段均是相对于物流配送中心作为建筑物的建筑施工阶段以及其作为建筑物的竣工验收而言的。其中，项目实施阶段的工作可以分为施工准备和施工期间的管理两部分。

1. 施工准备

施工准备主要包括：通过招标确定施工承包单位和工程监理单位，并明确各自的职责；准备施工图纸，安排各种建筑施工所需设备设施到位，组织施工人员，推进施工计划；组织资金并确保资金到位等。其中，招标工作是一项非常重要的工作。为确保工程质量，防止腐败等现象发生，必须严格执行发布招标公告、投标、评标、确定中标单位、对中标单位进行必要审查等一系列程序，并与各工作项的中标单位签订正式合同。

2. 施工期间的管理

施工准备工作完成后，即可进行项目施工。由施工单位进行项目施工，由监理单位监督工程的进度、质量和投资，同时物流配送中心项目组也应该跟进项目的施工情况，确保工程项目按照设定的进度和质量标准在投资预算内完成建设。施工期间涉及的建筑质量管理、技术管理、物资采购管理、安全管理、综合管理等都是建筑施工领域比较专业的内容，而物流配送中心项目组的干预能力可能有限，有时无法从专业的角度提出意见，因此就要充分发挥中标单位的自主能动性，通过一定的技术指标、质量指标、时间指标等对其进行限制与考核，使其严格按照项目前期的规划内容执行。在项目施工管理阶段经常采用优化各种要素配置和动态管理的方法，以确保施工项目的质量(Quality)、成本(Cost)、工期(Delivery)和安全(Safety)达到管理目标，可以称之为 QCDS 生产优化技术，如图 4-1 所示。

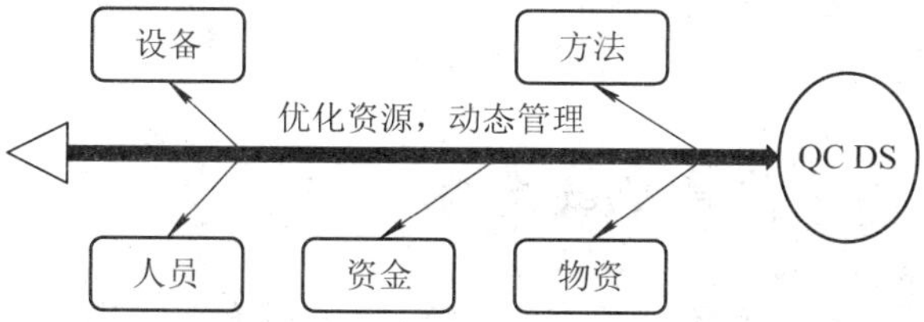

图 4-1　QCDS 生产优化技术过程管理

4.1.3 物流配送中心项目竣工验收

竣工验收是指建设工程项目竣工后，开发建设单位会同设计、施工、设备供应单位及工程质量监督等部门对该项目是否符合规划设计要求以及建筑施工和设备安装质量是否符合标准进行全面检验，以取得竣工合格资料、数据和凭证。

1. 竣工验收的人员组成

组成验收小组的人员结构要合理，一般由建设单位的法人代表或其委托代理人担任组长，副组长可设多名，但至少要有一人具备工程技术专长。其他成员一般由以下人员组成：建设单位上级主管部门，建设单位项目负责人，建设单位项目现场管理人员及勘察、设计、施工、监理单位代表，与项目无直接关系的技术负责人或质量负责人等，也可以邀请有关专家参加。

2. 竣工验收的主要任务

项目验收组负责审查工程建设的各个环节，听取各有关单位的工作报告，审阅工程档案资料并实地查验建筑工程和设备安装情况，并对工程设计、施工和设备质量等方面做出全面的评价。不合格的工程不予验收，对遗留问题提出具体解决意见，限期落实完成。

项目竣工验收至少需要做到三点：一是建设单位、设计单位、施工单位等分别对该项目的检查、论证、勘察、设计及施工全过程进行最后的评价，实事求是地总结各自在工程项目建设中的经验和教训；二是办理物流配送中心工程的验收和交接手续，办理竣工决算和竣工结算手续，办理工程档案移交、工程保修手续等；三是由建设单位持有关资料、证件到房管部门办理房屋所有权登记证。

建设单位在进行竣工验收的同时，还需要对安装的各种设施设备进行调试，如消防设施、排风设施等。当作为物流配送中心的建筑物及其附属设施都符合要求时，就可以进行安装货架、分拣设备、库区布线等库区内部的建设工作，这些工作内容的规划与运作也是物流配送中心规划的重点。

4.2 基础资料的整理和分析

对物流配送中心项目基础资料的整理与分析是项目前期的重要工作，也是项目能否取得成功的关键因素。

基础资料整理是指根据物流配送中心项目规划研究的需要，运用科学方法对收集的大量原始基础资料进行审核、检验、分类、汇总、列示，或对二手基础资料进行再加工的工作过程。通过这一整理过程，可使基础资料更加综合化、系统化、层次化，为进一步分析这些资料提供支持。

4.2.1 基础资料整理的意义与原则

如果把收集基础资料比作制作产品的原材料和辅料准备阶段，那么整理基础资料就是生产成半成品、初级产品阶段，而分析基础资料就是形成最终产成品阶段。基础资料加工与产品加工类比如图 4-2 所示。

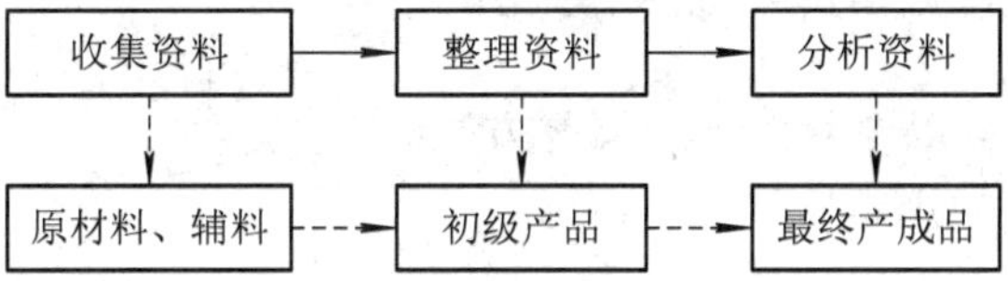

图 4-2　基础资料加工与产品加工类比

1. 基础资料整理的意义

(1) 有价值到高价值。由多个项目相关人员、用多种方法、从多个途径收集来的大量基础资料具有一定的价值，但难免会存在重复、矛盾、虚假、差错等方面的问题。通过整理基础资料，可以达到去粗取精、去伪存真、由表及里挖掘价值的目的，大大提高基础资料的使用价值。

(2) 独立性到相关性。收集到的基础资料之间存在一定的独立性，各项基础资料分别反映了所描述对象的表象内容，却不能充分说明项目的总体情况，也不能充分说明基础资料间的相互关系。通过整理基础资料，可以使基础资料间具备逻辑与事实上的关联性。

(3) 感性到理性。收集到的基础资料难免会带有一定的感性色彩，这是因为基础资料收集人员对调研对象的认识起初是不深刻的，而且在收集过程中还会用到一些感性的方法，而整理基础资料则是项目人员对调查对象由偏感性的认识向理性认识迈进的过程。

(4) 使用性到保管性。收集到的基础资料不仅要用于当前的项目规划，而且需要在项目进行中和项目完成后予以系统、完整地保管，而整理后的基础资料不管是在形式还是内容上都有利于保管、便于查阅。

2. 基础资料整理的原则

(1) 真实性。因为分析基础资料时需要使用已整理过的基础资料数据，所以收集基础资料时要把握好基础资料的真实性。这也是基础资料整理一项最基本的原则。

(2) 系统性。项目人员在整理基础资料时，不仅要注意单个调查对象的基础资料的内容，还要注意单个调查对象在项目系统中的作用与位置，在整个项目的框架下考虑如何整理基础资料，使所有基础资料最后都能为整个项目系统服务。例如，各调查对象数据统计的口径、单位等都要统一，只有这样才具有实际的使用价值。

(3) 简明性。为了保证项目基础资料的广度与深度，往往会出现所收集基础资料的丰富性有余，而简明性不足的情况。但简明的基础资料使用起来更为方便和高效。例如，有些数据用表格表现的效果好于文字描述，而用图表表现的效果又好于表格，一张优秀、简明的图表所表达的内容无论从形式还是内容上都要胜过冗余的文字。

(4) 准确性。收集到的基础资料内容可能是真实的，但在语言描述或数据表达上会存在含糊不清的情况，这样的基础资料缺乏准确性，使用价值也大打折扣。因此，在整理基础资料时，项目人员要注意到这种容易忽略的问题，如果存在不确定的内容，一定要对原始基础资料进行二次跟踪和复核，否则会给后续的应用造成麻烦和误导。

思维拓展：在整理基础资料时有哪些注意事项？

4.2.2 基础资料整理的步骤与方法

整理基础资料通常可以参考以下步骤与方法。

1. 审核

审核是指项目人员对收集到的所有基础资料进行总体检验，主要检验基础资料的真实性、准确性、完整性，以及决定是否采用某项基础资料或只采用其部分等。在审核基础资料的过程中，或接受正确的、符合要求的基础资料，或修正有错误的基础资料，或复核有疑问的基础资料，或将不符合要求的基础资料丢弃，或补充、完善相关基础资料等。

2. 分类

分类是指项目人员根据项目规划的要求，把审核合格的基础资料按照一定的规则和标准分成不同的类型和组别。为了提高基础资料分类的效率，减少不必要的重复劳动，一般在审核过程中就需要按照一定的标准对基础资料进行预分类——可以把不同性质、类型和使用阶段的基础资料区别开，可以把相同性质、类型和使用阶段的基础资料归纳在一起，也可以按照子项目的特定需求将不同基础资料按项目内容整合在一起，从而满足项目人员的使用需求。

在对基础资料进行分类时需要注意以下几个问题：

(1) 把握好分类的尺度。基础资料分类的标准过于宽泛，可能会造成某些基础资料信息的错失，从而影响到分析的准确性及深入性；而基础资料分类的标准过于细化，可能会增加分析的复杂程度。所以，需要根据项目的实际需求为不同类型的基础资料设定合理的分类标准。

(2) 明确分类标准。分类标准要具备确定性和不可混淆性，避免出现某项信息在不同分类中同时出现的情况。如果某项信息的某些特性既具备 A 类特征，又具备 B 类特征，那么它应该属于 C 类。例如，商品的外包装规格属于影响货位安排的因素，也属于影响选择分拣方式的因素，还属于影响选择装卸方式的因素，将之归于上述任何一类都不合适，其应属于商品基本基础资料类。

(3) 注意类别之间的相关性。所有基础资料都是为物流配送中心项目的规划与运作服务的，它们之间或多或少都存在一定的关系。在进行基础资料分类时，要体现出不同类别之间的这种相关性。另外，关联性强的基础资料要在同一类中体现，关联性弱的基础资料要按照相关性的强度安排到不同类别。

3. 编码与录入

为了便于整理、分析和统计基础资料，或者便于使用计算机进行存储、计算与分析，需要将一些基础资料进行编码或录入计算机中。编码时多采用数字或字符的形式，对不同类型的数据需要按照一定的规则赋予特定的代码。

4. 汇总

汇总是指项目人员根据项目规划的要求，把基础资料中分散的内容和数据等信息整理汇集起来。基础资料汇总是对原始基础资料的再加工，是为了让信息更具有可用性。此阶段可以输出一些数据的汇总表、分析图、部分基础资料的分析结论等信息。

4.2.3　基础资料分析

进行基础资料分析时，项目人员要根据物流配送中心项目规划的目标和研究要求，先对整理后的资料进行判断，以决定是采用定量分析法、定性分析法还是综合分析法，并确定采用何种分析思路阐明资料的因果关系以及产生结果的原因等。在分析基础资料的过程中，项目人员要本着系统科学的思想，准确把握局部与系统的关系。

基础资料的分析方法主要包括 EIQ 分析、物品特性与包装分析、货态分析、作业流程分析、事务流程分析、作业时间分布分析及自动化水平分析等。

1. EIQ 分析

物流配送中心的运作围绕着订单处理进行，没有订单的物流配送中心是不存在的，而没有高水平订单处理能力的物流配送中心也难以在竞争中胜出。项目人员面对复杂多样的订单及大量的出库数据往往会感觉无从下手，而由日本的铃木震先生倡导的 EIQ 分析则在订单出货规划这方面取得了卓越的成效。

1) EIQ 分析的含义

EIQ 中，E 代表订单件数(Entry)，I 代表货品种类(Item)，Q 代表数量(Quantity)。EIQ 分析即利用 E、I、Q 这三个物流关键要素，从客户订单的品项、数量、订货次数等方面入手，来分析物流配送中心系统的配送和出货特性，以进行基本规划。

EIQ 的分析项目主要有订单的订货数量(EQ)分析、订单的订货品项数量(EN)分析、单品的订货数量(IQ)分析和单品的订货次数(IK)分析。EIQ 分析表通常如表 4-1 所示。

表 4-1　EIQ 分析表(单日)

数　量		订单订货品项				订单订货数量	订单订货品项数量
		I_1	I_2	I_3	…	EQ	EN
客户订单	E_1	Q_{11}	Q_{12}	Q_{13}		Q_1	N_1
	E_2	Q_{21}	Q_{22}	Q_{23}		Q_2	N_2
	E_3	Q_{31}	Q_{32}	Q_{33}		Q_3	N_3
	…						
单品订货数量	IQ	IQ_1	IQ_2	IQ_3			N
单品订货次数	IK	IK_1	IK_2	IK_3			K

注：$Q_1=Q_{11}+Q_{12}+Q_{13}+\cdots$；$N_1=$计数($Q_{11}$，$Q_{12}$，$Q_{13}$，…)>0 者；$IQ_1=Q_{11}+Q_{21}+Q_{31}+\cdots$；$IK_1=$计数($Q_{11}$，$Q_{21}$，$Q_{31}$，…)>0 者；$N$(所有订单的发货总项数)＝计数($IQ_1$，$IQ_2$，$IQ_3$，…)>0 者；$K$(所有产品的总发货次数)＝$IK_1+IK_2+IK_3+\cdots$。

很多情况下，我们需要分析一个或几个时间周期内的订单资料，此时需要在表 4-1 的基础上加入时间参数 T，修改后的 EIQ 分析表如表 4-2 所示。

表 4-2 EIQ 分析表(时间参数)

日期	数 量		订单订货品项				订单订货数量	订单订货品项数量
			I_1	I_2	I_3	…	EQ	EN
T_1	客户订单	E_1	Q_{111}	Q_{121}	Q_{131}		Q_{11}	N_{11}
		E_2	Q_{211}	Q_{221}	Q_{231}		Q_{21}	N_{21}
		E_3	Q_{311}	Q_{321}	Q_{331}		Q_{31}	N_{31}
		…						
	单品订货数量	IQ	IQ_{11}	IQ_{21}	IQ_{31}		Q_1	N_1
	单品订货次数	IK	IK_{11}	IK_{21}	IK_{31}			K_1
T_2	客户订单	E_1	Q_{112}	Q_{122}	Q_{132}		Q_{12}	N_{12}
		E_2	Q_{212}	Q_{222}	Q_{232}		Q_{22}	N_{22}
		E_3	Q_{312}	Q_{322}	Q_{332}		Q_{32}	N_{32}
		…						
	单品订货数量	IQ	IQ_{12}	IQ_{22}	IQ_{32}		Q_2	N_2
	单品订货次数	IK	IK_{12}	IK_{22}	IK_{32}			K_2
…		…						
	单品订货总数量	IQ	IQ_{1N}	IQ_{2N}	IQ_{3N}		Q	N
	单品订货总次数	IK	IK_{1N}	IK_{2N}	IK_{3N}			K

注：$Q_1=Q_{11}+Q_{21}+Q_{31}+\cdots$；$Q=Q_1+Q_2+\cdots$；$K_1$($T_1$ 期所有产品的总发货次数) = $IK_{11}+IK_{21}+IK_{31}+\cdots$；$K$(各期所有产品的总发货次数)$=K_1+K_2+\cdots$。

下面以某具体的物流配送中心为例进行 EIQ 分析。

【例 4-1】 假设某物流配送中心在某日的发货订单资料分解后如表 4-3 所示，试对其进行 EIQ 分析。

表 4-3 某物流配送中心某日发货订单资料统计表 箱

订单	品 项				
	I_1	I_2	I_3	I_4	I_5
E_1	200	800	300	100	300
E_2	500	400	500	700	0
E_3	800	0	1000	0	0
E_4	0	0	0	400	600

解 订单发货量为

$$Q_1=200+800+300+100+300=1700\ (箱)$$

$$Q_2=500+400+500+700+0=2100\ (箱)$$

同理，可得 $Q_3=1800$ 箱，$Q_4=1000$ 箱。

订单发货品项数为

$$N_1=5，N_2=4，N_3=2，N_4=2$$

单品发货数量为

$$IQ_1=200+500+800+0=1500\ (箱)$$

$$IQ_2=800+400+0+0=1200\ (箱)$$

同理，可得 $IQ_3=1800$ 箱，$IQ_4=1200$ 箱，$IQ_5=900$ 箱。

单品发货次数为

$$IK_1=3，IK_2=2，IK_3=3，IK_4=3，IK_5=2$$

所有订单的发货总项数 $N=5$，所有货品的总发货次数 $K=3+2+3+3+2=13$，得到的 EIQ 分析表如表 4-4 所示。

表 4-4　某物流配送中心某日发货订单资料 EIQ 分析表　　箱

数　量		订单单品种类					发货数量	订货品项数量
		I_1	I_2	I_3	I_4	I_5	EQ	EN
客户订单	E_1	200	800	300	100	300	1700	5
	E_2	500	400	500	700	0	2100	4
	E_3	800	0	1000	0	0	1800	2
	E_4	0	0	0	400	600	1000	2
发货数量	IQ	1500	1200	1800	1200	900	6600	
发货次数	IK	3	2	3	3	2		13

2) EIQ 分析的步骤

(1) 订单资料取样。一般物流配送中心每天处理的订单量以成百上千计，每一张订单包含多个品项，而且订单间可能存在很大的区别。按天、周、月、季度与年等不同周期统计出的数据所显示的订单规律意义不同，而且越庞大的数据量得到的结论越有代表性。但同时，越庞大的数据量也意味着其分析过程也越费时、费力。因此，实际操作中可以先按以日为单位的出货量进行初步分析，找出可能的作业周期和波动幅度。若各周期内出货量大致相当，则可以缩小订单资料的范围，对较小周期内的资料进行分析；若各周期内订单波动的趋势相近，但作业量有很大的差异，则需对资料进行适当分组，再从群组中找出代表性的资料进行分析。在订单取样时，找出可能的作业周期是关键性的工作，如按周或按月为周期进行资料取样。另外，还可以根据商品特性、客户特性等因素先将资料分组，然后对不同的组分别进行 EIQ 分析。

(2) 订单资料分解。资料分解主要用于 EN、EQ、IQ 和 IK 四个类别的分析，可按照表 4-1 的格式将订单资料进行分解和数据汇总。

(3) 统计分析。将经过处理的订单资料采用一定的统计分析方法形成图表、表格等分析结果。常用的分析方法有柏拉图分析、次数分布、交叉分析、平均值、最大最小值、ABC 分析等。

(4) 图表数据分析。项目人员根据图表等数据信息，结合其他相关资料，运用交叉分析方法对数据进行解读，得出综合的判断结果。

知识链接

柏拉图分析与次数分布

柏拉图分析图是用来表示项与量之间关系的分析图，即将大量的数据按照一定的标准整理，经排序后，以图表的形式展示数据的分布情况。柏拉图通常展示两种数据关系：一种是项与量之间的关系，另一种是项与累积量之间的关系。例如，某物流配送中心某日货品的出库数据整理后如表4-5所示，对应表中数据的柏拉图分析图如图4-3所示。

表4-5 货品数据整理表

货品名称	出库量/箱	累计出库量/箱	出库量占比/%	累计占比/%
3	780	780	24	24
8	556	1336	17	41
5	520	1856	16	57
7	406	2262	12	69
4	330	2592	10	79
1	300	2892	9	88
2	240	3132	7	95
6	108	3240	3	98
9	72	3312	2	100

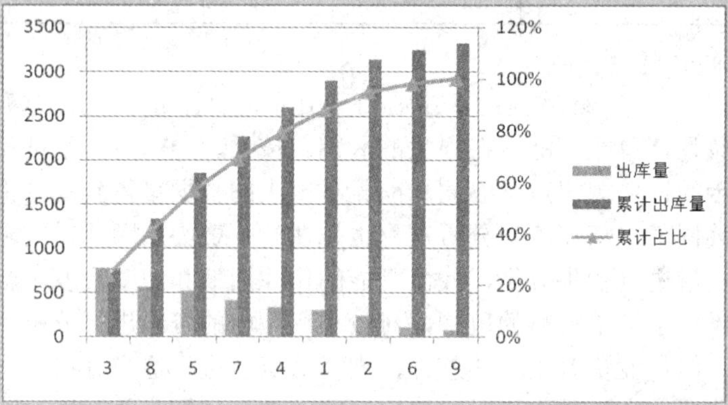

图4-3 柏拉图分析图

次数分布是指将总体中的所有项按某个标志分组后形成的总体项数在各组间的分布。通过数据的次数分布可以进一步了解货品出货量的分布情况，通常以图表的形式展示。例如，根据表4-5中的数据，可将出库量分为600以上、400～600、200～400、200以下四组，每一组对应的品项数分别为1、3、3、2，则对应的次数分布图如图4-4所示。

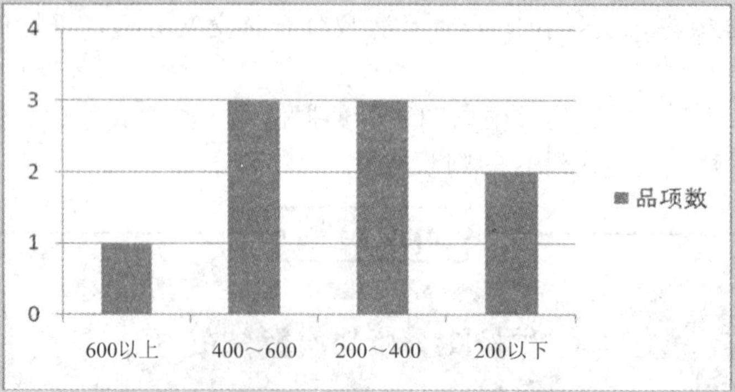

图4-4 次数分布图

从图4-4可以看出，出货的品项主要集中在200～600的出货量范围内。需要注意的是，次数分布图的分布趋势与数据分组的范围密切相关，数据分组的范围依赖于项目人员的专业素质和对数据认知的敏感性，适当的分组能够得出更有价值的信息。

通过对图 4-3 和图 4-4 的综合分析，我们可以得到以下信息：货品 3、8、5、7、4 五个品项约占总出货量的 80%；而出货品项主要集中在 200～600 的出货量范围内，即货品 8、5、7、4、1、2，那么货品 8、5、7、4 就是需要重点管理、规划的货品。通过对比分析，我们排除了货品 3(属于特殊情况下的一次性出货量大)，排除了货品 1 和 2(虽然分组中出货次数占优势，但出货量不高)。因此，本例中的九种货品可以采用三种不同的方法进行货品的管理规划，货品对应的三种分类为(3)、(8、5、7、4)和(1、2)。

3) EIQ 图表分析

(1) EQ 分析。EQ 分析通常以单一营业日的 EQ 分析为主。通过对订货数量(EQ)分布图进行分析，项目人员可以明确某日或某个周期内订单数量的分布情况，据此确定订单处理的原则，进行储存区、分拣方式、发货区、发货方式等方面的规划。例如，当各订单的订货量分布趋势很明显时，可以据此规划相关品项的储存区和分拣区，以提高储存和分拣的效率；再如，订货量小的订单占总订单数量的比例大时，就需要调整拣选方式，以适应小批量订单拣选的需要。EQ 数据分布图类型及对应分析如表 4-6 所示。

表 4-6　EQ 数据分布图类型及对应分析

EQ 数据分布图类型	分　析	主要规划思路
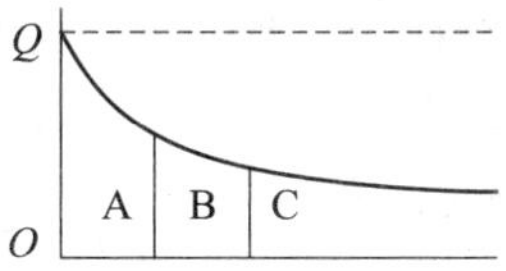	这是一般物流配送中心常见的订单数据分布形式，可对订单进行 ABC 分类	针对不同的订单分类采用不同的货品管理和分拣、出库方式，充分利用 ABC 分类管理的原理
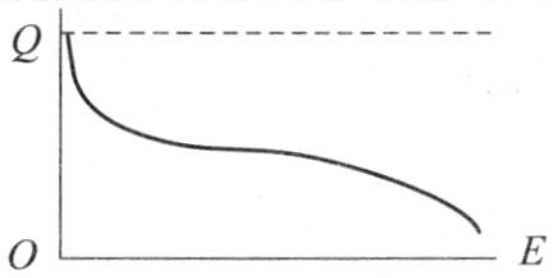	多数订单量的变化比较平稳，少数订单量的变化比较大或比较小	可以对多数订单的货品实施重点规划，优先分配优势资源；对少数订单实施特别管理
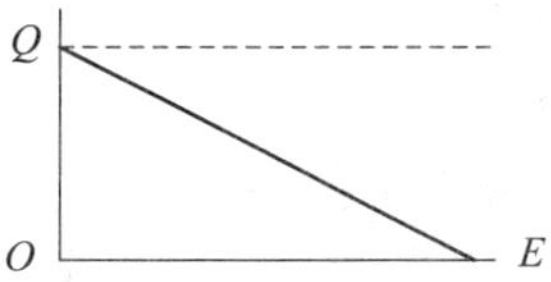	订单量呈渐减趋势明显，订单无明显波动	可采用通用的货架及分拣、搬运设备等增加物流系统的弹性，如货区、货位、岗位人员配置、职责界定等方面都可以根据订单情况适时调整
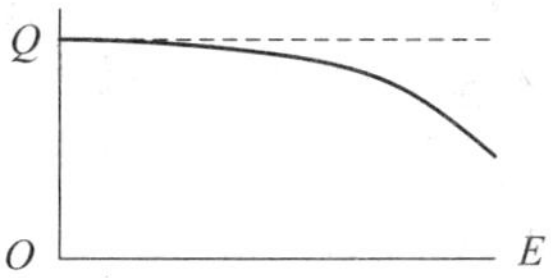	订单量分布较均匀，变化趋势平滑，少数订单量较少	大部分订单可以采用统一的处理方式，可单独处理少量订单
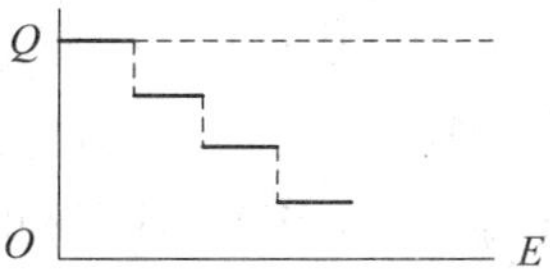	订单量集中于特定数量，且不是连续性递减。一般操作起来比较简单，可能是固定批量发货或高价值物品少量发货等情形	考虑整件、组成装卸单元批量处理等方式规划物品的存储与发货

(2) IQ 分析。通过单品订货数量(IQ)分析，项目人员可以了解各类单品出货量的情况，分析出不同单品的重要程度与出货量在单品间的分散程度等信息。这些信息对规划仓储系统、估算储位与设置存储规则、规划拣选区等都有很大的帮助。例如，出货量少的商品可以采用存放在储存区偏僻角落、采用固定储位、存储货位即为拣选货位等方式管理。IQ 数据分布图的类型与 EQ 数据分布图相同，旨在说明各单品出货量的分布情况。IQ 数据分布图类型及对应分析如表 4-7 所示。

表 4-7　IQ 数据分布图类型及对应分析

IQ 数据分布图类型	分　析	主要规划思路
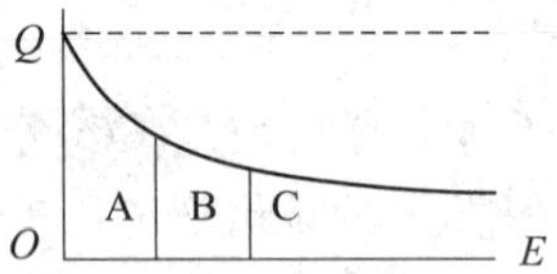	这是一般物流配送中心常见的单品数据分布形式，可对单品进行 ABC 分类	单品在库区内部的存储位置、货位优化、存货水平控制等均可根据此分类进行规划
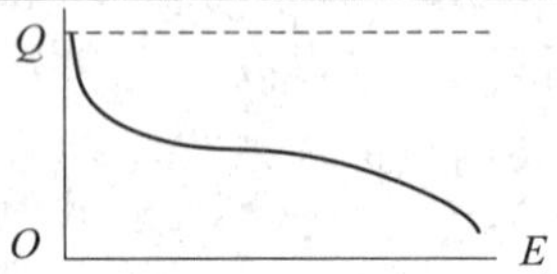	多数单品的出库量变化比较平稳，少数单品的出库量比较大或比较小	可以对多数单品实施统一规划管理，优先分配优势资源；对少数单品实施特别管理
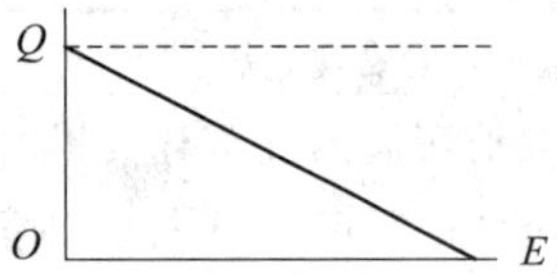	各单品出库量呈渐减趋势明显，单品出库量无明显波动	可采用通用的货架及分拣、搬运设备等增加物流系统的弹性，如货区、货位、岗位人员配置等方面都可以根据单品发货情况适时调整
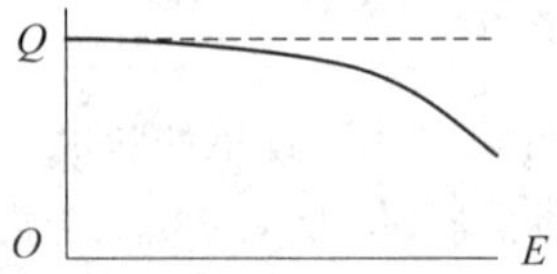	各单品出库量分布较均匀，变化趋势平滑，少数单品出库量较少	大部分单品可以采用统一的进销存管理方式，可单独管理少数单品
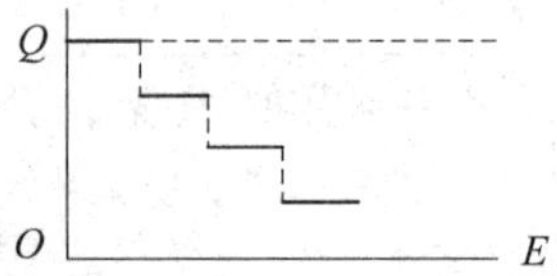	单品出库量集中于特定数量，且不是连续性递减。一般操作起来比较简单，可能是固定批量发货或高价值物品少量发货等情形	考虑整件、组成装卸单元批量处理等方式规划物品的存储与发货

思维拓展：假设甲企业接受了两笔订单，订单 1 由 100 个商品 A、50 个商品 B 和 20 个商品 C 组成，订单 2 由 50 个商品 A、30 个商品 B 和 90 个商品 C 组成。从商品出库的总数量看，都出库 170 个商品，重要程度相同；从各商品出库情况看，商品 A 出库 150 个，商品 B 出库 80 个，商品 C 出库 110 个。请分别用 EQ 和 IQ 分析这两笔订单，再用 EQ 结合 IQ 进行分析，分析商品 A、B、C 的重要程度。

在实际应用中，单日的 IQ 分析与某个时间周期内的 IQ 分析不同。通常项目人员在规划拣货区时需参考单日的 IQ 分析数据，在规划存储区时需参考一个周期内(一年为宜)的 IQ 分析数据。不同时间范围的分析数据之间可能存在较大的差别，此时需要将两组数据进行交叉分析。两组数据的不同组合特点，使物流配送中心的规划具有不同的特征，如图 4-5 所示。

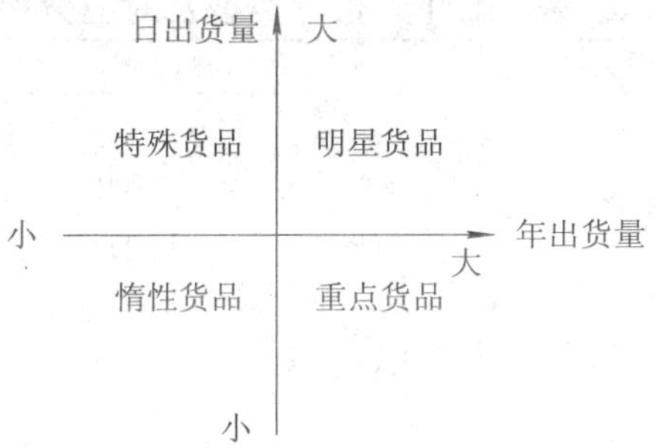

图 4-5　不同时间范围货品出库特征

① 明星货品：规划在最方便进出库的存储位置，且储位固定，旨在缩短进货周期，合理确定安全库存量。进出库系统的规划以这类货品为重点。

② 特殊货品：货品出库时间集中，进货时间也集中，可规划弹性储位，并实施特殊的拣选规则，但要注意控制订货提前期。

③ 惰性货品：通常这类货品的品项多，占有的储位多，影响储位的饱满度，可以考虑弹性储位、存储区与拣选区共用、降低存货水平、缩短进货周期、实施特别盘点政策等规划措施。

④ 重点货品：进出频繁，主要影响拣选效率，需要重点规划存储与拣选方式。进出库系统的规划以这类货品为核心，可采取固定储位、适当加大存货量、合理设置进货周期等规划措施。

(3) EN 分析。通过订单品项数量(EN)分析，项目人员可以明确得知客户订购商品的品项数，从而为商品存储区规划和拣选方式选择提供支持。例如，客户订货品项数的分布情况可以为拣选时采用批量拣选方式还是按单拣选方式提供主要的判断依据，进而确定拣选人员的数量等信息。假设以 Q_{ei}(订单 e，品项 i)表示单一订单订购某品项的数量，现确定以下内容：

① 单一订单出货品项数。计算单一订单中出货量大于 0 的品项数，即计算单一订单拣选作业的拣选次数。

$$N_1 = \text{计数}(Q_{11}，Q_{12}，Q_{13}，\cdots) > 0$$
$$N_2 = \text{计数}(Q_{21}，Q_{22}，Q_{23}，\cdots) > 0$$
$$\vdots$$

② 总出货品项数。计算所有订单中出货量大于 0 或出货次数大于 0 的品项数。

$$N = \text{计数}(\mathrm{IQ}_1，\mathrm{IQ}_2，\mathrm{IQ}_3，\cdots) > 0 \text{ 或计数}(\mathrm{IK}_1，\mathrm{IK}_2，\mathrm{IK}_3，\cdots) > 0，N \geqslant N_e$$

式中：N 为实际出货的品项总数，其最大值就是物流配送中心内的总品项数。

③ 订单出货品项累计次数。计算订单货品项累计次数，即计算所有订单出货品项数加总的和值。

$$\mathrm{GN} = N_1 + N_2 + N_3 + \cdots，\mathrm{GN} \geqslant N$$

一般在作 EN 数据分布图时，会把单一订单出货项数少、EN = 1 的订单占比高的情况和单一订单的出货项数多、EN≥10 的情况分别作图。根据 EN 分布图，结合总出货品项数 N、订单出货品项累计次数 GN 及物流配送中心内经营货品总品项数，形成表 4-8 所示的分析。

表 4-8　EN 分布图类型及对应分析

EN 分布图类型	分　析	主要规划思路
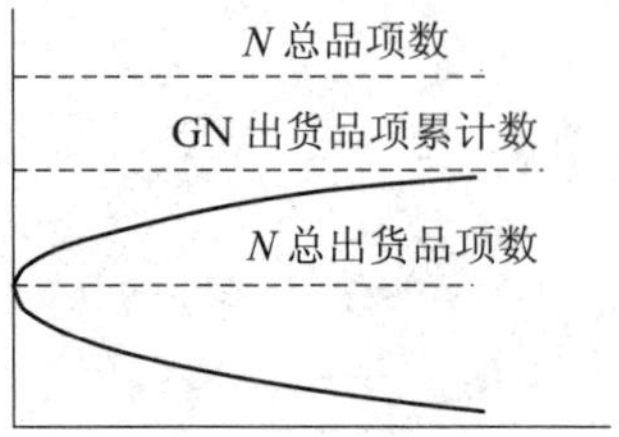	该图表示单一订单的出货项数较少，EN＝1 的订单占比高，总品项数不多，且与总出货项数差距小	该情况订单品项重合度一般，适合采用按单拣选方式，或者批量拣选、边拣选边分单的方式作业
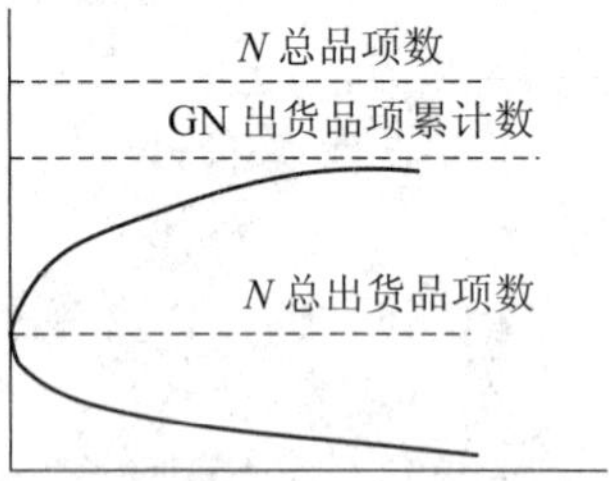	该图表示单一订单的出货项数较多，EN≥10，总出货项数及累积出货项数均仅占总品项数的小部分	这种情况下的订单可以采取按订单拣选方式，考虑到拣选路线可能较长，可以采用优化品项货位或分割订单分别拣选再组合的方式

(4) IK 分析。通过单品订货次数(IK)分析，项目人员可以了解各单品的出库频率，如果再结合 IQ 分析，就很容易确定拣选方式，同时该分析结果还可以作为划分存储区、设定存储货位等内容的参考。例如，单品 A 与 B 的出库量相同，但单品 A 的出库频率远高于单品 B，那么单品 A 就比较适合人工小批量拣选方式，而单品 B 比较适合自动化批量拣选方式；同时，单品 A 适合存放在位置有利于拣选作业的“黄金”货位，而单品 B 适合存放在较偏的位置。IK 数据分布图类型及对应分析如表 4-9 所示。

表 4-9　IK 数据分布图类型及对应分析

IK 数据分布图类型	分　析	主要规划思路
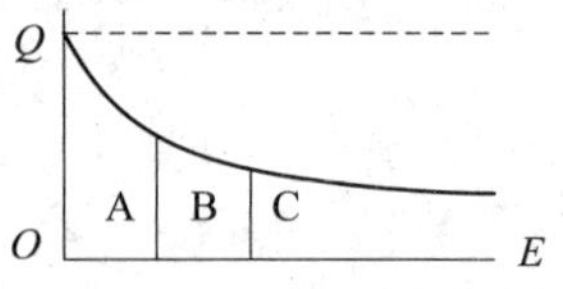	这是一般物流配送中心常见的单品数据分布形式，可对单品进行 ABC 分类	单品在库区内部的存储位置、货位优化、存货水平控制等均可根据此分类进行规划
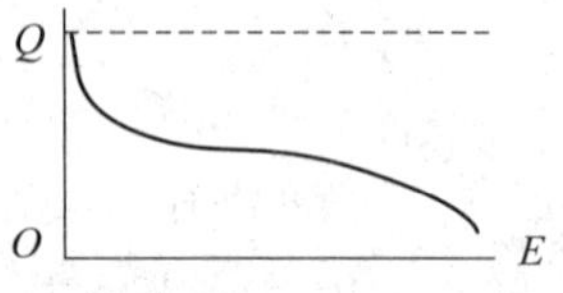	多数单品的出库次数变化比较平稳，少量单品的出库次数比较大或比较小	可以对多数单品实施统一规划管理，优先分配优势资源；对少数单品实施特别管理

思维拓展：参考单日与时间周期 IQ 的分析方式，请尝试对 IQ 与 IK 数值高低的不同进行交叉分析，以选择合适的拣选方式。

综上所述，EIQ 分析实际上就是对 EN、EQ、IQ 和 IK 四个分析项目的结果进行综合考量而得出分析结论，为物流配送中心规划提供数据依据。

4) EIQ 分析的用途

项目人员通过 EIQ 分析，可以提炼出很多有价值的信息，对物流配送中心规划具有重要的意义。EIQ 分析的用途主要体现在以下方面：

(1) 分析订单特性。可以分析不同客户的订单特点、物流配送中心所接收订单的特征与规律、客户订购货品的品项及数量方面的规律等特性。

(2) 选择物流系统模块。组成物流配送中心的各子系统及要素，如拣选系统、货架系统、叉车、托盘等，都有一定的规则可遵循。通过对订单资料的 EIQ 分析，可以得到选择这些子系统及要素的一些规则，根据这些规则可以选出合适的物流配送中心系统模块，节省大量设计时间。

(3) 选择物流设备。选择不同的物流设备时需要满足不同的条件，以确保所选设备的适用性。通过 EIQ 分析，可以得出这些需要满足的条件，从而有针对性地选出所需的物流设备。

(4) 物流系统基础规划。由 EIQ 分析得到的信息是对历史数据的总结及对未来趋势的预测，将这些信息与组成物流配送中心系统的各模块及要素相对应，就可以得到概略性的系统规划方案，这些规划方案可能不止一个。在此基础上，再将入库条件、库存条件、投资预算、建筑法规等条件考虑进来，就可以使规划方案更加明确、清晰。

2. 物品特性与包装分析

1) 物品特性分析

物品特性是影响物品存储条件与位置确定及拣选方式与用具选择的重要因素。通常来说，物品特性包含以下内容：

(1) 单品规格：包括外观尺寸(长、宽、高)、重量、基本单位、形状特征等。

(2) 单品性质：包括物态(固体、液体、气味等)、保管特性、温湿度要求等。

2) 包装分析

包装是为了在流通过程中保护物品、方便储运、促进销售，而按一定技术方法采用的容器、材料及辅助物的总称。通常来说，包装规格包含以下内容：

(1) 单品包装规格：如基本包装单位(个、瓶等)、包装尺寸、体积、包装材料等。

(2) 中包装、外包装规格：中包装即为多个单品集合体的包装，外包装即为多个中包装集合体的包装，如基本包装单位(箱、包、托盘等)、包装单位个数(分别包含几个中包装或单品包装)、包装材料等。

物品包装要方便商品进行流通，同时还要在商品流通过程中使其价值和使用价值免受外界因素的损害。例如，将液态产品(硫酸、盐酸等)盛桶封装，小件异形产品装入规则箱体，零售小件商品集装成箱，易碎品用泡沫塑料等进行包裹固定，为物品的装卸、搬运、储存提供方便，同时降低物品在流通过程中受到的损害。

3. 货态分析

货态是指货品的基本包装单位及其形状、尺寸与重量等。货态分析主要是以货品的基本包装单位为研究对象，分析物流配送中心系统各作业环节的规划。

在物流配送中心系统的作业过程中，各个作业环节以各种包装单位为作业基础。不同作业环节间可能存在包装单位转换问题，而不同包装单位的物品对人员、设备的需求可能有所差别，对应的作业规划也会有所不同，如表 4-10 所示。

表 4-10 货品物流特性与各主要作业环节包装单位转换关系表

进货	入库	储存	拣选	出库	物流特性	进货	入库	储存	拣选	出库	物流特性
P	P/C	P/C	P/C	P/C	整进整出	P	—	—	—	—	零进零出
C	C/P	C/P	C/P	C/P		C	—	—	—	—	
B	—	—	—	—		B	B	B	B	B	
P	C	C/B	B	B	整进零出	P	—	—	—	—	零进整出
C	C	C/B	B	B		C	—	—	—	—	
B	—	—	—	—		B	B	B	C	C	

注：P 为托盘，C 为箱子，B 为单品；整进表示整托盘或整件进货，整出表示整托盘或整件出货，零进表示按单品包装进货且不够一件货，零出表示按单品包装出货且不够一件货。

注意：单品的零进与零出并不意味着不需要其他包装物或容器，而是就单品的原整件包装而言。另外，还要注意整与零同时存在的进出情况。

一般来说，货品入库的包装单位需要配合储存包装单位的要求，考虑到货品到货时的运输包装，在货品检验入库环节需要进行必要的货态转换，如将大包装货品分解为中包装货品。储存包装单位需要配合拣选包装单位的要求，根据货品拣选包装单位的情况，可以确定是否需要在储存与拣选作业之间进行货态转换。例如，企业的订单资料中可能包含各种出货形态，包括整箱出货、零散出货和整箱与零散混合出货，需要对出货形态进行数据分析，以合理规划存储区、拣选区及货品包装形态等。

另外，还可以采用 EIQ-PCB 分析方式，以物流配送中心订单的包装单位为分类依据，对订单资料分别进行 EIQ 分析，以得出物流包装单位特性。在此基础上，再结合相关物品特性、包装特点等因素进行关联与交叉分析，则更有助于对仓储区、拣选区等项目的规划。

4. 作业流程分析

对于不同的货品，物流配送中心的作业流程可能有所差别，但都会遵循一些基本的物流规则。一般来说，货品从进入物流配送中心到配送至客户手中的整个作业流程如图 4-6 所示。

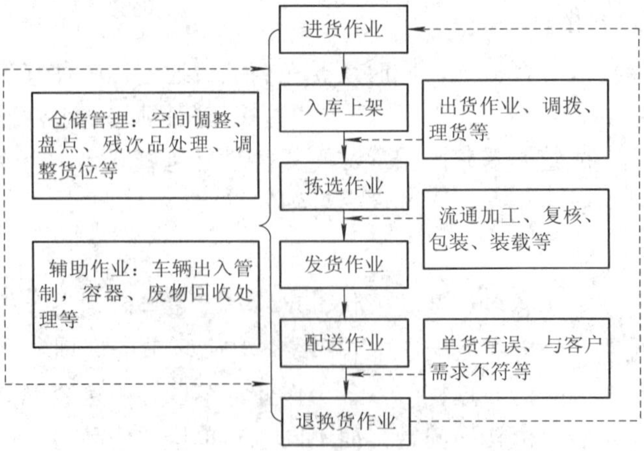

图 4-6 物流配送中心作业基本流程

可以从以下几方面入手，分析上述物流作业的基本流程：

(1) 进货作业：包括到货方式及装卸方式的安排、货物卸载与检验、完善货物标识等内容。

(2) 入库上架：包括货品入库交接、入库抽检、储位安排、货品上架合理摆放等内容。

(3) 拣选作业：包括拣选方式、工具选择、拣选节拍控制等内容。为方便拣选作业，还需要根据作业情况及时进行补货、调拨和理货等补充作业。

(4) 发货作业：包括货品复核、单货差异处理、货品包装和装载等内容。如有需要，还可以对货品进行简单的流通加工、集货等作业。

(5) 配送作业：包括车辆调度、路线安排、货品交接和回收货款等内容。

(6) 退换货作业：包括退换货确认、验收、处置等内容。

在整个作业流程中还会贯穿仓储管理、辅助作业等内容，也要将其作为重点分析项目。

(1) 仓储管理：包括作业空间调整、盘点作业、残次品管理、货位调整、5S 管理等内容。

(2) 辅助作业：包括车辆出入管制与停泊管理、容器回收与废物回收处理等内容。

5. 事务流程分析

物流配送中心的运作过程是物流与信息流结合的复杂过程，物流货品品项繁多，订单量大，中间涉及大量的表单和资料传递。如果信息流与物流不同步，或信息流不能给物流提供必要的数据支持，则必然会影响物流配送中心的运营水平。下面分别从物流支持作业、一般事务作业和决策支持作业三个方面介绍事务流程分析的内容。

1) 物流支持作业

(1) 采购作业：包括供应商资料管理、采购订单管理、单品或品类采购数据分析、货品在库时间分析、采购资料变更与日志管理等内容。

(2) 进货作业：包括进货数据处理、进货与订货差异处理、进货时间管理等内容。

(3) 接单作业：包括客户资料管理、订单数据接收与转化、订单组合计算、订单数据变更、客户咨询服务、退货数据处理、订单分析查询等内容。

(4) 拣选作业：包括订单拣选时序管理、拣选方式处理、配送计划安排等内容。

(5) 出货作业：包括出货数据处理、出货资料维护、出货与订货差异处理、出货单品与订单分析等内容。

(6) 库存管理：包括货品资料管理、库存数据处理、不动销天数预警管理、货品效期管理、储位数据处理、盘点管理等内容。

(7) 配送作业：包括配送路线分析与规划、车辆调度管理、车况基本资料、运费基本资料等内容。

2) 一般事务作业

(1) 财务会计作业：包括进销存账务处理、成本核算、损耗核算、出具相关财务报表、相关单据保管与查核等内容。

(2) 人力资源管理：包括人力资源规划、人事考核、考勤数据管理、绩效管理、教育培训等内容。

(3) 行政管理：包括门禁管理、安全管理、设备维护与使用管理、办公物资与费用管理、合同管理等内容。

3) 决策支持作业

(1) 效益分析：包括物流成本分析、营运绩效分析、员工作业效率分析、设备利用率分析等内容。

(2) 决策支持管理：包括企业现状分析、战略发展分析、市场趋势分析等内容。

6. 作业时间分布分析

物流配送中心运营过程中的作业时间分布是指不同作业内容或相同作业内容的作业时间安排情况。在进行物流配送中心作业时间规划时，要根据所收集的资料整理出各作业内容在时间安排上的规律、特点以及作业特性，并运用统筹方法分析出合理的时间分布，以充分利用各种作业资源，提高运营水平。例如，假设通过研究作业资料发现，在某个时间段内月台区域内既有进货行为又有出货行为，那么就可以考虑将进货时间与出货时间段错开，以避免进出货的交叉进行，有利于月台空间的合理利用。

对各项作业内容时间分布的研究通常以日为单位进行，为了方便分析与直观展示，常采用甘特图的形式表现时间分布情况，如表 4-11 所示。

表 4-11　某物流配送中心日作业时间分布

作业内容	作业时间(单位：h)																				
	7	8	9	10	11	12	13	14	15	16	17	18	19	20	21	22	23	24	1	…	6
订单处理	■	■	■	■	■	■	■	■	■	■					■	■	■	■			
分配订单		■			■			■			■						■				
拣选		■	■	■	■	■		■	■	■	■	■	■	■	■	■	■	■			
复核打包		■	■	■	■	■		■	■	■	■	■	■	■	■	■	■				
发货交接				■	■	■				■	■			■	■	■	■	■			
派车				■		■				■				■			■				
配送	■	■	■	■	■	■	■	■	■	■	■	■	■	■	■	■					
退换货		■	■	■	■	■	■	■	■												
收货验收		■	■	■	■	■		■	■	■											
入库上架			■	■	■	■		■	■	■	■										
补货		■	■	■	■	■		■	■	■	■		■	■	■	■	■	■			
库存管理		■	■	■	■	■		■	■	■	■										
数据处理																			■	■	■

思维拓展：请根据表 4-11 中的作业时间分布，逐项分析该物流配送中心各作业内容的特点，并总结该物流配送中心的运营特色。

7. 自动化水平分析

自动化水平是指物流配送中心内部系统设备的自动化程度。不同的作业内容用到的设备可能不同，对自动化的需求程度也不一样。项目人员可以对现有系统设备、人力资源的情况以及人与设备结合的状况进行分析，同时综合参考企业发展预期、设备投资和运作成本等资料，为自动化设备的选择提供数据支持。一般而言，可以把自动化水平划分为以下几个层次：纯人工、机械配合人工、半自动机械化、自动化＋人工监控、智能化。

在对物流配送中心作业自动化水平进行分析时可以采用分析表的形式，如表 4-12 所示。

表 4-12　物流配送中心作业自动化水平分析表

流程分类	作业内容	自动化水平				
		纯人工	机械配合人工	半自动机械化	自动化+人工监控	智能化
进货作业	卸货、分类					
	检验					
	问题品暂存					
	入库交接					
入库上架	货品整理					
	抽检复核					
	上架					
理货作业	补货					
	调拨、整理					
拣选作业	按单拣选					
	批次拣选					
	集货与分货					
发货作业	流通加工					
	复核					
	包装					
	发货检验					
	交接					
	装载					
配送作业	车辆调度					
	规划路线					
	配送					
	送达交接					
库存管理	空间调整					
	盘点					
	货位管理					
	残次品管理					

综上所述，项目人员需要从 EIQ 分析、物品特性与包装分析、货态分析、作业流程分析等方面入手，采用科学的方法，做好物流配送中心基础资料的收集与分析工作，为物流配送中心的后续规划打好基础。

经典案例

生鲜前置仓模式的供应链物流优化分享

近几年生鲜在零售市场中所占的比例逐渐增加，而在生鲜运营模式中，前置仓模式逐渐走进百姓的生活以及风投企业的视野。鉴于此类“城市中央仓-前置仓”模式对城市中央仓的响应时间、订单满足率、商品质量等服务要求非常高，本案例针对不同日配货量级城市中央仓进行现场业务调研，通过EIQ、ABC等方法分析其SKU(Stock Keeping Unit，库存量单位)结构与订单结构，结合其库存状态、加工流程、配货量波动、多波次等现状，推荐可落地的业务解决方案及合适的配套物流设施设备。

一、生鲜前置仓模式概述

在传统零售中，生鲜产品一般通过菜场、超市/卖场或者电商等渠道销售，但是随着以盒马为代表的新零售提出“30分钟及时送达”服务后，生鲜与及时配送密不可分，目前主流的模式有门店到家服务、前置仓和社区拼团模式。当下的竞争环境中，前置仓模式(见图4-7)有一些优点被资本市场所看重——扩张速度和易复制性。

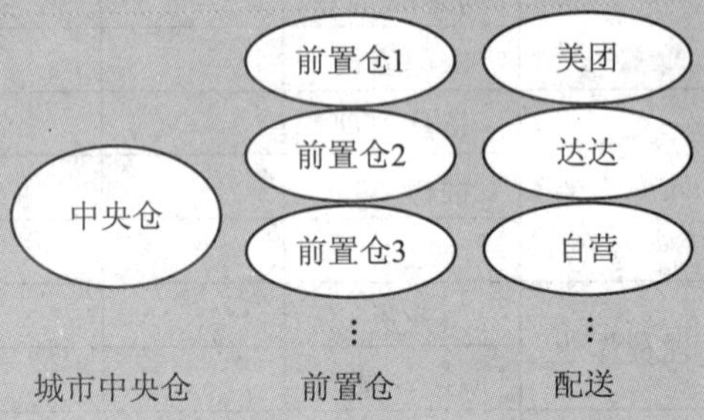

图 4-7　生鲜前置仓模式

生鲜前置仓模式的代表企业有上海叮咚买菜、福州朴朴超市、每日优鲜等。每日优鲜自成立以来，业务扩张非常迅速，在全国十几个城市建立了城市中央仓，并在全国布点了1500多个前置仓，每个前置仓覆盖周边3 km范围，为周边C(Consumer，消费者)端客户提供1小时送达的生鲜冷链极速达配送服务，每个前置仓支持500单左右的日履约量。为了保证客户订单的快速履约，前置仓往往会借助自营、美团、达达等骑手众包提供到家服务。

生鲜前置仓模式的客户订单更多地来自线上，其前端的销售订单量依托于“选品+算法+服务”，及时、便利、新鲜的服务标准对城市中央仓的订单响应率、配送效率和准确率提出了更高的要求，而物流配送端的理货作业又是中央仓作业环节的重中之重。

二、生鲜前置仓物流特点分析

城市中央仓到前置仓的订单配送模式仍旧是B2B模式，但是前置仓的消费终端订单是C端订单类型，相较于传统零售模式，前置仓模式在商品的选品和流通、温层覆盖以及配货量波动上有着不一样的特点。

1. 商品规格标准化程度高

对经营的商品，应按照标品和加工品区别进行感官质检和理化质检，并采用抽检方式对果蔬肉类的甜度、农药残留度、检疫证进行常规测试。损耗和周转一直是困扰生鲜的难题，包装加工既可以减少流通的损耗，又可以提高生鲜品在库内周转、理货的效率。考虑到水果按照数量包装加工后重量应足秤，一般会严格要求供应商配送的水果大小和重量保证均等。前置仓没有称重加工的条件，为了满足APP终端销售重量和中间损耗要求，中央仓加工环节允许将重量上浮10%～20%。甚至如果消费者反馈重量不足时，可以向消费者补上不足部分的差价。

2. SKU 少且全温层覆盖

与传统零售相比，前置仓在门店面积有限的情况下，城市中央仓经营品项一般维持在 1800 SKU 左右，经营品项相较于便利店、标超都少很多。为了尽可能支持线上引流、覆盖消费者需求，经营品项应覆盖全温层，一般包括常温品、冷藏品、活鲜品、果蔬和冷冻品，如图 4-8 所示。

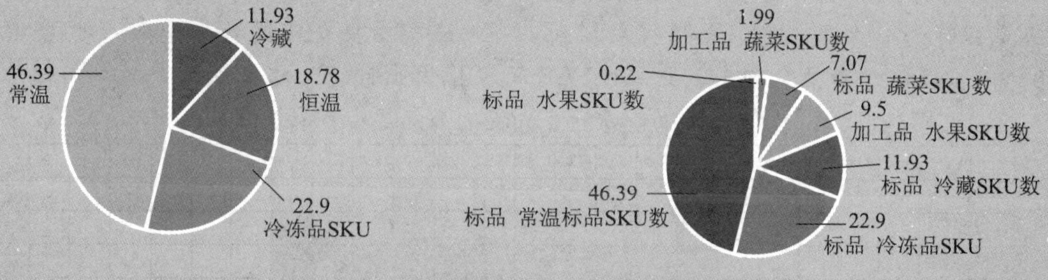

(a) 品相全温层管理(百分比)　　(b) 品相结构复杂(百分比)

图 4-8 SKU 占比及温层分布

3. 日配货量大且波动大

由于前置仓是最靠近消费者的仓库，且生鲜品在库周转天数极低，因此城市中央仓必须有高效的订单响应机制，保证所有前置仓一日一配，甚至特别品类一日两配。中央仓的日配货件数与消费者消费偏好和时间段的关联性很大，往往反馈在中央仓配货量上：周日到周三配货量低，周四到周六配货量高。根据城市中央仓覆盖的前置仓的数量，其日配货量级也不同，平时日配货量与促销日配货量有 2～3 倍的差距(见图 4-9)。从配货量波动来看，前置仓模式拥有明显的电商特性。

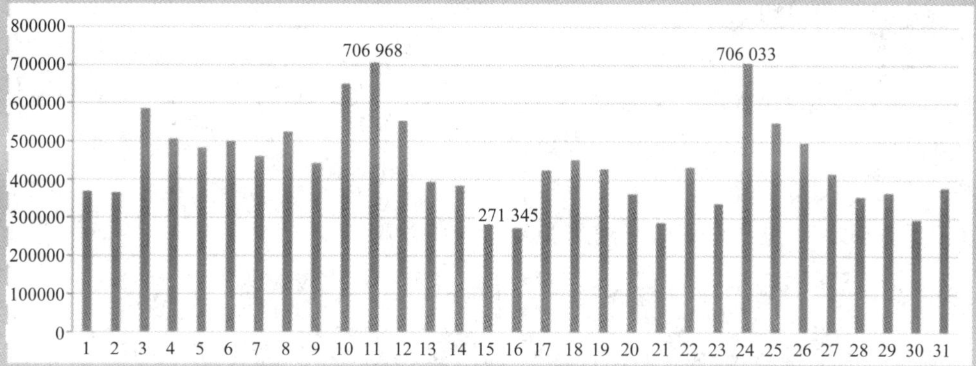

图 4-9 日配货量

三、中央仓物流方案升级

城市中央仓日配件数达几十万，峰值与平时值之间有 2～3 倍的差距，单前置仓日配货量为 5～12 托盘。应综合考虑商品库存状态、供应商送货时间分布、加工流程、温层与波次顺序、分播动线及作业工具等因素，分析前置仓订单结构、品项结构的特殊性，对原有业务方案按照品项覆盖率、拣货规格进行拆分，并结合电子标签、PDA、自动分拣机等设备方案对中央仓业务方案和硬件方案进行整体方案升级。

1. 物流配货作业模式

从品类上区分，水果、蔬菜、活鲜冷藏是越库中转业务，仓库当天收货当天出货；而其他常温标品、冷冻、普通冷藏是统配业务，物流保留有库存。从日配货量上看，越库中转业务占比达到 60%以上，订单占比为 70%～80%，是物流作业的重点；从物流作业流程上看，越库中转业务在收货、加工等环节有很多不确定性。例如，供应商送货时间分布从早上 8 点到晚上 5 点都有可能(见图 4-10)；此外，该部分品类需要加工的比例大，加工流程和加工时间直接影响配货作业时间点，所以这部分作业又是物流作业的难点。从库存角度来看，有的库存商品可以采用摘果模式，一个城市中央仓覆盖的前置仓一般在 90～180，可以根据订单紧急程度、订单响应时间安排作业时间；越库中转商品采用播种模式，可以实现边收货、边加工、边分播作业，提高商品库内周转。

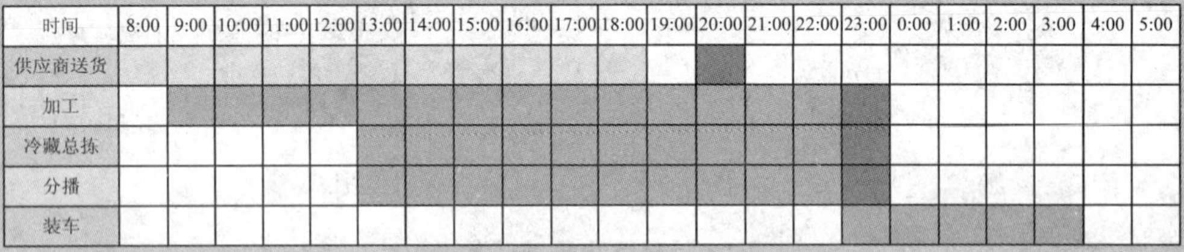

图 4-10　物流作业时间窗

2. 业务方案&自动化设备方案分析

首先，城市中央仓日配货量波动较大，促销时出货量约 70 万件，平时出货量约为 32 万件；其次，由于每天多个波次，城市中央仓每天出货量未知，因此对人力资源投入人数预估的挑战非常大；最后，由于多数员工为外包，在熟练度、积极性上较差，一定程度上会影响配货效率。由于城市中央仓日配货量大且难预测，面对配货量的波动只能依靠增加人力来提效，因此人力成本一直居高不下。

1) 业务解决方案升级

整体解决方案包含业务方案和对应的硬件作业工具，不同的作业场景搭配不同的作业模式和方式。在播种模式下，初始考虑通过“输送线+电子标签”(见图 4-11)实现播种作业。但在这种情况下，每天有近 10000 箱的补货量，需要的配货周转箱则有几万个，作业员需要向输送线投箱补货，并从货架上搬下货箱集货，劳动强度大，换箱频繁，影响作业效率，而且该方案的硬件设备回报周期长，所以被排除。

图 4-11　“输送线+电子标签”分拣方案

在上述日配货量、SKU 占比数据分析和输送线方案的基础上，结合电子标签人均作业效率、分播通道门店分布、分播动线等因素，城市中央仓引入“简易式货架+电子标签”的作业模式(见图 4-12)，实现高效的分拣作业。该方案具备快速落地、可复制、回报周期短的优势。

图 4-12　“简易式货架+电子标签”分拣方案

2) 日配货业务量剖析

通过对城市中央仓几个月的数据分析，发现其配货规格包含整箱、中包、拆零，如果不区分规格进行作业，其日配货量从 32～70 万件波动，且不同规格还要用不同方式管理容器明细，造成人力投入大且人均效率低。

通过 EIQ、ABC 分析 SKU 配货规格、配货量以及订单品项重合度，发现占订单 30%的 SKU 出整箱，且整箱出货量占比约 70%。通过数据分析，如果整箱、拆零(中包、拆零)两种规格分开作业，中央仓拆零和整箱的波动量就会相对减少很多。此外，当整箱量级很大时，可以借助自动化设备解决贴标、扫描、分拣工作，从而降低人力投入；拆零品则可以借助 PDA、电子标签、AGV 等设备作业。

3) 根据城市中央仓不同量级定制不同方案

整箱和拆零业务分开作业是提高物流配货效率的一个方向，但并不是所有的城市中央仓都适合使用该方案。通过对两个不同量级城市中央仓的日配货量(中央仓 A 日配货峰值约 70 万件，中央仓 B 日配货峰值约 28 万件)进行调研，得出以下结论。

当中央仓量级过大时(25 万件以上时)，整箱业务可以借助自动贴标机、自动分拣机设备实现快速准确的分拣，或者采用贴标签的作业方式；拆零业务则可以借助上述“简易式货架+电子标签”方案进行作业。

当中央仓量级不大时，考虑到回报周期及业务发展方向，自动化设备预算有限，拆零和整箱业务可继续采用“简易式货架+电子标签”作业方案合并作业；或者整箱业务采用打印标签的作业方式，拆零业务采用 RF 作业方式。该方案具备易实现、易落地的优势。

4) 物流设备优化

当中央仓量级较少时，多温层合流的劳动强度大、装卸重复低效的问题会一直存在。针对该问题，可直接在门店分播位用乌龟车替代托盘作为载具，这样在满货换载具和合流集货时可以减少搬运、方便移动，从而快速实现作业场地移库作业。

4.3 物流配送中心作业功能规划

作业功能规划是指对各区域的作业功能进行规划设计。主要从两个方面进行作业功能规划：一是不同区域的功能规划，二是不同区域的作业能力规划。区域功能规划建立在作业流程分析的基础上；区域作业能力规划以物流区作业为主，并遵循一定的程序。

4.3.1 区域功能规划

在进行区域功能规划时，需要从细分的功能区入手，主要分析其功能及规划要点。

1. 生产作业区规划

1) 收货验收作业区

收货验收作业区是货物进入物流配送中心的必经之处，主要用于验收供应商到货或客户退货。收货验收作业区需具备的主要功能如下：

(1) 具备装卸平台，能供到货后车辆停靠卸货。

(2) 卸货区域够用，便于货品分类。

(3) 能够满足一定数量的货品同时到货。

(4) 便于清点与检验货品。

(5) 具备合格品入库交接区与疑问货品暂存区。

2) 存储保管作业区

存储保管作业区是物流配送中心存储保管货品的区域。该区域占库区面积比例大，作业内容复杂，属于重点规划区域。存储保管作业区需具备的主要功能如下：

(1) 货品入库保管。

(2) 合理安排货品的存储货位，提高货位利用率，提高仓容利用率。

(3) 确保货品的先进先出。

(4) 提供符合要求的货品保管条件。

(5) 满足日常的理货作业，满足分拣、盘点等作业的要求。

3) 拣选作业区

拣选作业区是物流配送中心执行分拣作业的区域。根据物流配送中心作业方式的规划，分拣作业区既可以是独立区域，也可以与存储保管作业区共用。拣选作业区需具备的主要功能如下：

(1) 根据订单内容拣选出满足需求的货品。

(2) 能够支持高效率、高准确率拣选的要求。

(3) 满足不同拣选方式的要求。

(4) 通过二次拣选等方式做到每一个订单与货对应，满足货品复核等要求。

4) 复核区

复核区是物流配送中心复核已拣选订单及包装出库货品的区域。复核区需具备的主要功能如下：

(1) 复核单货一致性。

(2) 进行货品打包、封箱等作业，便于货品运输。

(3) 标识货品外包装，便于发货及送达客户。

5) 配送待发区

配送待发区是物流配送中心按照一定的规则存放待出库货品的区域。配送待发区需具备的主要功能如下：

(1) 暂存待出库货品。

(2) 将待出库货品与配送人员交接。

(3) 货品按一定的规则存放，便于装车。

6) 退换货区

退换货区是物流配送中心执行供应商及配送客户退换货作业的区域。退换货区需具备的主要功能如下：

(1) 接收客户退货。

(2) 退货给供应商。

(3) 检验并判断退货品的处理方式。

(4) 检验并判断换货品的处理方式。

各区作业功能及规划要点如表4-13所示。

表4-13 各区作业功能及规划要点

作业分区	主要作业功能	规划要点
收货验收作业区	停车卸货	装卸平台的高度、宽度要适宜；要配有辅助设施，能够满足不同车型的停靠；要注意进货口与出货口的设计是共用还是相邻，避免进货与出货的冲突；要综合考虑到货量、货品特性、送货供应商数量、单车卸货时长等因素，合理规划空间大小
	货品分类	空间大小要能够满足货品分类的需要；要考虑分类工具(如托盘、周转箱等)的规格尺寸；货品分类要以方便清点和检验为前提，根据物品特性和作业效率合理规划
	货品清点与检验	要掌握必要的检验标准与处理方法，加快货品检验的效率和准确率，能够灵活处理不同状况下的异常事件
	合格品入库交接	合格品要能快速地与入库上架人员交接，上架人员注意单货的抽检；要加快货品流动速度，加大收货空间的利用率
	疑问品暂存待处理	要加快疑问品处理的效率，即使暂存也要尽快由相关人员确定处理方式，避免暂存区的货品堆积

续表

作业分区	主要作业功能	规划要点
存储保管作业区	入库上架	单品上架储位要以系统指定为主，结合实际存储情况可适当调整并在系统中更新；要注意原有库存货品与新到货品的存放先后顺序；要注意上架货品的包装要求；要选择合适的上架辅助工具，加快作业效率和准确率
	合理利用储位	储位利用率应达95%以上；要注意储位与货品的大小、位置高低等的匹配度
	选择保管条件	应以降低货品在库保管期间的损耗为导向；对有特殊保管要求的货品要针对性地采取必要措施，如划定特殊区域
	合理利用仓容	储位存货的饱满度管理是一个容易忽视的重要因素；在条件允许情况下，要尽量增加保管区的面积；在不影响货品流动的情况下，要尽量减少通道所占的面积
	日常理货	应通过理货作业加强货品先进先出管理，促进分拣效率
	盘点	分别针对日常盘点和固定时间盘点规划不同的作业方式及盘点资源梳理方式；注意盘点期间单品的账物处理方式与准确率的管控
拣选作业区	按单拣货	规划拣选路线是核心要素；要控制规划好订单拣选时间、节拍及订单量等；要注意拣选工具的选择及辅助物的方便易得性
	选择拣选方式	选择合适的拣选方式，以方便、快捷、可行、灵活为导向，规划出适合实际情况的拣选方式或组合拣选方式
	二次拣选	对于已经过初步拣选的货品，要协调好与初步拣选的关系及二次拣选的必要性分析，同时为货品的复核环节提供便利
复核区	复核单货一致性	要对复核作业的准确率及效率进行研究分析；选择合适的复核方式
	货品打包	要选择合适的包装物，做好出货量与货品包装物的研究分析，避免在包装环节影响效率，增加货品损毁的概率
	货品外包装标识	标识位置要固定、清晰，不易被损坏，内容需完整
配送待发区	货品暂存	规划好分类与存放位置、垛高等因素，便于清点和出库
	出库交接	交接完毕即可出库，选择好交接方式，确保准确无误
	装车	按照规划好的配送路线，合理安排订单的装车
退换货区	接收客户退货	规划好流程、时间点、手续办理等事项
	退货给供应商	注意退货给供应商的处理流程以及退货与进货之间的时间、货品量、金额等的关系；注意与采购部门之间退货业务的协调
	检验并判断退换货品的处理方式	制定检验标准；明确不同情况下退换货品的处理方式

2. 生产作业辅助区规划

生产作业辅助区是物流配送中心作业的辅助区域，主要包括流通加工作业区及物流配合作业区。

1) 流通加工作业区

物流配送中心的流通加工作业属于简单的加工，是为了提高存储、配送等方面的效率和效益而开展的生产辅助作业。流通加工作业区需具备的主要功能如下：

(1) 按照分拣货品的需要进行必要的拆箱作业。

(2) 根据需要将同类货品或同客户的不同货品集合成独立包装，便于配送。

(3) 为配合运输配送需求，将货品的外包装加固或者加装防护物等，如用打包带将整箱货品打包加固，用油纸及蛇皮袋包裹货品外箱以防水、防潮等。

(4) 为配合运输配送需求或核算运费等，将出库或入库货品进行称重作业。

(5) 为配合运输配送需求，在出库或入库货品的外箱或外包装上印制有关条码文字。

(6) 为配合货品管理及客户需求，将含有特定信息的标签贴于指定的位置。

流通加工作业区各作业功能及规划要点如表 4-14 所示。

表 4-14　流通加工作业区各作业功能及规划要点

作业分区	主要作业功能	规 划 要 点
流通加工作业区	拆箱	对于以拆零分拣为主的物流配送中心，拆箱作业可在月台完成，同时还要把握拆零的程度
	集装	货品集装要掌握适度、便利配送作业的原则；要处理好集装区域与配送待发区的关系，避免货品混淆、搬运作业量增加等情况的发生
	外包装加固	不同货品或包装形式的外包装加固方式与用料要区别对待；注意加固完成后货品配送信息标识的完整与清晰
	货品称重	注意规划好称重作业的流程与区域设置及前后流程的衔接
	打印条码文字	注意规划好条码文字印制的内容、格式、位置等要素
	印贴标签	注意研究印贴标签的必要性；规划好印贴标签的内容、格式、位置等要素

2) 物流配合作业区

物流配合作业区主要是物流配送中心内部为配合物流作业的顺畅完成而规划的区域。以物流配送中心仓库外部和内部为分类依据，物流配合作业区需具备的主要功能如下：

(1) 进出物流配送中心的车辆管理、车载货物出入管理、车辆停泊管理等。

(2) 周转箱、托盘等的回收、分类、存放。

(3) 不同作业过程中产生废料的处理、报废物品的处理等。

(4) 不同作业工具的使用与存放、作业设备的充电等。

物流配合作业区各作业功能及规划要点如表 4-15 所示。

表 4-15　物流配合作业区各作业功能及规划要点

作业分区	主要作业功能	规 划 要 点
物流配合作业区	车辆管制	外来车辆与自由车辆、空驶车辆与载货车辆的管理，车辆的停靠位置及时间管理，外来车辆司机行为的管理等
	容器回收	规格、分类、存放的标准，损坏容器的修复等
	废料回收处理	不同作业区域、作业过程中所产生废料的处理方式、时间、人员等因素的确定，废料的判定与分类，废料的处理方式与流程等
	作业用具的存取	提高作业用具的利用率，做好用具分类，尽量避免用具闲置

3. 办公生活区规划

办公生活区是用于员工办公与生活的区域，主要包括办公事务区和生活事务区。

1) 办公事务区

办公事务区是处理日常物流配送中心办公事务的区域。办公事务区需具备的主要功能如下：

(1) 处理物流配送中心的各项办公事务，如供应商预约入库、货品入系统账、打印订单、处理客户投诉等。

(2) 接待来宾，如企业客户、供应商等。

(3) 培训员工，如培训员工作业技能、对员工进行思想教育等。

(4) 举办会议，如主题活动讨论、奖惩意见征询等。

(5) 储存运营资料，如各种业务往来单据、公司文件等。

(6) 管理与应用信息系统，包括各种软硬件等的应用、维护及数据处理。

2) 生活事务区

生活事务区是物流配送中心员工日常生活的区域。生产事务区需具备的主要功能如下：

(1) 员工就餐，如员工餐厅或就餐处等。

(2) 员工休息，如在休息时间为员工提供饮水、休息等恢复性活动，规模较大的企业还可配备健身娱乐室等。

(3) 医疗处理，如对员工工作中发生的伤害进行急救。

(4) 为员工的日常盥洗如厕提供便利。

(5) 为员工换工装提供便利。

(6) 美化环境，如对物流配送中心园区内外部的绿化、照明、标识等的规划。

生活事务区各作业功能及规划要点如表 4-16 所示。

表 4-16 生活事务区各作业功能及规划要点

作业分区	主要作业功能	规 划 要 点
办公事务区	各项进销存办公业务	根据业务流程、性质等规划事务处理区域，避免迂回；做好时间管理，统领作业现场
	接待来宾	设有专门的接待处，并远离作业区
	培训员工	可与会议室共用
	举办会议	可与培训室共用
	储存资料	根据实际需要，可考虑将单据资料存放于办公区，或在存储区单独设定位置；注意资料的查询权限与保存方式
	管理与应用信息系统	包括计算机、扫描枪等硬件的选择与配置标准，软件系统的选择与作业系统的匹配性等
生活事务区	员工就餐	可根据企业规模、员工数量确定是否需要独立的就餐处
	员工休息娱乐	休息区应与作业区临近，娱乐区的设定视企业规模、员工情况等因素而定，一般应远离作业区，靠近宿舍区
	医疗处理	紧邻作业区和办公区，确保急救的及时性；注意药品、药具的充足与效期管理
	日常盥洗	合理规划其位置与数量，一般临近作业区和生活区
	更衣	一般设在库区入口处
	美化环境	注意企业 CI(Corporate Indentification)的设计与展示

视频：物流园区规划展示

观看视频动画，结合所学知识，思考物流园区需要具备哪些设施及功能。

4.3.2　区域作业能力规划

通常，区域作业能力规划以生产作业区为主，在此基础上再进行其他相关区域的规划。对生产作业区的作业能力规划一般按照预定的作业流程逐区规划，但有时也会遇到信息不足的情况，因此可以重点对存储保管区与拣选区的作业能力进行分析与规划，然后规划它们的前端以及后续工序作业区域。

1. 存储保管区运转能力规划

1) 按周转情况估算

存储量按周转情况估算的公式为

$$存储量=\frac{年存储运转量}{年周转次数}\times 安全系数$$

其中：

(1) 年存储运转量：将物流配送中心各项进出货品的单位统一换算成与单元负载相同的单位(如托盘、周转箱等单位)，以此单位为当前或预期规划使用的仓储作业基本单位，加总各货品全年的进出总量后，就可以得出物流配送中心的年存储运转量。为了方便计算，实际操作中也可以将经营货品按一定的标准分类，分别计算再加总。

(2) 年周转次数：制定出的未来物流配送中心存储量在一年内的年周转次数预期目标。通常，不同行业货品的周转次数都有一个大概的范围可供参考。另外，企业还可以结合所经营货品的价值、特性及缺货成本等因素确定合理的周转次数。

通过年存储运转量与年周转次数的比值就可以得出初步的估算存储量，但此时的存储量未考虑物流配送中心实际运作中货品的进出库波动情况，因此需要引入安全系数对该值予以修正，以得出规划存储量。

(3) 安全系数：设定的一个合理数值，用以反映物流配送中心实际运作中出入库货品量的波动情况。如果安全系数值设定得过高，就会增加存储空间的面积，加大资金投入；如果该数值设定得过低，就会使得存储空间紧张，影响中心的正常运转。有些资料建议该值的范围为 1.1～1.25，实际操作中读者可以参考。

思维拓展：对经营货品周期性变化明显的物流配送中心，为避免存储量的巨大波动而可能引起的仓储空间过剩和投资浪费，可以采取哪些措施？

按周转情况估算法有以下特点：

(1) 简单快捷，较实用。

(2) 精确性欠佳。

(3) 对经营货品波动性强，季节性、周期性强的物流配送中心，需要考虑的因素较多。

2) 按送货周期估算

存储量按送货周期估算的公式为

$$存储量=\frac{年存储运转量}{年出货天数}\times送货周期\times安全系数$$

其中：

(1) 年存储运转量：将物流配送中心各项进出货品的计量单位统一换算成与单元负载单位相同的年运转总量。

(2) 年出货天数：物流配送中心所经营各类货品的出库天数。每一种单品的出库天数可能是不同的，如果统计成千上万种单品各自的出库天数，则数据量大，而且也不易操作。通常可以设定几个包含不同天数的时间段，将不同单品归类于各时间段。

(3) 送货周期：不同供应商在一定时间内送货时间的平均间隔期。

(4) 安全系数：设定的一个合理数值，用以反映物流配送中心实际运作中出入库货品量的波动情况。

按送货周期估算法有以下特点：

(1) 应用该方法时要注意单品量、时间段等范围的统一性，通过分类、核算、加总等步骤完成规划存储量的估算。

(2) 存储量的估算值具有较好的精确性。

(3) 当部分货品出货天数少且集中于某几天出货时，会造成核算出的存储量偏高，使存储空间闲置或库存积压。

2. 拣选区运转能力规划

1) 日均拣选能力

拣选区作业主要考虑单日出库货品的拣选，单日伴随拣选作业的往往还有补货作业，因此拣选区的规划可不必包括当日所有的货品出库量，当必要时，可由专人从存储保管区向拣选区补货。拣选区运转能力规划主要考虑的是日均拣选量所需的拣选作业空间。

日均拣选量计算公式为

$$日均拣选量=\frac{年拣选量}{年出货天数}$$

其中：

(1) 年拣选量：将物流配送中心各项进出货品的单位换算成相同拣货单位，并统计出的该单位下的各货品的年拣选量。

(2) 年出货天数：物流配送中心所经营各类货品的出库天数。

2) 拣选区货品存储量分析

为了合理规划拣选区的货品存储量，提高其运转能力，可对日均拣选量、年拣选量和年出货天数进行综合 ABC 分析。现把日均拣选量和年拣选量分别按照大、中、小三种类别综合考虑，把年出货天数分为多、中、少三个类别，可形成表 4-17 所示的分类表。

表 4-17　货品拣选量、出货天数综合 ABC 分类表

拣选量分类	年出货天数分类		
	多	中	少
日均拣选量大，年拣选量大	Ⅰ	Ⅰ	Ⅴ
日均拣选量大，年拣选量小	—	—	Ⅵ
日均拣选量小，年拣选量大	Ⅱ	Ⅶ	—
日均拣选量小，年拣选量小	Ⅲ	—	Ⅵ
日均拣选量小，年拣选量中	Ⅳ	Ⅶ	—

(1) Ⅰ类情况：表示货品的日均拣选量大，年拣选量也大，且出货天数偏多。因此，其属于拣选出货的主要货品品类，拣选区的货品存量可以保持偏高水平，且储位固定。

(2) Ⅱ类情况：表示货品的日均拣选量小，但年拣选量大，且出货天数多。因此，拣选区的货品存量可以保持偏低水平，补货要及时，宜采用固定储位。

(3) Ⅲ类情况：表示货品的日均拣选量小，年拣选量小，且出货天数多。因此，拣选区的货品存量可以保持较低水平，库存可集中于拣选储位，且储位固定。

(4) Ⅳ类情况：表示货品的日均拣选量小，年拣选量适中，且出货天数多。因此，拣选区的货品存量可以保持偏低水平，补货要及时，宜采用固定储位。

(5) Ⅴ类情况：表示货品的日均拣选量大，年拣选量也大，但出货天数少。因此，其属于特殊性的拣选货品，宜采用临时储位、集中到货集中出货。

(6) Ⅵ类情况：表示货品的年拣选量小，出货天数少。因此，对于日均拣选量大的货品可以采用临时储位、集中到货集中出货的方式，对于日均拣选量小的货品可以采用弹性货位、保持适量库存量的方式。

(7) Ⅶ类情况：表示货品的日均拣选量小，年拣选量偏大或适中，且出货天数适中。因此，其属于拣选出货的主要货品品类，拣选区的货品存量水平可以保持偏高，且储位固定。

在实际规划过程中，上述分类方式及每种分类特点可作为参考，但仍需根据货品的特性、出库特点等因素综合考虑而定。

思维拓展：根据表 4-17 的分类，有哪些货品可以省略拣货区，做到存拣货在同一个储位进行？这样的货品需具备哪些特点？另请大家以“日均拣选量中”为例，分别根据年拣选量和出货天数的不同情况，分析其属于哪类情况下的拣选及存储管理策略。

3. 作业能力平衡规划

作业能力平衡规划是从物流作业系统的角度出发，使物流各环节的作业能力达到节拍一致、相互配合、相互支持的平衡状态的规划。在进行物流作业能力平衡规划分析时，要注意所研究对象属性的可比性，如相同的搬运单位才具有可比性。

在规划中，要根据预定的作业流程列出各流程物流量的大小，把各流程中不同货品的特征、数量、单位等要素整理出来，通过大量的数据分析，使物流各作业环节的作业能力达到平衡。在实际物流作业过程中，由于受订单量、作业周期、时序安排、作业熟练程度等因素的影响，出现作业节拍混乱、某些环节堵塞等现象是难以完全避免的，因此也要规划出一定的处理机制，使物流作业系统回到平衡运行的状态。

以某批发型物流配送中心为例，在进行物流作业能力平衡规划分析时，主要需考虑表

4-18 所示要素。

表 4-18　物流作业能力平衡主要要素分析

作业流程	指标	作业标准	规划值	安全系数	调整值	备注
采购进货	送货商数					
	送货量					
	送货品种					
	入库效率					
存储保管	库存金额					
	库存品种					
	库存箱数					
	储存区面积					
	托盘数量					
	作业车规格					
	货架规格					
拣选	订单量					
	订单周期					
	订单品项					
	订单分布					
	分拣工具					
	分拣方式					
	分拣效率					
	分拣准确率					
复核待发	复核效率					
	复核准确率					
	打包分类效率					
	暂存时间					
	差异处理					
配送	客户分布					
	路线规划					
	出库交接					
	装车安排					
	配送效率					
	服务质量					
	退货处理					

注：设定安全系数以应对业务量的高峰；对于不能具体量化的指标，可根据实际情况制定相应的衡量标准。

4.4　物流配送中心信息系统规划

物流配送中心信息是物流配送中心各种活动的数据、文件与图像等的总称。物流配送中心信息系统则是计算机技术、网络技术、自动化技术等在物流领域的应用，这也是现代物流配送中心发展的主要趋势之一。广义的物流配送中心信息系统是指包括物流业务过程中的各个环节，通过计算机网络、软件及高科技物流设备等组合而成的一个供应链动态互动系统。我国的物流企业要想发展壮大，提高供应链的经营效果，从而在激烈的竞争中获得优势，就必须加强信息化建设。大型物流企业需要结合自身的进展战略，进行物流信息系统的规划建设。

物流配送中心信息系统规划主要包括三个方面：信息系统的一般架构、规划信息系统的主要原则、规划信息系统的要点。

4.4.1　信息系统的一般架构

从不同的角度看，物流配送中心的信息系统具有不同的架构形式。本节分别从信息系统的整体作用和功能角度以及各子系统的组成与功能角度来介绍其一般架构。

1．从整体作用和功能角度考虑

按照信息的作用、加工程度及利用目的不同，物流配送中心信息系统可分为基础作业层、管控层、决策层和战略层，如图 4-13 所示。

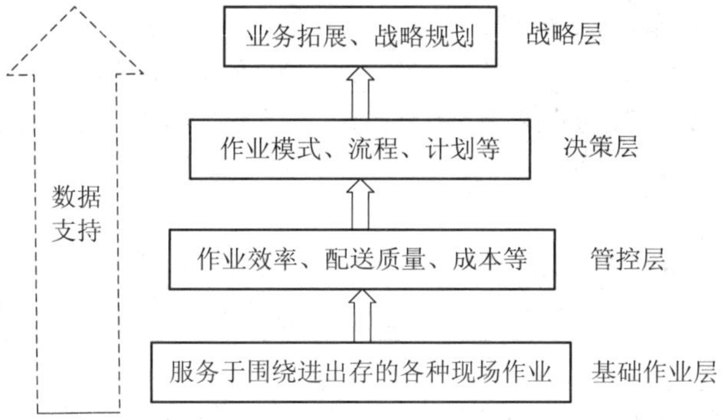

图 4-13　信息系统结构层次

(1) 基础作业层：主要包括物流配送中心日常运营所需要的各种信息(如接收到的订单信息、订单的合单与分解、客户信息、配送进度、客户退货等)，这些信息的传递贯穿于整个作业活动中。

(2) 管控层：主要包括管理人员进行日常作业管理与监督所需要的信息(如作业效率、准确率高低、员工出勤率、岗位人员配置、库存成本控制、配送效率分析等)。有时需要对信息进行一定的加工处理，得到有参考价值的数据。通过对这些信息的收集，管理人员能够掌握作业情况，并实施必要的管理措施，保证运营目标的顺利实现。

(3) 决策层：主要包括对各种基础信息经过一定的程序和手段处理后，所得到的有特定价值的信息。这些信息可以为优化作业流程、模式，创新资源配置，决策设施投资等方面提供数据依据。

(4) 战略层：主要包括提供给企业高层制定运营目标、方针、计划、战略规划的各种信息，如是否需要扩建物流配送中心、是否需要进行新市场的开发等。

2. 从各子系统的组成与功能考虑

通常物流配送中心信息系统主要由以下几个部分组成，如图 4-14 所示。

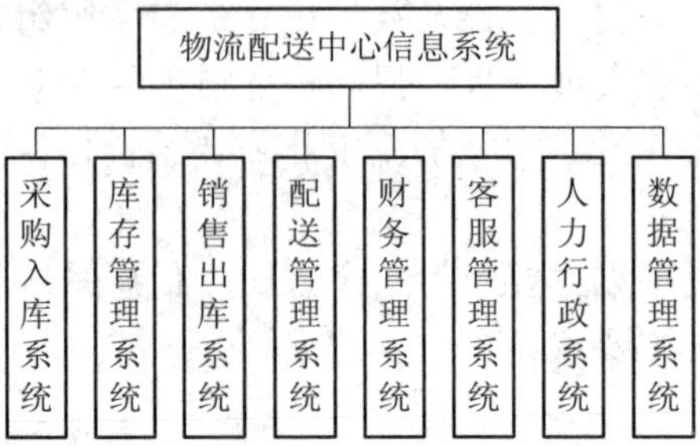

图 4-14　物流配送中心信息系统的组成

1) 采购入库系统

采购入库系统主要分为采购管理和入库管理两部分，其主要模块如表 4-19 和表 4-20 所示。

表 4-19　采购管理部分主要模块

模　块	功　　能
采购计划管理	该模块可自动生成货品采购计划，供采购人员参考；同时具有编制计划、审核计划、修改计划等功能
采购价格管理	根据权限不同，该模块可进行货品价格的审批、修改等操作
供应商管理	该模块可记录供应商的各种信息，如名称、编号、信誉度等
采购合同管理	该模块具有生成合同、录入合同、查询修改合同、审核合同、反映合同执行状况等功能
采购订单管理	该模块具有生成、跟踪、修改采购订单及订单分析、辅助结款等功能

表 4-20　入库管理部分主要模块

模　块	功　　能
送货预约管理	根据作业能力及需要对供应商送货进行预约管理，该模块可与采购订单模块关联，并可进行供应商送货准时率分析
货品验收管理	该模块可反映货品的数量、品种、质量等信息，并可与采购订单形成比较分析。其可支持条形码技术、RFID 技术等
货品入库管理	该模块为货品入库记账，生成入库单，为供应商结款、货品上架等提供书面凭证

2) 库存管理系统

库存管理系统包含的内容比较多，主要分为库存查询、库存控制、在库管理三部分，其主要模块如表 4-21～表 4-23 所示。

表 4-21　库存查询部分主要模块

模　块	功　　能
库存日志	该模块提供经营时间段内各种单品进货、出货、存货情况的日志记录
在库时长	该模块反映各种单品的在库时长查询及按条件分类汇总等信息
效期管理	该模块针对于对效期有要求的货品管理，可以提供效期查询等功能

表 4-22　库存控制部分主要模块

模　块	功　　能
库存量管理	该模块提供不同单品最高库存量、最低库存量的设定与预警，与采购管理部分关联密切
非正常品管理	该模块可实现对残次品、客户退货品、退给供应商货品等的管理
先进先出管理	该模块可结合入库时间、货品效期、库位管理等条件确保货品的先进先出

表 4-23　在库管理部分主要模块

模　块	功　　能
库位管理	该模块提供库位设定、库位更改、智能库位指派等功能
库存条件管理	该模块按照货品的属性、分类、保管条件等要求实行有区别的保管条件管理
盘点管理	该模块提供日常盘点、定期盘点、随机盘点、盘点分析等功能
补货管理	根据拣选量与拣选货位的库存量等条件，该模块在一定时间段智能生成补货明细单

3) 销售出库系统

销售出库系统主要提供从接受订单到货品完成打包待出库过程中各种作业环节的功能支持，包括订单处理、分拣货品、复核打包货品三部分，其主要模块如表 4-24～表 4-26 所示。

表 4-24　订单处理部分主要模块

模　块	功　　能
接收订单	该模块接收客户的订单，并转化为系统识别的信息，按照系统设定的条件形成拣选单
处理订单	根据系统设定的条件与规则，从作业效率的角度考虑，该模块对客户订单进行不同程度的分类、组合、优先级排序等系统操作

表 4-25　分拣货品部分主要模块

模　块	功　　能
选择分拣模式	从作业效率和准确率的角度考虑，对不同属性的订单，该模块可智能选择合适的分拣模式
提供分拣路径	根据一定的算法并结合订单情况，该模块可智能生成最优拣选路径

表 4-26　复核打包货品部分主要模块

模　块	功　　能
纠错机制	通过扫描设备读取订单号及所对应分拣的货品明细，与软件系统进行对比匹配，发现拣选错误
打包机制	根据订单货品的品种、数量、性状等特征，该模块可智能推荐合适的包装物、包装方式
分类机制	该模块将暂存的已打包完毕待发货品按客户分类，以方便出货交接，提高待发暂存区的使用效率，可以通过参数设定由系统智能安排

4) 配送管理系统

配送管理系统主要提供从出库货品装车到送达客户过程中各作业环节的功能支持，包括配送线路规划、装车规划、配送过程中的信息管理、送达客户管理、退换货处理、车辆调度管理等几部分。

(1) 配送线路规划：根据客户分布情况、订单量等因素确定配送车辆的类型及配送线路。确定配送线路时，一般是结合系统根据设定的约束条件自动生成最优路径，再结合配送司机的经验形成合理的解决方案。

(2) 装车规划：根据确定的配送线路和车辆规格制定出科学的装车方案。一般是根据线路安排、送达时间先后顺序及订单货品的特点，由系统智能生成初始装车方案，再结合送货人员的经验，形成合理的解决方案。

(3) 配送过程中的信息管理：在配送作业过程中对配送进度、现状等信息进行反馈并在此基础上形成配送优化方案，目的是进一步提高配送效率。配送过程中信息的可控性对配送效率的影响很大。通常，配送过程中的信息管理系统可结合地理信息系统(GIS)和全球定位系统(Global Positioning System，GPS)使用。

(4) 送达客户管理：在正确的时间将正确的货品送达到正确的客户，同客户做好货品交接，提升客户的服务体验。有些送达客户可能还会涉及退货业务。

(5) 退换货处理：对于配送客户产生的退换货，送货人员要根据既定流程和系统模块做好退换货的交接处理。

(6) 车辆调度管理：针对大型物流配送中心而言，这类中心一般自有多辆运输车或外租车辆，为了充分利用运力，可通过信息系统的支持进行合理的调度管理、运费结算、运输信息查询等方面的操作。

5) 财务管理系统

财务管理系统与配送管理系统相关联，可以输出应收账款单；与采购入库系统相关联，可以获取货品入库资料、输出应付账款单；还可以输出各种财务报表，供营运管理人员参考。

6) 客服管理系统

客服管理系统对供应商及客户的各种信息进行管理，是物流配送中心提高服务水平和竞争力的有效手段。具备现代特征的客服管理系统通常包括表 4-27 所示模块。

表 4-27　客服管理系统主要模块

模　块	功　　能
网上下单	在有业务需求时，客户通过互联网下订单；同时，物流配送中心也可以通过网络向供应商下订单
货品跟踪	客户可以根据订单号等信息，通过物流配送中心的网络系统实时跟踪自己货品的配送状态
网上支付	在支付系统、法律法规等的支持下，物流配送中心可以通过网络与客户和供应商进行网上结算。目前我国网上支付的条件越来越成熟，未来可能会成为一种主要的支付方式
客户关系管理	该模块主要是根据客户下单数据分析、配送情况、退货情况、投诉信息等诸多数据指标，通过售后回访、意见记录与解决、订货方案推荐等方式，维持和巩固与客户的合作关系

7) 人力行政系统

人力行政系统主要包括人力资源管理、绩效管理、行政管理等内容，其主要模块如表 4-28～表 4-30 所示。

表 4-28　人力资源管理部分主要模块

模　块	功　　能
人力资源需求计划	该模块包括员工需求(如数量、学历、年龄)、员工培训、轮岗等方面的计划
管理工具	该模块主要包括各种管理表格、考勤系统等
岗位配置与分析	该模块主要包括各岗位人员数量、技能的配置与合理化分析

表 4-29　绩效管理部分主要模块

模　块	功　　能
数据统计	该模块针对不同作业环节的员工进行工作内容的量化数据记录与统计
绩效核算	该模块按照设定的公式进行工作绩效的核算，与财务系统对接，生成工资方案
绩效分析	该模块通过各种作业数据的统计分析，为管理人员制定运营决策与方针提供支持

表 4-30　行政管理部分主要模块

模　块	功　　能
档案资料管理	该模块包括各种电子数据资料的分类管理及其他资料的编码化管理，如员工合同档案及员工的个人信息等
OA 办公系统	该模块保证物流配送中心日常运营的各种办公事务等

8) 数据管理系统

数据管理系统主要进行后台数据的处理及权限的设定等。

4.4.2　规划信息系统的主要原则

物流配送中心信息系统是整个物流配送中心运营的灵魂，因此需要规划人员应用系统的思维方式，从整体出发，结合现状与未来，以软件先进、硬件适中、综合资源协调的思路做好物流配送中心的信息系统规划，保持和推动企业在市场中的竞争力。在这个过程中，需要遵循以下主要原则。

1. 以生产流程为基础

信息系统是生产流程的数字化反映，同时也是指导和支持生产作业的决策部分。研究货品从供应商接收订单预约送货，到入库、分拣，再到出库配送给客户的整个过程存在哪些可以优化的空间，在此基础上规划合适的信息系统，才能做到信息流与物流的统一和畅通。所以，从整体流程的角度规划分析物流配送中心的信息系统是必须遵循的原则之一。

2. 以企业策略目标为导向

要提高物流配送中心的流通效率，关键是信息系统的支持。要保持信息系统的适用性与先进性，就必须结合企业未来经营的策略与目标进行规划。如果不能结合企业未来的发展变化，信息系统所能提供的服务和竞争优势将严重滞后，甚至影响到企业的生存。

3. 以企业经营业务目标为依据

既要考虑企业当前的业务范围，也要考虑企业未来的业务范围，如经营货品的范围、市场覆盖的范围、配送对象的选择等。由企业经营业务目标确定信息系统所能够处理数据的范围及其扩展性，这样后续信息模块的添加或二次开发等作业才能在可控的范围内有序进行。

4. 与组织结构及管理方式相适应

信息系统是一种管理工具，也是一种管理方式，其势必会影响和渗透到物流配送中心运营的方方面面。例如，购买第三方物流配送中心信息管理软件，该软件的设计与运行可能与企业的实际情况差别很大，需要磨合的地方很多，有些还可能存在根本性的差异，此时的信息系统就会给企业的组织结构和管理方式带来巨大的冲击。因此，在进行信息系统规划时，要做到与组织结构和管理方式之间的协调，在有利于企业运行的大前提下，两者都可以做出必要的调整。

4.4.3 规划信息系统的要点

物流配送中心的上游连接供应商，下游连接客户与终端消费者，起着桥梁和纽带的作用。在物流配送中心内部，信息系统指挥调度生产流程，协调生产环节的关系；在配送作业中，信息系统承担着掌握市场动态、把握客户需求、提供现场服务的任务。在进行信息系统规划时要特别注意以下要点。

1. 选择合适的软件系统

首先，要确定是自主开发系统还是采用第三方提供的现成软件，两种方式各有利弊：自主开发可以进一步分为本企业自己研发或外包给专业第三方开发，需企业全程参与，具有开发周期长、一次性投资大、需要多种资源的有效整合、难度大等缺点，但具有贴近企业的实际需求、可扩展性强等优点；采用第三方软件则有与企业流程融合性差、二次开发难度大等缺点，但具有一次性投资少、短期内即可投入使用、有利于发现企业运行中的一些问题等优点。但不管选择何种软件系统，都要考虑多种因素，综合确定最合理的方案。

2. 从供应链的角度进行规划

从供应链的角度出发，在供应链系统里，物流配送中心只是其中的一个节点，要明确中心所处的环节与位置、供应链系统运行的特点等因素，在此基础上再结合中心内部的运作流程进行系统化的规划。例如，以往供应链的反应速度是当日接单次日发货，效率比较低；而随着信息技术的发展、市场竞争的加剧及企业经营方式的转变，当日接单当日发货的反应速度也亟待提高，而物流配送中心信息系统的规划就要顺应这种趋势。

3. 具备柔性

未来企业的配送向多品种、多批次、小批量、高效率、优质服务体验方向发展的趋势已经得到了很多人的认同。物流配送中心信息系统的更换需要耗费大量的人力物力，因此在规划时就要使信息系统具备相当程度的柔性，不仅能够支持和适应当前的要求，也能够通过升级等手段满足未来的需求，甚至可以通过系统的统领作用引领企业业务的发展，取得领先市场的竞争优势。

4. 具备易操作性

作业流程越简单、作业环节越少、作业操作越容易，就越能被作业人员接受，越能够提高作业效率和准确率。当前大部分物流配送中心还离不开人力与设备的配合作业，有些还以人力作业为主，因此在规划信息系统方面，人力参与的作业必须要考虑操作是否简单化。

经典案例

“沪冷链”信息化系统

为进一步防范进口冷链食品新冠疫情输入风险，按照科学防控、精准防控、人物同防、闭环管理的原则，实现“三点一库”闭环管控更加高效、更加精准。上海探索建立“沪冷链”信息化系统，目前已上线试运行。

“沪冷链”信息化系统对接口岸查验点的查验信息、运输提货点的提货数据、交通运输数据(GPS 数据)、第一存放点的进出货追溯信息，以及中转查验库的消杀及核酸检测信息等数据，可以实现进口冷链食品闭环管控和智能化管理。

1. “三点一库”全流程管理，实现精准管控

通过“沪冷链”涉疫情食品应急处置管理平台，将实现与亿通公司、上港集团、交通运输等部门的数据对接，围绕“三点一库”全流程管理，实现各部门间的数据互通、信息共享，有助于各区级监管部门对从港区提货点至第一存放点的车辆，以及到中转查验库的集装箱实现精准管控。

2. 远程视频监控，提高监管效能

在本市所有中转查验库的卸货区域、中转查验库核酸检测区域、货物消毒区域等场所安装远程视频监控系统，具有视频监控巡查、冷链食品防疫综合分析及查询、预警信息查询等功能，可以通过远程监控查看中转查验库的消毒、采样情况，提高监管效能和智慧化监管水平。

3. “沪冷链”小程序，助力追踪溯源

通过“沪冷链”小程序企业端、监管端两个端口，推动企业落实主体责任，上传人员健康、冷链企业、检测消杀、追溯信息管理等信息。同时，监管部门可以通过监管端及时掌握冷库企业相关疫情防控信息，及时发现问题。

4.5 物流配送中心区域布置规划

物流配送中心区域布置规划主要包括道路交通区域系统规划、生产作业区空间规划、生产作业辅助区空间规划和办公生活区空间规划四个方面。

4.5.1 道路交通区域系统规划

物流配送中心的道路交通区域系统可以分为两个部分来理解：一是针对物流园区形式

的配送中心，需要规划园区内的道路网；二是针对物流配送中心仓库的内部，需要规划库内通道。本节将分别介绍这两种形式的道路交通区域系统规划。

1. 园区道路网规划

园区道路网规划的主要任务是计算道路的基本通行能力，根据预估的物流量得出车流量，从而确定车道数；并根据园区物流的特点，确定道路网的连接形式与网络布局。

1) 园区道路的分类

(1) 主干道。一般主干道连接园区外部通道，辐射园区的主要功能区，属于园区的“动脉”，车流量大，应具有较大的通行能力。常见的主干道有双向四车道、六车道、八车道等。

(2) 次干道。次干道一般与主干道相连，车流量偏小，属于各职能区的主要道路，连接职能区内部各组成部分，分担主干道的车流量，通行能力稍弱。

(3) 支路。支路包括引道、搬运通道及其他用途通道等。引道是园区内仓库、堆场等物流设施及生活设施的出入口与主干道、次干道相连接的道路，搬运通道是用于搬运货物完成物流作业的通道，其他用途通道主要是为消防、安全等要求而专门设立的通道。

2) 规划道路网的基本要求

(1) 与园区总体布局协调。一个园区好的道路网系统至少应该具有以下特点：路线简单，架构清晰，分级明确，系统协调。园区内仓库、办公楼等用地的布局与分配要与道路网分割的用地及形状相互协调，满足各自的用地需求。园区内部的环境美化、绿化设施等用地要与道路网、园区建筑设施等自然融合，有利于呈现园区的整体风貌。

(2) 满足物流及人流的交通需求。在保证道路通畅、安全，确保物流效率的前提下，道路的走向、宽度、类别等都要根据物流量及人流情况的需求而定。需要分析园区内部各区的物流量、人流量情况以及流动方向、性质、速度等因素，并且综合考虑园区物流与人流量的分流、合流问题，在此基础上确定道路的分布与规格。

(3) 注意道路相交的方式与交通规则。通常各道路间采用正交和网格式的布局，以便于园区内各区域间的物流运输。道路交叉时，还要注意交叉口或转弯处满足车辆转弯半径及视距的要求，确保运输车辆的安全。

(4) 符合园区可持续发展的要求。一方面要考虑园区未来扩建的可能，另一方面还要考虑未来园区经营范围、货物品种、业务量等方面的扩张。这些都会对当前道路网规划的适用性产生重大影响，因此要站在可持续发展的角度进行规划。但同时也要考虑当前资源的利用程度，避免资源浪费。

(5) 符合有关国家规定及行业要求。国家对于基础设施及其辅助设施建设有相关的标准与规定，必须予以遵守，否则就会留下安全隐患。例如，应满足消防、环保、安全等方面的要求，否则容易因为道路网线规划的不合理而造成安全隐患；再如，一些危险品应尽量避免在园区内穿越或迂回运输。

3) 影响道路通行能力的要素分析

道路通行能力是指在特定的交通、道路条件及人为度量标准下，单位时间能通过的最大交通量。理想的道路条件是：车道宽度不小于 3.65 m，路旁的侧向余宽不小于 1.75 m，视野开阔，具备良好的平面线形和路面状况。影响物流配送中心园区通行能力的因素主要表现在以下方面：

(1) 道路情况：表现在主干道、次干道和支路各自的车道宽度及车道数，园区道路的布局形式与车道的几何线形，是否设有附加车道等方面。

(2) 交通情况：表现在园区内通行车辆的类型组合及主流通行车辆的类型、园区内允许车辆通行的最高时速、不同类型车道的组合比例关系、车道方向的分布等方面。

(3) 气候情况：表现在风、雨、雪、雾等恶劣天气对园区内外部道路通行的影响方面。

(4) 作业情况：表现在园区内物流作业有无季节性或时段性的波动，造成物流量的不均衡；不同库区的作业相互间会不会产生干扰等方面。

某物流配送中心园区的道路布局如图 4-15 所示。

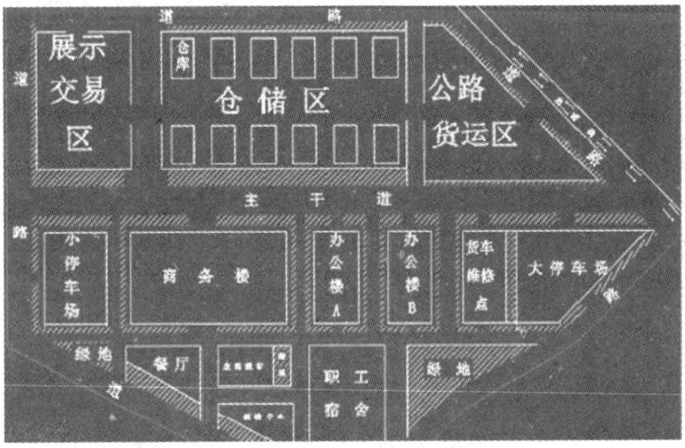

图 4-15　某物流配送中心园区的道路布局

2. 库区内部通道规划

物流配送中心库区内部的通道规划是保证货品高效率流动的重要条件，而且通道所占用的面积与其他作业区域面积的比例关系也直接影响到库区面积的利用率，因此必须予以重视。

1) 库区内部通道的种类

(1) 作业通道：库区人员作业和货品出入库的通道，又可分为主作业通道和辅助作业通道。主作业通道一般是指库内沿长度方向、道路较宽且连接库房进出口的通道，是人和货品流动最频繁的区域，宽度一般在 3.5～6 m，可以双向通行；辅助作业通道一般是指库内沿宽度方向、道路较窄、与主作业通道垂直、连接库内各作业区的通道，一般单向通行。

(2) 员工通道：员工进出库区及有特别规定的库内各区通道，一般比较窄，处于监控设施的监控范围内。设有员工通道的区域，不允许员工从其他通道出入。

(3) 其他通道：包括消防通道、紧急逃生通道、某些公共设施专属通道等。这类通道需要严格管理，严禁出现堵塞、占用等情况。

2) 通道规划的基本要求

(1) 物流距离最短化。货物在库内的流动距离是影响物流效率的一个关键因素。在规划通道时，要尽量避免货物在库内迂回流动，但有时会遇到仓容利用率与货物迂回流动相矛盾的情况，需要规划人员进行权衡，在合理的情况下确保物流距离最短。

(2) 空间利用最大化。在一定程度上，通道所占面积与物流作业区所占面积成反向关系，与货物流动效率成呈向关系。在确保物流效率的基础上，应该尽量扩大物流作业区的面积，使得库区空间利用最大化。

(3) 作业安全最优化。安全生产是根本，规划人员要在确保安全的前提下设计通道。一方面要保证日常作业行为的安全，另一方面要保证通道时刻保持畅通无阻，一旦发生危险情况，便于人员撤离和逃生。

(4) 通道互联便利化。要确保各个通道之间不相互干扰，但同时也要保证通道之间的关联关系，避免出现“死胡同”。主作业通道、辅助作业通道等之间的贯通有利于货物的流通，特别是在分拣拆零频繁的物流配送中心，能够大大缩短货品的拣选路线。

3) 影响通道规划的要素分析

(1) 影响通道类型、数量及布局的因素。有些通道必须根据国家的相关标准设定，如消防通道、逃生通道等；有些通道需要根据物流配送中心运营的实际情况考虑是否设定以及设定的数量和位置，如有叉车作业的库区就必须设定叉车作业通道或员工通道，而有些小型物流配送中心的员工通道与其他通道共用，并不做单独设定。这里重点介绍作业通道的设定：主作业通道所占的库内面积大，所以在够用的情况下越小越好，主要视装卸搬运工具、货品种类、货物进出库量等因素而定，通常以库区内部的横向或纵向中轴线为基准，按一定的宽度进行设定；辅助作业通道则分散于库内，按一定的规则与主作业通道相交(通常是垂直或斜向相交)，主要视货架的选型、货品进出库的形式、作业工具的选择等因素而定，在不影响作业效率的前提下，通常数量越少、宽度越窄，越有利于提高仓容利用率。

(2) 影响通道宽度的因素。通道的宽度规划主要考虑托盘规格、货品规格与特性、搬运车辆的型号及其转弯半径的大小等因素，同时还要考虑货物的堆放方式、拣选方式、车辆通行方式等因素。常见库区通道宽度值参考如表 4-31 所示。

表 4-31　常见库区通道宽度值参考

通道种类及作业方式	宽度/m	通道种类及作业方式	宽度/m
中型货架间，人工存取方式	0.9～1.0	重型平衡叉车	3.5～4
货堆之间	0.7～1.25	直线单行堆垛机	1.5～2
小型台车搬运	车宽+0.5～0.7	直角转弯堆垛机	2～2.5
手动叉车搬运	1.5～2.5	堆垛与墙面通风通道	＞0.3
人行道	0.5～0.75	货架间可通行轻便手推车	1.5～1.8
主作业通道	3.5～6	侧面货叉型叉车	1.7～2.0

4) 通道与库房空间的比例

库区内部不同的通道空间形式所占用的空间比例不同，而通道空间的形式与库内的布局相关。从库内空间利用率的角度来看，尽可能地缩小通道所占用的空间是最佳选择，但可能不利于作业效率与效益，因此需要从综合的角度考虑通道空间与库内布局的关系。下面列举几种不同的库内布局情况，分别以 15 m × 60 m 和 30 m × 30 m 的库房区域为例，通道空间相对于库房空间的比例关系如图 4-16 所示。

以某物流配送中心库区的通道规划及布局为例，其具体的布局形式如图 4-17 所示。

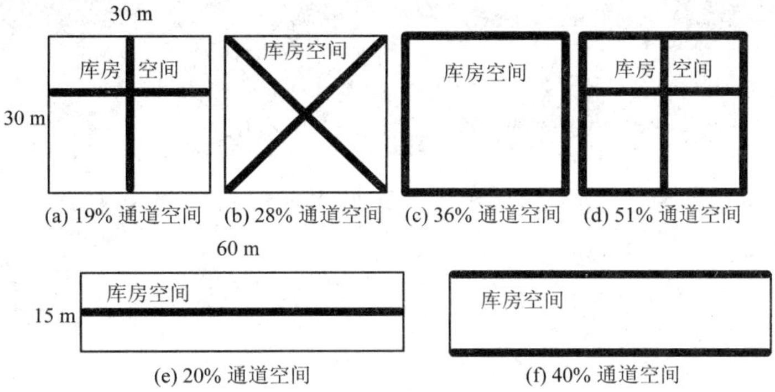

图 4-16　通道空间相对于库房空间的比例关系

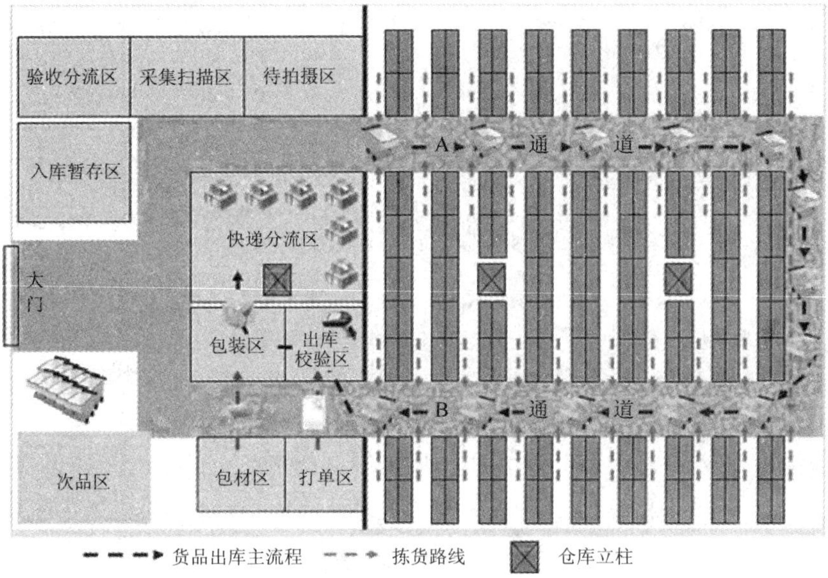

图 4-17　某物流配送中心某库区的通道规划及布局形式

知识链接

不同运行方式下叉车通道宽度的计算方法

不同型号、规格的叉车配合不同尺寸的托盘对通道宽度的要求不同，在规划通道宽度时要视具体情况而定。在此选择以下几个要素的数据为研究对象：

叉车规格：载荷为 500～3000 kg；

叉车侧面余量尺寸用 C_0 表示，可取值为 150～300 mm；

两辆叉车相会时的侧向最小间距用 C_m 表示，可取值为 300～500 mm；

货物之间距离的余量尺寸用 C_p 表示，可取值为 100 mm。

1. 直线行驶叉车通道宽度

直线行驶叉车通道分为单行通道和双行通道两种，通道的宽度取决于叉车宽度、托盘宽度和侧面余量尺寸三个要素。单行道通行可用以下公式计算通道宽度：

$$\begin{cases} W = W_p + C_0 & (W_p > W_b) \\ W = W_b + 2C_0 & (W_p < W_b) \end{cases}$$

式中：W 为直线通道宽度，mm；W_p 为托盘宽度，mm；W_b 为叉车宽度，mm；C_0 为叉车侧面余量尺寸，mm。

需要注意的是，托盘上的货品不能超出托盘边缘。

双行道通行可用以下公式计算通道宽度：

$$\begin{cases} W = 2W_p + 2C_0 + C_m & (W_p > W_b) \\ W = 2W_b + 2C_0 + C_m & (W_p < W_b) \end{cases}$$

式中：W 为直线通道宽度，mm；W_p 为托盘宽度，mm；W_b 为叉车宽度，mm；C_0 为叉车侧面余量尺寸，mm；C_m 为两辆叉车相会时的侧向最小间距，mm。

需要注意的是，托盘上的货品不能超出托盘边缘。

2. “丁”字形通道宽度

“丁”字形通道的宽度取决于叉车的最小转弯半径、托盘长度和叉车侧面余量尺寸等要素，可用以下公式计算通道宽度：

$$W = R + X + L_p + C_0$$

式中：W 为“丁”字形通道宽度，mm；R 为叉车最小转弯半径，mm；X 为旋转中心到托盘的距离，mm；L_p 为托盘长度，mm；C_0 为叉车侧面余量尺寸，mm。

3. 最小直角通道宽度

当叉车直角转弯时，要保证通道宽度能够满足转弯要求。最小直角通道宽度可用以下公式计算：

$$W = R_f - \frac{B - W_p/2}{\sqrt{2}} + C_0$$

式中：W 为最小直角通道宽度，mm；R_f 为叉车最小转弯半径，mm；B 为旋转中心到车体中心的距离，mm；W_p 为托盘宽度，mm；C_0 为叉车侧面余量尺寸，mm。

以上各通道简图如图 4-18 所示。

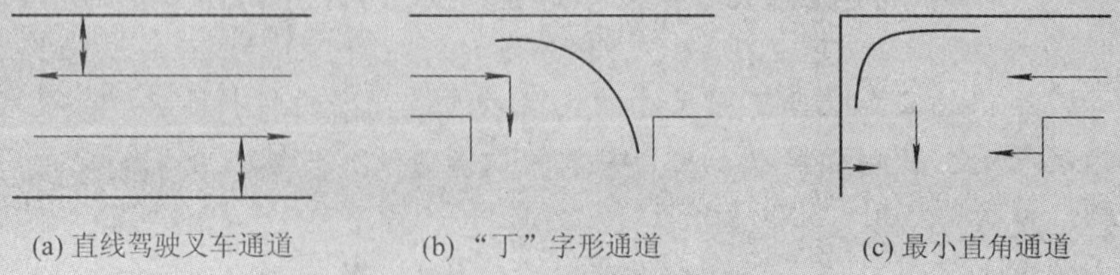

图 4-18　不同运行方式下叉车通道简图

4.5.2 生产作业区空间规划

本节主要介绍生产作业区中的收货验收区、存储保管区、拣选区和复核区的空间规划等内容，是对物流配送中心总体规划中相关内容的细化。

1. 收货验收区空间规划

收货验收区又可细分为进货区、验货区、入库待交接区和暂存区。通常为了方便作业，进货区与验货区是连为一体的。

1) 月台规划

进货区通常是指库房的月台，货物通过月台进入库房内部，而货物离开库房也必须通过月台，可见月台在物流配送中心的重要性。规划进出货月台时主要从以下几个方面考虑：进货月台与出货月台的位置关系、月台的数量、月台的样式、停车遮挡的形式以及月台的规格。

(1) 进货月台与出货月台的位置关系。一般可以根据作业性质、库房的平面布置以及货品在库内的流动路线决定进出货月台的位置。进货月台与出货月台常见的位置关系有：进货与出货共用一个月台；进货与出货使用不同的月台，但两者相邻；进货与出货使用不同的月台，且两者不相邻；具有多个进出货月台。进货月台与出货月台的位置关系如表 4-32 所示。

表 4-32　进货月台与出货月台的位置关系

位置关系	图示及物流形式
进货与出货共用一个月台	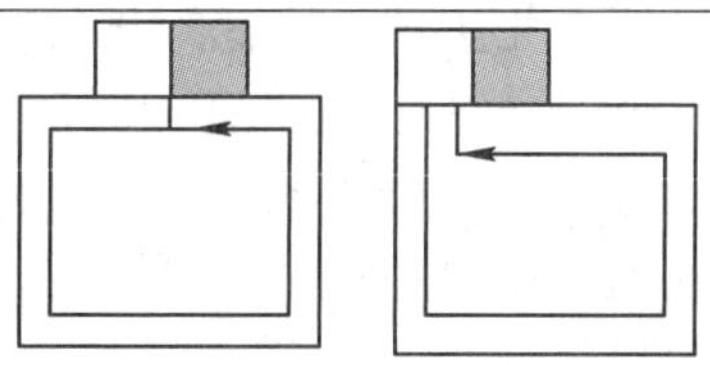
进货与出货使用不同的月台，但两者相邻	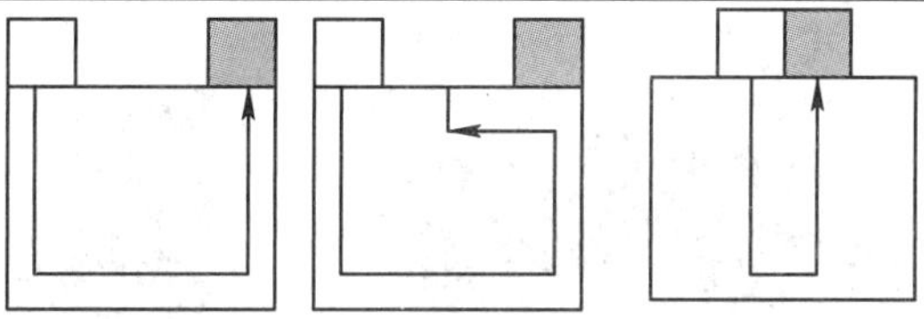
进货与出货使用不同的月台，且两者不相邻	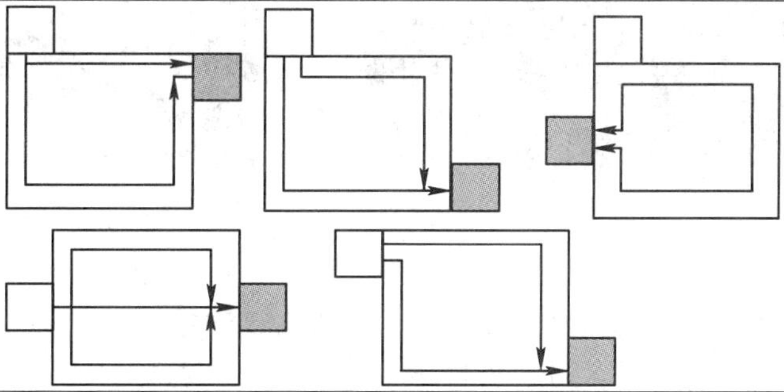
具有多个进出货月台	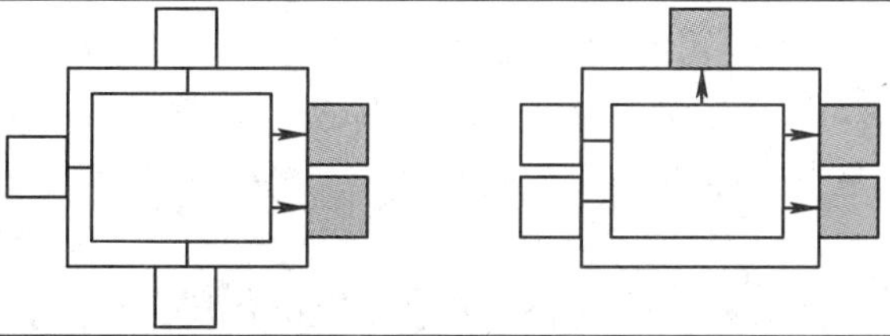

注：□ 表示进货月台；■ 表示出货月台；→ 表示库区物流方向。

(2) 月台的数量。在规划物流配送中心月台时，通常设置的数量会比较多，在实际使用时，开放月台的数量需要考虑以下几个方面的影响：

① 货物的吞吐量。由于物流配送中心所有货品的出入库都是通过月台实现的，因此月台数量与日常的货物吞吐量有非常强的正相关关系。

② 日物流量的峰值与均值。可以参考以天或小时为单位的物流车辆进出月台高峰期的车流量和物流量，以及日均的车流量与物流量，在满足物流需求的基础上分析需要配合的月台数量。月台数量与日物流量的峰值与均值之间也存在着非常强的正相关关系。

③ 季节性物流量的高值与低值。一个具有季节性物流量波动的物流配送中心，应该以满足旺季的需求为先决条件来规划月台的数量。

④ 车辆的规格、数量等。一方面要考虑配送车辆的规格和数量，另一方面要考虑货品入库搬运车辆的规格和数量。例如，大型送货车的货运量大，装卸货、验收的时间也长，需要的月台数量就多；再如，入库搬运的叉车型号单一、数量不足，就需要较多的月台满足出入库的要求，避免车辆排队等候。

⑤ 货物的特性。货物的尺寸、形状和包装等特性直接影响月台的数量。例如，不规则货品的卸货速度慢；再如，有些货品需要展开检验，占用一定的月台空间；又如，有些货品在卸货时需要进行标准化集装，降低卸货效率等。

⑥ 进货与出货的时间关系。如果进货时间与出货时间的重合度比较高，在设备调配、空间占用方面的相互影响就会很明显，这一点在进货与出货共用一个月台以及进货与出货月台临近的物流配送中心特别突出。因此，在进货与出货时间重合度比较高的情况下，应设置更多的月台以保证物流效率。

(3) 月台的样式。常见的月台样式有两种：锯齿形和直线形，如图 4-19 所示。

(a) 锯齿形　　　　(b) 直线形

图 4-19　常见的月台样式

① 锯齿形月台：月台如锯齿状，车辆停靠旋转纵深度较小，但占用仓库空间较大，装卸货布置不太容易，在相同的月台长度下，车位布置较少。

② 直线形月台：车辆可与月台平行停靠，也可与月台垂直停靠或纵深进入月台内，以减少停车占用车行道的面积。该类月台装卸货自由度大，占用仓库空间较小，装卸货布置简单，在相同的月台长度下，车位布置较多；但车辆停靠旋转纵深度较大，且需要较大的外部空间。

一般情况下，选择哪种形式的月台应按照物流配送中心的场地条件、进出货品的特点而定，建议尽量选择直线形月台。

(4) 停车遮挡的形式。设置停车遮挡时主要考虑遮阳、遮雨、防风雨进入仓库等方面。合适的停车遮挡既能够为物流作业提供便利条件，又能够保证货物的安全，因此需要设计符合物流配送中心实际情况的停车遮挡形式。通常，停车遮挡主要有以下几种形式，如图 4-20 所示。

(a) 内围式　　(b) 齐平式　　(c) 开放式

图 4-20　三种停车遮挡的形式

① 内围式：库房月台处于半封闭的建筑设施包围下，进出货的车辆可进入该区域进行作业。其优点在于物流作业不受天气影响，能够节约冷暖气等资源。

② 齐平式：月台与库房的侧边平齐，处于库房内部。其优点在于不占用行车道的面积，能够节约冷暖气等资源，造价偏低。

③ 开放式：月台突出于库房之外，除顶部的遮挡装置外，无其他遮掩物。其优点在于作业效率高。

(5) 月台的规格。月台的长度、宽度与高度通常与库房的长度与宽度、车辆类型、货品种类、作业方式等因素相关。在规划时要综合考虑各方面因素的影响，同时结合量化的方式确定合适的数值。

① 月台的长度。常见的月台形式如图 4-20(a)所示，即整个月台呈梯形，靠近库房的两边为一定角度的平坡，其他为平面状，与库房墙体呈直角相交，可以简化为图 4-21 所示。

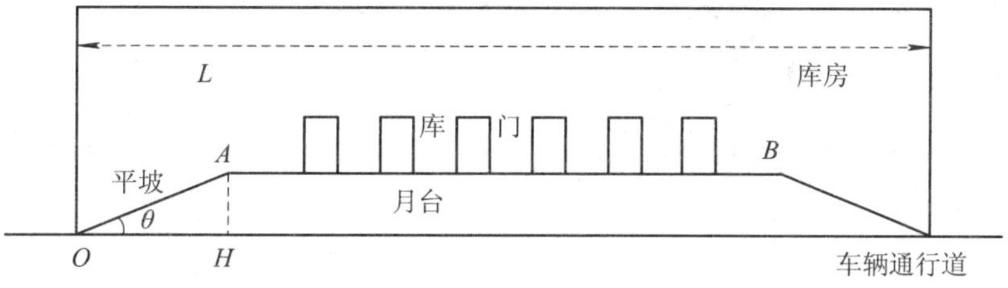

图 4-21　库房及月台简图

根据图 4-21 可以得到，月台的有效平台长度可以用如下公式计算：

$$AB = L - 2 \times OH$$

$$\tan\theta = \frac{AH}{OH}$$

式中：AB 为有效平台长度；L 为库房长度；θ为平坡的角度；AH 为月台高度。

从这个角度来看，月台的平面长度取决于库房的长度、平坡的角度和月台的高度。

思维拓展：分析月台平面长度、库房长度、平坡角度及月台高度之间的影响关系。你对平坡角度有何建议？

知识链接

根据车位数核算月台长度

假设某物流配送中心的进货月台与出货月台分离，在此仅研究计算进货月台的长度。由于每天物流配送中心的进货是持续进行的，而且一天中各时间段的到货量不均衡，根据以往厂家送货及验收情况的统计，我们取一天中车辆到货最多、连续的 2 个小时为研究时间段，取进货峰值系数为 1.5。

在所取的 2 个小时时间段内，车辆到货及卸货情况统计如表 4-33 所示。

表 4-33　某时间段车辆到货及卸货情况统计

货态	进货车辆数/辆			货态	卸货时间/min		
	车吨位				车吨位		
	11 t 车	4 t 车	2 t 车		11 t 车	4 t 车	2 t 车
集装单元货	N_1	N_2	—	集装单元货	15	8	—
散货	N_3	N_4	N_5	散货	55	22	18

在 2 个小时内将进货车卸货完毕，假设所需车位数为 n，那么可以用如下公式得出 n 值：

$$n=\frac{(15\times N_1+8\times N_2+55\times N_3+22\times N_4+18\times N_5)\times 1.5}{60\times 2}$$

假设每个车位宽度为 4 m，那么月台的长度 L 即为 $n\times 4$ m。

② 月台的宽度。月台不仅是装卸货的平台，更是拆装、验收、暂存等作业的场所，因此规划月台的宽度时都会留出一定的空间作为缓冲区。另外，还要考虑货物的性质和装卸工具的选择等因素。例如，采用叉车装卸作业时，要考虑到叉车的转弯半径以及至少两辆叉车同时交替作业的会车空间。常见的月台宽度为 2.5～6 m。

③ 月台的高度。一般月台的高度需要配合货车的车厢底板高度，但货车的种类不同，高度也不同，而且同一辆车空车与载重车的高度也不同，此时需要通过液压升降平台来辅助装卸。通常情况下，载重 2 t 的货车需要月台的高度约为 0.7 m，载重 4 t 的货车需要月台的高度约为 0.9 m，载重 11 t 的货车需要月台的高度约为 1.2 m，拖车、集装箱车需要月台的高度约为 1.3 m。另外，为了避免月台被货车撞坏，在月台侧面正对通道处需安装防撞装置，如图 4-22 所示。

(a)　(b)　(c)

图 4-22　月台升降辅助设施及防撞装置

实际中，有多种类型车辆进出物流配送中心，可以采用最大车厢高度与最小车厢高度的平均值确定月台的高度，而后设置合理数量的液压升降平台装置调整装卸车辆车厢高度与月台的高度差。通常液压升降平台的长度按倾斜角小于 15° 设计。因此，月台高度和升降平台的长度可以用如下公式计算：

$$H = \frac{H_1 + H_2}{2},\ A = \frac{(H_2 - H_1)/2}{\sin\theta}$$

式中：H 为月台高度，mm；H_1 为满载时车厢最低高度，mm；H_2 为空载时车厢最高高度，mm；A 为升降平台长度，mm；θ 为升降平台倾角，°。

视频：月台相机助力数字化物流
观看视频，结合所学内容，加深对月台相关知识的理解与记忆。

2) 入库待交接区与暂存区规划

(1) 入库待交接区：主要是已完成验收货品入库前与入库人员交接的区域。从作业效率的角度看，验收完毕的货品在入库待交接区停留的时间应该尽可能地短；从空间利用的角度看，入库待交接区的面积应该尽可能地小。在掌握这两个基本原则的基础上，结合货品特点、搬运工具及日平均到货量等因素，合理地规划该区域的空间面积。

(2) 暂存区：主要是临时存放验收不合格或其他原因不能入库而又无法现场直接退给供应商的货品区域。由于该区域的货品并未入库存账，因此不能够暂存在存储保管区，而由收货人员临时性予以保管，并报相关人员，等待处理意见。该区域的面积主要取决于每次未能入库货品的数量及对这些货品后续处理的效率。例如，对于当日不能入库的货品，采取及时通过第三方物流公司退给厂商或按残次品入库的方式，就可以迅速清空暂存区。所以，从空间利用的角度看，暂存区的面积应该尽可能地小，同时要加快暂存区货品的处理速度，避免越积越多，导致暂存区的空间不够用。

2. 存储保管区与拣选区空间规划

将两个区域放在一起介绍，主要考虑到两者的关系密切且具有很多相同的规划内容。规划它们的空间需要考虑到如下因素：货品的尺寸、品种和数量；货架的类型、宽度、高度、数量及布局类型；托盘的尺寸；作业设备的型号、尺寸与数量；区域内及周边通道的宽度、长度和数量；建筑物的尺寸与形式；支撑柱的位置与数量；库内消防、排风等设施的位置和数量等。由于考虑的因素较多，本节将重点从以下几个方面介绍：存储保管区与拣选区的关系、存储保管区与拣选区的空间规划原则、托盘及货架的占地面积计算、货架的布局类型。

1) 存储保管区与拣选区的关系

(1) 存储保管区与拣选区共用货架。常见的存储保管区与拣选区共用货架是指出于作业情况的考虑，拣选作业在存储保管货架上进行；或者货架的上层为存储保管区，货架的下层为拣选区，如图 4-23 所示。

图 4-23(a)中，底层为拣选区，以上各层为存储保管区；图(b)中，从底层开始的 1～3 层为存储保管区兼拣选区，最顶层为存储保管区。日常作业中，当某拣选货位的货品数量

不足时，需从上层的存储保管区向拣选货位补货。

(a)

(b)

图 4-23　存储保管区与拣选区共用货架

存储保管区与拣货区共用货架方式一般适合于体积大、发货量大，且能够用集装单元管理进出库的货品；另外，体积小、进出货量一般、品种多的货品也适合采用该方式。

(2) 存储保管区与拣选区分离。存储保管货架与拣选货架不在同一个区域，由专人通过从存储保管区向拣选区补货的方式确保拣选作业的正常进行。这种方式较适合货品进出库量中等的情况，作业效率较高，而且进货作业与拣选作业不会互相干扰。存储保管区与拣选区分离的情况如图 4-24 所示。

(a)

(b)

图 4-24　存储保管区与拣选区分离

图 4-24(a)为拣选货架，货品拣选后可直接放在输送机上，随输送机进入下一个处理程序；图(b)中的前端为拣选货架，后端为存储货架，可直接实现从存储保管区到拣选区的补货，大大降低补货的工作量。

规划人员可参考以上两种方式，从作业模式、货品性质、作业效率等方面综合考虑，选择合适的存储保管区与拣货区布置方式。

2) 存储保管区与拣选区的空间规划原则

(1) 契合作业流程。存储保管区和拣选区都不是孤立存在的，对它们进行空间规划要站在整个物流配送中心作业流程的角度，使得货品的物流路线合理，流动距离最短，尽量避免重复性的搬运作业，确保运营的效率和效益。

(2) 合理利用库内空间。存储保管区和拣选区在整个库内面积中占有绝对的比例，是决定库区物流量的主要因素。要结合设施设备、布局的合理与美观、作业模式等因素，最大化地利用库内空间，增加库区的物流吞吐量，提高物流配送中心的经济效益。

(3) 符合安全要求。从作业安全、消防安全两个方面考虑，要确保作业人员的人身安全，杜绝作业过程中可能出现的隐患，还要符合国家关于设施设备消防安全方面的规定，实现安全生产零事故。

3) 托盘的占地面积计算

设有平库区的物流配送中心，大部分采用托盘存储方式，会占用一定的库内面积。通常，计算托盘的占地面积需要考虑托盘数量、规格和通道三个因素。

假设物流配送中心采用统一规格尺寸的托盘，托盘尺寸为 $p\times p$，那么根据货品包装的尺寸、托盘尺寸和码垛方式，可计算出每个托盘平均可堆放货品的数量为 N 箱。假设库内平均存货量为 Q，那么托盘占地面积 S 可用如下公式表示：

$$S=\frac{Q}{N}\times p^2$$

实际作业中，还要考虑到叉车作业所需的空间。一般叉车作业通道面积占全部面积的 30%～35%，那么实际托盘存储区域的面积 A 可用如下公式表示：

$$A=\frac{S}{1-35\%}\approx 1.5S$$

4) 货架的占地面积计算

(1) 以重型货架为例。假设所有货品全部通过托盘存储于重型货架上，那么根据托盘的面积与数量，通过与货架规格和层数、通道空间等数据的结合就可以计算得到货架的占地面积。以某物流配送中心的货架为例，取一组货架的前端底层做出剖面图，如图 4-25 所示。

(a) 重型货架　　(b) 前端底层剖面图

图 4-25　重型货架及其前端底层剖面图

假设货架的层数为 M，每个托盘可堆放的货品箱数为 N，平均存货量为 Q，那么存货需要的占地托盘数 P 可用如下公式表示：

$$P=\frac{Q}{MN}$$

从图 4-25 可以看出，每两排货架组成一组，纵向排列，两组货架之间有一条通道，且两排货架之间存在一定的空隙。每排货架两根货架柱之间的部分为一个隔断。如果确定了每组货架和相邻一侧通道的面积，就可以确定存储保管区的面积。

假设图 4-25 中的货架宽度为 t，货架每个隔断的长度为 l，两排货架的间隙为 h，每组货架的隔断数为 m，可以得到每组货架的面积 s 为

$$s=(2t+h)lm$$

假设每组货架可存放的托盘数量为 W，可得出所需要的货架组数 Z 为

$$Z=\frac{P}{W}$$

那么，货架所占的面积 S 为

$$S=sZ$$

根据货架组数和两组货架间的通道面积，再结合货架所占的面积，就可以得出货架区的面积。当然，还要考虑叉车进出通道所需要的转弯面积，根据库内的布局来确定是否将其纳入货架区面积。

(2) 以中型货架为例。中型货架以存放散货、小包装的货品为主，货品的量小、品种多。通常中型货架间的通道较窄，适合于人工作业，如图 4-26 所示。

(a) (b)

图 4-26 中型货架存货示意图

在思路上，计算中型货架区的面积时可以借鉴重型货架区的面积计算方法，两者的主要区别在于规划中型货架的面积时主要考虑在货架上存储或分拣的货品的种类与数量。根据货品的规格、特点及进出库的频率和量，计算出货品所需的货位面积大小，再结合每组货架的面积，就可以得出每组货架所能够存放货品的种类数，进一步可以得出所需要的货架组数，从而得出货架所占面积。

思维拓展：以图 4-26 的货架形式为例，假设每个货位只能存储一种货品，货架的顶层仅作为储备货位，仅在货物超出下面各层的容纳范围时使用。那么对于众多形态、数量各异的货品，应如何规划每组货架货位的数量，才能解决货位管理的统一性与货品合理存储之间的矛盾？

5) 货架的布局类型

货架在库内的布局类型主要有以下几种：

(1) 垂直式布局。垂直式布局是指货架的排列方向与库房的侧墙面呈垂直或平行状。其又可细分为横列式布局、纵列式布局和纵横式布局三种形式。

① 横列式布局：货架排列的方向与库房的长边呈平行状，如图 4-27 所示。这种布局的显著优点是主通道长且宽，副通道短，整齐美观，便于存取查点，还有利于通风和采光。

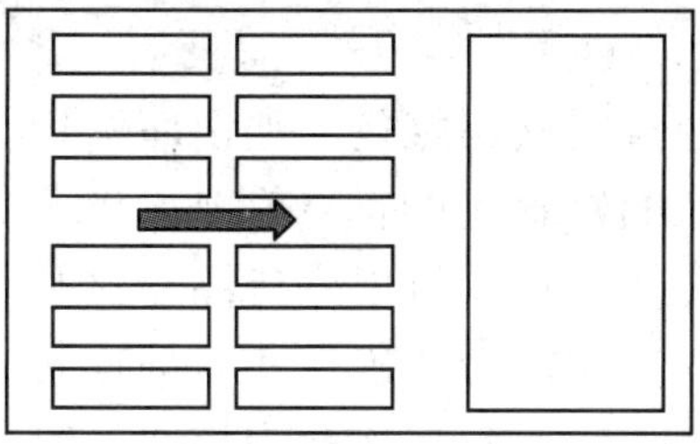

图 4-27　横列式布局

② 纵列式布局：货架排列的方向与库房的长边呈垂直状，如图 4-28 示。这种布局的显著优点是根据货品的进出库频率与量可优化货位存储，如频繁出入库且量大的货品可放置在主通道两侧的货架上，以提高作业效率。

③ 纵横式布局：在库区范围内既具有横列式布局，又具有纵列式布局，如图 4-29 所示。这种布局可兼具横列式布局与纵列式布局的优点。

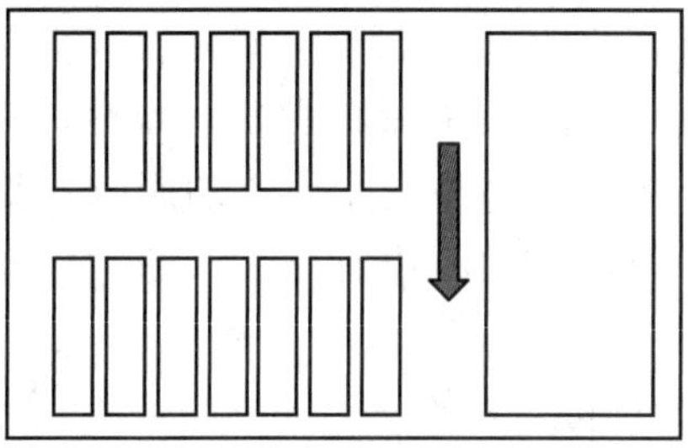

图 4-28　纵列式布局

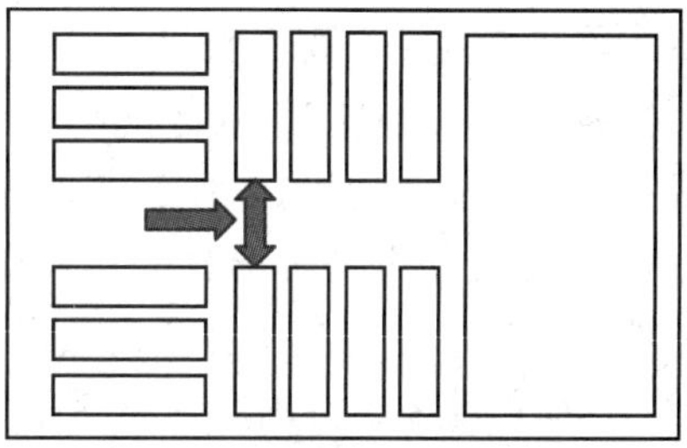

图 4-29　纵横式布局

(2) 倾斜式布局。倾斜式布局是指货架的排列方向与库房的侧面墙或主通道成 60°、45° 或 30° 夹角。其可进一步分为货架倾斜式布局和通道倾斜式布局两种形式。

① 货架倾斜式布局：横列式布局的变形形式，货架与库墙和通道之间成一定夹角，如图 4-30 所示。这种布局的优点是便于叉车作业，缩小叉车的回转角度，能够提高作业效率；但缺点是容易造成一些死角，影响库房面积的利用率。

② 通道倾斜式布局：库房的通道斜穿存储保管区，而货架仍与库房的墙面垂直或平行。这种布局把库房分为具有不同作业特点的各区，如图 4-31 所示。这种布局的优点是便于综合利用库房空间，具有灵活的进出路径，能够提升整体的作业水平。这种布局适合于品种单一、进出批量大、集中单元装载的货品作业。

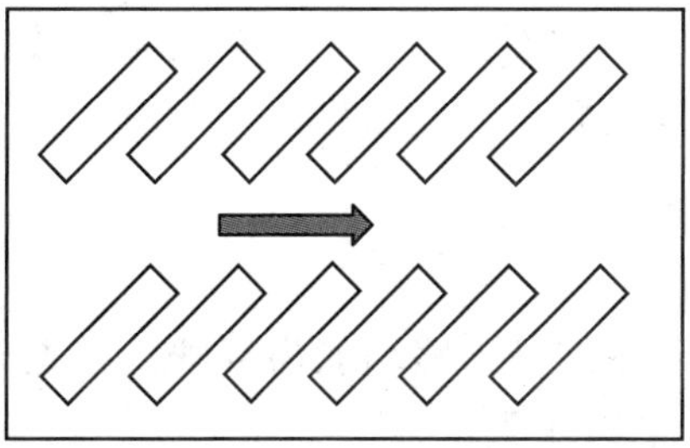

图 4-30　货架倾斜式布局

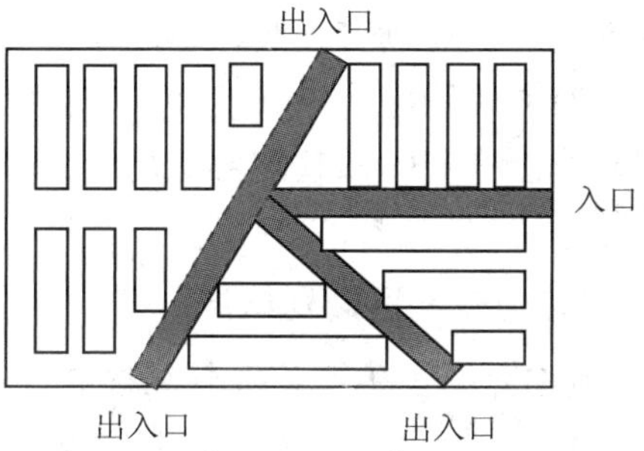

图 4-31　通道倾斜式布局

3. 复核区空间规划

完成分拣的货品，需要经过复核、打包、加出库标识等手续后，才能放置到规定的位置待出库。在物流作业中，通常分拣完成的货品与复核作业、待出库货品交接与出库作业之间会存在一定的时间差，为了确保作业的连贯性，需要设置一定的“缓冲区”。以复核作业为核心，可以把复核区分为三个区域，即待复核区、复核作业区及待出库交接区，如图 4-32 所示。

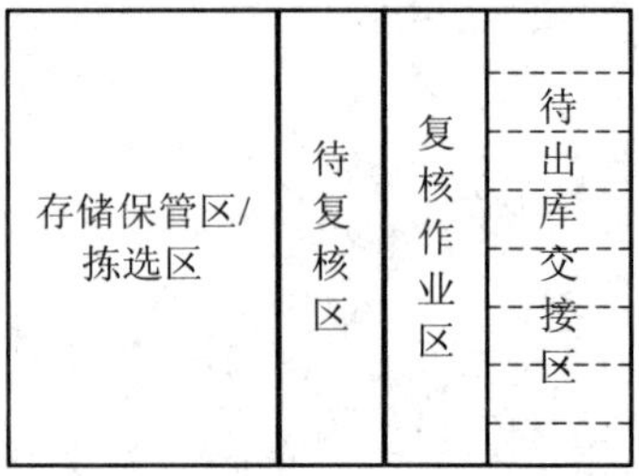

图 4-32　复核区及关联作业区

(1) 待复核区。待复核区主要是起到缓冲作用，通过该区域平衡分拣作业与复核作业之间的工作节拍。另外，待复核区还可以作为拣选订单分类、多批次订单合并、优先级订单的处理等作业的场所。该区域一般参考货品的种类、出库量、出库方式、所选择的作业工具等综合因素来确定其面积的大小。通常该区域面积不宜过大，与拣选区和复核作业区紧密关联。

(2) 复核作业区。复核作业区的功能主要是复核已分拣货品的单货一致性，并通过合适的方式打包，做好标识等工作。其面积的大小主要受以下几个因素的影响：货品的种类、出库量、复核方式、所选择的作业工具等。该区域面积不宜过大，通常以长条状布置，与待复核区和待出库交接区紧密关联。

(3) 待出库交接区。待出库交接区的功能主要是将已复核完毕的货品按照一定的规则摆放于特定的位置，复核区出库人员与送货人员交接完货品和单据后待出库。其面积的大小主要受以下几个因素的影响：货品的种类、复核作业完成待出库货品量及效率、货品出库量及效率之间的比例关系、对货品出库效率的约束等。该区域面积不宜过大，但要满足搬运工具对面积的需求，以靠近出库门为宜。

另外，在规划生产作业辅助区空间各细分区域时，如果采用机械化的设备，如分类输送设备等进行作业，则要在满足设备占地面积需求的基础上，考虑整个库区的设备布局合理性来确定设备的具体布置。同时，要充分利用设备的功能，使其功能尽可能辐射到更大的面积，从而减少各区的面积。

4.5.3 生产作业辅助区空间规划

辅助性生产作业具有分散、小规模、多样性的特点，因而有些辅助区独立存在且与其他区相邻，有些辅助区属于其他区内部独立的一部分，也有一些辅助区兼具有多项作业功能等。对辅助区空间的规划需要从功能、方便性、综合性等几个方面综合考虑，并注意规划弹性。

1. 生产作业辅助区规划依据

4.3.1 节中介绍了生产作业辅助区的主要功能，在此以这些功能为基础，首先分别分析其区域规划依据，而后分析其空间规划问题，如表 4-34 所示。

表 4-34　生产作业辅助区规划分析表

生产作业辅助区	细分区	建议设置的区域	规划依据
流通加工作业区	拆箱	月台	该作业多为后面的工序提供作业便利条件，因此在入库前就应该完成此项工作
	集装	月台/待复核区/待出库区	该作业多为入库、存储、分拣、复核、出库等作业的集装单元化提供便利，可根据实际情况在待复核区、待出库区内设置专门的集装区
	外包装加固	月台/复核区	该作业多为装卸搬运及运输中的货品安全提供便利条件，通常设置在验收作业的月台处及复核作业的打包处
	货品称重	月台/分拣区/复核区	该作业多为货品按重量验收及发货提供便利条件，应根据实际情况分别设置在三个区域内的合适位置，以确保作业的准确率
	打印条码文字	办公区/复核区	该作业多为确保货品标识的正确性和齐全性、出库信息的完整性、各种单据的流转等提供便利条件。通常办公区内可集中处理部分作业，复核区内设置专门的打印区域，以快速支持货品出库的各种文字、单据需求
	印贴标签	月台/复核区	该作业多是确保货品标识的正确性和齐全性以及出库信息的完整性等，通常处于入库和出库作业流程中，在其他作业中可同时完成此项工作，根据实际情况也可在待复核区单独划出一定的区域从事大量的此类作业
物流配合作业区	车辆管制	门卫/停车区/进出货停车区	该区域适合设置于物流园区中，一般门卫处负责车辆的进出管理，为确保园区交通便利和有序，通常设置多处停车区，其他区域禁止停车
	容器回收	收货验收区/存储区/分拣区/复核区	容器回收区分散在库区的多个区域内，主要为作业提供便利条件。特别是在拆零作业的物流配送中心库房内部，如在作业区设置合适数量的容器回收区有利于作业的衔接，提高作业效率与便利性
	废料回收	库房出入口处/存储保管区/分拣区/复核区	该区域分散在各区内部，独立设置，通常规划在产生废料、垃圾等的作业区附近，最后需设置汇总区，以确定处理方式
	存取作业用具	收货验收区/存储区/待出库区	该区域主要为管理作业工具提供便利条件，应根据工具特点和需求量设置合适的区域

思维拓展 1：简述生产作业辅助各细分区的职能。

思维拓展 2：根据生产作业辅助各细分区的设置特点，分析如何灵活应用这些区域，以提高库房的空间利用率。

2. 生产作业辅助区空间规划要素

下面以某物流配送中心库区内部的生产作业辅助区总体布局为例，介绍生产作业辅助区的各功能区布局，如图 4-33 所示。通过对生产作业辅助区各分区功能的分析及生产作业辅助区各区域的布局情况可以看出，如果不受货品特点、作业需要等因素的影响，通常生产作业辅助区作为生产作业的补充，分散于各作业区区域内，在方便作业的前提下设置适当的位置和面积；另外，有些辅助区的面积还具备一定的弹性，可以在需要时设置，不需要时另作他用。

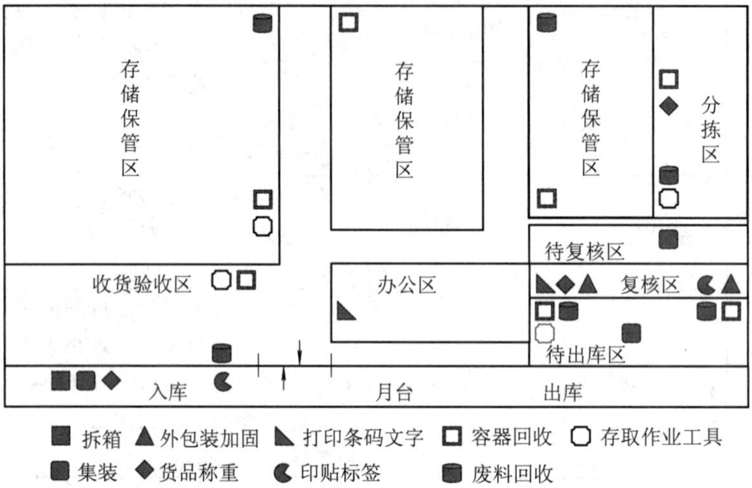

图 4-33　生产作业辅助区各功能区布局举例

在设置生产作业辅助区各分区位置及面积时，需要重点考虑以下几个因素：

(1) 从整体作业流程的角度考虑。围绕整体作业流程，首先考虑生产作业辅助区设置的必要性以及对作业的影响，然后分析具体的设置位置及面积，这样就能够确保从系统的角度得出科学的方案。而如果仅从某一个或几个流程考虑，可能会出现相同功能的生产作业辅助区重复设置、整体作业效率降低等情况。

(2) 不同的辅助区采取不同的规划原则。不同辅助区的功能与要求可能存在较大的差异，某些辅助区的设置具备一定的灵活性，而某些辅助区的设置一旦确定就不能轻易更改。例如，图 4-33 所示的某物流配送中心充分提高了月台的利用率，除了入库验收、出库外，还为拆箱、集装、称重和印贴标签区等辅助作业提供场所，而这些辅助区的设置既没有特别规定其面积，也没有指定其固有位置，这样反而为作业的灵活性提供了很大的便利；再如，分布于库区内的存取作业工具区的位置是为了作业的方便而设，就不宜频繁改变位置。

(3) 掌握动态规划原则。不管是从位置还是面积上看，很多生产作业辅助区具备一定的柔性，这种柔性恰恰满足了物流作业效率、空间利用率等方面的要求。例如，为了作业的方便，在库区内部设置了很多容器回收区，当到货量大，没有那么多容器可存放时，完全可以把该区域临时作为存储保管区使用，或者根据货品的变化随时调整容器存放的位置。

4.5.4　办公生活区空间规划

本节分两个部分介绍办公生活区空间规划：一部分针对物流园区而言，即园区办公生活区空间的规划；另一部分针对园区内部某库房而言，即库内办公生活区空间规划。从上述两部分入手，可以更全面地理解物流配送中心办公生活区的规划要点。

1. 园区办公生活区空间规划

常见的物流配送中心园区有三种形式：一种仅供本企业使用；一种除供本企业使用外，仍有空间剩余，可将其外租；还有一种直接出租给其他客户使用，收取一定的租金和管理费。但不管采用哪种形式，都要首先对其办公生活区规划进行依据分析，然后进行空间规划。

1) 园区办公生活区规划依据分析

物流配送中心园区的办公生活区规划通常从有效利用园区面积、功能集中化的角度考虑，在条件允许的情况下尽量减少占地面积，充分利用土地上部的空间。为避免与园区的库区作业产生冲突，需要将园区的办公生活区与库区通过一定的设施或道路分离开。这里以某物流配送中心园区的规划为例进行分析，如表 4-35 所示。

表 4-35　园区办公生活区规划依据分析表

园区办公生活区	细分区	建议设置的区域	规划依据
办公事务区	公司事务	一楼	便于快速处理各种公司事务，按照业务流程及业务量选择各业务区合适的面积及位置
	会客室	一楼	应处于办公楼内的靠近入口附近，以不接触企业内部运营环境为宜
	培训室	二楼	按照人员规模及采用的桌椅、设备规格而定，设计装修中还需采用一定的空间声音处理技术
	会议室	二楼	与培训室的依据相同，首先要考虑两者的通用性；其次要考虑设置的类型和数量，如有些会议不适合在较大会议室内进行
	办公室	二楼、三楼	根据部门、领导级别、部门间的业务关联度等设计不同办公室的位置及面积
	档案室	三楼	集中存放、管理一些必要的档案、文件等重要资料
	机房	三楼	单独管理并满足设备运行的条件，支持整个园区的网络运行
生活事务区	员工餐厅	二楼	方便员工就餐，视员工规模及餐桌椅的规格设计面积，同时在建筑设计方面要考虑到与办公区的隔离问题
	娱乐室	三楼	视参与的人员规模而定，通常单个娱乐室不宜太大，可考虑多个娱乐项目
	洗手间	各楼层	各楼层都配有洗手间，视人员规模而定
	宿舍区	独立楼	视住宿人员规模而定，通常与库区、办公区分离
	垃圾处理	园区偏僻角落	主要处理园区内产生的生活垃圾，占地面积不宜过大，每日清理
	保安室	园区出入口处	紧挨园区出入口设置
	体育活动	宿舍区、办公楼广场	独立划定的区域，可进行一些项目的户外体育活动，以方便员工休息时间活动并确保安全为原则
	医务室	库区/办公区	以方便员工就医为原则

注：办公楼可规划在园区前部，也可规划在园区后部。办公楼规划在园区后部时，通常需要单独设置进出口，以避免与库区的冲突。

2) 园区办公生活区空间规划布局

下面以某物流配送中心园区的空间规划为例，介绍办公生活区与整个园区的布局，如图 4-34 所示。另外，以该园区办公楼为例，介绍各楼层的办公生活区布局，如图 4-35 所示。

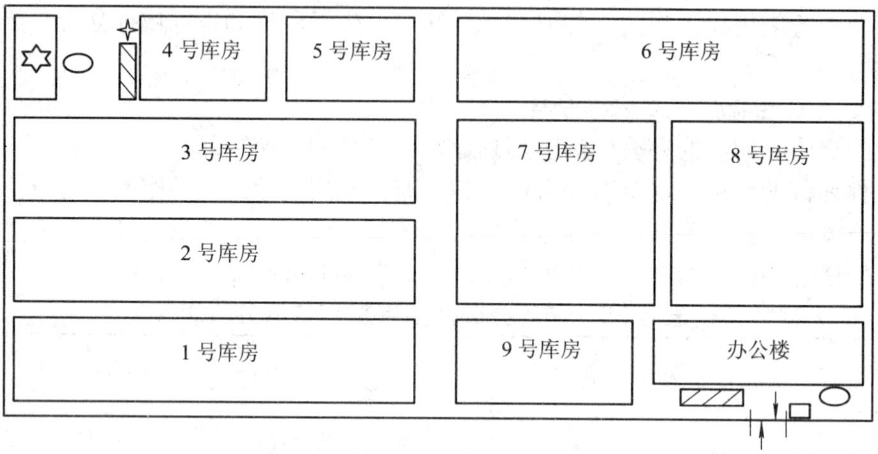

图 4-34　某园区整体规划简图

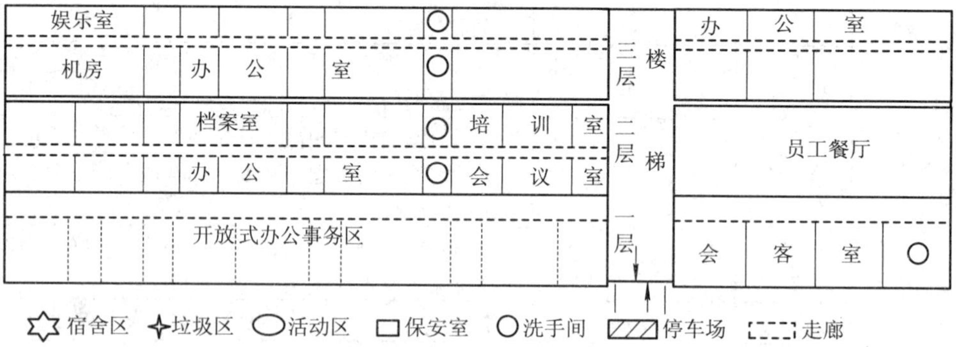

图 4-35　办公楼各区域分布简图

注意：图 4-34 和图 4-35 并非真实建筑图纸，仅涉及主要项目；另外，两张图参考的比例值不同，面积不具有对比性，这里只希望能从布局的角度给读者以参考。

在规划园区的办公生活区时，主要是要处理好作业区、办公区和生活区三者之间的位置关系，减少它们之间的相互干扰，杜绝安全隐患，尽量扩大作业区所占园区面积的比例。例如，当图 4-35 所示办公楼的位置处于 6 号库房位置时，就应该另外修建一个出入口，从而使作业区与办公区的人员、车辆出入分开管理，避免了办公区的人员和车辆穿过园区的情况。

思维拓展 1：图 4-34 中宿舍区的位置是否合适，有无更好的布置方案？

思维拓展 2：办公生活区与作业区分别设置出入口的做法有何优劣？

在规划园区办公楼内部各区域空间时，除了从作业流程和效率、部门职能等方面考虑其方位布置外，不同区域的面积还可以参考表 4-36 所示数据。

表 4-36　不同办公区域的面积规划

区域名称	主要决定因素	规划参考值	备　注
办公室	人数、设备、职级	办公室通道约为 0.9 m，人均办公面积为 4.5～7 m²，两个办公桌间距离约为 0.8 m。主管领导办公室面积为 14～28 m²，公司领导办公室面积为 28～38 m²	本着沟通效率和节约资源的原则，在条件允许的情况下，尽量集中办公，减少办公室的面积
会议室	平均参会人数、会议频率	有办公桌的会议室，15～20 人参会，面积为 80～90 m²；无办公桌的会议室，50 人参会，面积为 90～100 m²	按需求设置面积不同的会议室，会议室的会议桌可采用 U 形、H 形、环形等排列方式，并可考虑与培训室共用
开放式办公区	人数、业务流程项、业务量	按照办公室人均办公面积计算，不同业务内容间可加隔断	设置不同业务办公区域时，注意流程问题，以流水线形式办理业务
会客室	人数、频率	以 28～38 m²为宜	根据实际情况确定会客室的数量
洗手间	人流数	通常，大便器男 10 人以下 1 个、10～24 人 2 个、25～49 人 3 个、50～74 人 4 个、75～100 人 5 个、超过 100 人时每 30 人增加 1 个，小便器男每 30 人 1 个；大便器女每 10 人 1 个；洗手池、整妆镜男每 30 人 1 个，女每 15 人 1 个	要计算本企业员工及外来办公人员的总人流数量
餐厅	高峰用餐人数	每人用餐面积为 0.8～1 m²；厨房面积为餐厅面积的 22%～35%	可考虑厨房与餐厅在上下两层、中间连通的设计方式，有利于打造良好的就餐环境
档案室	档案资料的数量及留存时间	主通道净宽不小于 1 m，两行装具间净宽不小于 0.8 m，装具与墙之间走道净宽不小于 0.6 m，装具背面与墙间距不小于 0.1 m，装具顶端与天棚间距不小于 0.5 m	宜用铁质档案橱，注意防火、防潮、防高温、防盗、防虫、防鼠、防光等
娱乐室	人数、项目	依娱乐项目和平均参与人数而定，单个娱乐室的项目不宜太多	注意日常管理与卫生
机房	设备规模	中级规模的机房约为 80 m²	注意防火、防潮、防高温等

2. 库内办公生活区空间规划

一般来说，库内的区域主要用于日常物流作业，因此在库内区域规划办公生活区将不利于库内面积的利用，而且从安全角度考虑也存在一定的隐患。但是，有时从作业效率、作业便利性、办公成本等方面考虑，在库区内部设置一定的办公生活区又具有必要性。例如，在物流配送中心分拣作业时，可能会出现在分拣单显示的对应货位上没有商品的情况，此时需要在计算机系统查询库存情况进行分析，如果办公区距离库区很远，就会大大影响分拣单的处理速度。

通常，应遵循必要性、安全性、占地面积最小等原则规划库内的办公生活区。常见的库内办公生活区分为以下几种类型：办公室、会议室、休息室、更衣室、进餐处等。原则上办公区应设于库区主出入口处，面积适当；还可考虑将多个功能区合并，如会议室可承担休息室、进餐处等功能，以缩小办公生活区的规划面积，提高库区面积的利用率。

下面以某物流配送中心为例来了解库内办公生活区的规划，如图 4-36 所示。其中，收货区、验收交接区设置在入口处，复核区、发货区设置在出口处；普通货架设置在入口附近，重型货架设置在出口附近，方便拣选后出库。库内中间设置有一条通道，便于工作人员在各个货架之间移动和在办公生活区通行。同时，办公室、会议室、机房合并，提高了库区面积的利用率。

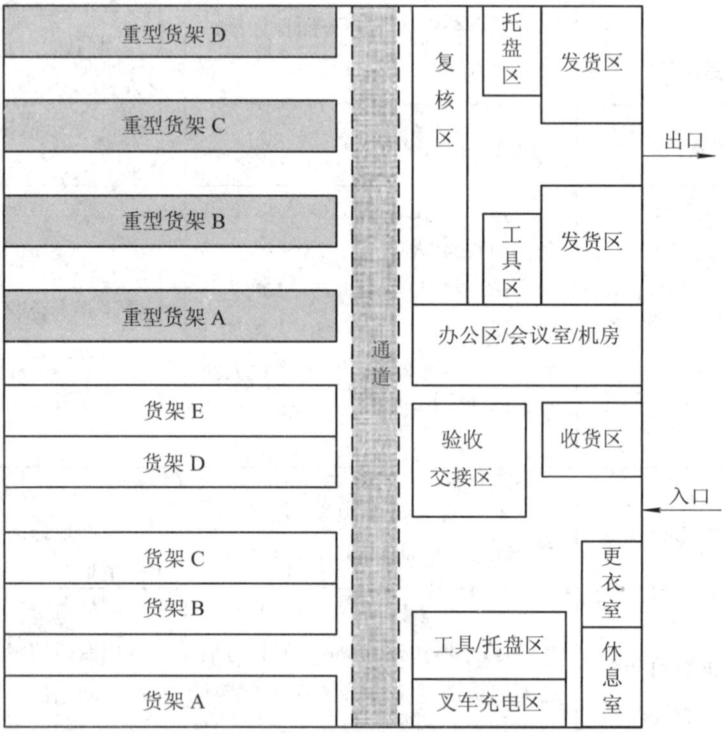

图 4-36　某物流配送中心库内布局

经典案例

如何规划设计实施“库架合一”仓库项目

“库架合一”仓库项目独特的技术特点，使得其规划、设计、实施的流程与普通仓库建设项目相比有一定的差异。但由于种种原因，近年来我国“库架合一”仓库项目较少，也使得人们不够了解该项目的规划、设计、实施的流程与要点。近期，《物流技术与应用》杂志与业内多位专家进行了交流，梳理了相关流程，总结了其中的经验，相信会对准备投资建设相关项目的企业有所借鉴。

1. 规划、设计流程

一个“库架合一”仓库的实施基本有以下角色参与：业主、咨询商、设计院/总包、土建、墙板公司、货架供应商、系统供应商、消防、审查公司及现场监理等。当然，前述角色中的几个由同一家公司兼任的情况也很多。

设计阶段基本流程大致如下：

(1) 业主提出需求。

(2) 咨询商提供全方面的政策、流程、消防及审批建议等。

(3) 设计院/总包负责项目工期控制、整体规划、设计，出具所有图纸等。

(4) 土建负责地勘及整体桩基设计。

(5) 系统供应商负责自动化系统的物流规划及软、硬件设计等。

(6) 墙板公司确定墙板结构、保温性能及安装方式等。

(7) 货架供应商提供货架结构设计，需给设计院、土建、墙板供应商、系统供应商及消防等提供接口图纸，以进行配合。

相对于库架分离式仓库，“库架合一”仓库钢结构主体一般由高层货架构成。从结构角度分析，库房与货架合二为一整体受力，既要符合内部载荷，也要符合外部载荷(风、雪、地震、屋顶等)。同时，“库架合一”仓库也要满足消防等建筑功能。因此，仓库项目在规划设计时需要考虑的因素较普通立库项目更加复杂，如需要综合考虑库内储存物的情况，如物料的特征、外形尺寸、单件质量等参数；要考虑库房建设区域的地理条件，如地形、地质条件、地耐力、风雪荷载、地震因素等；要考虑建设仓库今后物流运作情况，如平均库存量、最大库存量等出入库流量及其他相关条件，甚至包括包装形式、搬运形式、出库及运输工具，以及管理水平、后期发展规划等因素。

很多业内人士反映，我国对“库架合一”仓库没有明确立项建设标准，并且没有明确的项目审批归属，造成只能在设计、制造、安装时分别参照建筑结构、消防、货架的相关规范。因此，在此类项目申请和验收项目时通常需要依托有建筑设计、制造、施工资质的相关企业进行。

最终的规划设计方案需要完成以下工作：

(1) 确定货物单元的形式、尺寸和质量。

(2) 确定仓库形式结构、作业方式及物料搬运设备的主要参数。

(3) 确定货架单元结构的尺寸、规格形式与承载要求，并规划出仓库的总体尺寸、总体物流布局和总的库存量。

(4) 确定合理的仓库高度，以实现性价比合适的“库架合一”仓库。

(5) 确定合适的仓库管理模式和运作控制系统，并结合土建基础和公用设计等确定货架结构的工艺荷载、制造精度、基础沉降要求、供电、通风、照明、防火等多方面的要求，以确保整体系统的总体设计要求。

2. 建设实施阶段流程

建设实施阶段基本流程大致如下：

(1) 监理全程在场。

(2) 土建完工。

(3) 货架进场开始安装，在货架安装周期内，其他设备会陆续进场。

(4) 消防及通风设备等与货架同期进场，配合货架同时安装。

(5) 货架完工 30%～40%，墙板供应商进场安装墙板及屋顶板；在装好墙板的区域内，系统供应商的设备进场安装。

(6) 货架、设备、消防及墙板同步安装，互相配合协调至项目封顶。

(7) 设备联调，项目验收。

相比分离式仓库的实施建造方式，“库架合一”仓库项目的一个巨大优势就是同期建造和交叉施工，由此使得项目建造成本更低，建造周期更短，这也是业内公认的该技术的巨大优势。行业专家进一步解释说：“库架合一”仓库项目与传统库架分离式仓库的货架建造顺序完全不同。分离式仓库一般需要先做厂房基础，然后立立柱、吊装大梁，再装围护，最后装货架；而“库架合一”仓库项目可以在做完厂房基础(地基)之后直接安装货架，最后安装仓库房顶和围护(“库架合一”的围墙结构)，这样就完成了整个施工过程，整体施工流程非常简单。此外，在安装货架环节由于没有仓库围挡和房顶的限制，施工面非常大，便于大型设备的使用和施工操作，这些因素都使得项目施工工期得到极大的压缩。对于客户来说，建设周期缩短，意味着仓库能够更快地投入使用，更快地为客户创造价值。

还有业内专家针对“库架合一”仓库项目实施环节分享了宝贵的经验。例如，精星公司专家强调，在项目建造环节，由于特殊的建设流程，安装货架和物流系统时相当于露天操作，有时难免需要面对恶劣的天气和环境的困扰，如出现强烈日晒、风、雨、雪等因素，都会严重干扰正常施工。此外，“库架合一”仓库目前来说一般都是超高、超大项目，而交叉施工贯穿整个项目实施过程，由此对设备安装实施的技术能力和施工管理组织能力带来双重挑战，需要实施方认真准备和面对。

【本章小结】

本章主要介绍了物流配送中心设立的程序，主要包括项目设立前期阶段、项目实施阶段和项目竣工及生产准备阶段；然后介绍了基础资料整理的意义与原则、步骤与方法，在基础资料分析中重点介绍了 EIQ 分析的理论与应用；接着介绍了物流配送中心作业功能规划方面的内容以及物流配送中心信息系统规划的内容；最后介绍了物流配送中心区域布置规划的基本内容。

【拓展阅读】

1. 方淡玉，冯艳茹，李艳涛. 基于 RFID 的物流配送中心信息管理系统模型设计研究[J]. 物流技术, 2014, 33(1): 342-344.

2. 蒋瞻，陈书林，贾红艳. 基于 3S 技术的物流配送系统设计[J]. 实验技术与管理, 2019, 36(10): 152-154.

3. 冉文学，余丽艳，胡珊娜. 基于客户需求定制的化肥配送中心设计[J]. 物流技术与应用, 2018, 23(7): 116-120.

4. 何赟, 吴敏鑫. 某电子商务物流配送中心布局规划设计[J]. 物流科技, 2018, 41(8): 52-55.

【实践作业】

1. 任务名称

简述物流配送中心规划的主要内容。

2. 任务描述

通过学习本章内容，选取某一物流配送中心进行系统规划，加强对物流配送中心规划相关知识的掌握。

3. 任务实施

通过学习物流配送中心功能区规划的内容、方法和注意事项，尝试自己对某个物流配送中心的功能区进行布局。

第 5 章　物流配送中心设施规划仿真软件

学习目标

了解 AutoMod、FlexSim、Arena、Extend 四款物流配送中心设施规划仿真软件的基本功能和特点；掌握 FlexSim 软件的基本使用方法；使用 FlexSim 进行三个仿真实例的操作。

关键术语

物流配送中心　设施规划　系统仿真技术　仿真软件　AutoMod 软件　FlexSim 软件　Arena 软件　Extend 软件　FlexSim 建模　仿真运行　模型设施与规划

思维导图

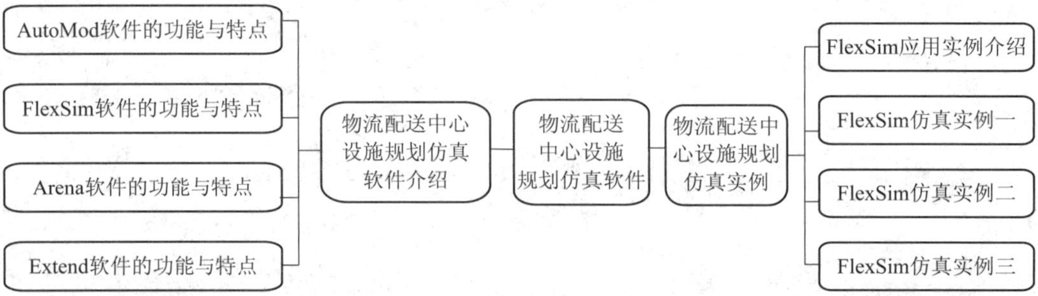

5.1　物流配送中心设施规划仿真软件介绍

随着仿真技术的不断发展和完善，市面上涌现出了很多用于物流配送中心设施规划的仿真软件。仿真软件的发展可分为六个阶段，即通用程序设计语言、仿真程序包及初级仿真语言、完善的商品化的高级仿真语言、一体化(局部智能化)建模与仿真环境、智能化建模与仿真环境、支持分布交互仿真的综合仿真环境。

物流配送中心设施规划仿真软件的发展集中体现了以下趋势：第一，仿真软件越来越注重与外界的数据交换，许多仿真软件可以接受多种文件格式输入，如电子表格文件、数据库文件、CAD 图形文件等，同时也可以向这些应用软件进行输出；第二，软件的动画显示功能不断增强，新推出的或者升级版本的软件往往在动画显示方面进行了功能改进和提高；第三，越来越多的软件提供了专门的输入/输出分析工具，作为软件内置模块或者可选择的模块，为用户建立输入数据、输出数据模型和对物流配送中心仿真系统进行统计分析提供了更多方便；第四，仿真优化模块成为越来越多仿真软件不可缺少的功能模块，提供优化功能成为仿真软件的发展趋势。

在建模技术方面，许多仿真软件采用了层次建模结构。层次建模是一种软件体系结构设计模式，即通过软件的层次结构建立仿真软件的体系结构模型，如 Arena 就是采用层次建模结构的软件。这样的层次结构为应用导向的仿真器带来了优势，允许较低层次的模型与通用仿真语言相关联。有些仿真软件则既通过层次设计，在顶层允许用户与程序互动，同时又提供了从最基本的代码层面使用语言的机制，这样就为软件提供了很好的灵活性。

与其他计算机软件一样，仿真软件也越来越多地与其他应用软件共享信息，绝大多数软件提供与仿真代码连接的程序语言(如 C、VB 等)，可以与仿真代码连接，以获取特定的信息资源，或者进行专门的计算，如仿真系统内的调度和决策计算等。

仿真软件可以分为离散事件仿真软件和连续事件仿真软件两类：离散事件仿真软件指的是根据事件在离散的时间点上变化的规律来预测系统变化的软件，连续事件仿真软件指的是根据事件在连续的时间点上变化的规律来预测系统变化的软件。

在仿真软件的选择与应用方面，可以选择三维实体效果比较好的软件进行物料搬运和物流机械的仿真分析，如 FlexSim 软件；可以选择适合进行系统分析和流程分析的软件进行供应链网络的系统分析，如 Extend 软件；也可以选择能嵌入优化算法的、扩展功能较好的软件进行复杂物流系统的调度问题的研究，如 Arena 软件。

目前全世界应用较多的大型仿真套件有英国 Lanner 公司推出的 Witness、美国 Brooks Automation 公司开发的 AutoMod、美国 System Modeling 公司开发的 Arena 和美国 Imagine That 公司开发的通用仿真平台 Extend、美国 3i 公司设计开发的 SIMAnimation、美国 FlexSim Software Products 公司开发的 FlexSim、日本 AIS 公司开发的 Rale 等。针对物流配送中心设施规划应用领域的特点，本章将选择性地介绍在物流系统分析中常用的四种仿真软件，即 AutoMod、FlexSim、Extend 和 Arena，其目的在于使读者对物流仿真软件有一个初步认识，了解不同软件之间的异同，并引导有兴趣的读者对四种软件进行初步学习，了解其基本功能和应用。

5.1.1 AutoMod 软件的功能与特点

仿真软件 AutoMod 由美国 Brooks Automation 公司出品，其研发基地位于美国犹他州的盐湖城。AutoMod 于 20 世纪 80 年代开始研发，目前已成为国际上较成熟、应用较广泛的仿真软件之一。AutoMod 的应用覆盖汽车、家电、造船、化工、烟草、图书等制造业领域，军事、核工业等国防领域，以及邮政通信、港口、航空、仓储、配送、物料操作等物流及其他服务行业和领域。

AutoMod 在美国、欧洲各国、中国以及世界其他地区拥有制造、教育、科研等多个领域的用户。在国外，AutoMod 得到了广泛的应用，如惠普公司在美国俄勒冈州的喷墨打印机工厂在进行自动化物流改造时选择了 AutoMod 仿真软件作为物流方案设计工具，美国的 Strachan 8.Henshaw(S&.H)也选择了 AutoMod 作为 MOD’s Future Carrier 项目的仿真工具。在国内，AutoMod 也开始被越来越多的用户青睐，如昆明船舶设备集团有限公司就采用 AutoMod 对物流产品的对象节拍控制进行参数优化，中部科技有限责任公司则采用 AutoMod 作为邮政物流、烟草、医药、图书领域生产配送物流系统规划设计的支持工具；而在科研教育领域，清华大学、香港大学等都引进了 AutoMod 作为相关研究的工具。

本书基于 AutoMod 11.2 版本介绍 AutoMod 的功能和特点，其程序界面如图 5-1 所示。

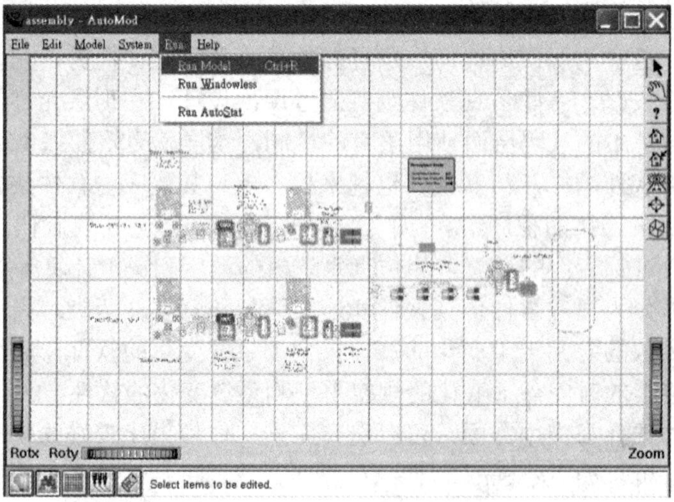

图 5-1　AutoMod 的程序界面

1. AutoMod 软件的基本功能

AutoMod 是一款比较成熟的离散事件系统仿真软件，可完成对制造系统、仓储系统、物料处理、企业内部物流、港口、车站、空港、配送中心以及控制系统等的仿真分析、评价和优化设计等。不少大型物流企业都采用 AutoMod 进行复杂物流系统的仿真辅助决策。

AutoMod 可分为五大模块，分别是建模(AutoMod Model Editor)模块、运行(AutoMod Runtime)模块、结果分析与优化(AutoStat)模块、自动显示(AutoView)模块，以及由一些应用程序构成的辅助模块。此外，AutoMod 还有丰富的帮助文档材料来帮助用户使用软件，安装程序会将这些文档自动复制在 AutoMod 安装目录下。AutoMod 软件的基本功能如表 5-1 所示。

表 5-1　AutoMod 软件的基本功能

模 块 名 称	模 块 功 能
建模模块	用于建立仿真模型。Model Editor 提供了一系列的物流仿真模块来仿真现实世界中各种类型的物流系统，如输送机模块(辊道、链式)、自动化存取系统(立体仓库、堆垛机)、基于路径的移动设备(AGV 等)、起重机模块等，用户可选择合适的模块组建自己的模型
运行模块	可设定运行参数，用于提供运行仿真环境。同时，AutoMod 提供了两种随机数发生器，可支持完成稳态仿真或终止型的多次独立重复仿真
结果分析与优化模块	用来进行实验设计、统计分析和系统优化。AutoStat 提供统计分析工具，用户可以自定义测量和实验的标准，设定实验场景和方案，并自动在 AutoMod 的模型上执行系统的统计分析
自动显示模块	用来显示模型的 3D 运行画面或者生成动画影像文件。该模块使用脚本语言记录关键帧，进而控制动画，生成影像文件。用户可以缩放或者平移视图，或使摄像机跟踪一个物体的移动，如叉车或托盘的运动，产出高质量的 AVI 格式动画，实现动态的场景描述
辅助模块	包括模型间通信模块、3D 图形生成模块、MCM 模块等。通过 MCM 模块，AutoMod 还可以实现半实物仿真(Emulation)。AutoMod 安装版本不同，辅助模块的组成也不同，但一般会有 3D 图形生成工具、文本编辑器和表格编辑器等。3D 图形生成工具软件 ace.exe 和 dtrace.exe 可用于制作 3D 图形，生成的 3D 图形格式是 AutoMod 软件的专用 3D 图形格式

2. AutoMod 软件的特点

从仿真策略上看，AutoMod 是一个基于进程交互策略的由流动实体驱动的仿真软件，主要有模型精度高、可显示虚拟现实 3D 图形、物料搬运建模功能强大、可进行连续生产过程建模、基于进程交互策略等特点，具体如表 5-2 所示。

表 5-2　AutoMod 软件的特点

特　点	说　　明
模型精度高	与其他仿真软件不同，AutoMod 对模型的精细程度没有限制，可以根据用户的需要刻画模型任何程度的细节，因此可以提供较高的建模精度。在图形显示方面，AutoMod 也有较高的精确度
显示虚拟现实 3D 图形	AutoMod 使用类似 CAD 制图的方式建立其物理模型的系统空间布局和实体空间构造，同时可以生成 3D 虚拟现实动画，使实物形状美观，尺寸精确，满足市场对显示效果的需求
物料搬运建模功能强大	AutoMod 为用户提供了一套物料搬运系统模板，该模板大多来源于 Brooks Automation 公司的工业自动化实践经验。AutoMod 将其定义为几种不同的子系统，用户可以方便地将其引入模型中，只需修改图形并输入参数即可完成对模型的定义，大大加快了建模速度
连续生产过程建模	AutoMod 提供了专门的子系统模块，如 Tanks(容器)和 Pipes(管道)，可对流体和散货(如粮食、橡胶颗粒等)物料的储存和流动进行仿真，从而可以处理具有连续生产过程特性的系统的建模与仿真
基于进程交互策略	AutoMod 是基于进程交互仿真策略的软件，在 AutoMod 建立的仿真模型系统中，整个系统的运行是靠流动实体驱动的。系统将流动实体发生的事件及活动按时间顺序进行列表组合，从而形成相对于每个流动实体的进程

5.1.2 FlexSim 软件的功能与特点

FlexSim 由美国 FlexSim Software Products 公司出品，是一款商业化离散事件系统仿真软件。使用 FlexSim 可以创建真实系统的 3D 计算机模型，从而可花费更短的时间和更少的成本对系统进行测试和研究。相比其他同类软件，FlexSim 开发较晚，更贴近现代的建模思想和用户需求，在科研和应用领域中都有较好的前景。

FlexSim 特别适合应用于生产制造、仓储配送、交通运输等物流系统领域，在生产制造领域的应用案例有半导体晶片制造、肉类联合加工、钢铁生产、电子产品生产等；在仓储配送领域的应用有港口船舶集装箱装卸，物流配送中心拣选，输送机系统布局，移动式货架、旋转式货架管理以及自动化立体仓库运营等；在交通运输领域也成功进行过高速公路入口的车流状况、火车站人员和列车的运动、上下河道的船舶运输、边境线上交叉路口的交通阻塞等问题的仿真研究。

在现实中规划实施物流系统之前，可以使用 FlexSim 进行模拟测试，借助 FlexSim 逼真的图形动画和绩效报告，可以在短时间内发现并解决物流系统的问题，从而规避新系统实施初期的很多风险。FlexSim 还具有强大的商务图表功能，可以使用海图(Charts)、饼图、直线图表和 3D 文字尽情表现模型的信息。

FlexSim 的用户包括许多国际知名的物流公司，如德国 DHL 等；在国内的用户目前则以高校为主，如清华大学、上海交通大学、华中科技大学等。

1. FlexSim 软件的基本功能

FlexSim 是用来对生产制造、物料处理、物流与交通管理等离散事件系统进行仿真的软件。FlexSim 提供了原始数据拟合、输入建模、虚拟现实展示、模型仿真运行、结果优化、生成 3D 动画文件等功能，还提供了仿真模型与 ExpertFit、Microsoft Excel 等其他工具软件的接口。通过 ExpertFit 对输入数据进行分布拟合，可同时在 Microsoft Excel 中方便地实现与仿真模型的数据交换，包括输出模型运行过程中动态修改的运行参数。在 FlexSim 3.0 版本中该功能得到进一步扩展，包括增加了优化模块 Optquest 和用于迅速建模的 Microsoft Visio 接口。

2. FlexSim 软件的特点

FlexSim 仿真软件的特点主要体现在采用面向对象的建模技术，具有优秀的 3D 图形显示效果、建模和调试简单方便、建模扩展性强以及易于和其他软件配合使用等方面，具体如表 5-3 所示。

表 5-3 FlexSim 软件的特点

特 点	说 明
采用面向对象的建模技术	FlexSim 中所有用来建立模型的资源都是对象，包括模型、表格、记录、空、GUI(Graphical User Interface，图形用户界面)等。用户可以使用 FlexSim 提供的对象库实现对现实世界的对象、过程和系统的建模。同时，FlexSim 的对象库可以扩展，用户可以使用 C++语言或者软件自带的 Flexscript(一个 C++代码的预编译库)修改这些对象

续表

特　点	说　　明
优秀的 3D 图形显示效果	FlexSim 仿真环境中所有的模型都是逼真的 3D 模型，并且在仿真环境中操纵这些 3D 模型也非常容易。点击鼠标就可移动或者旋转图形，滚动鼠标滚轮可以放大或缩小画面。图形可以从各个角度观看，也可以在模型中做虚拟的近距离观察。FlexSim 可以帮助用户对研究的模型有一个直观的认识，也有助于对模型的验证
建模和调试简单方便	使用 FlexSim 建立仿真模型比较容易，没有特殊要求一般不需要编程，只需从对象库中拖动预先制成的模型，在工作区中释放，并设置或修改模型的各种属性和行为，包括外观、输入/输出、速度等，即可轻松建立对象的 3D 模型。之后使用鼠标在两个对象模型之间连线即可建立对象间的连接，并可为这些连接关系设定属性
建模扩展性强	用户不仅可以直接使用 FlexSim 建模和运行模型，还可以使用 C++语言和 FlexSim 提供的接口和函数开发仿真应用程序，这些应用程序通常用于特定行业的建模和仿真
易于和其他软件配合使用	FlexSim 所有的动画都是 OpenGL，兼容工业标准的 3DS、DXF、WRL 或者 STL 图形对象。同时，FlexSim 还可融合众多第三方软件，如 OptQuest、Visio、ExpertFit 等，为用户增添了很多便利。这些都体现了 FlexSim 良好的开放性

5.1.3　Arena 软件的功能与特点

Arena 是美国 System Modeling 公司于 1993 年开发的基于仿真语言 SIMAN 及可视化环境 CINEMA 的可视化交互集成式商业化仿真软件，该软件针对不同需求的用户有多个版本。

作为通用的可视化仿真环境，Arena 的应用范围覆盖可视化仿真的绝大多数领域。在物流领域，Arena 的应用涉及从供应商到客户的整个供应链，包括供应商管理、库存管理、制造过程、分销物流、商务过程以及客户服务等。Arena 被国内外的高校、科研单位和物流企业广泛采用，多用于进行流程类问题的仿真。本节将介绍基础版本 Arena 11.0，该版本的界面如图 5-2 所示。

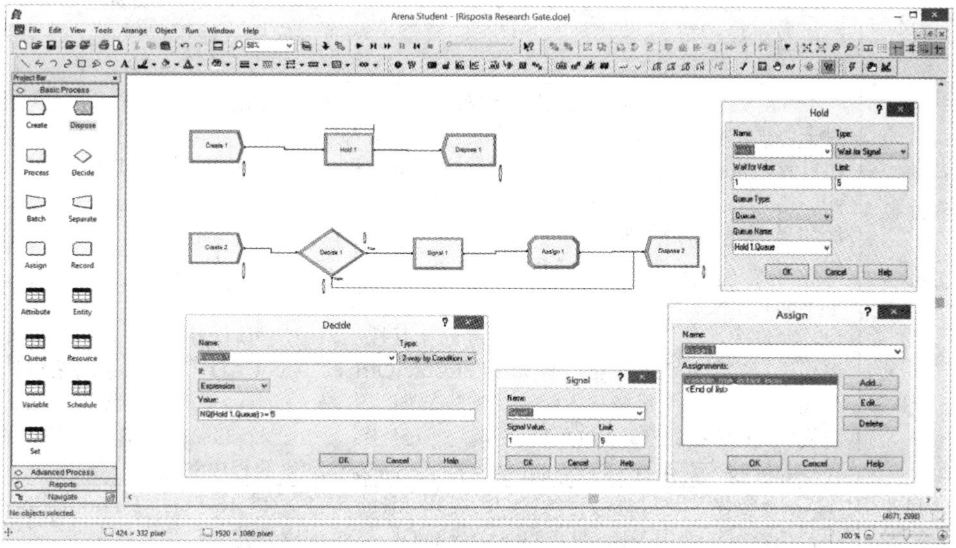

图 5-2　Arena 软件界面

1. Arena 软件的基本功能

Arena 提供了建模，仿真，统计、分析及优化，报告和图表输出以及用户辅助教程和案例资源等基本功能，具体如表 5-4 所示。

表 5-4　Arena 软件的基本功能

基本功能	说　明
建模	Arena 支持图形化建模，提供了多个称为“模块”的可视化建模单元，并依照层次化的体系结构将这些单元组合封装成不同类型的面板和模板。用户可以在其图形建模窗口中，通过对模块的拖放、链接等操作，构建单层或多层级的模型
仿真	Arena 可通过仿真运行的参数设置完成仿真过程。在仿真显示方面，Arena 支持二维动画和动态图像。系统的可视化图形动画会随着模型的运行而变换，且可显示统计指标的即时变化信息
统计、分析及优化	Arena 提供了专门的输入分析器(Input Analyzer)和输出分析器(Output Analyzer)，以辅助用户进行各种类型的输入、输出数据的处理和分析。OptQuest for Arena 是 Arena 专用的优化工具包，可为用户决策最优化的绩效参数提供参考
报告和图表输出	Arena 可以生成基于一次或多次仿真运行的标准报告或用户自定义的分类评估报告，并可由输出分析器生成多样的显示图表，还可以控制和定制用户的输出报表
用户辅助教程和案例资源	Arena 提供了完善的用户辅助教程和案例资源，提供带有多个应用案例的软件学习教程，帮助用户迅速掌握软件的使用方法

2. Arena 软件的特点

Arena 的特点集中体现在可视化灵活建模、方便的输入/输出分析器、定制与集成度高、与其他开发工具的兼容性和接口普遍适用几个方面，具体如表 5-5 所示。

表 5-5　Arena 软件的特点

特　点	说　明
可视化灵活建模	Arena 采用直观的图形用户界面及流程图式的建模方法，并具有层次化的体系结构，使其有易于使用和建模灵活的特点。由于对象具有封装和继承的特点，使得对象构成的模型也具有对象的特点，即模型本身也是模块化的，这样的模型又可以与其他模块或对象构成新的更大、更复杂的模型，从而形成层次建模，保证了模块层次分明，且易于管理和扩展
方便的输入/输出分析器	Arena 提供专门的输入/输出分析器辅助用户进行数据输入处理和输出数据预加工，对于仿真实验的质量和效果具有重要意义：输入分析器可产生含 15 种常用分布函数的随机数，也可对实际数据、经验数据进行拟合和分析；支持数据文件以 ASCII 文本文件的格式导入，大大方便了用户的前端输入。输出分析器可对输出的数据文件进行多样的显示处理(如条形图、柱状图等)和数理统计分析(如标准差置信区间、均值比较等)，为进一步的科学决策提供准确有力的数据支持
定制与集成度高	Arena 开发了两项 Windows 技术以增强桌面应用程序的集成性：一是 ActiveX 自动化，允许应用程序间通过一个编程界面相互控制，用户可以使用 C++、VB 或 Java 等编程语言实现对许多桌面程序如 Microsoft Office、AutoCAD 和 Visio 等的控制；二是 Arena 的应用程序集成技术解决了编程界面的问题，在工具菜单中集成了 Visual Basic 的支持 ActiveX 自动化的编程环境 Visual Basic for Application(VBA)。通过这两项 Windows 技术，Arena 可以和其他支持 ActiveX 自动化的程序集成到一起
与其他开发工具的兼容性和接口普遍适用	Arena 提供了与过程语言的接口：使用 Arena 专业版(Professional Edition)时，在最底层，用户可以使用 VB、FORTRAN 或 C/C++等过程语言建立模型，以满足一些特别需求，如复杂的决策规则或外部数据的选取等，也可以通过这些语言实现对 Microsoft Office、AutoCAD 及 Visio 等桌面程序的控制，还可以定制用户化的模块和面板

5.1.4 Extend 软件的功能与特点

Extend 软件是由美国 lmagine That 公司开发的通用仿真平台，目前有连续、离散、工业和套装四个商业化版本，既可用于离散事件仿真，也可用于连续事件仿真。作为一款功能强大、价位低、主要基于 Windows 的仿真软件，Extend 在物流领域较多用于供应链物流仿真与交通运输仿真，并广泛应用于银行金融流程管理、社会、经济、生态系统模拟等多个领域。

Extend 提供了自成一体的集成环境，为不同层次的用户提供了多种实用工具，而且 Extend 的模块可以很容易地搭建并组合在一起，大大方便了建模，因而得到了企业、学校和政府的广泛认可。Extend 10.0.4 的程序界面如图 5-3 所示。

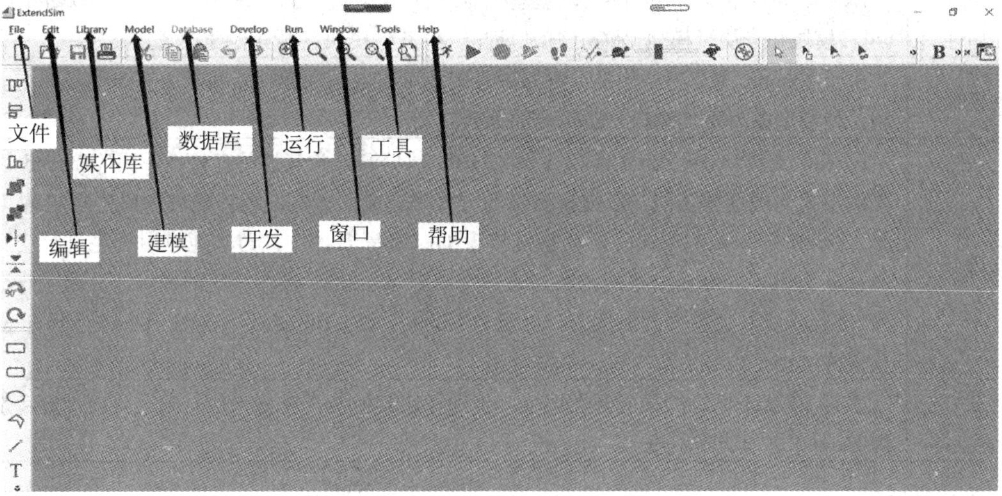

图 5-3　Extend 10.0.4 的程序界面

1. Extend 软件的基本功能

针对不同的用户需求，Extend 有四个不同功能的商业化版本 Extend CP、Extend OR、Extend Industry、Extend Suite 以及一个基础版本 Extend Demo。本书基于 Extend Demo 介绍其基本功能及应用。

Extend 提供了输入建模、运行仿真模型、数据分析等基本功能：Extend 提供了模块化的建模功能，用户可以采用 Extend 软件提供的基本模块或自己建立的模块搭建模型，同时包含了一个基于消息传递的仿真引擎，可提供快捷的模型运行速度和灵活建模机制，建立的模型和仿真运行都显示为 2D 画面；Extend 的仿真运行支持即时的参数修改，可以即时看到修改参数后的运行情况；Extend 也提供了专门的 StatFit(数据拟合)功能，可以辅助用户进行各种类型的输入数据的处理和分析。

2. Extend 软件的特点

Extend 拥有可重复使用的建模模块、终端用户界面开发工具、灵活的自定义图表生成机制、与其他应用系统集成良好的相容性，具有交互性、可扩展性、可重复使用性、规模性、连接性、第三方开发支持等特点，如表 5-6 所示。这些特点使得建模者能够把精力集中在建模过程中，并迅速建立容易理解、沟通的模型。

表 5-6 Extend 软件的特点

特　点	说　明
交互性	Extend 的交互性主要体现在两个方面：能够方便地修改模型参数，并即时看到修改后的运行结果。Extend 的记事本和“克隆”功能使用户能够把所有模型的参数和运行结果集中到一起，即使在模型运行过程中，Extend 的参数和模型逻辑也可以即时修改，并可以立即显示修改的效果。Extend 方便的交互性可以快速回答和重新分析各种问题
可扩展性	公开的体系结构、公开的源代码和自带的集成开发环境(Integrated Development Environment，IDE)使得 Extend 具有极强的扩展能力，用户的应用范围不局限在软件所提供的模块和算法之内
可重复使用性	Extend 的可扩展性和分层次建模功能使用户可以开发自己的模块，并将 Extend 模块(组件模块和分层子模型)保存在模块库里，供其他模块甚至其他建模者重复使用
规模性	由于 Extend 的分层结构是无限制的，因此可以用来创建含有成千上万个模块的企业模型，使模型条理更加清晰，逻辑更加分明
连接性	Extend 支持 ActiveX/OLE 控件和 ODBC 数据源。与其他仿真软件不同，Extend 以模块的形式处理这些功能，以拖拉鼠标的方式来完成而无需编程，还可以通过复制/粘贴、导入/导出文本(ASCII)文件、动态链接库(DLLS)等多种方式与其他应用程序进行交互。Extend 提供了 600 多个系统函数，充分利用了 Windows 操作系统的资源，实现了与数据库、Excel 及其他数据源的集成，以及与 Delphi、C++Builder、Visual Basic、Visual C++代码的链接
第三方开发支持	因为 Extend 良好的集成开发环境，使得相比其他仿真软件来说，第三方应用更多地选择 Extend 作为仿真引擎

5.2 物流配送中心设施规划仿真实例

本节使用 FlexSim 2019 作为示范软件，完成三个仿真实例，模拟三种商品在物流配送中心传送带上进行检验的过程，并输出检验过程的统计数据图表。三个仿真实例循序渐进，由浅入深，由简到繁，以展示 FlexSim 建模、运行及结果输出的整个仿真过程。

5.2.1 FlexSim 应用实例介绍

下面简单说明本实例中 FlexSim 的软硬件环境和建模过程。

1. FlexSim 运行的软硬件环境

FlexSim 仿真软件需在计算机上的 Windows 操作系统环境中运行，运行软件的最低配置如下：

- 英特尔奔腾Ⅳ处理器；
- 150 MB 可用磁盘空间；
- 128 MB 系统内存；

- Windows 7/8/10/11 操作系统；
- Microsoft Visual Studio.Net 开发环境；
- 32 MB NVIDIA 显卡。

FlexSim 的推荐配置如下：

- 英特尔奔腾Ⅳ处理器，2.4 GHz 或以上；
- 200 MB 可用磁盘空间；
- 256 MB 系统内存；
- Windows 7/8/10/11 操作系统；
- Microsoft Visual Studio.Net 开发环境；
- 64 MB NVIDIA GeForce4 MX 显卡。

2. FlexSim 建模过程

1) 建模环境

FlexSim 软件主界面分为主菜单区、工具栏区、实体库区、工作区及控制按钮区，如图 5-4 所示。

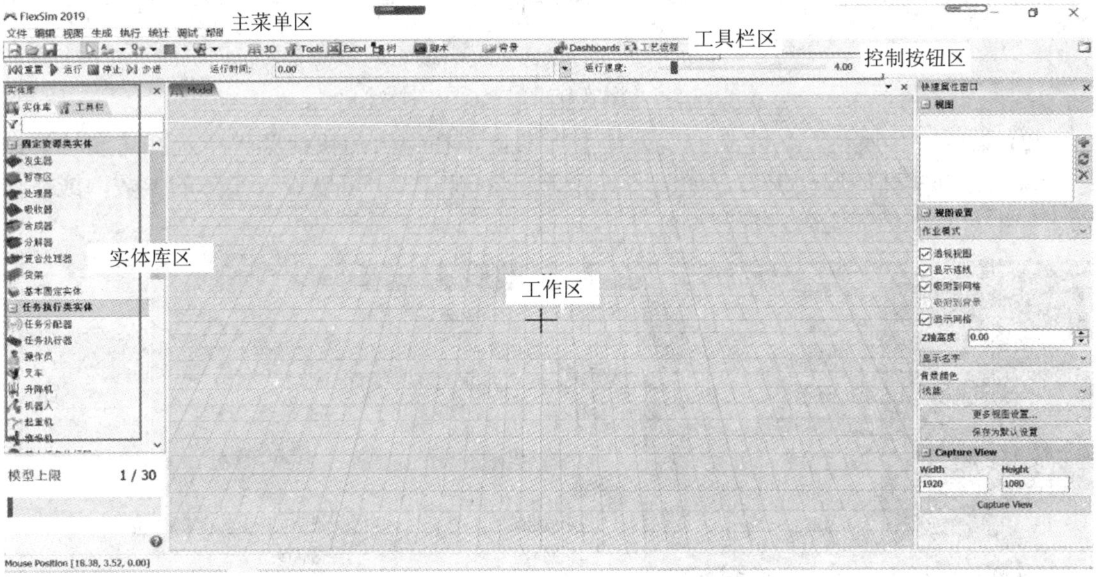

图 5-4　FlexSim 软件主界面

2) 建模工具

FlexSim 提供了标准实体库，在主界面左侧的【实体库】中定义了多种常用的标准实体供用户使用，FlexSim 需要基于这些标准实体进行建模。

3) 建模方式

FlexSim 采用面向实体的建模方式，当模型中需要某种实体，如货架时，用户只要从【实体库】中选择所需的货架实体，按住鼠标左键拖放至工作区便可。库中的标准实体基本可以满足一般系统的要求，如果用户要建立更加细致的系统，则可先使用 FlexSim 建立自定义实体，然后根据系统的关联建立模型实体之间的关联。实体的属性和连接属性均可以在 Parameters Window(参数窗口)和 Properties Window(属性窗口)界面中进行修改。

4) 建模步骤

在 FlexSim 中建立仿真模型可分为以下三步：

(1) 在工作区中建立实体。一个系统一般以实体开始，可以从标准实体库中选取标准实体或者由用户创建的实体，拖放到工作区中的合适位置。本例需要用货仓或者货架等储存货物，使流动实体停止向前运动，所以需要在标准实体库中选择【货架】实体，将其拖动到工作区中，如图 5-5 所示。

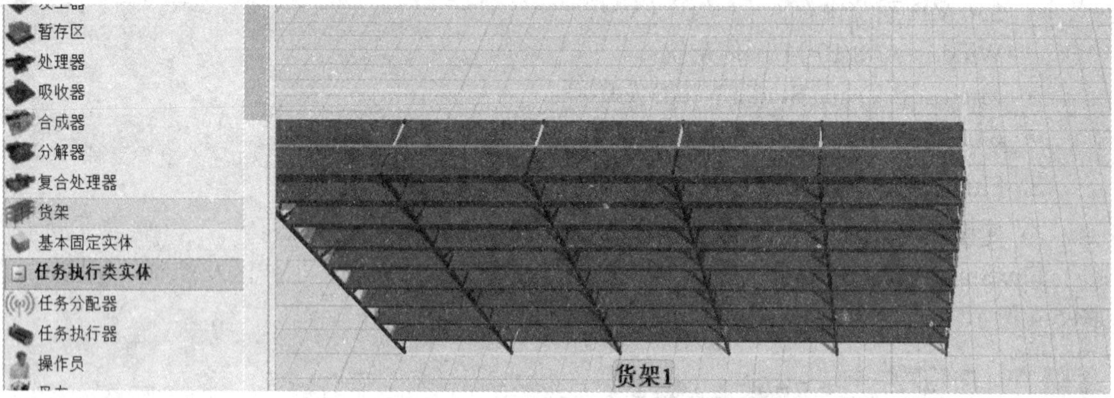

图 5-5　拖放方式建立模型实体

(2) 设置实体属性。在建立的实体模型上右击，在弹出的快捷菜单中选择【属性】命令，可以打开实体的属性窗口，如图 5-6 所示。在该窗口中可以设置实体的参数，或在仿真运行中对模型中的实体进行数据统计。

图 5-6　设置实体属性

(3) 建立实体间的联系。实体和实体之间需要通过端口连接，一个实体有三个端口：输入端口、中间端口和输出端口。选择实体的属性窗口中的【常规】选项卡，即可查看实体端口，如图 5-7 所示。输入端口和输出端口用于过程的衔接，中间端口用于建立一个实体与另一个实体的联系。相应地，连接实体有两种方式：一种是按实体的流动顺序逻辑连接，即将前一实体的输出端口与后一实体的输入端口相连接；另一种是按实体间的控制逻辑连接，即将前者的中间端口与后者的中间端口相连接，使前者控制后者。

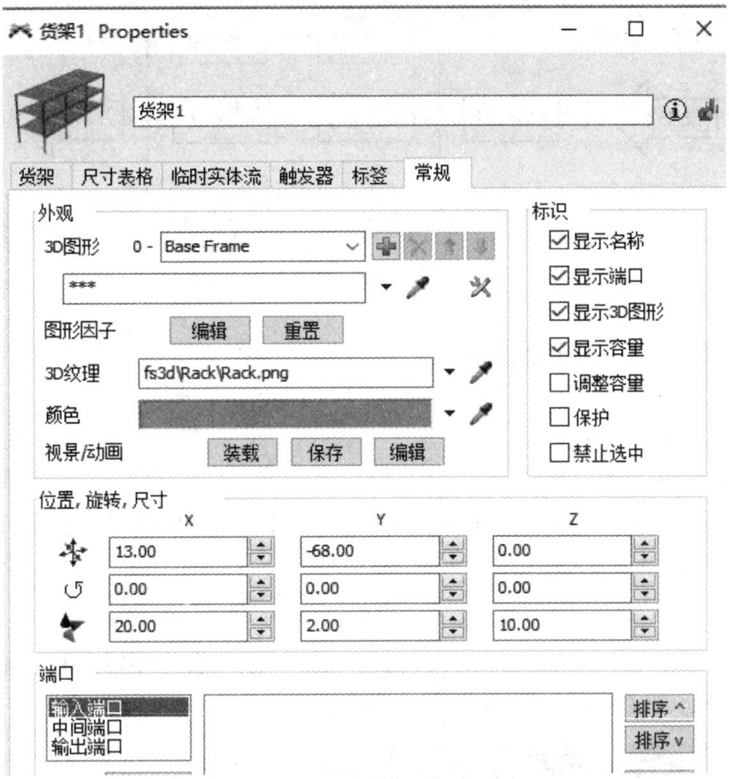

图 5-7　查看实体端口

连接实体端口以及断开实体端口的具体操作方法如下：

按住 A 键，单击一个实体，再单击另一个实体，即可将前一实体的输出端口与后一实体的输入端口连接。

按住 Q 键，依次单击两个相连接的实体，即可断开两个实体输入/输出端口的连接。

按住 S 键，单击一个实体，再单击另一个实体，即可连接两个实体的中间端口，使前者控制后者。

5.2.2 FlexSim 仿真实例一

本实例将演示三种商品在物流配送中心传送带上进行检验的过程。

假设某物流企业需要检验三种商品，有三种不同的临时实体将按照正态分布的时间间隔到达，临时实体的类型符合 1、2、3 的均匀分布。当临时实体到达时，它们将进入暂存区并等待检验，有三个处理器可以用来检验，分别用于检验临时实体类型 1、临时实体类型 2 和临时实体类型 3。检验后将临时实体放到传送带上，通过传送带送到吸收器中，从而结束仿真。最后，将模型保存为模型 1。

1. 模型设施与规划

1) 总体流程

总体流程如图 5-8 所示。

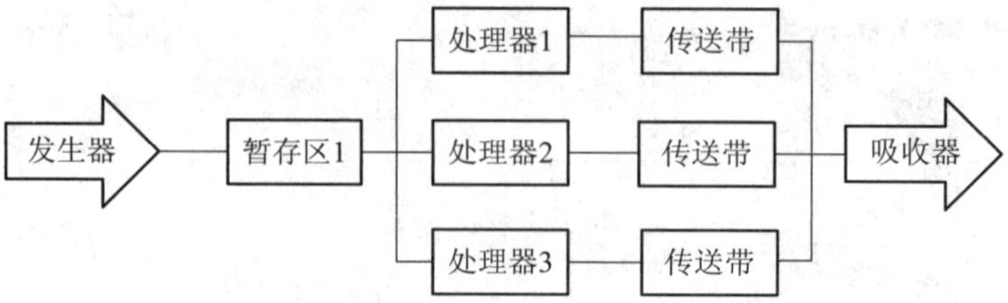

图 5-8　总体流程

2) 模型数据

发生器到达速率：normal(20，2)s；

暂存区最大容量：25 个临时实体；

检验时间：exponential(0.30)s；

输送机速度：1m/s；

临时实体路径：临时实体类型 1 到处理器 1，临时实体类型 2 到处理器 2，临时实体类型 3 到处理器 3。

2. 建模步骤

在计算机桌面上双击 FlexSim 图标，打开软件，默认会出现【Start Page】(初始页)界面，选择【New Model】(新建模型)选项，如图 5-9 所示。

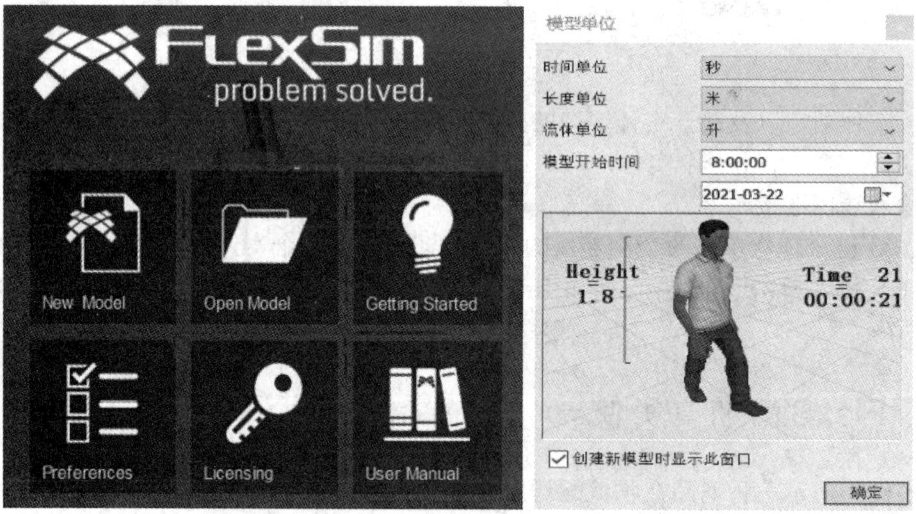

图 5-9　新建模型初始图

在弹出的【模型单位】对话框中，用户可以选择自己模型所用的单位，如时间、长度和流体单位，选择的单位会被应用在整个模型中。本例中将模型的单位设置为：时间单位为秒，长度单位为米，流体单位为升。

1) 创建实体

将【发生器】从【实体库】中拖动到 3D 建模工作区中，创建一个发生器。双击该实体，在出现的属性窗口【发生器 Properties】中将实体的名字改为“发生器”，单击【确定】按钮，如图 5-10 所示。

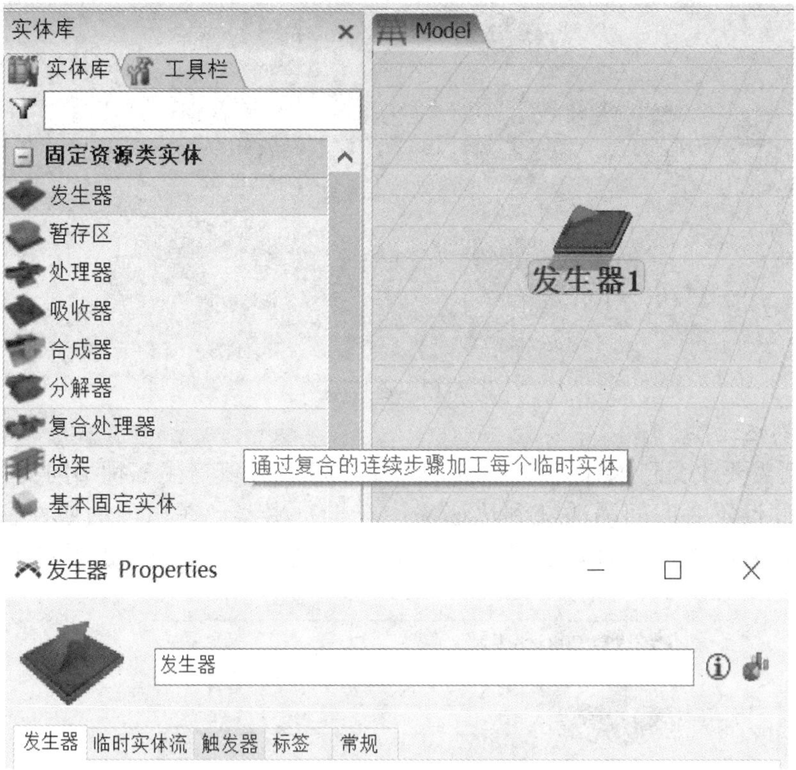

图 5-10　创建发生器

接下来，从【实体库】中拖出 1 个暂存区、3 个处理器、3 个传送带、1 个吸收器到工作区中，各实体的放置位置与命名如图 5-11 所示。

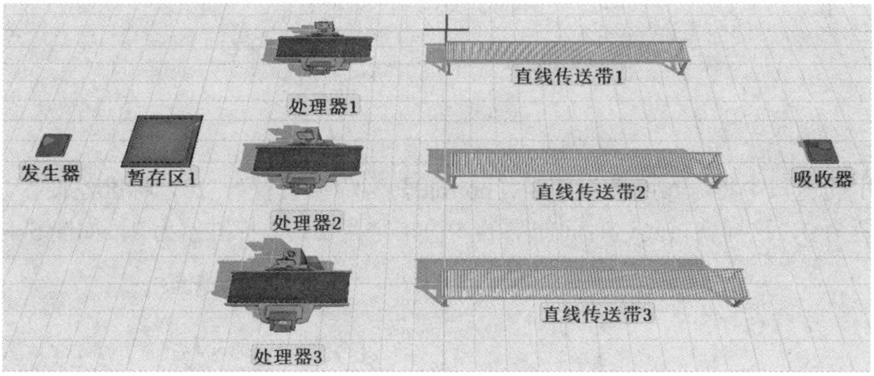

图 5-11　创建实体

2) 连接端口

根据临时实体的运行路径连接端口(见图 5-12)，具体步骤如下：

(1) 把发生器与暂存区 1 连接；

(2) 把暂存区与处理器 1、处理器 2、处理器 3 分别连接；

(3) 把处理器 1 与传送带 1、处理器 2 与传送带 2、处理器 3 与传送带 3 连接；

(4) 把传送带 1、传送带 2、传送带 3 分别连接至吸收器。

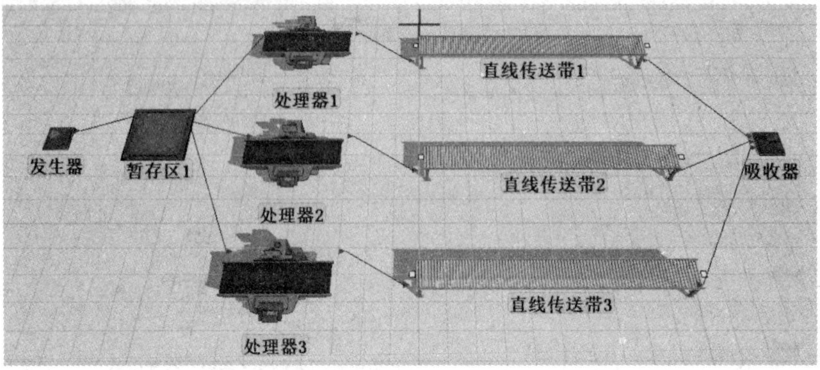

图 5-12　连接端口

3) 指定到达速率

本次仿真需要改变到达时间间隔与临时实体类型，使其产生三种不同类型的产品。首先，需要通过设置时间间隔改变到达速率：双击发生器，在出现的属性窗口【发生器 Properties】中选择【发生器】选项卡，在【到达时间间隔】下拉列表中选择【统计分布】，如图 5-13 所示。

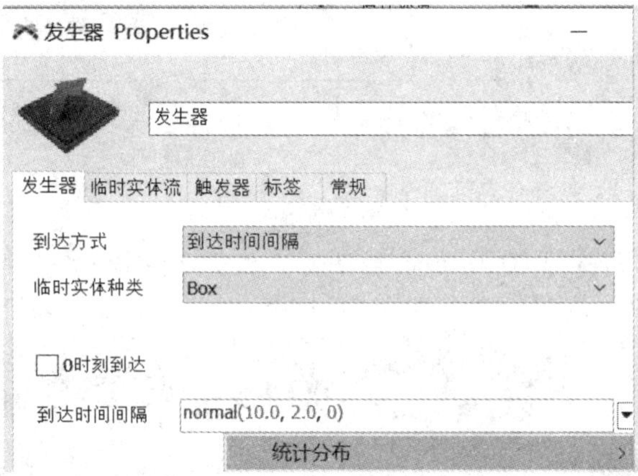

图 5-13　设置发生器时间间隔类型

在弹出的窗口中将分布函数设置为【normal】，均值设置为 20，标准差设置为 2.0，随机数流设置为 0，这样就将到达时间间隔的均值指定为 20 s，标准差为 2，如图 5-14 所示。

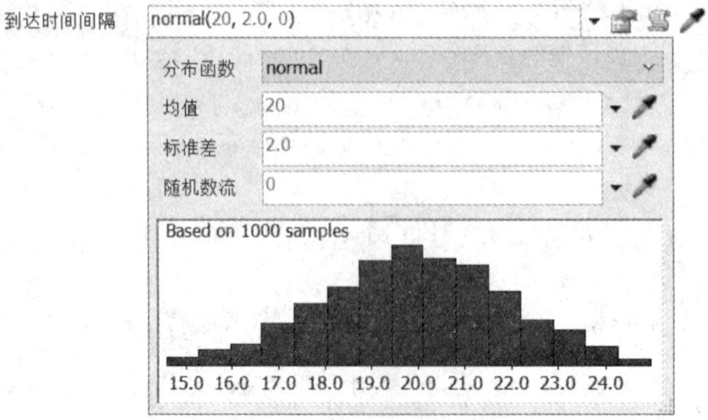

图 5-14　指定时间间隔

接下来为进入系统的临时实体指定类型值，使得它们满足服从 1～3 的均匀分布，1、2、3 三个数值分别代表三种不同的实体类型。最好的做法是在发生器的属性窗口中设置实体类型，所以先不要关闭发生器的属性窗口。

4) 设定临时实体类型和颜色

在属性窗口【发生器 Properties】中选择【触发器】选项卡，在【On Exit】(离开触发器选项卡)下拉列表中选择【数据设置】/【设置临时实体类型和颜色】命令，在弹出的【设置临时实体类型和颜色】对话框中用 duniform 函数(离散均匀分布函数)设置临时实体类型和颜色(由于离散均匀分布与均匀分布相似，但返回的不是给定参数之间的任意实数值，而是离散整数值，因此其默认值可以直接用于此仿真案例)。设置完毕，单击【确定】按钮，关闭属性窗口，如图 5-15 所示。

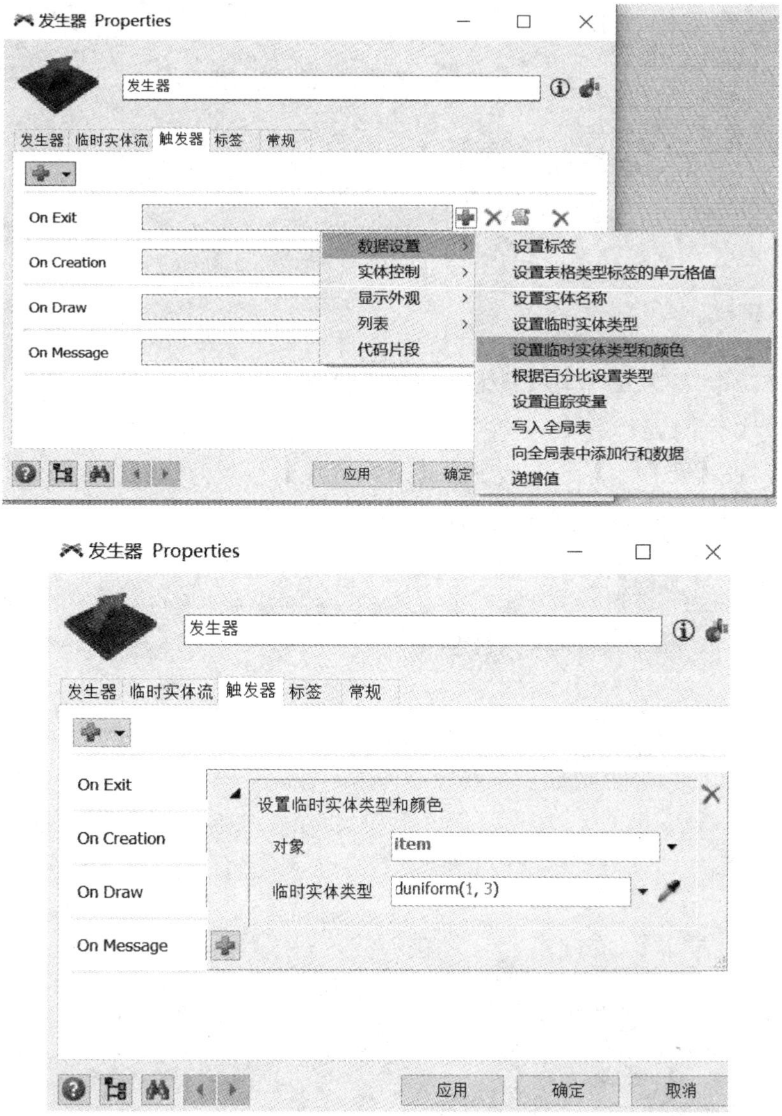

图 5-15　设置临时实体类型和颜色

5) 设定暂存区 1 容量

由于暂存区 1 是在处理器前存放临时实体的场所，因此需要做两件事：首先，设定暂存区最多可容纳 25 个临时实体；然后，设定临时实体流选项，将类型 1 的临时实体发送到处理器 1，类型 2 的临时实体发送到处理器 2，依此类推。

单击工作区中的暂存区 1，选择主界面菜单栏中的【视图】/【快捷属性】命令，界面右方会出现暂存区 1 的【快捷属性窗口】，在其中可以设置暂存区 1 的最大容量，如图 5-16 所示。

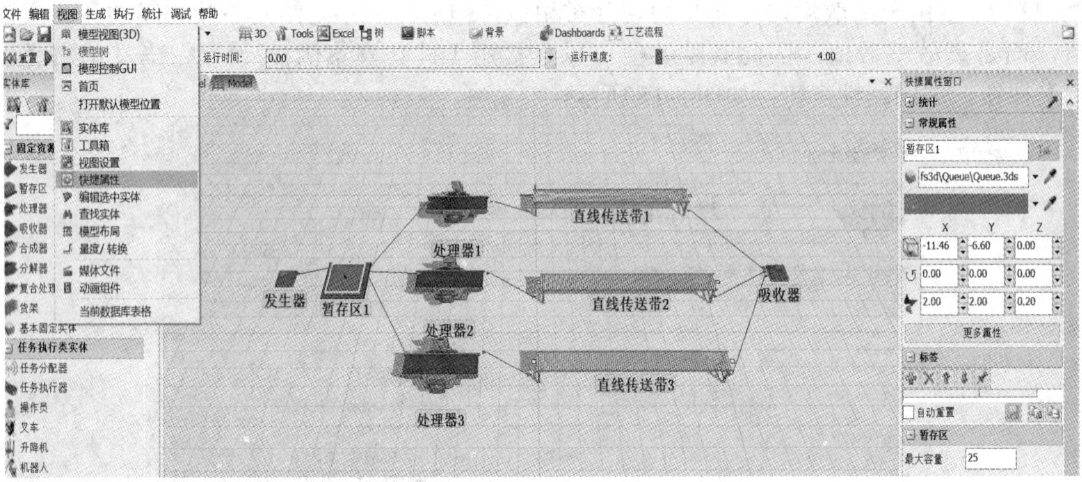

图 5-16 使用【快捷属性窗口】设置暂存区 1 的最大容量

也可以在实体的属性窗口中进行设置：双击暂存区 1，打开属性窗口【暂存区 1 Properties】，在【暂存区】选项卡中将【最大容量】设置为 25，如图 5-17 所示。

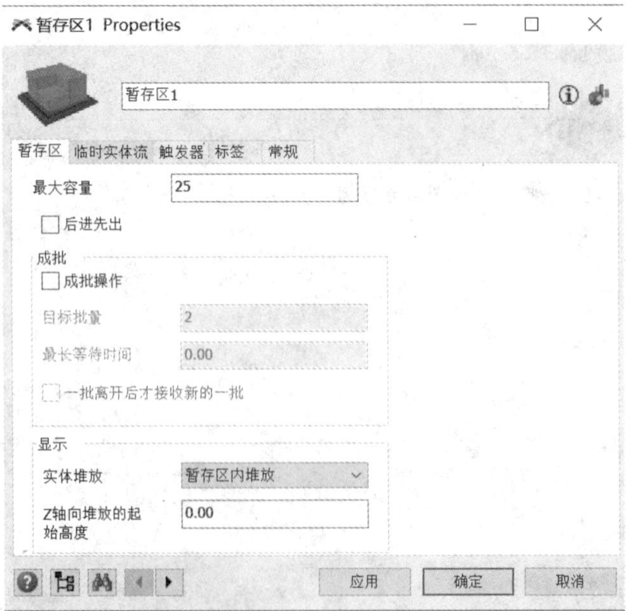

图 5-17 使用实体的属性窗口设置暂存区 1 的最大容量

6) 设定暂存区的临时实体流输出端口

在暂存区的【快捷属性窗口】中可以设置暂存区的临时实体流输出端口；也可以在实体的属性窗口中进行设置：选择属性窗口【暂存区 1 Properties】中的【临时实体流】选项卡，在【发送至端口】下拉列表中选择【指定端口】命令，如图 5-18 所示。

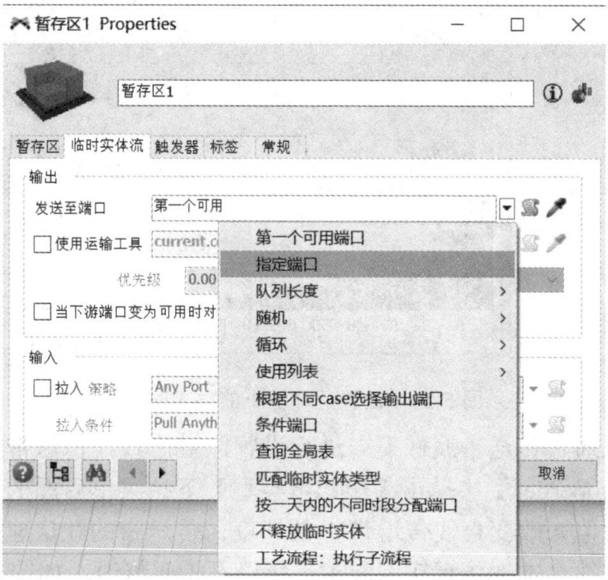

图 5-18 设置暂存区的临时实体流输出端口

在之前的步骤中已经将临时实体的类型设置为 1、2、3，并且设定了临时实体流选项，即将类型 1 的临时实体发送到处理器 1，类型 2 的临时实体发送到处理器 2，类型 3 的临时实体发送到处理器 3。这里可以根据临时实体的类型值为不同的临时实体分配不同的输出端口，确保暂存区分别与处理器 1、处理器 2 和处理器 3 连接。设置完毕，单击【确定】按钮，关闭暂存区 1 的属性窗口。

7) 设置加工时间

在工作区中双击处理器 1，打开处理器 1 的属性窗口【处理器 1 Properties】，选择【处理器】选项卡，在【加工时间】下拉列表中选择【统计分布】命令，如图 5-19 所示。

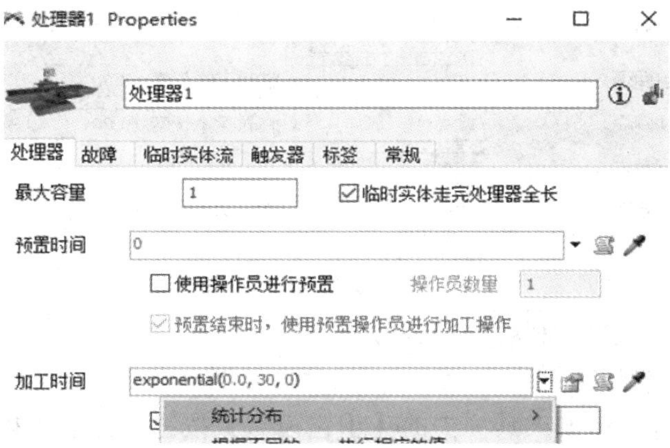

图 5-19 设置处理器 1 的加工时间类型

在弹出的统计分布对话框中将【分布函数】设置为【exponential】(指数)，【渐位线】设置为 0.0，【比例】设置为 30，【随机数流】设置为 0，如图 5-20 所示。对其他两个处理器重复以上操作。

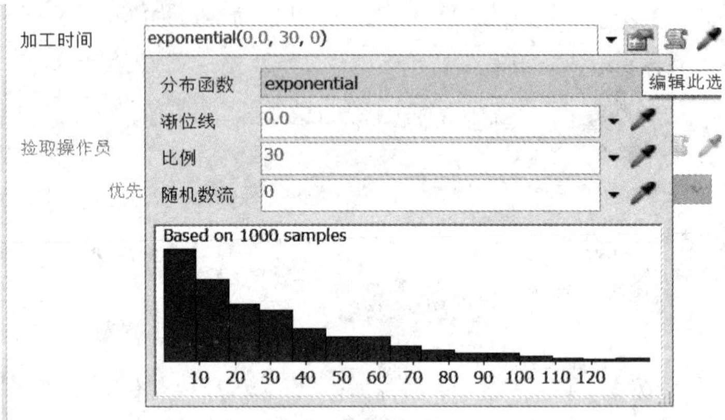

图 5-20　设置处理器 1 的加工时间

传送带速度可以通过传送带属性窗口进行设置，双击直线传送带 1，在出现的属性窗口【直线传送带 1 Properties】中单击【传送带类型】下拉菜单后面的“…”按钮，通过改变速度数值框中的数值来改变直线传送带 1 的速度。传送带的默认速度是每一个时间单位行走 1 个长度单位，符合本次仿真实例要求，所以不需要修改，如图 5-21 所示。

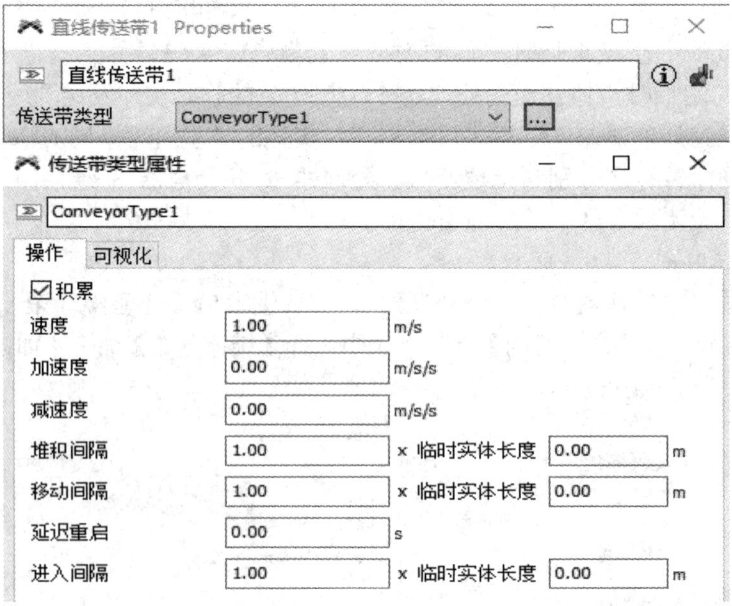

图 5-21　设置传送带速度

完成以上操作后，即可准备运行模型。

8) 重置与运行模型

运行模型前，首先单击工具栏中的【重置模型】按钮，把系统模型参数返回初始状态；然后单击工具栏中的【运行模型】按钮，运行模型，如图 5-22 所示。

图 5-22　重置与运行模型

接下来，我们就可以看到临时实体首先进入暂存区，然后移动到处理器，从处理器出来后移入传送带，最后进入吸收器，如图 5-23 所示。

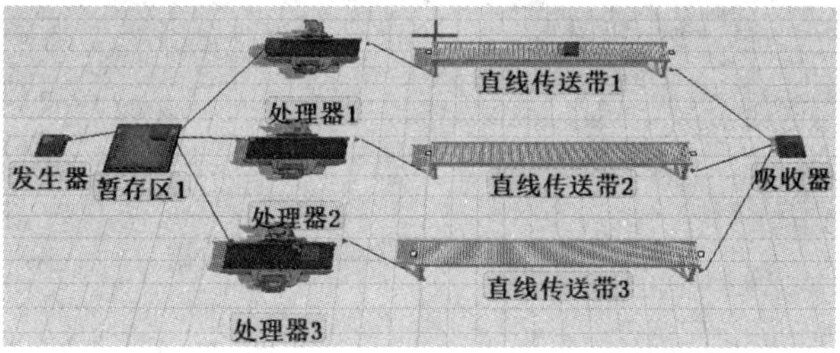

图 5-23　临时实体的流动

模型运行期间，可以通过软件界面上的仿真运行速度控制条改变模型运行的速度，如图 5-24 所示。

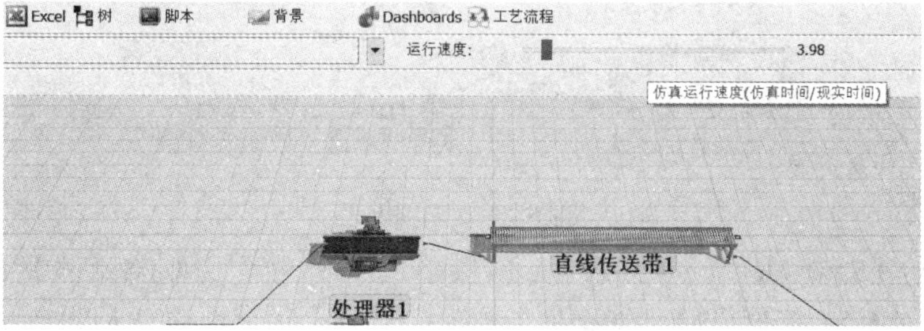

图 5-24　仿真运行速度控制条

9) 查看简单统计数据

通过修改视图设置可以让模型运行时显示实体的统计数据：在界面右侧【快捷属性窗口】中单击【视图设置】项目，在出现的下拉菜单里选择【显示名字和统计】，如图 5-25 所示。

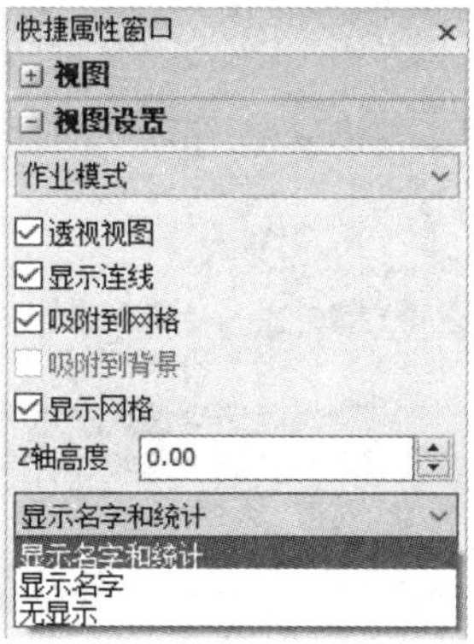

图 5-25　设置显示简单统计数据

设置完毕，即可在工作区中实时查看每个实体的简单统计数据，如图 5-26 所示。

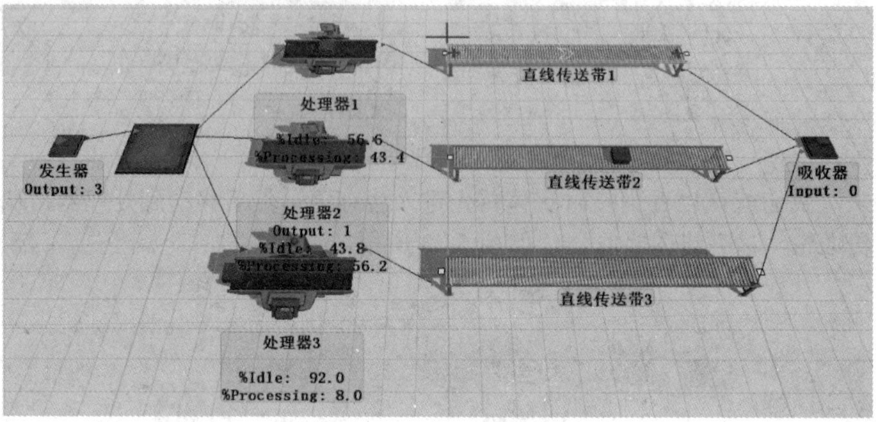

图 5-26　查看实体的简单统计数据

10) 保存模型

单击工具栏中的【保存】按钮，即可保存模型；也可选择菜单栏中的【文件】/【另存为...】命令保存模型，如图 5-27 所示。

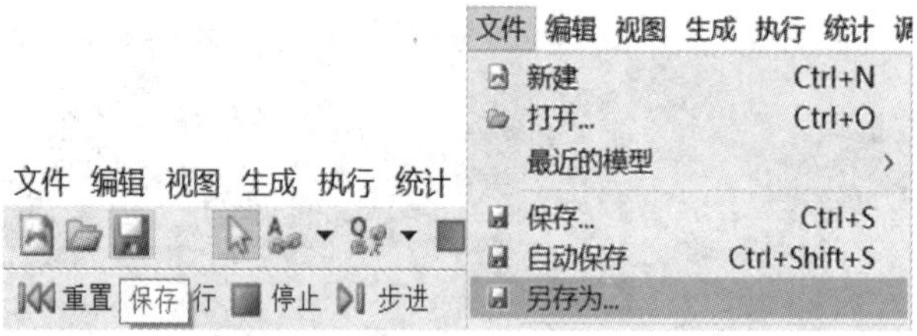

图 5-27　保存模型

在弹出的【Save FlexSim Model file】(保存 FlexSim 模型文件)对话框中可以选择任意文件夹来保存模型。本例将模型命名为“模型 1”，保存类型设置为【FlexSim Model】，单击【保存】按钮，如图 5-28 所示。

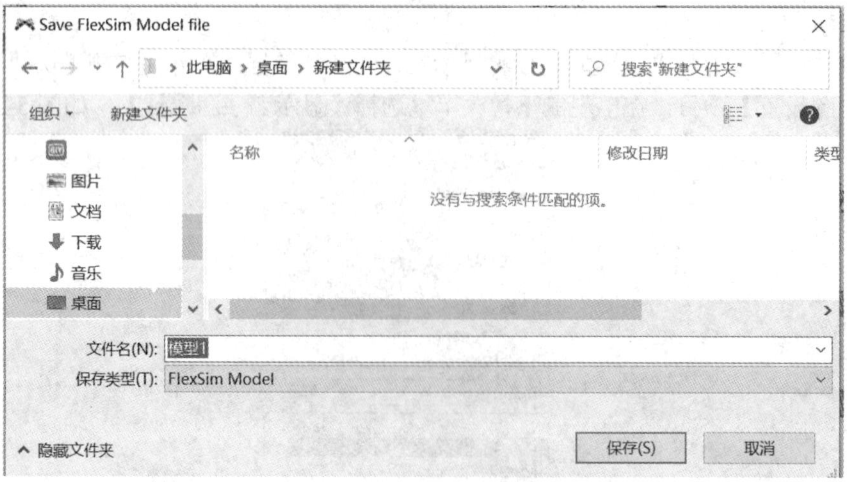

图 5-28　设置文件名和保存类型

5.2.3 FlexSim 仿真实例二

本实例以仿真实例一中建立的模型为基础，继续介绍如何在模型中添加操作员和叉车。

在本实例中，检验工作需要由两名操作员进行预置，即将临时实体从暂存区搬运到检验地点，预置完成后即可进行检验。检验完成后，将临时实体转移到输送机上，无需操作员协助。当临时实体到达输送机末端时，其将被放置到一个暂存区内，由一辆叉车从这里将临时实体拣取，并送入吸收器中(根据模型的运行状况，可能有必要使用多辆叉车)。

1. 模型设施与规划

1) 总体流程

本实例的总体流程如图 5-29 所示。

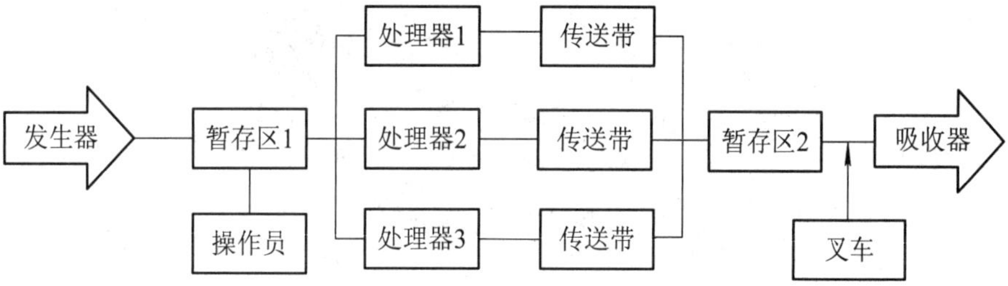

图 5-29　仿真实例二总体流程

2) 有关数据

处理器的预置时间：10s。

产品搬运：操作员从暂存区 1 到处理器，叉车从末端的暂存区 2 到吸收器。

暂存区 2 容量：10 个临时实体。

2. 建模步骤

1) 打开模型 1，修改实体移动速率

单击工具栏上的【打开】按钮，打开仿真实例一中存储的模型文件“模型 1”。本实例中，实体需要以更快的速率离开发生器，所以需要修改实体的移动速率：打开发生器的属性窗口，在【到达时间间隔】对话框中将【均值】修改为 12，如图 5-30 所示。

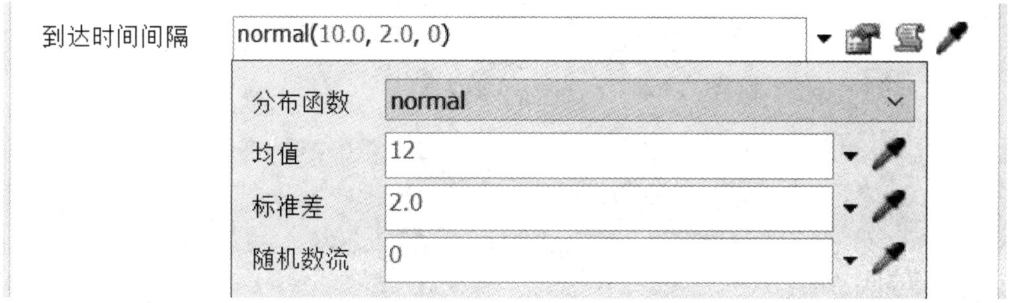

图 5-30　将实体移动速率变快

2) 创建一个任务分配器和两个任务操作员

使用任务分配器可以对任务序列进行排队，并分配给操作员或叉车。本例中，任务分配器要为两个操作员服务，这两个操作员负责将临时实体从暂存区搬运至某个处理器，每次搬运任务只需一个操作员执行。如果只有一个操作员，就不需要分配器，直接将操作员和暂存区连接即可。而本实例中有两个操作员，所以要使用任务分配器对任务请求进行排队，并将它们分配给其中一个空闲的操作员：首先从库中拖动一个分配器到工作区中，命名为“任务分配器 1”；然后从库中拖动两个操作员到工作区中，分别命名为“操作员1”和“操作员 2”，如图 5-31 所示。

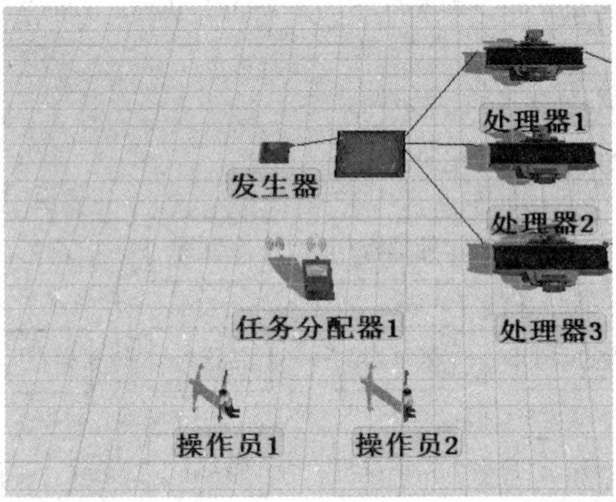

图 5-31　创建任务分配器和操作员

3) 连接任务分配器、暂存区与操作员

为使用任务分配器指挥操作员，任务分配器必须与使用操作员的实体(暂存区)进行中间端口连接，步骤如下：

(1) 按住 A 键，将任务分配器的输出端口与操作员的输入端口相连接；

(2) 按住 S 键，将任务分配器的中间端口与暂存区的中间端口相连接。

对每个操作员都需要进行上述操作，如图 5-32 所示。

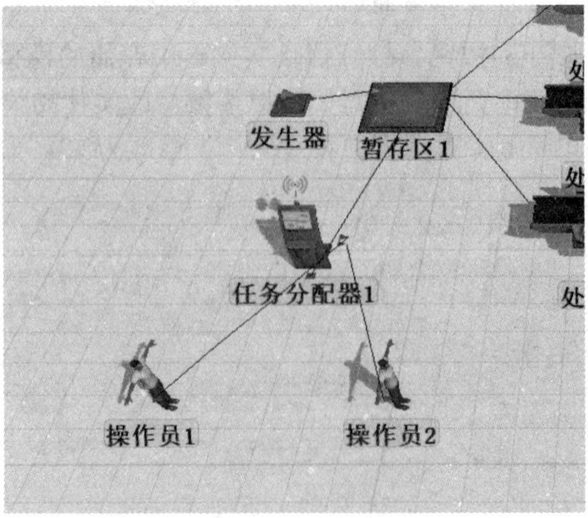

图 5-32　连接任务分配器、暂存区与操作员

4) 修改暂存区 1 临时实体流输出属性

本例中需要修改暂存区的临时实体流的输出属性，以使用操作员完成搬运任务。其可以通过快捷属性窗口或实体属性窗口进行设置，具体操作为：双击暂存区 1，打开属性窗口【暂存区 1 Properties】，选择【临时实体流】选项卡，在【输出】界面里选中【使用运输工具】复选框，使后面的运输工具下拉列表变为可用，在该下拉列表中使用端口号指定某辆叉车或某个操作员搬运临时实体即可。但本例中该暂存区已被连接到任务分配器上，是由任务分配器将任务分配给操作员的，所以保持默认设置即可。设置完毕，单击【确定】按钮，关闭属性窗口，如图 5-33 所示。

图 5-33 修改暂存区临时实体流输出属性

5) 保存模型并运行测试

设置完毕后，需要对模型进行测试，即运行模型，确认之前做出的修改是否生效：首先单击工具栏中的【重置模型】按钮，重置模型；然后单击工具栏中的【保存】按钮，保存模型；最后单击工具栏中的【运行模型】按钮，运行模型，确认操作员是否可以把临时实体从暂存区移动至处理器。

6) 配置处理器调用操作员

为使处理器在预置时使用操作员，必须把每个处理器和任务分配器的中间端口进行连接，并配置处理器调用操作员。其具体步骤如下：

(1) 将任务分配器与处理器 1、处理器 2、处理器 3 分别进行中间端口连接(S 键)。

(2) 双击处理器 1，打开属性窗口，在【处理器】选项卡中选中【使用操作员进行预置】复选框，将【操作员数量】设置为 1，【捡取操作员】设置为【实体与中间端口连接】，如图 5-34 所示，依次单击【应用】【确定】按钮，关闭属性窗口。对处理器 2 及处理器 3 重复上述操作。

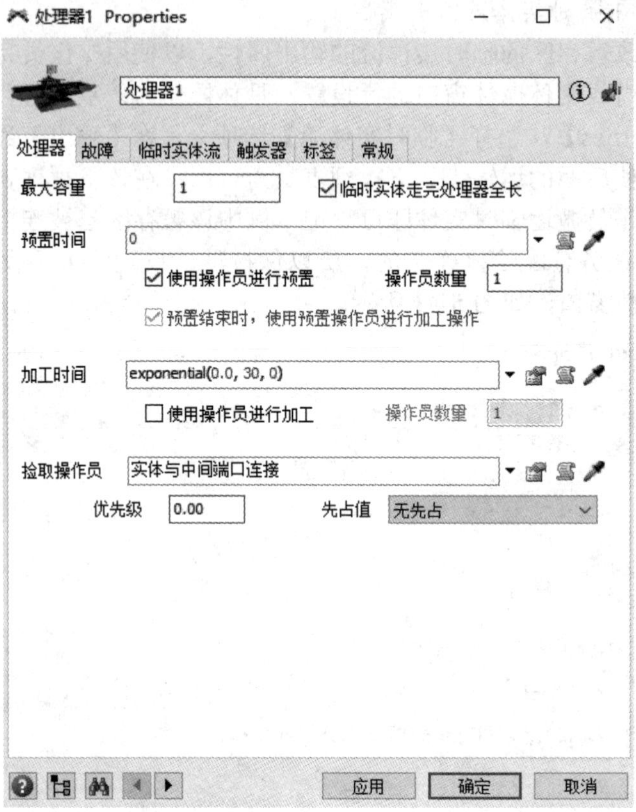

图 5-34　配置处理器调用操作员

7) 添加传送带暂存区并连接端口

在添加传送带暂存区之前，需要先断开传送带和吸收器之间先前建立的连接，然后连接传送带和暂存区 2、暂存区 2 和吸收器，如图 5-35 所示。其具体操作步骤如下：

(1) 按住 Q 键，逐一断开三个传送带与吸收器的连接；

(2) 从库中拖动一个暂存区放置在传送带的右边，命名为“暂存区 2”；

(3) 按住 A 键，将传送带 1、传送带 2、传送带 3 连接至传送带暂存区；

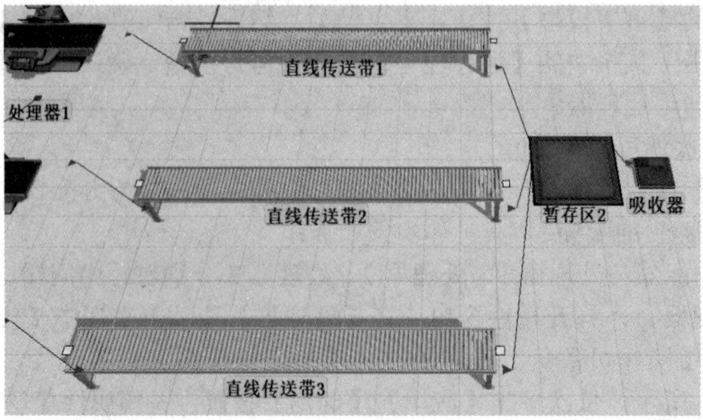

图 5-35　将传送带、暂存区 2 与吸收器相连接

(4) 按住 A 键，将传送带暂存区连接至吸收器。

到这里，我们已经修改了模型布局，并创建了端口连接，可以添加叉车了。

8) 添加叉车并连接端口

在模型中添加叉车将临时实体从传送带暂存区搬运至吸收器，与添加操作员将临时实体从暂存区搬运到处理器的操作相同。但由于此模型中只有一辆叉车，因此不需要使用分配器，直接将叉车与暂存区 2 进行中间端口连接即可，如图 5-36 所示。其具体操作步骤如下：

(1) 将吸收器向右移动 10 个单位，来模拟移动距离；

(2) 从实体库中拖动一个叉车对象放在传送带暂存区旁边，命名为“叉车 1”；

(3) 按住 S 键，将传送带暂存区与叉车进行中间端口连接。

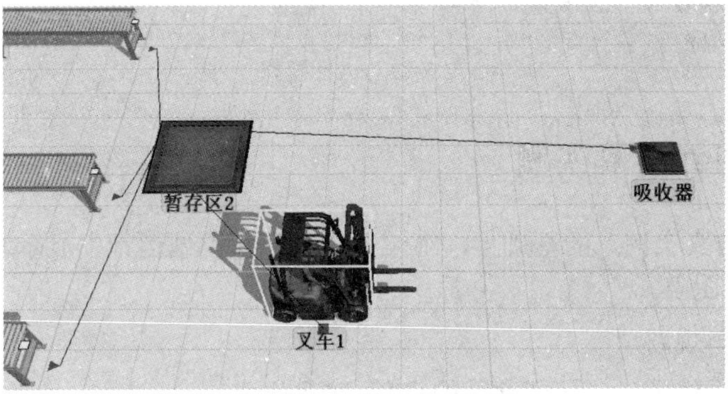

图 5-36 添加并连接叉车

9) 调整暂存区 2 临时实体流输出属性

双击暂存区 2，在出现的暂存区 2 的【快捷属性窗口】中可设置暂存区的临时实体流和运输选项，也可以在暂存区 2 的属性窗口中完成相同操作。其具体操作步骤如下：

(1) 双击暂存区 2，打开属性窗口【暂存区 2 Properties】。

(2) 在【临时实体流】选项卡的【输出】界面中选中【使用运输工具】复选框，由于暂存区 2 的中间端口已经和叉车连接，因此不需要对下拉菜单进行任何调整。设置完毕，单击【确定】按钮，关闭属性窗口即可，如图 5-37 所示。

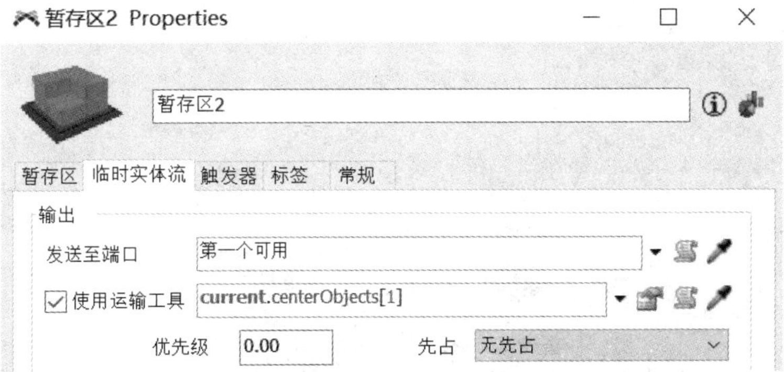

图 5-37 调整暂存区 2 临时实体流输出属性

(3) 重置模型，并将模型保存为“模型 2”。

10) 运行模型

运行模型，检查模型各部分是否运行正常：应能看到操作员来回走动，而叉车在暂存区和吸收器之间搬运临时实体；还能看到当一个处理器在等待操作员进行预置时，有一个黄色的方框显示在处理器下方，如图 5-38 所示。

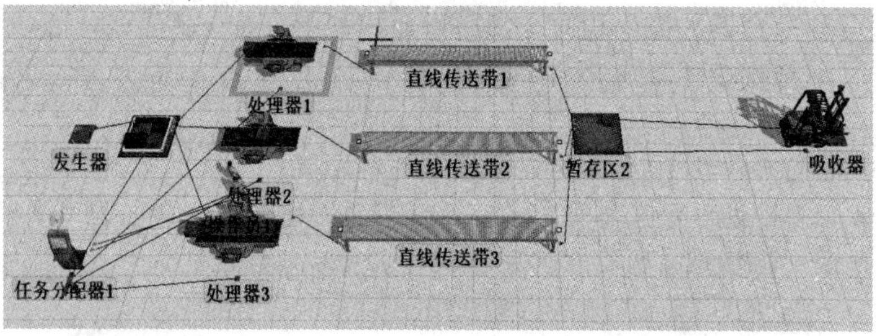

图 5-38 运行模型

5.2.4 FlexSim 仿真实例三

本实例将在仿真实例二的基础上，继续介绍如何在模型运行中显示统计数据和信息，以及如何添加 3D 图表。

1. 模型设施与规划

(1) 添加 3D 曲线图，显示暂存区的容量-时间关系；

(2) 添加 3D 直方图，显示暂存区中临时实体的等待时间；

(3) 添加 3D 饼状图，显示每个操作员的状态；

(4) 添加 3D 文本，显示传送带暂存区的平均等待时间；

(5) 安排曲线图、图表、文本的位置，以取得最好的视觉效果。

2. 建模步骤

(1) 打开仿真实例二中保存的文件“模型 2”。

(2) 添加一个图表，显示在制品和时间的关系。其具体步骤为：单击工具栏中的【Dashboards】(图表)按钮，从【实体库】中拖拽【WIP Vs Time】(在制品-时间)到 Dashboard 面板中，如图 5-39 所示。

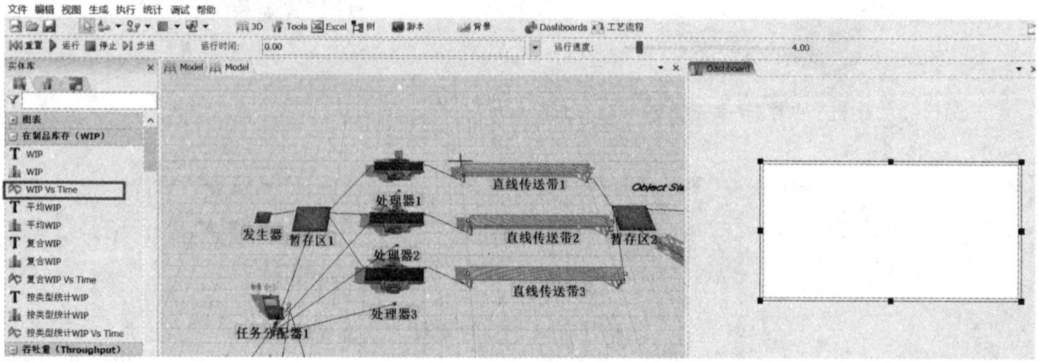

图 5-39 选择 WIP Vs Time

(3) 调整 Dashboard 的参数，显示暂存区的在制品-时间关系。单击工具栏中的【Dashboard】命令，在下拉列表中选择【Dashboard】命令，在软件主界面的右侧会显示 Dashboard 属性窗口【Time Plot】(时间图表)，在其中选择需要显示在制品-时间关系的实体。选择【选择】选项卡，单击【Objects】下方的加号按钮，在出现的树状图中单击【暂存区】旁边的加号，在展开的下级列表中选择【暂存区 1】，单击【选中】按钮，再单击【确定】按钮，即可生成一个图表。双击生成的图表，在属性窗口【Time Plot】下方第一个文本框中设置图表的名称，将其修改为“WIP Vs Time 1”，单击【确定】按钮，保存修改并关闭窗口，如图 5-40 所示。

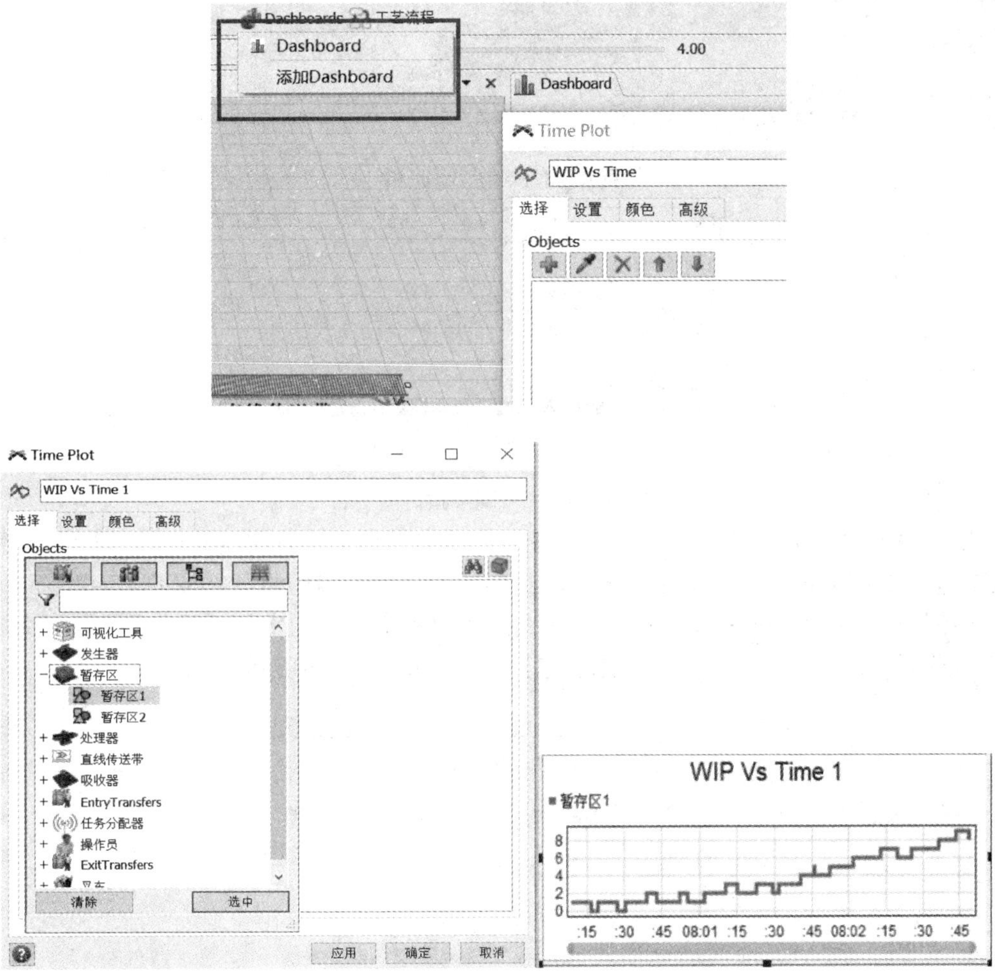

图 5-40　添加 WIP Vs Time 1

(4) 添加一个 Dashboard，显示暂存区临时实体的平均停留时间(Average Staytime)。添加一个新的 Dashboard，放置在在制品-时间关系图表下方，方法与前述操作基本相同，唯一的区别是要先从【实体库】中向 Dashboard 属性窗口中拖拽一个【平均停留时间图表】，双击该图表，在出现的属性窗口中将图表的名字修改为“暂存区 1 平均停留时间”，如图 5-41 所示。

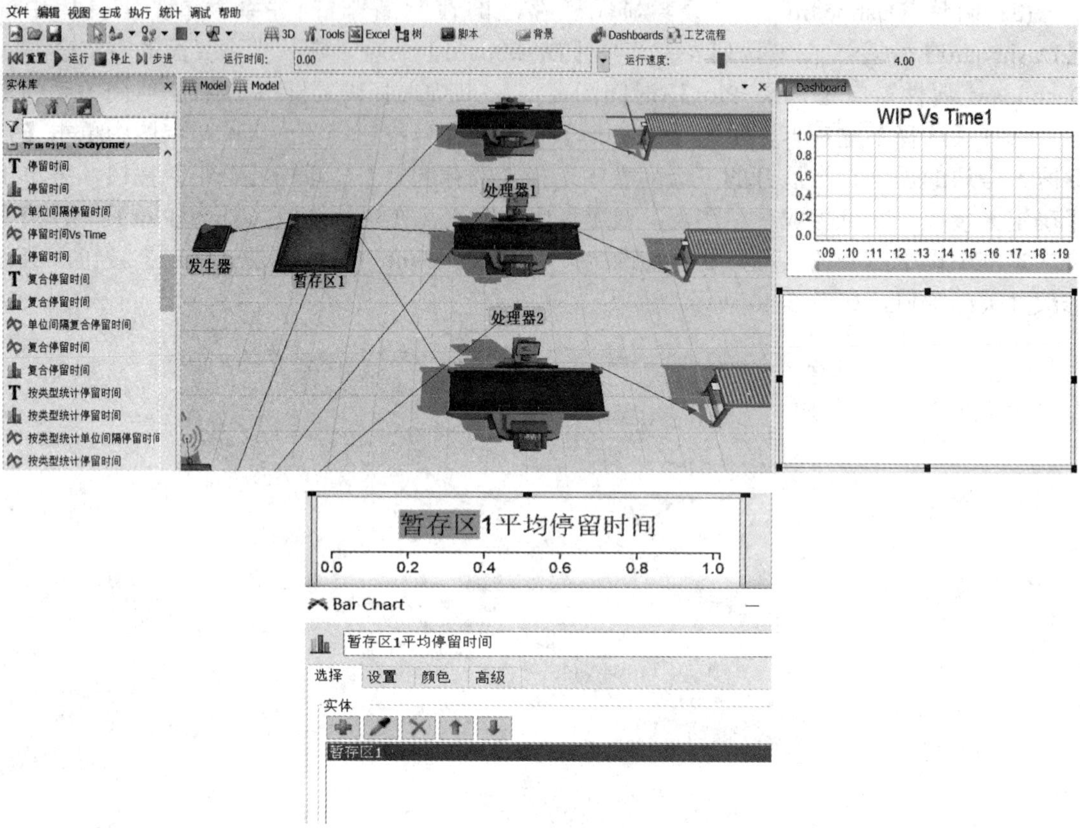

图 5-41　添加平均停留时间图表

(5) 为每一个操作员添加一个状态饼图。在【实体库】中选择【State Pie】(状态图)，将其拖拽到 Dashboard 中，双击该图表，在出现的属性窗口中将状态图的名字改为“操作员状态图”。选择【Options】(选择)选项卡，选中树状图中的实体【操作员 1】【操作员 2】【操作员 3】，单击【应用】和【确定】按钮，如图 5-42 所示。

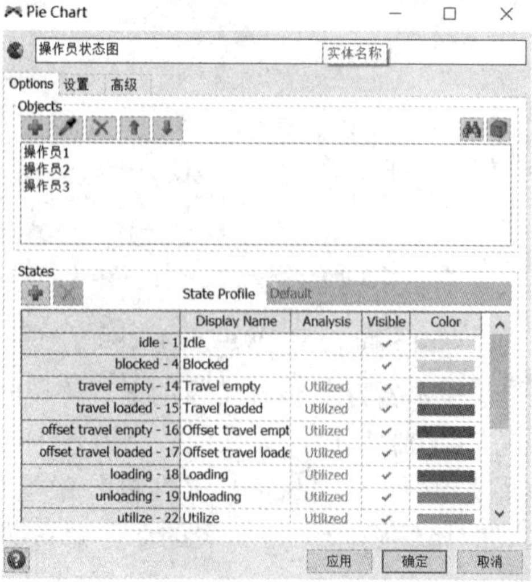

图 5-42　添加操作员状态图

重置并运行后，操作员状态图大致如图 5-43 所示，图中数字会随时间的改变而改变。

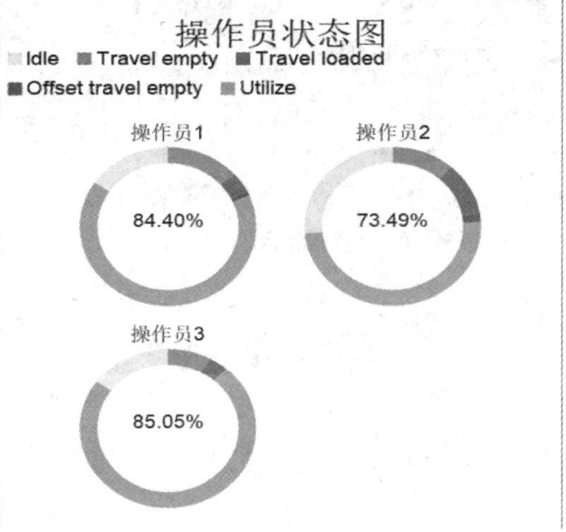

图 5-43　操作员状态图

(6) 向模型中添加 3D 文本。使用视觉类实体(可视化工具)可以向模型添加信息，在物流配送中心仿真布局的关键位置显示 3D 文本，用以显示绩效指标，并在模型运行过程中观察它的变化。本例中需要在工作区中添加 3D 文本，用来显示传送带暂存区中临时实体的平均等待时间。首先在【实体库】中单击【视觉类实体】，在出现的下拉列表中选择【文本】实体，将其拖拽至工作区的暂存区 2 旁边，该文本实体默认显示为字符“Hello”，如图 5-44 所示。

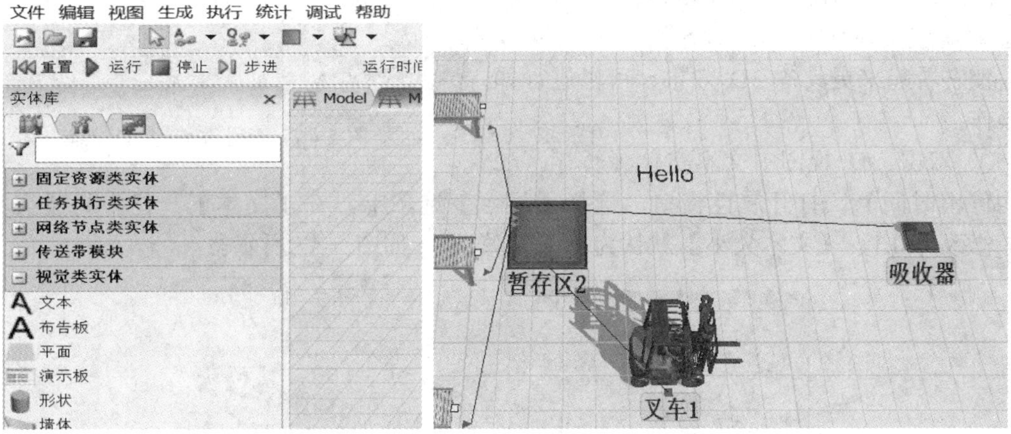

图 5-44　添加 3D 文本

双击该文本实体，在弹出的属性窗口中选择【显示】选项卡，单击【文本】下面的【文本显示】下拉按钮，在弹出的参数设置界面中进行以下设置：

① 将【文本】设置为“暂存区 2 平均停留时间：”；

② 先单击【实体】文本框后面的加号按钮，再单击【暂存区】旁边的加号按钮，选择【暂存区 2】，单击【选中】按钮；

③ 在【统计】下拉菜单中选择【平均停留时间】，如图 5-45 所示。

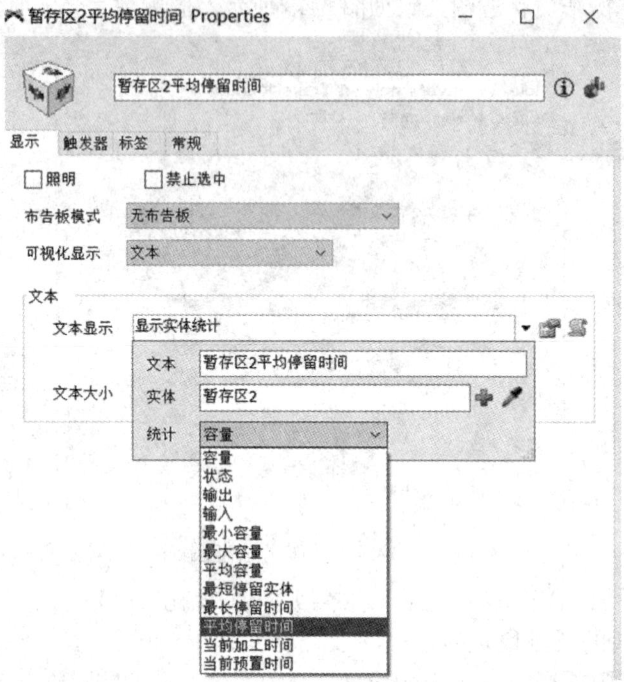

图 5-45　设置 3D 文本内容

完成以上设置后，即可在工作区中显示暂存区 2 的平均停留时间数据，如图 5-46 所示。

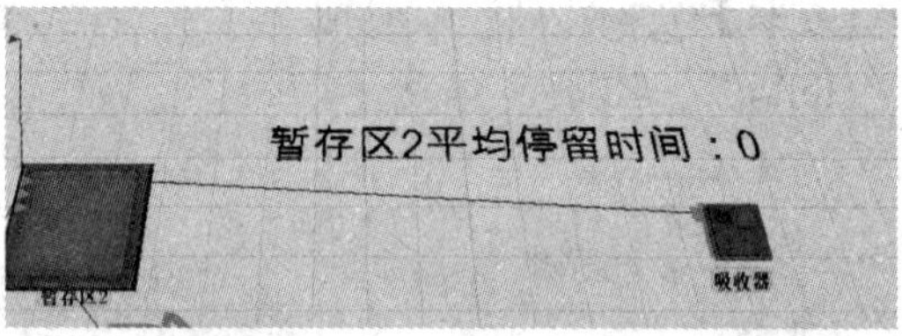

图 5-46　查看添加的 3D 文本

注意：默认情况下，文本的大小是 1。如果想要调整文本大小，或者想要调整文本厚度，使它看起来更具备 3D 效果，可以进行如下操作：

① 双击 3D 视图中文本实体【暂存区 2 平均停留时间】，打开属性窗口，选择【显示】选项卡，在【文本】一栏中将【文本厚度】修改为 0.1，【文本大小】默认为 1(无需修改)，如图 5-47 所示。

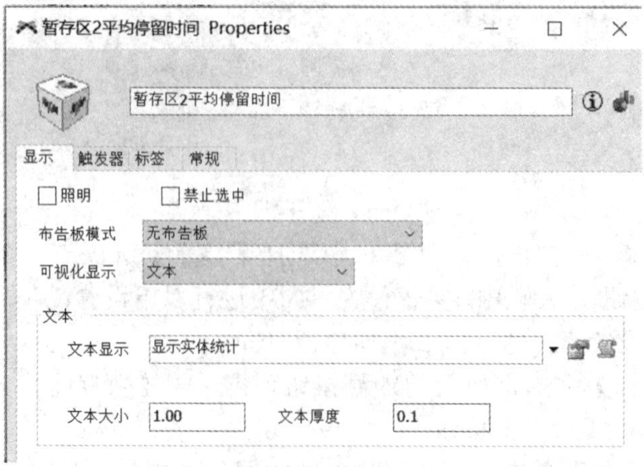

图 5-47　调整文本厚度

② 选择【常规】选项卡，将【位置，旋转，尺寸】一栏下面 X 轴的旋转角度(第二行)调整为 90°。设置完毕，单击【确定】按钮，关闭属性窗口，如图 5-48 所示。

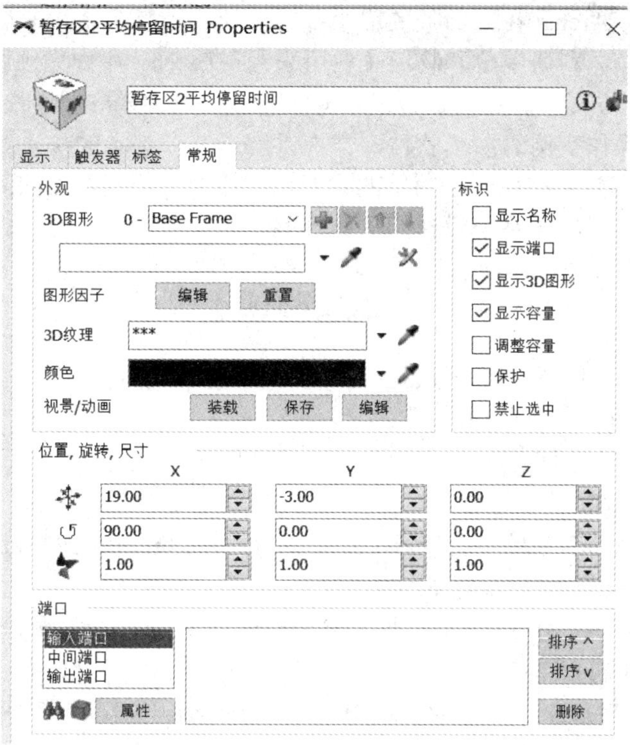

图 5-48　设置文本 3D 旋转效果

回到工作区，可以看到模型中的文本已经发生了旋转，如图 5-49 所示。

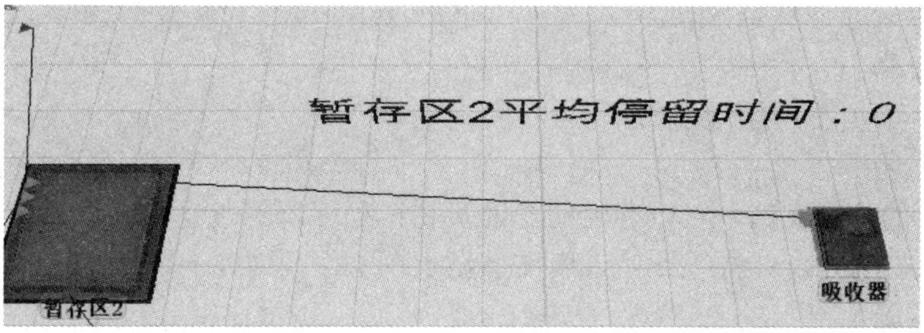

图 5-49　查看设置效果后的文本

可以用鼠标将文本拖放到合适的位置：同时按下鼠标左键和右键，再前后移动鼠标，即可控制文本的 Z 轴位置；或者选中文本，滑动鼠标滚轮，即可上下移动文本。

(7) 保存并运行模型。重置模型，将模型保存为“模型 3”，运行模型，观察上述操作中添加的图形、图表及 3D 文本是否可以正常显示。

【本章小结】

本章重点介绍了四种常用的物流仿真软件，四种软件各具特点：AutoMod 已经在物流领域得到较多应用，不少大型物流企业采用 AutoMod 进行复杂物流系统的仿真辅助决策；FlexSim 相对来说开发较晚，更贴近现代的建模思想和用户需求，在科研和应用领域中都有较好的前景；Arena 在国内外的应用都较广泛，被较多地用来解决流程类问题的仿真，且广泛地被高校、科研单位和物流企业所采用；Extend 在物流领域较多地应用于供应链仿真和交通运输仿真。其中，FlexSim 软件在未来的发展前景最好，所以本章选用 FlexSim 软件作为操作实例的演示软件，详细讲解了三个基本的仿真案例，旨在使读者可以使用 FlexSim 仿真软件完成一些简单的物流系统模型，从而更加深入地了解 FlexSim 的使用方法与仿真软件对物流系统设计的重要价值。

【拓展阅读】

1. 娄慧斌, 李坤, 陈洋. 基于 FlexSim 的食品加工厂配送中心的布局规划与仿真分析[J]. 现代制造工程, 2018(8): 20-26.

2. 赵洁, 陈永当, 张钰, 等. 基于 FlexSim 的自动化立体仓库物流设施规划[J]. 信息技术, 2016(3): 87-90，100.

3. 张惠, 李成松, 李玉林, 等. 基于 SLP 法和 FlexSim 仿真的机加工车间设施布置优化研究[J]. 现代制造工程, 2016(5): 63-68.

4. 许向川, 晋爱琴, 肖红菊, 等. 基于 FlexSim 的混流生产线系统仿真分析[J]. 大连交通大学学报, 2021, 42(1): 75-78，115.

5. 初怡. 基于 FlexSim 的企业配送中心作业流程优化[J]. 中国物流与采购, 2020(18): 64-67.

【实践作业】

1. 任务名称

FlexSim 运行中的实体数据统计。

2. 任务描述

参考前面的仿真实例，对暂存区的当前货物、处理器的货物吞吐量、操作员的状态分布分别进行数据统计，并将统计结果用文字显示在工作区中。

3. 任务实施

(1) 尝试在模型中添加一个 3D 曲线图，显示暂存区的当前货物数量。

(2) 尝试添加一个 3D 柱状图，显示每个处理器的吞吐量。

(3) 尝试添加一个 3D 饼图，显示每个操作员的状态分布。

第6章　物流配送中心运作管理

学习目标

了解物流配送中心运作进行的各项作业；了解货物编码的原则和方法；掌握搬运作业合理化的方法；明确订单处理的步骤；掌握拣货和补货作业的主要内容；了解配货作业的主要内容；了解送货作业的基本流程；掌握送货作业管理的内容和线路优化的基本方法；了解直接转运运作模式及其应用；明确配送服务作业的主要内容；掌握退货作业的管理策略。

关键术语

进货作业　货物编码　储存作业　储存作业组织　搬运作业　搬运活性　订单处理　客户信用确认　拣货单　送货单　拣货作业　补货作业　配货作业　分货　配货检查　包装　车辆配载　送货作业　线路优化　直接转运　配送服务作业　在途运送　退货作业　起点管理　流程管理　后续管理

思维导图

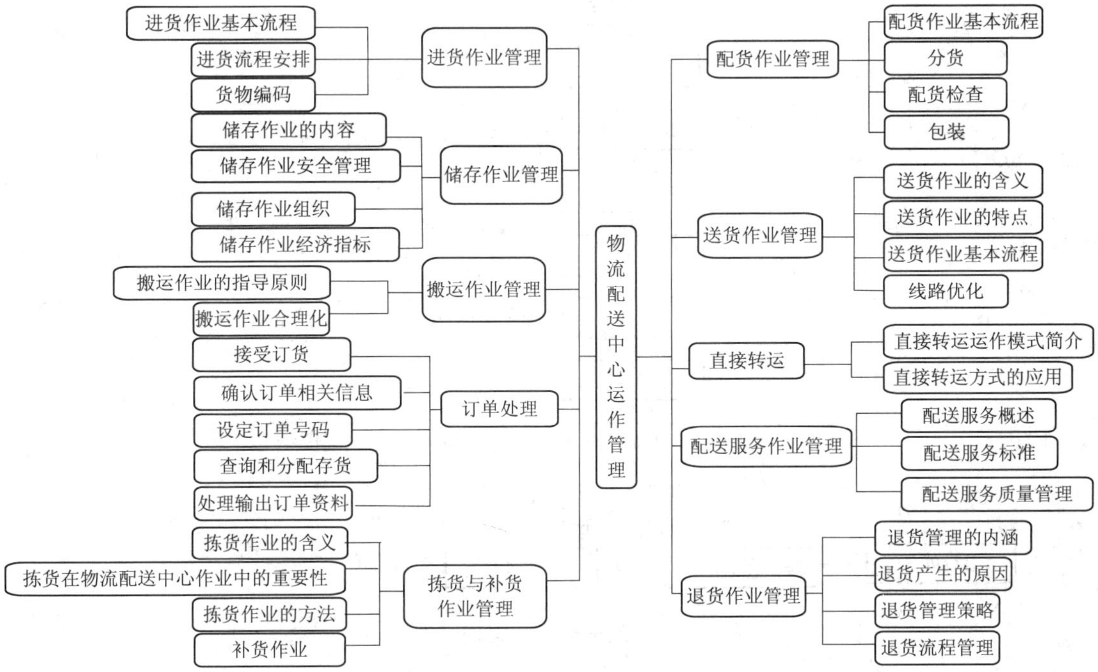

物流配送中心的主要活动有进货作业、储存作业、搬运作业、订单处理、拣货与补货作业、配货作业、送货作业、直接转运、配送服务作业和退货作业。有的配送中心还要进行流通加工、贴标签和包装等作业。当有退货时，还要进行退货货物的分类、保管和退回等作业。首先确定配送中心的主要活动及其程序，并结合已有的资料确定基本和辅助作业流程，分析各流程的必要性和合理性，从而建立整个作业流程规划，合理高效完成物流配送中心的全部作业活动。

一般来说，物流配送中心运作管理流程如图 6-1 所示。

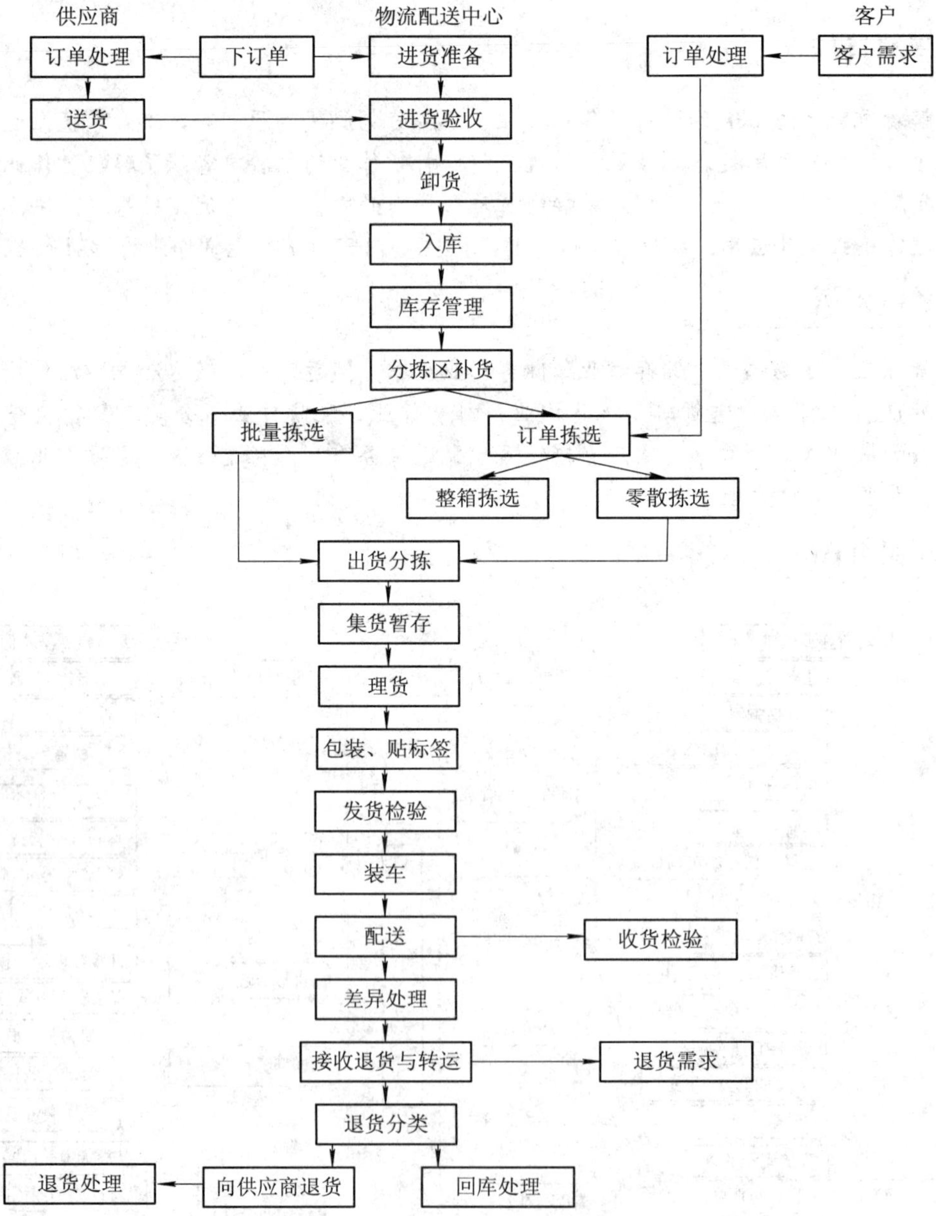

图 6-1　物流配送中心运作管理流程

6.1 进货作业管理

进货作业是指从货车上把货物卸下、开箱，检查其数量、质量，并对必要的信息进行书面化的记载。进货作业是后续作业的基础和前提，进货工作的质量直接影响到后续作业的质量。

6.1.1 进货作业基本流程

进货作业包括领取货物、卸货、开箱，检查数量、质量，并记录有关信息等一系列工作。进货作业基本流程如下：

(1) 掌握货物的品种、数量。

(2) 预先计划临时存放位置。

(3) 尽可能准确地预测送货车的到达日期。

(4) 结合停泊信息，协调进出货车的交通问题。

(5) 计划好货车的停车位置，方便卸货及搬运。

6.1.2 进货流程安排

充分考虑进货流程的各项因素，遵循进货流程安排的原则，是高效合理地完成进货作业的必要条件。

1. 进货流程安排的原则

为了安全有效地卸货以及使物流配送中心能按时正确地收货，在安排进货流程时应注意以下原则：

(1) 尽量将卸货任务交由配送车司机，从而使得卸货作业准时完成。

(2) 尽可能平衡码头或车站的配车调用。例如，按进出货需求状况制定配车排程，或分散安排部分耗时的进货作业，尽量避开进货高峰期。

(3) 在同一工作站尽可能安排多个作业活动，以提高空间利用率。

(4) 在进货的高峰期保持货物正常速度的移动，减少货物拥堵堆积现象的发生。

(5) 依据活动相关度安排活动，同时码头、车站至储存区的活动应尽量保持直线流动，以达到距离最小化。

(6) 尽量提高货物储存单元的标准化，避免更换储存形式，耗费时间。

(7) 在进出货期间尽量减少不必要的货物搬运与储存。

(8) 对进货资料进行详细记录，以备后续存取核查。

2. 进货考虑的因素

为方便统筹规划进货流程，需要提前考虑所有相关的影响因素。进货时需考虑以下几个因素：

(1) 进货对象及供应厂商的总数、地理分布、交通运输情况。

(2) 进货车种与车辆台数。

(3) 货物种类与数量。

(4) 货物的形状、特性(包括散货、单元的尺寸及重量、包装形态、有无危险性、托盘堆放的可能性、人工搬运或机械搬运、货物的保存期等)。

(5) 每一车的卸(装)货时间。

(6) 进货所需的作业人员数量。

(7) 配合储存作业的处理方式。

(8) 在进货时间内流经的车辆数。

其中，“配合储存作业的处理方式”是指物流配送中心储存货物时采用的托盘、箱子、小包三种方式，货车进货同样也有三种方式。因此，如何在进货与储存作业之间对这三种方式进行转换是十分重要的。通常有以下三种转换方式。第一种是进货与储存都采用同样的方式，即进货时的托盘、箱子、小包都原封不动地转入储存区。在这种方式下，进货输送机可直接把货物运到储存区。第二种是进货采用托盘、箱子的形式，而储存则要求采用小包的形式，这时必须把托盘和箱子在进货点拆装之后以小包的形式放在输送机上，再送至储存区。第三种是进货采用小包或箱子的形式，而储存要求采用托盘形式，这就必须先将小包或箱子堆放在托盘上或把小包放入箱子后再储存。

6.1.3 货物编码

进货作业是物流配送中心作业的首要环节。为了让后续作业准确而快速地进行，保持货物品质及作业水准，在进货阶段对货物进行有效编码是一项十分重要的工作。

1. 货物编码的原则

货物编码的原则如表 6-1 所示。

表 6-1 货物编码的原则

原　则	说　明
简易性	编码结构应尽量简单，长度尽量短。这不仅便于记忆，还可以节省计算机的储存空间，减少代码处理的差错，提高信息处理效率
单一性	编码与货物一一对应
充足性	采用足够的文字、符号或数字进行编码
一贯性	编码要统一，有连贯性
适应性	编码应尽可能反映货物的特点，易于记忆，具有暗示或联想的作用
可扩充性	若未来货物品种扩展或货物规格增加，货物编码能够及时补充，使其可因需要而自由延伸，或随时从中插入
组织性	编码应有组织性，以便存档或者查找账卡及相关资料
实用性	管理计算机化已成为目前趋势，编码应与计算机配合
分类展开性	若货物过于繁多、复杂，使得编码庞大，则应使用渐近分类方式进行编码

2. 货物编码的方法

当前有许多货物编码的方法，常见的有无含义代码和有含义代码两种。无含义代码通常可以采用顺序码和无序码进行编排；有含义代码则通常是在对货物进行分类的基础上，采用序列顺序码、层次码、特征组合码及复合码等进行编排。物流配送中心常用的编码方法如表 6-2 所示。

表 6-2　物流配送中心常用的编码方法

编码方法	说　明
顺序编码	顺序编码又称流水编号，即将阿拉伯数字或英文字母按顺序往下编码的方法，常用于账号及发票编号等。在品种少、批量多的物流配送中心，顺序编码也可用于货物编码，但为了使用方便，常与编码索引配合使用
分组编码	分组编码是按货物特性将数字组成多个数组，每个数组代表货物的一种特性的编码方法。例如，第一组代表货物的种类，第二组代表货物供应商，第三组代表货物的形状，第四组代表货物尺寸等。至于每一个数组的具体位数，应视实际需要而定
数字分段编码	数字分段编码是把数字进行分段，每段数字代表具有同一共性类货物的编码方法
实际意义编码	实际意义编码是指按照货物的名称、重量、尺寸、分区、储存位置、保存期限或其他特性等实际情况进行编码的方法。其优点是货物的内容及相关信息可以通过货物的编码得知
暗示编码	暗示编码是指用数字与文字的组合进行编码，编码本身虽不直接指明货物的实际情况，但却能暗示货物内容的编码方法。此法容易记忆又不易泄露隐私信息

6.2　储存作业管理

在物流系统中，储存是极其重要的环节，它与运输形成了物流过程中的两大支柱，是物流系统的中心环节。储存作业的核心目标是提高仓库的运作效率。储存管理是否合理以及保管工作质量的好坏，将直接影响物流系统的整体功能。因此，实施货物的合理储存，不断提高货物保管质量，对加快物流速度、降低物流费用、改善物流系统整体功能都起着重要的作用。

6.2.1　储存作业的内容

储存作业的内容主要包括储存计划管理、入库管理、在库保管和出库管理四个方面。

1. 储存计划管理

储存计划一般包括入库计划、出库计划、保管养护计划、作业人员组织计划和储存费用计划等内容。其中，入库计划和出库计划是储存计划管理的基础，是制订其他各项计划的主要依据。因此，在储存管理，特别是在制订储存计划过程中，必须做好预测工作并正确编制入库、出库计划。

2. 入库管理

入库工作是储存业务活动的开始，也是储存作业管理的重要环节。货物入库是根据入库计划和供货合同规定进行作业的。入库流程如图 6-2 所示。

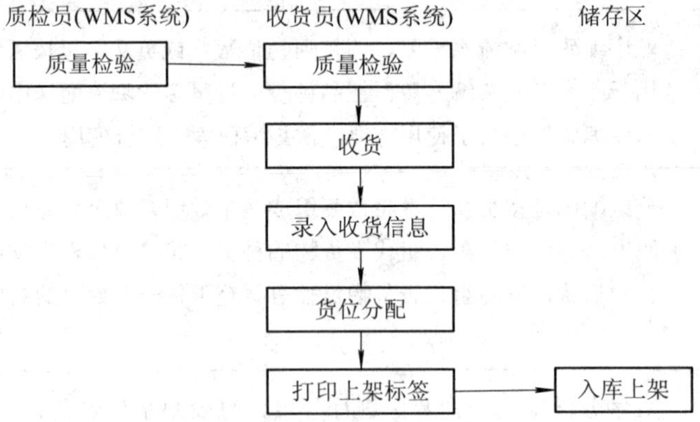

图 6-2　入库流程

在接收货物入库时，需要进行一系列的作业活动，一般包括验单、接货、卸货、分类、商品检验、签发入库凭证、货物入库堆码、登记入账等。对这些作业活动要进行合理的组织与安排，尤其要做好以下工作。

1) 接货

接货是仓库或物流配送中心进行货物入库时与交通运输部门或供货单位直接发生交接的一项工作，其主要任务是与交通运输部门和供货单位密切协作，及时准确地向运输部门提取入库货物。要保证货物入库快而不乱，必须做好入库前的准备工作，一般包括以下三项：

(1) 仓位准备。根据货物的性能、数量、体积、重量等确定货物堆放地点，并进行清理消毒等工作。

(2) 接货人员、设备等准备。根据接货的数量和种类安排接货人员的数量以及所需要的设备。

(3) 作业操作顺序安排。根据货物入库的数量、时间、品种做好接货、验收、搬运、堆码等各环节的协调配合。在使用机械的情况下，要事先安排好定人、定机的作业序列。

2) 验收

验收是货物在入库前，按照一定的程序和手续进行数量和质量的检验，以验证其是否符合合同规定的一项工作。验收是货物入库前的重要工序，也是储存作业质量管理的重要一环。对于要入库的货物，一是核对货物单据、凭证等；二是对实物进行检查验收，包括质量检验和数量检验，并做好验收记录。

质量检验分为全数检验和抽样检验。在批量小、规格尺寸和包装不整齐以及严格验收时采用全数检验，在批量大、规格尺寸和包装整齐、商品质量信誉较高以及验收条件宽松的情况下采用抽样检验。质量检验的方法一般由供货方和订货方通过签订协议或合同加以规定。

数量检验分计数和计重两种。计数可采取大数点收、逐件计总，或集中堆码点数等方法。计重的货物若需要验收净重，可根据货物包装的具体情况，采用扣除平均皮重或除皮核实两种方法。

为了准确划分储存单位和运输部门的职责，保证入库货物的质量，对验收中出现的问题要严格按照制度规定处理。货物入库凭证不齐或不符时，应将所到货物另行堆放，暂作待验处理，仓库有权拒收或要求重办入库凭证。当验收中发现货物质量不符合规定时，应立即会同交货单位或有关人员进行详细记录，将有问题的货物单独存放，同时采取必要措施，防止损失扩大，并迅速通知有关单位到现场查看，共同协商，及时处理。

在数量检验中，计件货物一般不允许有短缺。对计重货物发生的损益在规定标准以内的，仓库可按实际数量验收入库；超过规定时，也应会同交货人员进行记录，分清责任，及时处理。在验收中对有索赔期的货物应及时检验，发现问题时必须按照规定的手续，在规定的期限内，向有关部门提出索赔要求。

视频：货物入库作业
综合上述入库作业的知识，观看视频，了解入库作业流程。

3. 在库保管

货物在库保管作业是储存作业过程的第二个步骤。采取一系列保管、保养措施，妥善保管好储存中的货物，确保在库货物质量标准水平和使用价值，是储存工作的中心任务，也是衡量储存工作质量的重要标志，它对改善物流企业的经营管理，提高企业的经济效益有着重要的作用。货物在库保管作业的内容如表 6-3 所示。

表 6-3　货物在库保管作业的内容

内　容	说　明
提升仓库利用率	根据不同货物的性能、包装形状、尺寸采用不同的堆垛方法，合理使用堆垛工具，提高堆垛技术，充分利用货位空间
分区分类，合理摆放	根据储存货物的不同品种、规格、特点和要求，合理划分保管区
固定货位，统一编号	推行货位管理制度，把储存货物按储存地点、排列位置，采用统一标记，顺序编号，并绘制仓库平面图
建立相应的盘点制度	针对大宗货物管理难的特点，仓库要建立相应的盘点制度，内容包括货物盘点的方式、盘点的程序、盘点职责和要求，以及盘点发现问题的处理办法等。应根据具体内容逐一执行，力求做到仓库内所有货物“账、卡、物”三者一致，确保万无一失

4. 出库管理

出库管理是根据业务部门开出的货物出库凭证，按所列的货物编号、名称、规格、牌号、数量等项目组织货物出库的业务。出库管理是储存的一个重要环节，是储存业务活动的结束，出库及时、准确、方便是对物流企业的基本要求，也是反映储存工作质量的重要标志。

出库时仓库人员一般应做好以下几项工作：

(1) 核对出库凭证。仓库发货人员根据出库凭证仔细核对出库货物的品种、规格、数量及其他有关事项，经核对无误后方能发货。

(2) 备货。核对完毕无误后，按出库单备齐货物，准备出库。

(3) 核对实物。按出库单所列出的货物一一核对，如无问题，才可付货，完成出库任务。

(4) 登账。登账是货物出库作业的最后一道工序。在发货完毕之后，仓库管理人员根据有效的发货凭证做好发货登记工作。为了提高登账工作质量，必须做到“日账日清”，为编制仓库货物统计业务打下坚实的基础。

目前有两种常见的出库形式：一种是客户凭出库通知单到仓库提货，另一种是仓库根据出库凭证将货物送到客户单位。出库流程如图 6-3 所示。

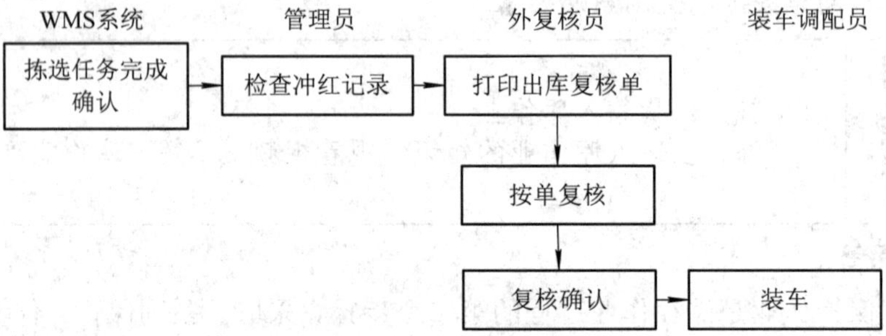

图 6-3　出库流程

视频：货物出库作业
综合上述出库作业的知识，观看视频，了解出库作业流程。

6.2.2　储存作业安全管理

储存作业安全管理是指在商品进出仓库的装卸、搬运、储存、保管等过程中，为了防止和消除伤亡事故，保障职工安全和减轻繁重的体力劳动而进行的管理。储存作业安全管理主要包括劳动安全、治安保卫和消防安全三个方面。

1. 劳动安全

劳动安全是储存作业安全工作的重要内容之一。为了确保仓库员工的生产安全，提高劳动效率，防止各类工伤事故的发生，应采取以下必要的防范措施：

(1) 建立合理的劳动安全条例的教育、学习与考核制度。

(2) 经常检查和维修保养业务操作所用的机械设备和设施，严格遵循使用者、维修保养者和检查者分离的制度，并对使用、维修保养、检查情况进行详细记录。

(3) 开展业务安全操作技能竞赛以及业务安全操作的考试，及时纠正发现的问题。

2. 治安保卫

仓库治安保卫工作要立足于防范，预防各种有政治或经济影响的事故发生。治安保卫的具体措施包括：

(1) 建立和完善仓库出、入库制度和日常安全检查制度。

(2) 对库区进行定时和不定时的巡逻检查。

(3) 经常开展法制宣传，并将其制度化。

(4) 对于仓库内部重要部位和存放易燃、易爆、剧毒、腐蚀性等物品的场所，要派专人负责并加强检查。

(5) 仓库管理人员一旦发现货物有异常情况发生，应当立即组织检查，并做好现场记录，直到情况弄清为止。

(6) 重要库房应配备监控和电子报警装置，应用现代科技手段确保仓库安全。

3. 消防安全

消防是保障仓库货物和全体员工安全的重要工作。为保证仓库安全，仓库管理人员必须认真地做好每一项预防工作。消防安全的基本措施包括：

(1) 建立消防系统，保障消防通道、安全门、走道畅通无阻，保证灭火器的使用性能。

(2) 对基本灭火科学知识进行普及，加强防火宣传和教育。

(3) 加强对火种的管理力度，严禁任何形式的火种进入库区。

(4) 任何有明火的操作，必须经消防部门或安全部门审查批准，并配置防火安全措施后，方能实施。

(5) 保护电气设备的完整性，对避雷和防静电装置要经常检查，工作结束后要切断所有电源。

(6) 发生任何火警和爆炸事故，必须立即通知公安消防部门，认真调查事故原因，严肃处理事故责任者，直至追究刑事责任。

6.2.3　储存作业组织

储存作业组织是指按照预定的目标，仓库作业人员采用有效的仓库储存手段，完成仓库作业过程各环节之职责。储存作业组织包括空间组织和时间组织两方面的内容。

空间组织是指确定储存保管作业过程在空间的运动形式，即划分作业区及确定它们在一定平面上的布置，使得货物在空间上运动的路线最短，避免往返转运。在一般情况下，仓库按专业化形式来设置，即集中同类设备和同一种作业人员，完成作业过程中的某一道工序。例如，装卸搬运队专门负责装卸、搬运、堆码等作业，验收组专门负责商品的检验作业，维护保养组专门负责货物质量的维护保养作业等。

时间组织是研究货物在整个储存保管过程中所处的各个阶段如何在时间上得到合理安排，保证作业连续不断地进行，并且尽可能地减少作业人员和设备的停工时间。作业过程的时间组织与作业班组和工序的结合形式等有很大的关系，需要综合各方面的情况合理组织。

6.2.4 储存作业经济指标

在储存管理中，储存作业经济指标是反映仓库业务活动全过程的动态指标体系，它不仅表明了业务活动的数量，更体现了业务活动的质量。因此，储存作业经济指标的核算对仓库业务发展规模水平、速度都具有重要意义。储存作业的经济指标主要有以下几类。

1. 货物储存量

货物储存量用来反映货物储存数量，核算该类指标的目的在于从货物储存总量上反映企业的经营情况，衡量库容利用程度，是储存业务部门最基本的经济指标。货物储存量主要包括以下两种指标：

(1) 吞吐量：一定时期内货物实际进出仓库的吨数，反映了仓储工作的强度。吞吐量取决于仓库的面积、设备和作业人员等因素，一般分为月、年吞吐量，计算公式为

$$\text{年(月)吞吐量}=\frac{\text{年(月)总入库量}+\text{年(月)总出库量}}{\text{年(月)总入、出库量计算期}}$$

(2) 单位面积储存量：仓库每平方米的实际储存面积所储存货物的吨数，反映了仓库的利用程度。由于受所存货物的影响，这一指标必须结合具体货物进行考核，计算公式为

$$\text{单位面积储存量}=\frac{\text{日平均储存量}}{\text{仓库实际面积}}$$

2. 货物储存质量

货物储存质量用来反映货物储存作业质量。通过这类指标的核算，可以全面反映储存工作质量，体现对储存工作方便迅速、优质完好、高效低耗的要求。货物储存质量主要包括以下几种指标：

(1) 平均货物保管损失：按平均储存每吨货物计算的保管损失金额。平均货物保管损失的计算范围包括因保管、养护不善造成的货物霉变、残损、丢失、短少，超定额损耗及不按规定验收入库或错收错付等造成的损失，计算公式为

$$\text{平均货物保管损失}=\frac{\text{计算期保管损失总额}}{\text{同期平均储存量}}$$

(2) 仓库利用率：衡量和考核仓库储存面积利用的程度，反映仓库管理工作水平的主要质量指标之一。这一指标的核算可以反映货物储存面积与仓库实际面积的对比关系以及仓库面积利用的合理程度，为有效利用仓容、提高仓库利用率提供了量化依据，计算公式为

$$\text{仓库利用率}=\frac{\text{货物堆放占用面积}}{\text{仓库实际面积}}\times 100\%$$

(3) 货物损耗率：货物在库保管期间自然损耗量占该种货物入库量的比例。货物损耗

率可反映货物在库保管与在库养护的实际状况。通过计算货物损耗率，可以促使保管、养护人员尽量采用降低货物损耗的措施，最大限度地降低仓耗。货物损耗率计算公式为

$$货物损耗率=\frac{自然损耗量}{该种货物入库量}\times 100\%$$

(4) 平均收、发货时间：收、发每笔货物(每一张出、入库单据上的货物)平均所用时间，是一项反映储存劳动效率和服务质量的指标。确定和考核平均收、发货时间的目的，是为了缩短仓库收、发货时间，提高劳动效率和仓库使用率，加速货物和资金的周转速度，提高企业的经济效益。

收、发货时间的计算方法：收货时间从订单上的货到齐开始计算，经过验收入库后，把入库单送交账务员登账为止；发货时间由仓库接到调拨单开始，经过备货、包装、填发装运清单等，到办妥备货手续为止。在库待运时间不列为发货时间。平均收、发货时间计算公式为

$$平均收、发货时间=\frac{收、发货时间总和}{收、发货总笔数}$$

3. 人均工作量

人均工作量是每位作业人员每日收、发货物吨数或计算每人每日保管的货物吨数，是反映作业人员工作效率的指标，计算公式为

$$人均收、发货物吨数=\frac{计算期平均收、发货吨数}{同期平均收、发货人数}$$

$$人均保管吨数=\frac{计算期平均储存量}{同期平均保管人数}$$

4. 平均保管费用

平均保管费用是指为储存货物所支付或发生相关费用的金额与同期平均储存量的比值。保管费用一般包括工资、福利费、固定资产折旧费、养护费等内容。这项指标用于反映保管每吨货物的实际成本，即费用总额，也称“吨成本”，它综合反映了储存部门的经营管理、劳动生产率、技术设备利用率等情况。平均保管费用计算公式为

$$平均保管费用=\frac{计算期保管费用总金额}{同期平均储存量}$$

6.3　搬运作业管理

搬运作业在物流配送中心作业中占有 60%～70%以上的作业量，涉及货物的装卸、搬运、堆垛、取货、理货、分类等与之相关的作业过程，是物流系统构成的要素之一。搬运作业在具体操作中并不直接创造价值，但它却是在物品由生产到消费的流动过程中不可缺少的。

6.3.1 搬运作业的指导原则

搬运作业的指导原则主要包括降低搬运作业次数限制原则、提高搬运活性原则、集装单元化原则、移动距离(时间)最小化原则、机械化原则、系统化原则、搬运顺畅原则等。

1. 降低搬运作业次数限制原则

虽然搬运是物流过程中不可避免的作业，但也应该将搬运次数控制在最小范围内，通过合理安排作业流程，采用合理的作业方式，利用物流配送中心内的合理布局，以及仓库或物流中心的合理化设计来实现货物搬运次数的最小化。物流配送中心内搬运活动发生的时机如图 6-4 所示。

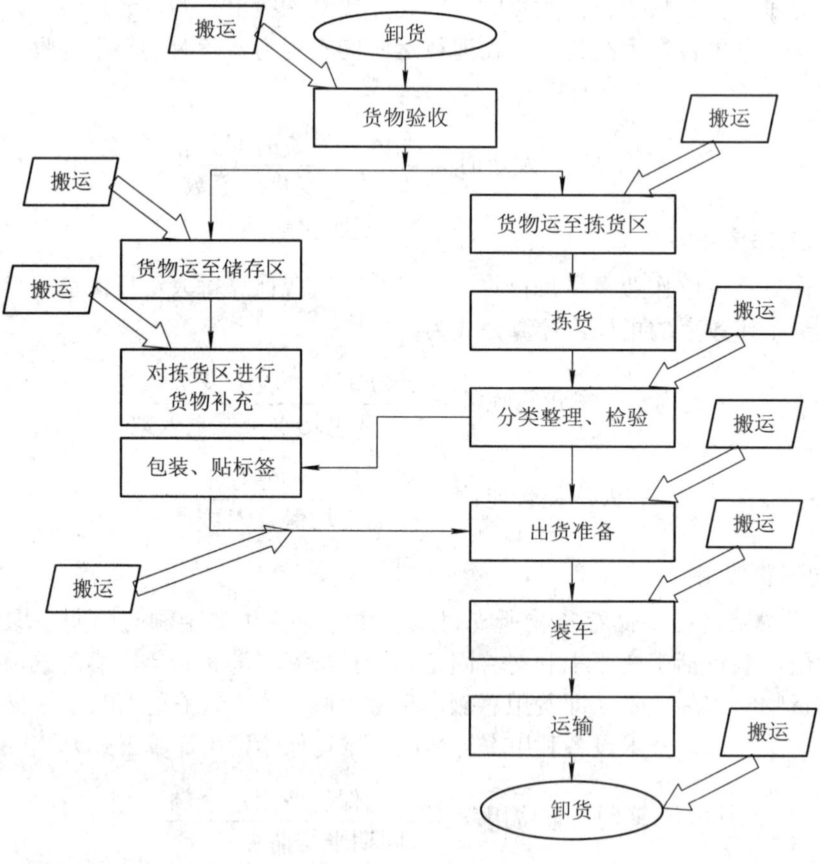

图 6-4　物流配送中心内搬运活动发生的时机

2. 提高搬运活性原则

搬运活性是指物料的存放状态(散放、装箱、支垫和装车)对搬运作业(集中、搬起、升起、运走)造成的难易程度。在整个物流过程中，货物要经过多次搬运，前道作业的卸货与后道作业的搬运关系密切。因此，在组织搬运作业时，应该灵活运用各种装卸、搬运工具和设备，前道作业要为后道作业着想。从作为物流起点的包装作业开始，应以装卸、搬运活性指数最大化为目标。

3. 集装单元化原则

集装单元是指用各种不同的方法和器具，把具有包装或无包装的货物整齐地汇集成的一个扩大了的便于装卸搬运的作业单元，该作业单元在整个物流活动过程中保持一定的形状。采用集装单元化技术，使货物的储运单元与机械搬运手段的标准相一致，从而把装卸、搬运劳动强度降到最低，便于实现机械化作业。通过集装单元化不仅可以降低物流费用，提高装卸搬运效率，而且可以防止货物损坏和丢失，数量的确认也变得更加容易。

4. 移动距离(时间)最小化原则

移动距离(时间)的长短与搬运作业量大小和作业效率高低联系在一起。在货物布局，车辆停放位置，出、入库作业程序等设计上应考虑货物移动距离(时间)的长短，以货物移动距离(时间)最小化为原则。

5. 机械化原则

机械化是指在装卸、搬运过程中使用机械作业代替人工作业。实现作业的机械化能提高效率，通过机械化作业改善物流作业环境，将人从繁重的体力劳动中解放出来。当然，机械化的程度除了技术因素外，还与物流费用等经济因素有关，片面强调全自动化会增加经济负担。在许多场合，人和机械的配合同样可以达到提高效率的目的。

6. 系统化原则

系统化原则是指将各项搬运活动作为一个有机整体，实施系统化管理。也就是说，运用综合系统化的观点，提高搬运活动之间的协调性以及搬运系统的柔性，以适应多样化的物流需求，提高搬运效率。

7. 搬运顺畅原则

在搬运货物时，常常将搬运前后的相关作业进行有机结合，各作业之间要紧密衔接，作业路径尽量为直线，消除迂回和交叉，使货物的运动十分顺畅，从而提高搬运效率。这样，在货物连续流动时，才能获得较好的经济效益。

6.3.2　搬运作业合理化

要实现搬运作业的合理化，可以从防止和消除无效作业、充分利用重力、合理组织搬运设备、合理安排搬运作业过程四个方面进行。

1. 防止和消除无效作业

无效作业是指在搬运作业活动中超出必要的搬运量的作业。防止和消除无效作业对提高搬运作业的经济效益起着重要作用。为了减少无效作业，可以从以下几个方面入手：

(1) 尽量减少搬运次数。物流过程中，货损主要发生在装卸环节，而搬运作业又是反复进行的，过多的搬运次数必然导致货损增加。从发生的费用来看，一次搬运费用相当于几十千米的运输费用，因此每增加一次搬运，物流费用就会大比例增加。此外，减少搬运次数也是提高物流速度的重要因素。

(2) 包装要适宜。包装是物流过程中不可缺少的辅助作业手段。包装过重、过大，在装卸时会消耗较大的劳动量；包装轻薄化、简体化、实用化，会不同程度地减少作用于包装上的无效劳动。

(3) 提高被搬运物料的纯度。物料的纯度是指物料中去除与物质性质无关的物质后的含量。在反复搬运时，这些无效物会反复消耗劳动，因此形成无效装卸。物料的纯度越高，装卸作业的有效程度就越高。

(4) 缩短搬运作业的距离。货物在搬运过程中要实现水平和竖直两个方向的位移，应选择最短路线完成这一活动，就可避免超过这一最短路线的无效劳动。

2. 充分利用重力

搬运即通过做功实现货物竖直或水平位移，在这一过程中，要尽可能使搬运作业省力，在搬运作业中应该尽可能地消除重力的不利影响。在有条件的情况下，利用重力进行搬运可以减轻劳动强度和能量的消耗。利用货物本身的重量进行有一定落差的搬运，可减少或根本不消耗搬运的动力，这是合理化搬运的重要方式。将没有动力的小型运输带(板)斜放在货车、卡车或站台上进行搬运，使物料在倾斜的输送带(板)上移动，这种搬运就是靠重力的水平分力完成的。在搬运作业中，不用手搬，而是把货物放在台车上，由器具承担货物的重量，只要克服滚动摩擦力，就能使货物水平移动，这无疑是十分省力的。重力式移动货架也是一种利用重力的搬运方式，其每一层、格均有一定的倾斜度，利用货箱或托盘，可沿着倾斜的货架层板滑到输送机械上。货物滑动的阻力越少越好，因此货架表面通常处理得十分光滑。在货架层上装上滚轮或者在承重货物的货箱或托盘下装上滑轮，将滑动摩擦变为滚动摩擦，货物移动时所受到的阻力会更小。

3. 合理组织搬运设备

搬运设备的运用组织是以完成搬运任务为目的，提高搬运设备的效率、搬运质量，降低搬运作业成本为中心的技术组织活动。它包括下列内容：

(1) 确定任务搬运量。根据物流计划、订货合同、装卸作业不均衡程度、搬运次数和装卸车实现等确定作业现场年、季、月、旬、日平均搬运量任务。搬运任务量有事先确定的因素，也有临时变动的因素。因此，要合理地运用搬运设备，就必须把计划任务量与实际搬运作业量两者之间的差距缩小到最低水平。同时，搬运作业组织工作还要对所搬运货物的品种、数量、规格、质量等指标以及搬运距离进行尽可能详细的规划。

(2) 根据搬运任务的情况和搬运设备的效率，确定需用的搬运设备台数和技术特征。

(3) 根据搬运任务的情况、搬运设备的效率和搬运设备的台数编制搬运作业进度计划，计划通常包括搬运设备的作业时间表、作业顺序、负荷情况等详细内容。

(4) 下达搬运作业进度计划，安排作业人员和作业班次。

(5) 统计和分析装卸作业成果，评价搬运作业的经济效益。

4. 合理安排搬运作业过程

合理安排搬运作业过程是指对整个搬运作业的连续性进行合理安排，以缩短运输距离和减少装卸次数。搬运作业现场的平面布置是直接关系到装卸次数、搬运距离的关键因素，搬运设备要与货场长度、货位面积互相协调。要有足够的场地满足搬运设备工作面的要求，场内的道路布置要为搬运创造良好的条件，有利于加速货位的周转。要使搬运距离达到最小，合理的平面布置是缩短搬运距离最理想的方法。

要提高搬运作业的连续性，应做到：作业现场搬运设备合理连接；不同的搬运作业在相互连接时，力求使他们的搬运速率相等或接近；充分发挥搬运调度人员的作用，一旦发生搬运作业障碍或停滞的状况，要立即采取有力的补救措施。

6.4 订单处理

从接到客户订单到着手准备拣货之间的作业称为订单处理。订单处理通常包括订单资料确认、存货查询、单据处理等内容。订单处理分为人工处理和计算机处理两种方式。人工处理具有较大的弹性，但只适合少量的订单处理，一旦订单数量较多，处理将变得缓慢且易出错；计算机处理速度快、效率高、成本低，适合大量的订单处理，因此目前主要采用计算机处理方式。

6.4.1 接受订货

接受订货为订单处理的第一步。随着流通环境的变化和现代科技的发展，接受客户订货的方式也渐渐由传统的人工下单、接单演变为由计算机直接收发订货资料的电子订货方式。

1. 传统订货方式

(1) 供应商派巡货员前一天先到各客户处查询需补充的货物，隔天再予以补货。这样供应商可利用巡货员为店铺整理货架、贴标签或提供经营管理意见等机会促销新产品，或将自己的产品放在最占优势的货架上。

(2) 口头订货。订货人员以电话方式向供应商订货，但由于客户每天需订货的种类可能很多，数量也不尽相同，因此这种订货方式的差错率较高。

(3) 传真订货。客户将缺货资料整理成书面资料，利用传真机发给供应商。利用传真机可快速地传送订货资料，但传送的资料常因品质不良而增加事后的确认作业。

(4) 邮寄订单。客户将订货表单或订货磁片、磁带邮寄给供应商。目前，邮寄效率已基本不能满足市场需求。

(5) 业务员跑单接单。业务员到各客户处推销产品，而后将订单带回公司。

不管采用何种方式订货，上述订货方式都需人工输入资料，且经常重复输入。在输入、输出过程中常有时间误差，造成无谓的浪费。随着现代经济的发展，现在客户更趋于高频率地订货，且要求快速配送。传统订货方式显然已无法满足要求，因而新的订货方式——电子订货应运而生。

2. 电子订货方式

电子订货，即采用电子方式取代传统人工书写、输入、传送的订货方式，将订货资料由书面资料转为电子资料，通过通信网络进行传送。这种订货系统称为电子订货系统(Electronic Order System，EOS)。电子订货的做法通常可分为以下三种：

(1) 订货簿或货架标签配合手持终端机及扫描器订货。订货人员携带订货簿及手持终端机巡视货架，若发现某种商品缺货，则用扫描器扫描订货簿或货架上的商品标签，再输入订货数量，当所有订货资料皆输入完毕后，再将订货数据传给供应商或总公司。

(2) POS(Point of Sale，销售时点管理系统)订货。客户若有POS收银机，则可在货物库存记录里设定安全库存量，每当销售一件商品时，计算机自动扣除该商品库存，当库存低于安全库存量时，即自动产生订货资料，将此订货资料确认后通过网络传给总公司或供应商。

(3) 订货应用系统订货。客户信息系统里若有订单处理系统，就可将应用系统产生的订货资料经转换软件转换成与供应商约定的格式，再在约定时间将资料传送出去。

电子订货方式是一种传送速度快、可靠性及正确率高的订单处理方式，它不仅可大幅度提高客户服务水平，也能有效地缩减存货及相关成本。但其运作费用较为昂贵，因此在选择订货方式时应视具体情况而定。不论订单由何种方式传至物流配送中心，配送系统的第一步都要核实客户的财务状况。

6.4.2 确认订单相关信息

1. 确认客户信用

确认客户信用的目的是确定客户是否有能力支付该订单的账款，通常的做法是检查客户的应收账款是否已超过其信用额度。系统一般采取以下两种途径核查客户的信用状况：

(1) 输入客户代号或客户名称。当输入客户代号、名称等资料后，系统即检验客户的信用状况，若客户应收账款已超过其信用额度，则系统加以警示，以便输入人员决定是继续输入订货资料还是拒绝订单。

(2) 输入订购项目资料。若客户此次的订购金额加上以前累计的应收账款超过信用额度，系统应将此订单资料锁定，以便主管审核。审核通过后，此订单资料才能进入下一个处理步骤。原则上客户的信用调查由销售部门负责。

2. 确认货物数量及日期

货物数量及日期的确认是对订货资料项目的基本检查，即检查货物名称、数量、送货日期等是否有遗漏、笔误或不符合公司要求的情形。尤其当送货时间有问题或出货时间已延迟时，更需与客户再次确认订单内容或更正运送时间。同样地，若采用电子订货方式接单，也须对已接受的订货资料加以检验确认。

3. 确认订单形态

物流配送中心虽有整合传统批发商的功能以及有效率地处理物流信息的功能，但在面对较多的交易对象时，仍需根据客户的不同需求采取不同做法。在接受订货业务时，交易对象的不同将导致订单具有多种交易形态，所以物流配送中心应对不同的客户采取不同的交易及处理方式。

(1) 一般交易订单。一般交易订单是指按正常的作业程序拣货、出货、发送、收款的订单。接单后，将资料输入订单处理系统，按正常的订单处理程序处理，资料处理完后进行拣货、出货、发送、收款等作业。

(2) 间接交易订单。间接交易订单是指客户向物流配送中心订货，而供货则由供应商配送给客户的交易订单。接单后，将客户的订货资料传给供应商由其代配。采用此方式时需注意，客户的送货单是自行制作或委托供应商制作的，物流配送中心应对出货资料加以核对确认。

(3) 现销式交易订单。现销式交易订单是指与客户当场交易，直接给货的交易订单，如业务员到客户处巡货、补货所得的交易订单或客户直接到物流配送中心取货的交易订单。订单资料输入后，因货物此时已交给客户，故订单资料不再参与拣货、出货、发送等作业，只需记录交易资料即可。

(4) 合约式交易订单。合约式交易订单是指与客户签订配送契约交易的订单，如签订某期间内定时配送某数量的货物。在约定的送货日，将配送资料输入系统处理以便出货配送；或一开始便输入订货资料并设定各批次送货时间，以便在约定日期系统自动产生所需的订单资料。

(5) 寄库式交易订单。寄库式交易是指客户因促销、降价等市场因素先行订购一定数量的货物，往后视需要再要求出库的交易。当客户要求配送寄库货物时，系统应检验客户是否确实有此项寄库货物。若有，则出库，否则应加以拒绝。采用这种方式时需注意，交易价格是依据客户当初订货时的单价计算的，而不是依现价计算的。

由上述内容可以看出，不同的订单交易形态有不同的订单处理方式，因而接单后应先确定其交易形态，然后针对不同形态的订单采取不同的处理方式。

4. 确认订单价格和加工包装

不同的客户(批发商、零售商)、不同的订购批量可能对应不同的售价，因而输入价格时系统应加以检验。若输入的价格不符(输入错误或业务员降价接受订单等)，系统应加以锁定，以便主管审核。客户订购的货物是否有特殊的包装、分装或贴标签等要求，或是有关赠品的包装等资料，系统都需加以专门的确认并记录。

6.4.3 设定订单号码

每一份订单都要有单独的订单号码，此号码一般由控制单位或成本单位指定。订单号码除了便于计算成本外，还有利于制造、配送等一切相关的工作。所有工作的说明单及进度报告都应附有此号码。

6.4.4 查询和分配存货

在设定订单号码之后，下一步是进行存货查询和存货分配。

1. 存货查询

存货查询的目的在于确认库存是否能满足客户需求。存货资料一般包括货物名称、号码、库存量、已分配存货、有效存货及期望进货时间等。在输入客户所订货物的名称、代号时，系统应核查存货的相关资料，看是否缺货。若缺货，则应提供货物资料或此货物的已采购未入库信息，以便接单人员与客户协调，从而提高接单率及接单处理效率。

2. 存货分配

订单资料输入系统，经确认无误后，最主要的处理业务在于如何对大量的订货资料进行最有效的分类、调拨，以便后续物流作业的顺利进行。输入所有的订单资料后，进行库存分配。物流配送中心因订单数量多，客户类型等级多，且多为每天固定次数配送，因此采取批次分配是确保物流配送中心库存能力的最佳分配方式。进行批次分配时需注意订单分批原则，即批次的划分原则。根据作业的不同，各物流配送中心的分批原则可能不同，通常有以下几种划分方法：

(1) 按接单时序划分。这种方法是将整个接单时段划分为几个合理区段。若一天有多个配送批次，可配合配送批次将订单按接单先后顺序分为几个批次进行处理。

(2) 按流通加工需求划分。这种方法是将需加工处理或需相同流向加工处理的订单一起处理。

(3) 按车辆需求划分。若配送货物需特殊的配送车辆(如低温车、冷冻车、冷藏车等)或由于客户所在地、卸货特性等需要特殊形态车辆，可将这些货物进行汇总，合并在一起处理。

(4) 按配送区域/路径划分，即将同一配送区域/路径的订单汇总后一起处理。

6.4.5 处理输出订单资料

订单资料经上述处理后，即可开始打印出货单据，实施后续的物流作业。

1. 拣货单

拣货单用于提供货物出库指示资料，以作为拣货的依据。拣货资料的形式需配合物流配送中心的拣货策略及拣货作业方式来设计，以提供详细且有效率的拣货信息，便于拣货作业的进行。

2. 送货单

货物在交货时，通常需附上送货单给客户清点、签收。送货单是客户签收和确认出货资料的凭证，因此十分重要。打印送货单时要特别注意以下内容：

(1) 单据打印时间。保证送货单资料与实际出货资料一致的最好方法是在运输前完成一切清点工作，而且将不相符的资料在计算机上修改完毕，再打印出货单。但这种方法常会因单据数量多而耗费较长的时间，进而会影响出车时间。

(2) 送货单资料。送货单除包括基本出货资料外，还应附上一些订单的异常情形的信息，如缺货项目或缺货数量等。

(3) 缺货资料。库存分配后，对于缺货货物或缺货的订单资料，系统应提供查询或报表打印功能。对于库存缺货货物，应按货物或供应商的名称代号来查询缺货货物资料，以提醒采购人员及时采购。对于缺货订单，应按客户或业务员的名称代号来查询缺货订单资料。

6.5 拣货与补货作业管理

拣货作业是依据顾客的订货要求或配送中心的送货计划，尽可能迅速、准确地将商品从其储位或其他区域拣取出来，并按一定的方式进行分类、集中、等待配装送货的作业流程。补货作业是将货物从仓库保管区域搬运到拣货区的工作。当仓库模式为存拣分离时，会有对应的补货任务。

6.5.1　拣货作业的含义

拣货作业是配送作业的中心环节。在配送作业环节中，拣货作业不仅工作量大、工艺复杂，而且要求作业时间短、准确度高、服务质量好。因此，加强对拣货作业的管理非常重要。在拣货作业中，应根据配送的业务范围和服务特点，即根据客户订单所反映的货物特性、数量多少、服务要求、送货区域等信息，采取科学的拣货方式。进行高效的作业是配送作业中关键的一环。物流配送中心拣货作业流程如图 6-5 所示。

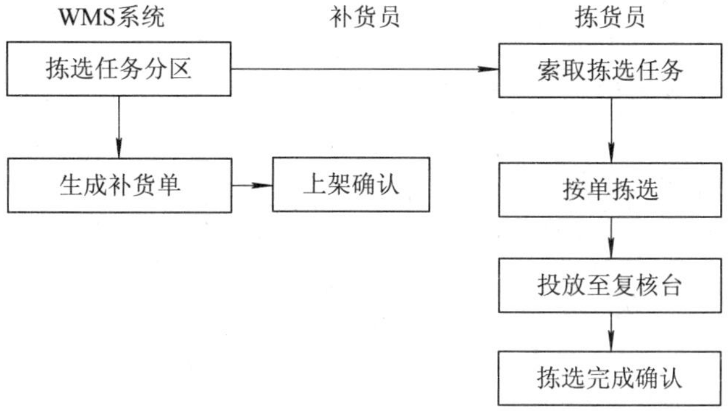

图 6-5　物流配送中心拣货作业流程

6.5.2　拣货在物流配送中心作业中的重要性

物流配送中心最主要的作业就是进货、储存、拣货和出货。英国的一项最新调查表明，在物流配送中心整个运营成本中，高达 53%的是拣货费用。所以，拣货在提高物流配送中心的生产效率中具有最高的优先权，因为拣货是所有仓储作业中劳动力最密集的部分。由于一些新的生产模式和运作方式的出现，如准时化生产(Just In Time，JIT)，使得生产周期缩短、响应速度加快，以及一些新的市场营销策略，如细分化市场营销和大品牌战略，所有这一切都需要更频繁、更准确地小批量向客户交货，并且必须与订单拣货系统相结合。为了进一步提高客户的服务质量，必须以降低品牌破损率、缩短业务处理时间、提高拣货准确性为出发点，重视订单拣货。

6.5.3　拣货作业的方法

为了达到上面提出的拣货目标，在拣货作业中可以实施的方法如下。

1. 鼓励整盘、整箱拣货

能整个托盘分拣，就不按箱分拣；能按箱分拣，就不拆箱分拣。对配送中心拣货作业的实际调查证明，客户要求整个托盘分拣和整箱分拣的比例常接近 50%，这表明仓库中存在减少拆盘和拆箱分拣的可能性。

2. 移动存储区

将存储区移至拣货人员所在地(如采用旋转货架)，这样就可以极大地缩短拣货人员的行走距离和寻找时间。为了成批处理散箱，应将储存区移到固定的订单分拣地，这将提高拣货效率和准确性。

3. 尽可能减少或合并拣货任务

(1) 拣货作业的人工活动可细分为以下各活动要素：

① 在分拣地之间来回行走；

② 到达和弯腰以便接近拣货位取货；

③ 从储存点拿取货物；

④ 记录拣货表并进行核对；

⑤ 按订单将物品分类；

⑥ 货物包装；

⑦ 寻找放置拣好货物的位置。

(2) 当不能减少活动要素时，经常可以通过合并几个活动要素提高拣货效率。一些有效的合并方法如下：

① 行走合并提取货物；

② 行走合并提供拣货表；

③ 拾起合并分类；

④ 拾起、分类合并包装。

4. 成批处理订单，减少整个行走时间

通过增加每个拣货人员在一次拣货路程中的订单数量，可缩短单个订单的行走时间。成批订单拣货是将原始订单中适合一起拣货的订单收集在一起，以进一步缩短在仓库内的行走时间。值得注意的是，当一张订单分配给一个以上的拣货人员时，就要花费时间重新将同一订单的各项货物完整地集合在一起，因此也会增加工作量，所以成批处理订单虽然节省行走时间，但也有可能因工作量增加而额外带来成本的增加。

当前仓库拣货作业中主要采用以下三种拣货方式：

(1) 单一订单拣货。在单一订单拣货中，每张订单的拣货人员一次只能完成一张订单任务。对于人到货的拣货系统来说，单一订单拣货很像去超市购物，按照列出的食品和日用清单，将货物放入手推车中。每个拣货人员只要完成自己的订单就完成了任务。

(2) 分区拣货。在分区拣货中，一个订单拣货人员在分配给他的区域中提取订单上的货物。分配给拣货人员的区域可能是一个通道，也可能是一台设备。分区拣货时，拣货人员并不完成一张订单中所有货物的拣货，一张订单中的各种货物会安排多个人分别到数个分区中去拣货，最后亦有按单一订单集中的问题。就像夫妇同去超市购物，区域分拣货就是妻子负责去食品区购买食物，丈夫负责去生活用品区购买洗涤用品，两人共同完成家庭采购任务。

(3) 成批拣货。成批拣货人员不是一次只完成一张订单，而是订单按批处理，即订单拣货人员在一次拣货路程中负责一批订单的拣货。

5. 建立前台和后备的分拣区域

由于仓库中少数货物会有大量拣货需求，因此应该建立一个需经常拣取货物的分拣区域，称之为前台。前台区域的存货分配越少，前台就越小，行走时间也越短，生产效率也越高。然而，前台越小，前台和后备储存区域之间内部补充也就越频繁，需要的补货人员也就越多。

将经常拣取的货物放在仓库中最易接近的取用位置。一旦货物被指定了储存模式，将空间分配给了前台和后备储存区，就正式将货物分配到仓库中的具体位置。一般在仓库中，大多数分拣活动的对象是少数货物。利用这种现象，可以缩短订单拣货行走时间和弯腰取货时间。在存储位置系统设计中，应用这一原则最常见的错误是忽视了货物的尺寸。应依据拣货频率将货物简单按所需运送空间(单元货物所需要的体积空间)由大到小排序，排序在前面的货物应放在容易取用的位置。

6. 平衡不同分拣位置的拣货作业，减少拥挤

在人到货的系统中，如果将常用货物放置在仓库中的货物密集地区，会造成拥挤，降低生产效率。因此，必须注意要给分拣活动分配足够大的区域，以减少拥挤，但也不能太大，以致明显增加往返行走路程。物流配送中心经常采用马蹄形(U 形单元)的间或路线，一般要求分拣路线能使拣货人走遍整个“马蹄”，而最常用的货物应该放置在“马蹄”上或附近。在货到人的系统中，系统设计人员必须仔细设计，不能使任何一个旋转货架单元或小的运货通道超载，这样会使平衡后的系统效率更高。

将需求相似的货物放在一起或放在靠近的位置，就像物流配送中心中少数货物会大量而频繁地被拣取一样，物流配送中心中经常会发生同时需要某几种货物的情况，如成套的修理工具、来自同一供应商的一些货物、同一部件中的数个零件、同一尺寸的货物等。从订单中识别相关联的货物，并在仓库中将相关联的货物放在同一储存货位或靠近的位置，可以缩短同一订单中拣货的距离，也缩短了拣货所需的行走时间。最新的信息技术，如数据库技术和数据分析技术，有助于将货物需求的常用性和关联性一同考虑，可用于制定智能化的储存分配计划。

7. 拣货地点排序，缩短往返行走时间

不论是在人到货还是货到人的系统中，将拣货地点的访问顺序进行排序，都可以极大地缩短拣货人员的往返行走时间。

有效地组织拣货文件可以减少拣货时间和错误。多数拣货错误是由于拣货文件难以阅读造成的，而粗大的字符、色彩编码、与目光齐平的显示及地面标志有助于拣货人员找货。此外，要采取一切措施在相邻拣货位置间去掉相似颜色或相似号码的货物标志，避免造成混乱。

8. 设计拣货车辆

分类拣货车是订单拣货人员的工作地点，对拣货人员提高生产效率和振作精神非常重要。合理设计拣货车辆，使分类时间最少、产生错误最小，可以提高拣货人员的舒适程度，进而提高拣货工作效率。

视频：货物拣选作业
综合上述拣货作业的知识，观看视频，了解拣货作业流程。

6.5.4 补货作业

补货作业一般是指物流配送中心内部补货，是指由整货区、自动化立体仓库向零货区补货，或者直接入库至零货区补货。物流配送中心补货作业流程如图 6-6 所示。

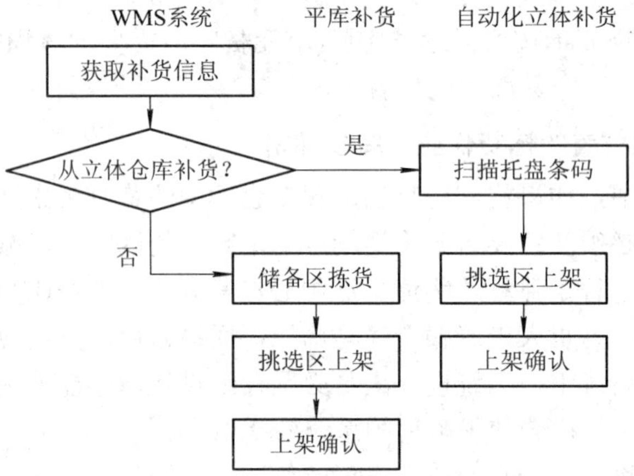

图 6-6　物流配送中心补货作业流程

补货的基本步骤如下：由仓储管理系统显示补货信息，补货人员到拣货区取得空容器后到仓储区，确认储存位置后取货，移动货物到拣货区，确认储存位置号码后将货物置入，将补货信息传回仓储管理系统并更改库存资料。

由于物流配送中心的存货是快速周转的，因此需要随时、及时补货。补货策略会影响物流配送中心的效益，补货目标是在不断降低存货成本的同时，充分满足客户需求。这就需要深入研究存货需求的变化规律，使用各种技术手段和工具，制定合适的补货策略。当客户的需求开始消耗现有存货时，补货系统需要根据以往经验，或者相关统计资料，或者计算机系统帮助，确定最优库存水平和最优订购量，并根据所确定的最优库存水平和最优订购量，在库存低于最低存货水平时发出订购指令。这里所说的补货策略既包含整个物流配送中心的补货，也包含仓储区内部的补货，如从自动化立体仓库补货到零货区等。

视频：补货作业
综合上述补货作业的知识，观看视频，了解补货作业流程。

6.6 配货作业管理

配货作业是指把拣取分类完成的货物经过配货检查过程后装入容器并做好标志，再运到配货准备区，待装车后发送的工作。

6.6.1　配货作业基本流程

配货作业基本流程主要包括贴标签、分货、配货检查、包装等内容，如图 6-7 所示。

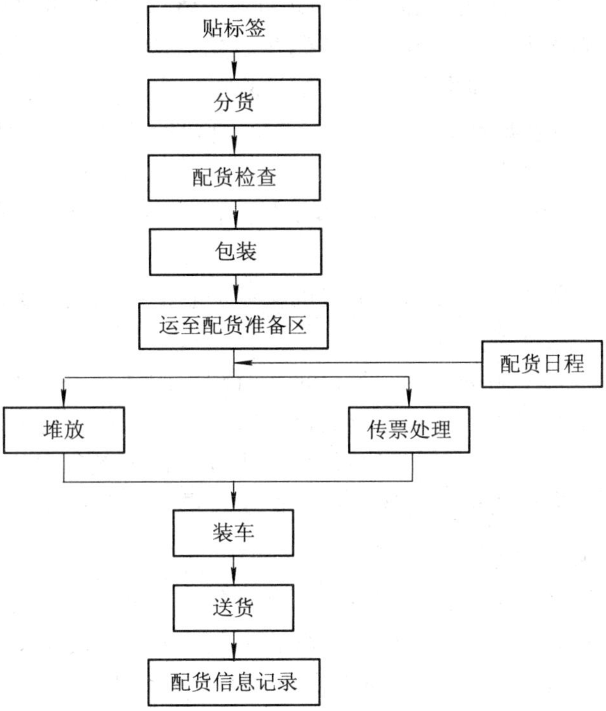

图 6-7　物流配送中心配货作业基本流程

6.6.2　分货

分货就是把拣货完毕的货物按客户或配送路线进行分类的工作。分货方式一般有以下几种。

1. 人工目视处理

人工目视处理是指由人工根据订单或传票把各客户的货物放在已贴好客户标签的货箱里。

2. 自动分类机处理

利用自动分类机进行分类工作，不仅准确、快速，而且效率高。自动分类机的组成包括以下六项装置：

(1) 搬运输送机。搬运输送机一般有皮带输送机、滚筒输送机、整列输送机、垂直输送机四种类型。

(2) 移动装置。移动装置也称导入口、进入站，作用是把搬运来的货物及时取出，并移送到自动分类机上，通常有直线形和环形两种。直线形自动分类机的移动装置与分类装置呈直线配置；环形自动分类机的移动装置与分类装置大多呈 45°，也有呈 30° 和 90° 配置的。

(3) 分类装置。分类装置是自动分类机的主体，按分出货物的方式可分为四种，即推出式、浮起送出式、倾斜滑下式、皮带送出式。

(4) 输入装置。输入装置是在自动分类之前，把分类货物的信息输入控制系统的装置。输入装置的主要输入方式有键入式、条码及激光扫描式、光学读取式、声音输入式、反向记忆式、计算机输入式、体积测量式、重量测量式。

(5) 排出装置。排出装置是能尽早将各货物撤离自动分类机，避免与下批货物相碰撞的装置。

(6) 控制装置。控制装置是根据分类货物的信息对自动分类机上的货物进行分类控制的装置。

上述六项装置的配置不同，自动分类机的类型、功能也不同，但按货物滑出形式，大体可分为倾倒式和水平处理式两种。

对于易破损货物，采用倾倒式自动分类机会有较大的破损率，所以常采用水平处理式自动分类机。此外，当要求系统有较大分类能力时，则需采用高速自动分类机，并最好使用震动较小的窄皮带传送方式，以免损坏货物。所以，在选择自动分类机时，一般从以下五个主要方面来衡量：货物数量、货物形状、货物重量、容器尺寸、货物易损坏程度。

3. 旋转架分类处理

为节省成本，也可采用旋转架分类方式进行分货。这种方式将旋转架的每一格位当成客户的出货框，分类时只要在计算机中输入各客户的代号，旋转架即会自动将对应格位转至作业人员面前。即使采用没有动力的小型旋转架，旋转架也可作为人工目视处理的货框，只不过作业人员要按每格位上的客户标签自行旋转寻找，以便将货物放入正确的储位中。

6.6.3 配货检查

配货检查作业是指根据客户信息和车次对拣取的货物进行编号和数量的核实，以及对货物状态、质量的检查。配货检查员的工作是进一步确认拣货作业是否有误。配货检查最原始的做法是用纯人工方式检查，即将货物一一点数并逐一核对出货单，进而查验配货的质量及状态。

用纯人工方式逐项或抽样检查货物的状态及品质确有必要，但用纯人工方式核对货物号码及数量则效率太低且易发生错误。因此，目前在数量及号码检查的方式上有许多改进，常用的方法有声音输入检查法、条码检查法和重量计算检查法。

1. 声音输入检查法

声音输入检查法是一项较新的技术，当作业人员发声读出货物名称、代码和数量后，计算机接收声音并自动判别，再转换成资料信息与发货单进行对比，从而判断是否有误。

此方法的优点在于作业人员只需用嘴读取资料，手脚可做其他工作，自由度较高。但需注意的是，用此法时发音要准确，且每次发音字数有限，否则计算机识别困难，可能产生错误。

2. 条码检查法

条码是随货物移动的，检查时用条码扫描器阅读条码内容，计算机再自动把扫描到的信息与发货单对比，从而检查货物数量和号码是否有误。

3. 重量计算检查法

这种方法是把货单上的货物重量相加，再与货物的总重量相对比，来检查发货是否正确。

6.6.4 包装

包装是配货作业中重要的一环，可以起到保护货物，便于搬运、储存，提高顾客购买欲望以及易于辨认的作用。包装与日常生活密切相关，应注意以下几个问题：

(1) 包装要适当，即避免包装过大及包装过度问题；

(2) 环保问题，即包装废弃物的处理问题；

(3) 包装的可靠性问题；

(4) 包装的安全性问题；

(5) 包装资源问题，即包装回收再利用问题。

包装分为个装、内装及外装等三种方式：

(1) 个装又称商业包装，指货物的个别包装，有利于提高货物的价值，使货物美观，同时还可保护货物。

(2) 内装是指为了防止水、湿气、光、热、冲击等对货物的影响而进行的货物内层包装。

(3) 外装是指货物包装的外层，即把货物装入箱、袋、木桶、金属桶和罐等容器中。在没有容器的条件下，应对货物进行捆绑和标记等工作。

外装容器的规格是影响物流效率的重要因素，它要求包装尺寸与托盘、搬运设备相适应，同时要求包装物具有承重、耐冲击和抗压等能力。内装和外装统称为运输包装。对于运输货物的包装，要求坚固耐用且便于装卸，以免货物经长距离辗转运输而遭受损失。

6.7 送货作业管理

送货作业是指利用配送车辆把用户订购的物品从制造厂、生产基地、批发商、经销商或配送中心送到用户手中的过程。

6.7.1 送货作业的含义

送货通常是一种短距离、小批量、高频率的运输形式，其以服务为目标，以尽可能满足客户需求为宗旨。从目前配送运输的实践来看，配送的有效距离最好在 50 km 以内，国内物流配送中心的配送经济里程大约在 30 km 以内。

6.7.2 送货作业的特点

送货作业是物流配送中心最终直接面对客户的服务，具有以下几个特点。

1. 时效性

时效性是流通领域客户最重视的因素，即要确保在指定的时间内交货。送货是从客户订货至交货各阶段中的最后一个阶段，也是最容易引起时间延误的环节。影响时效性的因素很多，除配送车辆故障外，所选择的配送线路不当、中途客户卸货不及时等均会造成时间上的延误。因此，必须在认真分析各种因素的前提下，用系统化的思想和原则，有效协调，综合管理，选择合理的配送线路、配送车辆和送货人员，使每个客户在预定的时间收到所订购的货物。

2. 沟通性

送货作业是配送的末端服务，其通过送货上门服务直接与客户接触，是与客户沟通最直接的桥梁，不仅代表着公司的形象和信誉，还在沟通中起着非常重要的作用。所以，必须充分利用与客户沟通的机会，巩固公司的信誉，为客户提供更优质的服务。

3. 可靠性

送货的任务就是要将货物完好无损地送到目的地。影响送货可靠性的因素有货物的装卸作业、运送过程中的机械振动和冲击及其他意外事故、客户地点及作业环境、送货人员的素质等。因此，在配送管理中必须注意可靠性的原则。

4. 经济性

实现一定的经济效益是企业运作的基本目标。因此，对合作双方来说，以较低的费用完成送货作业是企业建立双赢机制和加强合作的基础。物流配送中心不仅要满足客户的要求，提供高质量、及时方便的配送服务，还必须提高配送效率，加强成本管理与控制。

5. 便利性

配送以服务为目标，以最大限度地满足客户要求为宗旨，因此应尽可能地让客户享受到便捷的服务。通过采用高弹性的送货系统，如采用急送货、顺道送货与退货、辅助资源回收等方式，可为客户提供真正意义上的便利服务。

6.7.3 送货作业基本流程

一般来说，送货的基本作业流程包括五个步骤：划分基本送货区域、车辆配载、暂定送货先后顺序和车辆安排、选择送货线路和确定最终的送货顺序、完成车辆积载。

1. 划分基本送货区域

首先将客户所在地的具体位置做较系统的统计，并做区域上的整体划分；再将每一客户包括在不同的基本送货区域中，以作为配送决策的参考。例如，按行政区域或按交通条件划分不同的送货区域，在区域划分的基础上再作弹性调整来安排送货顺序。

2. 车辆配载

由于配送货物品种、特性各异，为提高送货效率，确保货物质量，首先必须对特性差异大的货物进行分类。在接到订单后，将货物按特性进行分类，以分别采取不同的送货方式和运输工具，如按冷冻食品、速食品、散装货物、箱装货物等货物类别进行分类配载。其次，配送货物也有轻重缓急之分，必须初步确定哪些货物可配于同一辆车、哪些货物不能配于同一辆车，以做好车辆的初步配载工作。

3. 暂定送货先后顺序和车辆安排

在考虑其他影响因素，做出确定的送货方案前，应先根据客户订单的送货时间预先确定送货的先后次序，为车辆配载做好准备工作。预先确定基本送货顺序可以有效地保证送货时间，提高运作效率。

车辆安排要解决的问题是安排什么类型、吨位的车辆送货。一般企业拥有的车型有限，车辆数量也有限。当本公司车辆无法满足需求时，可使用外雇车辆。在保证运输质量的前提下，是组建自营车队还是以外雇车为主，则须视经营成本而定。无论选用自有车辆还是外雇车辆，都必须事先掌握有哪些车辆可供调派并符合要求，即这些车辆的容量和额定载重是否满足要求。在安排车辆之前，还必须分析订单上的货物信息，如体积、重量、数量，对装卸的特别要求等，综合考虑多方面因素的影响后，再做出最合适的车辆安排。

4. 选择送货线路和确定最终的送货顺序

确定了每辆车负责配送的具体客户后，如何以最快的速度完成配货，即如何选择配送距离短、配送时间短、配送成本低的线路，还需根据客户的具体位置、沿途的交通情况等做出选择和判断。除此之外，还必须考虑有些客户或其所在地环境对运货时间、车型等方面的特殊要求，如有些客户不在中午或晚上收货，有些道路在某高峰期实行特别的交通管制等。

做好车辆安排及选择好最佳的配送线路后，依据各车负责配运的先后顺序，即可确定最终的送货顺序。

5. 完成车辆积载

明确了送货顺序后，接下来就是如何将货物装车、按什么次序装车的问题，即车辆的积载问题。要将货物依“后送先装”的顺序装车，但有时为了有效利用空间，可能还要考虑货物的性质(怕震、怕压、怕摊、拍潮)、形状、体积及重量等因素进行调整。此外，对于货物的装卸方法，也必须考虑货物的性质、形状、重量、体积等因素后再决定。

6.7.4 线路优化

线路优化即整合影响配送运输的各种因素，适时、适当地利用当前的配送工具和道路状况，及时、安全、方便、经济地将货物准确无误地送到客户手中。在优化配送线路的过程中，需根据不同客户群的特点和要求选择不同的线路优化方法，最终达到节省时间、运距和降低配送成本的目的。

1. 单车单点线路优化

对于单个始点和终点的配送线路选择问题，最简单、直接的方法就是最短线路法。最短线路问题一般描述为：在一个网络图中，确定始点和终点后，找出一条线路，使得从始点到终点的距离最短。

最短线路法的解法思路：从始点或终点开始，寻找与该点相连的所有点距离最近的点，从而得到第二个点；再找与第二个点相连的距离最近的点，得到第三个点；依此类推，直到到达终点或始点，得到一条最短路径。

需要注意的是，"不能走回头路"，即前面已经找过的点不能再重复去找。另外，在开始计算最短路线时，只有始点和终点是已解的，其他节点都被认为是未解的，即都不确定此节点在配送线路上。

【例 6-1】 某物流配送中心 A 向客户 J 配送货物，途经比较复杂的公路网，如图 6-8 所示。B、C、D、E、F、G、H、I 是网络中的节点，节点与节点之间由线路连接，图 6-8 中的数据为两点之间的距离所运行的时间(用分钟表示)，要求确定一条从 A 到 J 运行时间最短的线路。

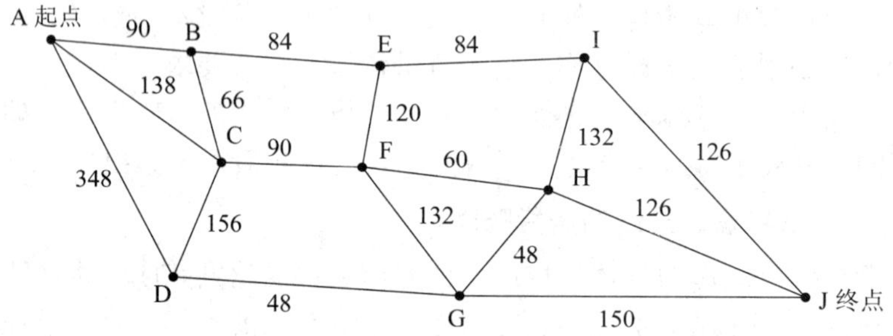

图 6-8 公路网配送示意图

解 (1) 已知起点 A 为已解节点，与 A 点直接相连的未解节点为 B、C、D，其中 B 点为与 A 相连的最近的节点，记为 AB = 90。由于 B 点为唯一可解点，所以 B 点为已解节点。

(2) 此时 A 和 B 都为已解节点，找出与 A、B 直接相连的距离最近的未解节点，有 AC、BC，因此 C 点也成为已解节点。

(3) 现在 A、B 和 C 都成为已解节点，找到与 A、B、C 直接相连的距离最近的未解节点，有 D、E、F，从起点到这三个未解节点所需的最短时间分别为 AD = 348，AE = AB + BE = 90 + 84 = 174，AF = AC + CF = 138 + 90 = 228，其中连接 BE 的时间最短，所以 E 点为已解节点。

重复上面的迭代过程，直到到达终点 J，可以得出最优线路为 A—B—E—I—J，最短路线时间为 384 min。

在节点比较多时，手工计算比较烦琐，可以把有关节点信息和线路距离输入数据库中，通过计算机求解较为简便。对于实际问题，还可以采用电子地图确定最短路径，并根据对城市道路交通情况的熟悉程度确定最优配送线路。

【例 6-2】 从青岛市某物流配送中心向青岛市南区某超市配送一批货物，如何通过电子地图的方式确定最优配送路线?

解 可以使用相关地图软件搜索路线图，并根据城市线路交通拥堵状况确定一条最佳的配送线路。在此以使用百度地图为例。

(1) 打开百度地图，输入起点和终点名称，选择“驾车”，进行搜索。一般搜索出来的是推荐路线，如图 6-9 所示。

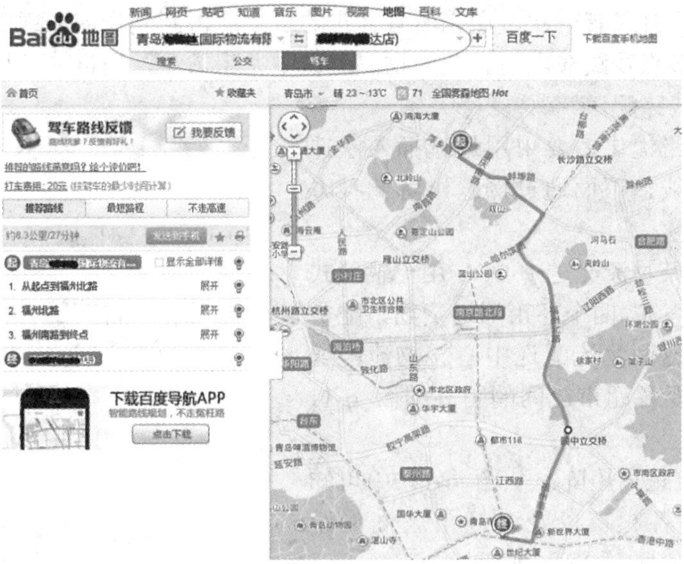

图 6-9　推荐路线

(2)　查看最短路程，如图 6-10 所示。

图 6-10　最短路线

(3) 比较推荐线路和最短路程所走路径，根据对道路交通条件的掌握情况，选择合适的配送线路。

本例题中，福州北路和南京路的交通条件相似，一般情况不会出现交通拥堵的情况，可选择路程近、用时短的南京路线路。但如果在上下班高峰期配送，南京路的拥堵情况要比福州北路严重，此时选择福州北路线路配送较合适。

2. 单车多点线路优化

单车多点路线又称循环式配送路线，即某些客户的货物装载在同一辆车上进行配送，经过每个客户一次且仅有一次，送完所有客户的货物后再回到物流配送中心，使其行走的路线最短。单车多点线路在电商企业的物流配送中尤为常见，如目前的快递配送业务大部分属于单车多点线路配送。

单车多点线路优化主要采用最近插入法选择最佳的配送路线，下面通过例题讲解此种方法的应用。

【例 6-3】 某物流配送中心 A 用一辆厢式货车向 B、C、D、E 四个超市配送货物，配货后，厢式货车要返回物流配送中心。物流配送中心到各超市以及各超市之间的距离如图 6-11 所示。

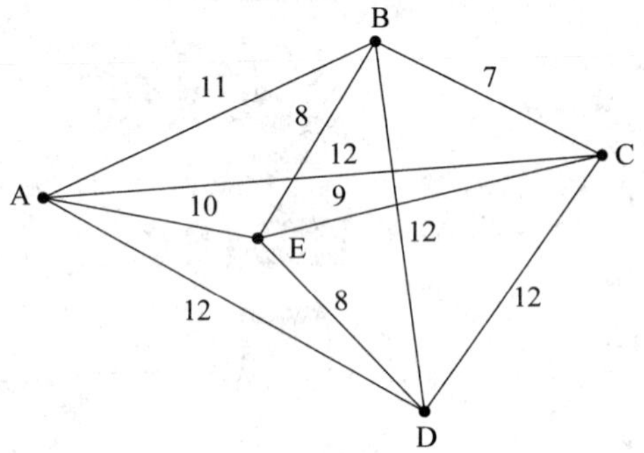

图 6-11　多点间的距离

解　(1) 确定距离矩阵。从图 6-11 中可知物流配送中心到各超市以及各超市之间的距离，绘制距离矩阵表，如表 6-4 所示。

表 6-4　距离矩阵表

地　点	A	B	C	D	E
A	0	11	12	12	10
B	11	0	7	12	8
C	12	7	0	12	9
D	12	12	12	0	8
E	10	8	9	8	0
∑	45	38	40	44	35

(2) 确定每一个节点到其他节点的距离之和。例如，A 点到其他各点的距离(A—B、A—C、A—D、A—E)之和为 45，同理得出 B、C、D、E 到其他各点的距离之和分别为 38、40、44、35，如表 6-4 最后一行所示。

(3) 确定一个初始的循环路线。从距离之和中选取数值排在前三位的 A、D、C 三点作为初始循环路线的节点，则初选的循环路线为 A—D—C—A。

(4) 确定插入其他节点。在剩余节点中选择距离之和最大的节点为插入点，本例题中为 B 点。

(5) 确定插入的位置。从初选循环路线 A—D—C—A 中可以看出，B 点可能插入的位置为 A—D、D—C 和 C—A 之间，具体插到哪个位置，则需通过计算循环回路的里程增量，得出最少增量的线路作为插入点。里程增量的计算公式如下：

$$ZAD = LAB + LBD - LDA = 11 + 12 - 12 = 11$$

$$ZCD = LBC + LBD - LCD = 7 + 12 - 12 = 7$$

$$ZCA = LBC + LAB - LAC = 7 + 11 - 12 = 6$$

所以，B 点应插入里程最小的 C—A 之间，此时的循环线路为 A—D—C—B—A。

(6) 依此类推，将剩余的不在循环路线上的节点按照最近插入法确定插入位置，可得最终循环路线 A—D—E—C—B—A，最佳路线的里程数为 47。

3. 多车多点线路优化

多车多点的线路配送是指有多个客户点需要配送，客户的位置及需求状况已定，但是不能采用一辆车装载，需要多车配送。优化多车多点的配送线路时，一般采用节约里程法。

节约里程法又称节约算法或节约法，是指用来解决运输车辆数目不确定问题的启发式算法。节约里程法的核心思想是：依次将运输问题中的两个回路合并为一个回路，每次使合并后的总运输距离减小的幅度最大，直至达到一辆车的装载限制时，再进行下一辆车的优化。

1) 节约里程法的基本假设条件

(1) 配送的是同一种或相类似的货物。

(2) 每个客户的位置和需求量已知。

(3) 物流配送中心有足够的配送能力。

(4) 方案能够满足所有用户到货时间要求。

(5) 车辆不能超载。

(6) 每辆车每天的总运行时间和里程数符合规定要求。

2) 节约里程法的基本原理

P 点为物流配送中心所在地，A 和 B 为客户所在地，由物流配送中心 P 向客户 A 和 B 配货，三者之间的距离分别为 a、b、c，可以有两种配送方式，如图 6-12 所示。

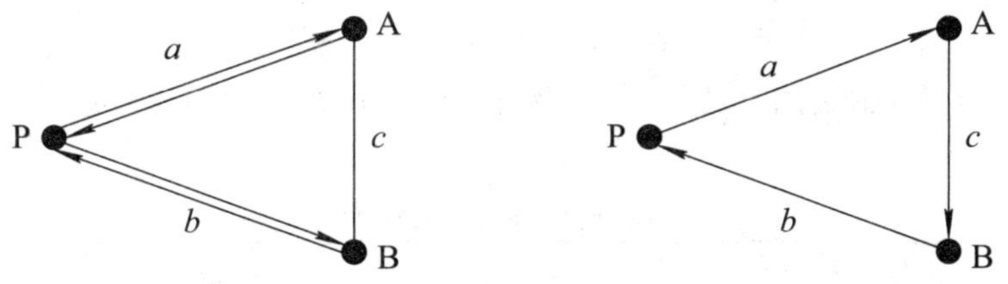

(a) 配送方式一　　(b) 配送方式二

图 6-12　节约里程法示意图

从图 6-12 可知：第一种配送方式车辆的运行距离为 $2a+2b$，第二种配送方式车辆的运行距离为 $a+b+c$。当道路交通状况良好的情况下，节约的里程数为$(2a+2b)-(a+b+c)=a+b-c$。根据数学定理，三角形两边之和大于第三边，$a+b-c>0$，则这一节省的配送距离称为“节约里程”。

3) 节约里程法的步骤

(1) 计算最短距离。

(2) 计算节约里程。

(3) 按照节约里程排序。

(4) 安排配送。

4) 节约里程法的应用案例

【例 6-4】 有一物流配送中心 P，A～J 为物流配送中心附近的客户，括号内数字表示配送需求量(t)，如图 6-13 所示。现有载重量为 2 t 和 4 t 的货车为其配送，并且限制车辆运行的最远配送距离为 30 km。假设送到时间均符合客户要求，求该物流配送中心最优的送货方案。

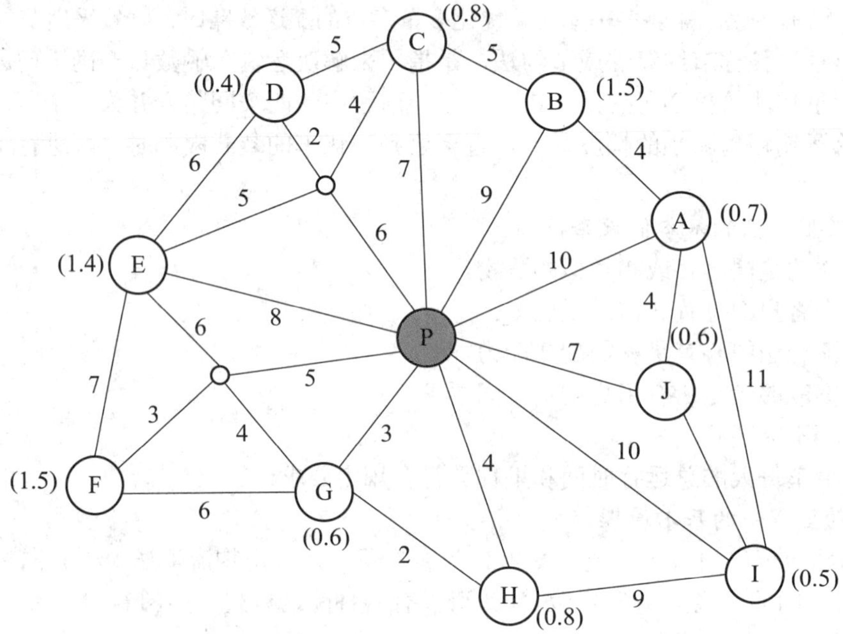

图 6-13 物流配送中心 P 到客户各点的路线

解 (1) 计算物流配送中心到客户以及客户到客户各点之间的最短距离，列出最短距离表，如表 6-5 所示。

表 6-5 最短距离表

地 点	P	A	B	C	D	E	F	G	H	I	J
P		10	9	7	8	8	8	3	4	10	7
A			4	9	14	18	18	13	14	11	4
B				5	10	14	17	12	13	15	8
C					5	9	15	10	11	17	13
D						6	13	11	12	18	15
E							7	10	12	18	15
F								6	8	17	15
G									2	11	10
H										9	11
I											8
J											

(2) 通过最短距离表，利用节约里程法计算客户与客户之间的节约里程。例如，LAB = PA + PB − AB = 10 + 9 − 4 = 15，列出节约里程表，如表 6-6 所示。

表 6-6　节约里程表

地　点	A	B	C	D	E	F	G	H	I	J
A		15	8	4	0	0	0	0	9	13
B			11	7	3	0	0	0	4	8
C				10	6	0	0	0	0	1
D					10	3	0	0	0	0
E						9	1	0	0	0
F							5	4	1	0
G								5	2	0
H									5	0
I										9
J										

(3) 根据节约里程表(见表 6-6)的数据，按照从大到小的顺序列出节约里程顺序表，如表 6-7 所示。

表 6-7　节约里程顺序表

顺序号	连接线	节约里程	顺序号	连接线	节约里程
1	A—B	15	13	F—G	5
2	A—J	13	13	G—H	5
3	B—C	11	13	H—I	5
4	C—D	10	16	A—D	4
4	D—E	10	16	B—I	4
6	A—I	9	16	F—H	4
6	E—F	9	19	B—E	3
6	I—J	9	19	D—F	3
9	A—C	8	21	G—I	2
9	B—J	8	22	C—J	1
11	B—D	7	22	E—G	1
12	C—E	6	22	F—L	1

(4) 根据节约里程排序表、车辆的载重量和车辆行驶的限制里程，逐步绘制出最佳配送线路图。

① 初始方案。按照车辆从物流配送中心 P 出发，分别到 10 个客户后再返回 P 的方案绘制出初始线路图，如图 6-14 所示。其共有线路数 10 条，总配送距离为 148 km，使用车辆台数为 2 t 车 10 台。

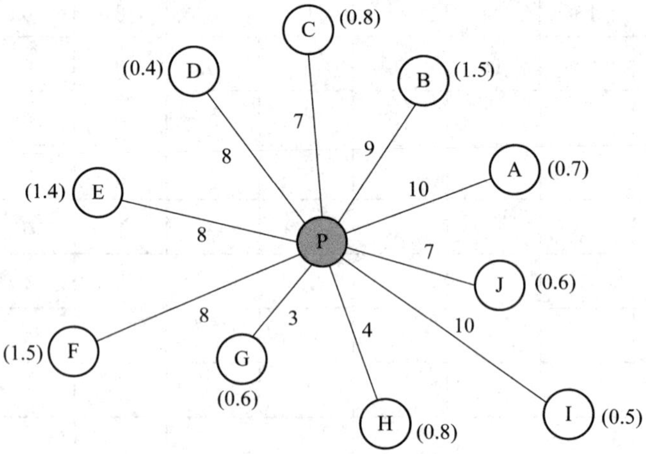

图 6-14 配送线路初选方案

② 二次解。按照节约里程的大小顺序，连接 A—B、A—J、B—C，同时去掉 P—A、P—B 连线，形成 P—J—A—B—C—P 闭合回路，如图 6-15 所示。此时共有线路数 7 条，总配送距离为 109 km，使用车辆台数为 2 t 车 7 台、4 t 车 1 台。

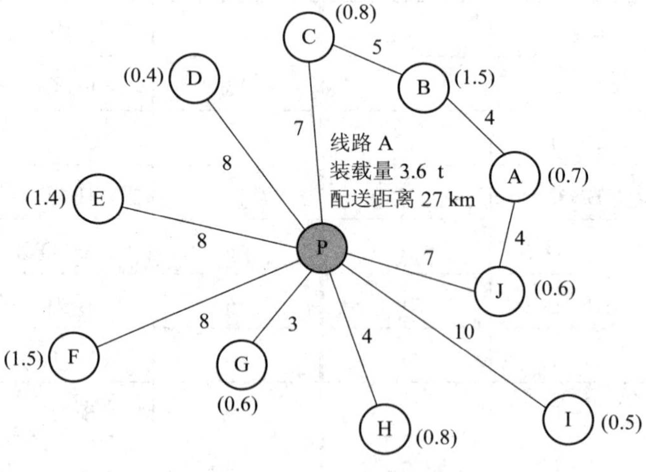

图 6-15 配送线路 A

③ 三次解。按照节约里程的大小顺序，连接 D—E、E—F、F—G，其中由于限制 D 客户不能连接在线路 A 中，客户 A、B、J 为已解配送客户，线路 A—I、I—J、B—J、B—D、C—E 不能再形成新线路。同时，取消 P—E、P—F 线路，形成闭合回路 P—D—E—F—G—P，如图 6-16 所示。此时共有线路数 4 条，总配送距离为 85 km，使用车辆台数为 2 t 车 2 台、4 t 车 2 台。

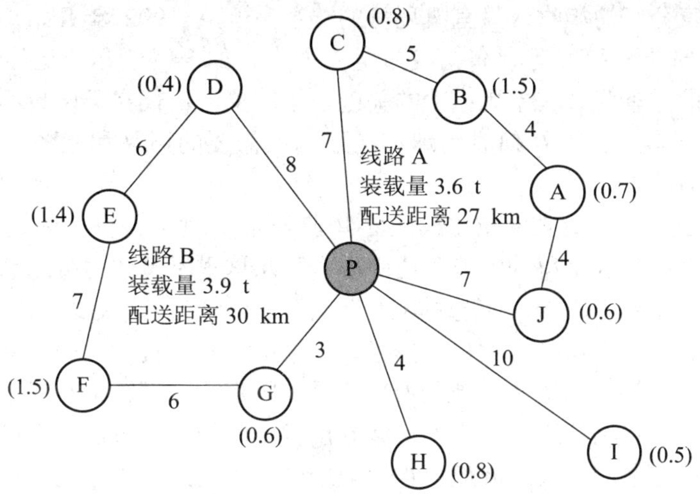

图 6-16　配送线路 B

④ 最终解。连接 H—I 组成线路 C，形成闭合回路 P—H—I—P，如图 6-17 所示。此时共有线路数 3 条，总配送距离为 80 km，使用车辆台数为 2 t 车 1 台、4 t 车 2 台。

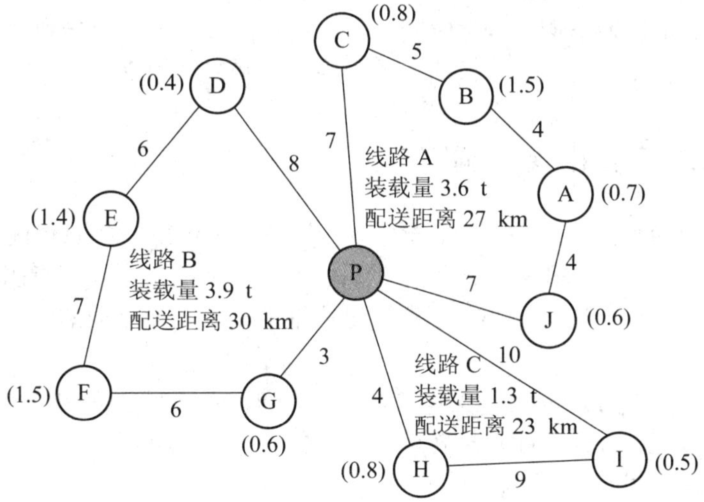

图 6-17　配送线路 C

通过以上求解，总结最优配送线路如下：

线路 A：4 t 车，装载量 3.6 t，运送距离 27 km。

线路 B：4 t 车，装载量 3.9 t，运送距离 30 km。

线路 C：2 t 车，装载量 1.3 t，运送距离 23 km。

6.8 直接转运

1979 年，凯玛特(K-Mart)是美国零售业的巨头，拥有 1891 家商店，平均每家商店的年收入是 5 万美元；而当时的沃尔玛(Wal-Mart)只是美国南方的一家小零售商，仅有 229

家商店，平均每家分店的年收入只有凯玛特的一半。但从 1992 年开始，沃尔玛单位面积的销售额、库存周转率和营运利润就成为全美最高。如今，沃尔玛已经是全世界规模最大、利润率最高的零售商。沃尔玛成功的关键非常简单，仅仅在于坚持不懈地致力于满足顾客的需求，确保客户无论在何时何地都能买到所需要的商品和服务，同时优化成本结构，提供有竞争力的定价。

沃尔玛是通过直接转运(Cross Docking)物流技术实现这一目标的。借助这种物流技术，商品被不断发送到沃尔玛的物流配送中心，又从这里不停留地分送到各个商店，大大降低了沃尔玛的商品销售成本，使向顾客提供天天低价成为可能。

物流配送中心的四大功能为收货、储存、订单拣选和出货。其中，储存和订单拣选功能耗费成本最高，而且订单拣选也是人力耗费最大的作业。而直接转运本质上是将必须与其他货物分类整合的货物从进货的车辆转载到出货车辆的一种方法，可以简化或省略货物的储存和分拣作业环节，极大地降低了物流配送中心的物流成本，同时还能快速响应顾客的需求，增强企业的市场竞争力。一般的直接转运出货时间少于 24 h，有时甚至少于 1 h。

直接转运既是一种物流技术，又是一种经营管理理念和经营模式。从管理的角度看，直接转运是一项复杂的工作，涉及配送者、供应商和顾客之间的广泛协调和资源整合。直接转运必须知道把什么货物送给哪些客户，装在哪些车辆上，在什么时间到达。高水平的直接转运还必须制定运输车辆的到达时间表，以避免因过度拥挤而导致短期缺货。

本节着重介绍直接转运物流技术的相关应用方法和基本原则。

6.8.1 直接转运运作模式简介

连锁零售企业的物流配送中心目前较多采用“仓库+运输”的仓储配送作业方式，这种方式需要建立巨大的仓库和庞大的运输车队。但是，从配货率和存货周转天数这两项关键指标来看，大多数物流配送中心并不能满足店铺的需要，而企业的投资压力和营运成本巨大。

那么，物流配送中心是否在作业方式上存在问题，存在哪些问题，如何有效解决？本节即探讨一种新型配送方式，即直接转运方式的原理与作业特点。

直接转运流程如图 6-18 所示。

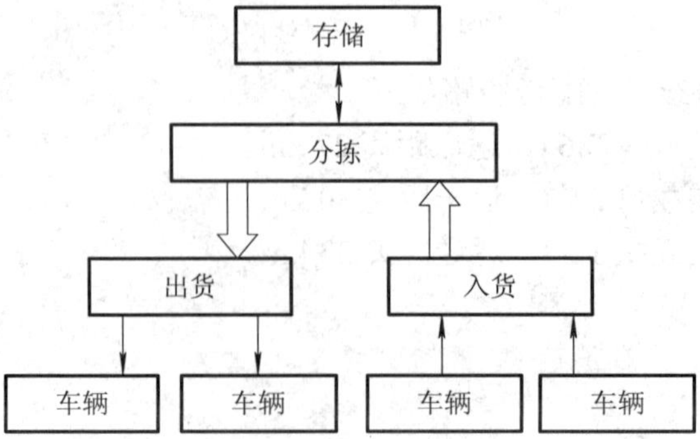

图 6-18　直接转运流程

1. 传统物流配送中心的作业方式分析

一般物流配送中心采用仓储配送的作业方式，物流配送中心与店铺的关系类似于大水池和小水池的关系，物流配送中心的库存是大水池，店铺的库存是小水池。当店铺发现某种货物存量不足时，就向物流配送中心申请补货，物流配送中心处理店铺的补货申请，配送到门店，这是基本的仓储配送的作业流程。采购人员需要定期检查物流配送中心的库存，对存货不足的货物进行订货，供应商再按订单送货。

仓储配送方式把“店铺—物流配送中心”和“物流配送中心—供应商”分割成两个独立的业务链。在“店铺—物流配送中心”这一业务链中，所有与配货相关的要素都处于内部控制之下，因此反应速度很快，店铺当天的补货单最迟第二天就可以配到货；在“物流配送中心—供应商”这一业务链中，通过集中大批量订货，能得到供应商更好的配合。

物流配送中心还可以采取自动补货、货位管理等先进技术提高服务水平，降低存货水平。因此，总体来讲，仓储配送方式能达到连锁企业对物流配送中心的一般要求，目前被大量采用。但是，这种作业方式是以物流配送中心保持相当大的库存为代价的，这种配送方式在长期营运中会暴露出越来越多的矛盾，具体分析如下：

(1) 要维持高的配送率就必须保持每个品种有较大量的库存，导致物流配送中心一般会储存整个企业 15 天左右销量的存货，这样会给物流配送中心带来巨大的资金压力。

(2) 仓库容量和新增品种之间的矛盾会越来越深。仓库的容量总是有限的，新品种不断增加，滞销品却很难被完全淘汰，导致货位紧张，配送率也不断降低。

(3) 无法准确预测哪些货物会被店铺继续订货，哪些将被淘汰，导致很多货物因无客户补货而积压，而畅销货物又因为店铺的补货单太集中而缺货。

(4) 以库存为基础的运作方式作业环节多，协调控制困难，最终很难达到预期的运行效果。

仓储管理的正常作业包括排位、上架、移库、拣货、盘点、并库等十余项操作，一项差错将连续影响几道相关的作业。因此，即使在严格的定位管理下也难以保证拣货率达到 99%以上，而没有采用定位管理的物流配送中心，其拣货率更是很难达到 85%以上的水平。

仓储配货的基础是库存管理，但是库存管理却是最容易出现问题的环节，虽然可以通过采用定位管理、加强供应链管理等部分举措改善库存，但最根本的存货周转慢、配货率低的问题并不会改观。直接转运作为一种新的配货方式，能在保证配货率的前提下降低库存甚至达到零库存，从而大幅度提高物流配送中心的效益。

2. 直接转运方式简介

直接转运方式脱胎于交叉配货(Cross Stocking)，通常所指的交叉配货是在美国、日本等国通过全自动传送机械进行自动分拣的配货方式。实际上，在一般的物流配送中心也完全可以通过完善信息系统的功能实现手工交叉配货。按照直接转运的思路，物流配送中心是没有库存的，它是货物流转的枢纽和通路。物流配送中心的功能主要集中在货物汇集、分配和送货几个方面。直接转运方式的一般业务流程如下：

(1) 所有客户定期向物流配送中心要求补货。

(2) 补货单到达物流配送中心以后，被汇总成订单发送给对应的供应商。

(3) 供应商按订单送货到物流配送中心，物流配送中心按订单收货，同时按照客户的补货单生成对应店铺的拣货单。

(4) 货物存放在暂存区域。

(5) 由作业人员按出货计划执行拣货和配货作业。

(6) 拣货完成以后，进行装车送货。

理想化的直接转运模式在实际应用中是难以实现的，因为理想化的直接转运为货物在物流配送中心不做任何的储存，这要求高度的信息、运作整合，而且直接转运实施的货物也要合适。理想的货物应有如下特征：补货提前期短，质量高，需求及流量相对稳定，包装规格化、顾客化，供应商运输准确。

根据在实际应用中的程度不同，直接转运有以下三种运作模式：

(1) 持续运作。这种模式要求供应商的货物为顾客化包装，物流配送中心有较强的车次排程、信息交换能力，有入站货品直接转上出站车的运作机制。另外，货物品种和数量满足直接转运的要求，可整车供应，或拣选搭配后能达到整车配送。

(2) 配送整合。这种模式同样需要顾客化包装，但对车次排程、信息交换能力要求相对较低。货物运送至物流配送中心后，有些货物与其他需要整合配送的货物直接整合，按照直接转运模式发车，其他货物按照传统的仓储配送模式储存，等待下次订单的配送。

(3) 配送运输。在物流配送中心中有许多需要配送的项目，这些项目具有不同的配送数量和不同的配送目的地。直接转运在这种条件下很难顺利实施，但运用先进的自动拣选系统加上配送车次和路线编排系统，就能降低直接转运的难度。这是一种相对较低级的直接转运运作模式(甚至是传统的仓储配送模式)，但同样需要用到直接转运的理念改进其运作表现。

3. 直接转运的特点

直接转运与仓储方式相比，最大的区别是取消了一般库存，所有收到的货物都有目的地，货物进入物流配送中心只是为了暂存和交叉分货。实际运作中，物流配送中心的作业区域被划分为收货区、直接暂存区和出货集货区。物流配送中心每天按计划在收货区完成收货，货物进仓后简单地放置在直接暂存区，一般一个供应商放在一个小区域，同时在后台信息系统中自动生成该批货物的分货/拣货单，每件货物都按照客户的补货单被指定了目标，并锁定了库存。当物流配送中心按照每天的运作计划需要对某个客户进行配货出货时，操作人员会把所有的拣货单打印出来，由拣货人员到直接暂存区按照单据指定的供应商、品种和数量进行拣货，拣货完成后将拣出的货物放置在出货集货位上，执行相关的复查、单据审核、制单和装车，完成全部的配货出货作业。

1) 直接转运的优点

(1) 流动性强。物流配送中心的货物都是有目的地的暂存货物，物流配送中心主要是起管道作用，货物在物流配送中心是流动的。

(2) 存货降低，仓库没有死货。与仓储相比，物流配送中心的存货周转天数可以从平均 15 天左右下降到 2～3 天，且只受配货频率的影响，大幅度降低了库存占用率，真正实现类似于沃尔玛所宣传的“货物只存放在车轮和传送带上”的目标。

(3) 节约空间。直接转运方式不需要建立庞大的货架仓库区，只需要根据出货量设立足够大的直接暂存区和配货集货区即可，可以大幅度节约场地、设备。

(4) 作业流程连贯。直接转运方式下，从客户补货、供应商订货再到货物送到客户手中是一个连贯的作业流程，客户补货单可以一单跟到底，当出现异常情况时容易发现问题所在，采取有针对性的措施；而仓储方式由于作业流程被分割为两个闭环，无法进行连贯、全面的跟踪分析。

(5) 作业效率高，库存管理差错率低。直接转运方式下，内部作业只有收货、暂存、拣(分)货、出货四个甚至三个步骤，且没有与货位管理相关的技术性操作。对作业机械和设备的要求也很低，员工的作业效率高，作业的差错率低。从实际应用的情况来看，直接拣货的效率是仓储拣货效率的 2 倍，拣货的准确率可以达到 99.6%以上。因为作业环节少，直接转运只需要仓储配货的大约 1/2 的人手。

2) 直接转运的缺点

(1) 直接转运的周期相对较长，链式管理的要求更高。在直接转运方式下，从客户下补货单到货物到客户的周期为

$$\text{直接转运的到货周期}=\frac{\text{客户补货单汇总周期}+\text{供应商送货周期}+\text{物流配送中心送货周期}}{2}$$

直接转运方式需要对供应商的送货周期、内部的转运频率进行比较精细的控制，需经过补货单汇总合并、供应商送货、暂存、配货几个环节，如果配货频率较低，会比仓储的周期长 3～7 天。

(2) 直接转运方式需要得到供应商的密切配合，一是订单到货率要高，二是订单到货周期要短。

(3) 直接转运的综合到货率受供应商订单到货率的制约，对于供应不稳定的货物，还是建议采用仓储配送方式。

(4) 直接转运方式适合于整箱配货，不适合拆零作业情况下的配货。

6.8.2 直接转运方式的应用

直接转运方式可以在有限的场地中实现大规模的货物周转，所需要的场地为仓储式配送方式的一半或更少，并且对作业设备的要求较少。因此，对于中小型规模的连锁零售企业，如果需要新建物流配送中心，采用直接转运方式是最好的方案。

直接转运方式可适用于所有连锁零售企业的物流配送中心，不管是干货物流配送中心还是生鲜物流配送中心，都可以采用直接转运方式。对于已建立物流配送中心的企业，逐步采用直接转运方式是提升物流配送中心运行效率的最佳方法。

1. 直接转运和信息系统

直接转运方式的应用要特别注意采用 KPI(Key Performance Indicator，关键绩效指标)来衡量、评估和管理，其常用指标如下：

(1) 用于财务评估的指标：配送费用率、仓佣收入率。

(2) 用于服务效果评估的指标：综合配货率(综合配货金额/数量)、送货准时率、供应商订单到货率。

(3) 用于存货控制的指标：存货金额、存货周转天数、缺货率、货位有效利用率、货位周转天数。

(4) 用于作业控制的指标：拣货率(人均拣货数量/金额)、货位存货准确率、作业速度。

(5) 用于货物异动管理的指标：损耗率、异常货位数量、静止货位与货物比率等。

对于直接转运方式的应用，信息系统是关键，它是业务顺利运作的核心。要实现直接转运，物流配送中心的信息管理系统在功能上至少要能达到以下三个方面的要求：

(1) 能提供对业务过程的支持，主要功能完善，方便作业人员操作，单据的自动合并和分解准确无误。

(2) 准确记录和反映各种 KPI 的值，为管理提供支持，并能监控整个物流配送中心的运作情况。

(3) 能够与 MIS(Management Information System，管理信息系统)、电子商务平台等系统很好地整合到一起，促进整体物流水平的提升。

2. 直接转运方式的一些应用经验

(1) 把仓储方式改成直接转运方式之后，如果要保持对客户补货申请的配货率，必须维持较高的订单到货率。

(2) 收货后的分货处理方法有两种：一种是立即分货，另一种是集中拣货。立即分货的方法要求为每个客户设立一个固定集货位，分货作业时把各个客户的货物分到其对应的集货位上。这种做法需要较大的空间，有时会造成货物和订单不一致。集中拣货与仓储配送的拣货类似，货物集中放在暂存区，轮到哪家客户出货时按单到暂存区拣货。集中拣货的方法差错较少，一般建议采用。

(3) 直接转运的货物是在不断流动的，货物入库后指定其流向并通过信息系统锁定库存，这一点很重要。货物到后就要进行单据上的分货作业，生成拣货单。对于部分数量少、品种多的货物，可以让供应商按客户要求配货并装箱，收货时再验收，并进行手工分货(需要信息系统的支持)；对于大多数一般货物，收货时应让信息系统自动处理。

(4) 现场管理很重要，尤其是收货区、直接暂存区和配货集货区要保持通道畅通，不要出现堵塞情况。发现错误要立即改正，不要把错误留给下一道环节。

(5) 客户的补货周期、补货数量，客户补货单的汇总和处理，每个供应商的送货周期、配送频率等都会影响直接转运效果，需要对几个环节进行持续监控，杜绝出现瓶颈。

6.9 配送服务作业管理

配送服务是直接连接客户的物流活动，是物流服务的形式之一。优质的配送服务能够减少客户抱怨，满足客户对商品品质及配送效率的要求，提升客户体验。由此可见，配送服务在整个物流管理过程中占据着举足轻重的地位。

6.9.1 配送服务概述

服务是指在同顾客接触中，通过提供有偿或无偿的活动来满足顾客的需要。服务的目的在于及时解决客户的问题，而配送服务的目的是在降低配送成本的前提下，努力提高客户的服务水平。

1. 配送服务的定义

配送服务的定义可以表述为：在物流配送过程中为满足客户需求所实施的一系列配送活动过程及其产生的结果。配送服务包括与配送业务活动密切相连的基本服务和针对客户需求所提供的其他服务。另外，配送服务还是有效连接供应商、制造商、批发商和零售商的重要纽带。

2. 配送服务的主要内容

(1) 备货保证：拥有客户所期望的商品，且不能出现以次充好、以假乱真等备货情况，确保商品质量。备货是决定配送成败的初期阶段，备货不及时、不合理或者不正确会直接降低配送效率。

(2) 品质保证：符合客户所期望的质量。品质保证主要体现在两方面：一是商品自身的品质，二是配送的质量。这里讲的品质主要侧重于第二个方面，配送过程中要确保在途商品无破损、无劣化、无差错等情况产生，及时高效地将商品送到客户手中。

(3) 输送保证：将商品在客户要求的时间内准确地送到客户指定的地点，按照配送服务标准将商品送到客户手中。

(4) 安全保证：要确保配送人员和所配送的货物在配送过程中的安全。

配送服务构成要素如表 6-8 所示。

表 6-8　配送服务构成要素

要　素	项　目	内　容
备货保证	在库商品服务	A 类商品立即备货，B、C 类商品不能保证立即备货
输送保证	订单处理服务	有效订单的准确率、设备利用率、货损率等
	交货速度	当天到、隔日达、三天以后
	订货单位	瓶、箱、桶、打、盒、散装等
	交货频率	一日一次、一日两次、两日一次等
	时间指定	指定具体时间配送，如休息日配送、午休或下班后配送
	紧急出货	具体情况具体安排
品质保证	保证配送质量	保管或配送过程中品质劣化等化学性损伤(如葡萄酒需在适宜的温度下储存，过冷或过热都会对酒质产生变化，影响口感)、包装破损等物理性损伤、配送差错、数量差错等
安全保证	保证人、货、车安全	配送过程中确保配送人员、配送车辆和配送货物的安全

3. 配送服务的作用和意义

(1) 合理的配送服务有助于提高企业物流系统运行的经济效益。配送成本和配送服务水平之间存在效益背反规律，即当降低配送成本时，配送服务水平也会降低；当提升配送服务水平时，配送成本也会升高。配送是企业物流经营战略的重要一环，具有显著的经济特征，所以确定适当的配送服务水平是企业经济活动和战略决策的重要内容。

(2) 配送服务是实现供应商、制造商、批发商和零售商之间有效联结的重要手段。供应商、制造商、批发商和零售商是供应链上的节点企业，通过配送可以将上下游的企业联结起来，如供应商向制造商配送原材料、制造商向批发商配送半成品或产成品、批发商向零售商配送成品等。

(3) 配送服务是体现企业差别化经营战略的重要内容。消费者的需求日益呈现多样化，企业只有不断满足不同层次、不同需求的消费者，对不同的客户实行不同的服务策略，才能在竞争激烈的市场中脱颖而出。作为客户服务重要组成部分的末端配送服务，便成为企业差异化经营的重要方式和途径。

6.9.2 配送服务标准

物流标准化是我国现代物流发展的重要组成部分，它可以统一物流概念，规范物流运作，提高物流效率。同样，配送服务也需要制定一定的标准，规范配送业务流程，对流程中的作业细节提出操作要求，从而提高配送效率和客户服务水平。下面以同城配送、快递投送服务为背景，对配送服务标准进行详细介绍，使整个配送过程更加规范化和标准化。

1. 电话预约

在配送前，要与客户进行电话预约。在电话预约时，通常会遇到以下几种情况：

(1) 预约成功，正常送货。

(2) 电话联系不上，如无人接听、停机、不在服务区、关机等。

(3) 客户因个人原因要求改天送货。

(4) 客户临时要求变更送货地址。

配送人员要根据预约情况灵活处理。需要注意的是，在实际配送过程中，电话预约是在配送途中完成的，而不是在出车前完成的。

2. 在途运送

在途运送时需要注意以下问题：

(1) 严格按规定的时间发车，按计划路线行驶。

(2) 配送过程中要保证车辆安全行驶并有效控制途中行驶时间。

(3) 配送过程中如遇到堵车或其他原因不能在约定的时间内送达，应及时与客户进行电话沟通，并表示歉意。

(4) 配送过程中要保证唛头、封条的完好，发生物品散落、损坏、捆绑不牢等情况时，应及时采取措施，对货物加以整理，必要时更换车辆，并及时登记备案。

(5) 配送途中不得进行不必要的停顿及与配送无关的作业操作。

3. 送达服务

1) 人员要求

(1) 应着装整齐干净，最好能统一穿着带有企业 LOGO 的工装。形象良好，男士不留长发，不留胡须；女士不浓妆艳抹，不留长指甲。语言表达清楚，语句流畅，语气委婉温和，礼貌待人。

(2) 工作认真负责，态度端正，爱护配送货物。

(3) 货物配送一定要送货上门，原则上配送员不允许进入客户家中，在门口完成货物的交接签收过程，如有需要，需套鞋套。

(4) 雨天配送时，要配置、携带好避雨器具，以免配送货物被雨淋湿。

(5) 门到门配送，搬运上楼，搬运过程中要轻拿轻放，防止出现磕碰现象。

(6) 要确保货物按时、按质、按量、准确安全地配送到客户手中。

(7) 配送人员能够在失误发生的同时迅速解决问题，减少客户的抱怨。

2) 按址送货

(1) 按照装车单上收货人的详细地址进行送货。

(2) 在与收货人交接货物时，主动出示身份证件，如工作证等，并自报家门。

(3) 必要情况下，应有礼貌地让收货人出示相关证件，证明收货人身份。

(4) 提醒客户查看唛头、封条、外包装是否完好，协助客户检查货品数量，检查货品是否有破损。

(5) 收货人应在客户签收单上签字确认，送货人用手持终端扫描回执信息。如收货人拒绝签收货品，需在客户签收单上写明原因。

(6) 签收单签字确认后，应将货物递交给客户，并将客户签收单的客户联留给客户，其他几联带回物流配送中心。

(7) 送货人员应将签收信息及时反馈到物流配送中心的信息系统，包括收货人姓名、货物名称、收货时间、物品完好性、是否退货等。

4. 配送异常处理

在实际配送过程中有时会出现无法送达的情况，此时应将货物返回物流配送中心。无法送达的情况属于配送异常，一般包括以下几种类型：

(1) 收货人的联系方式书写错误导致无法联系或联系方式正确但联系不上。遇到此种情况时，要按原地址进行送货；如果仍无法联系到客户，则贴好“送达返回单”，单上填写好客户姓名和送达时间。

(2) 收货人临时变更了送货地址。此时要看变更的新送货地址是否在配送范围内，如是，配送员需把该情况反馈给调度员，调度员根据新地址重新安排路线，并把新线路反馈给配送员；如不是，配送员需把情况告知客户，变更送货日期。

(3) 收货人拒绝签收货物。如果因货物破损等原因客户拒绝签收，此时应让客户在签收单上写明拒收原因，送货员将货物打包好，及时向物流配送中心反馈客户信息，并向客户表示歉意。

5. 信息服务

信息服务主要包括以下几方面：

(1) 配备车载 GPS，满足客户对商品在途运送过程中信息的查询。

(2) 做好信息的维护工作，确保信息的准确性、实时性、有效性。

(3) 根据配送作业标准要求，及时将客户签收及退货信息反馈给物流配送中心。

(4) 防止客户信息泄露及不正当使用。

6.9.3　配送服务质量管理

配送活动有极强的服务性质，以优质的服务完成配送活动是整个配送过程的目标。不同客户对服务质量的要求也不同。这就需要了解和掌握客户需求，如商品质量的保存程度，批量及数量的满足程度，配送额度、间隔期及交货期的保证程度，配送、运输方式的满足程度等。

1. 配送服务质量管理概述

1) 配送服务质量的含义

配送服务质量是指反映配送服务活动过程中满足客户明确和隐含需要的能力总和。一般来讲，配送服务普遍体现在满足客户要求方面。这一点难度很大，各个客户的服务要求不同，有些要求甚至超出了企业的能力，要实现这些要求，就需要企业有很强的适应性及柔性，而这些又需要有强大的软硬件系统和有效的管理系统来支撑。

当然，对客户服务的满足不能是消极被动的，因为有时候客户提出的某些服务要求会增大成本或出现其他问题，这对客户实际是有害的，盲目满足客户的这种要求不是高质量服务的表现。物流配送中心的责任是积极、能动地推进服务质量。

2) 配送服务质量的要素

配送服务质量的要素如表 6-9 所示。

表 6-9 配送服务质量的要素

要 素	含 义	典型的度量单位
产品的可得性	配送服务最常见的度量，一般以其百分比决定存货量	可得百分比
备货时间	从下达订单到收到货物的时间长度。一般情况下，产品的可得性与送货时间同时作为配送服务的标准，如 98%的货物在三天内到达	速度一致性
配送系统信息	配送信息系统对客户的信息需求反应的及时性与准确性	信息的准确性、详细性
配送系统的纠错能力	配送系统程序出错的恢复时间	反应需要的时间
服务后的支持	交货后对配送服务支持的效率，包括客户配送方案和配送服务的修订与改进	应答时间与应答质量

3) 配送服务质量的形成

配送服务质量的形成主要来源于以下三个方面：

(1) 设计来源，即分析客户的需求和客户类型。

(2) 供给来源，即设计好配送服务的方式提供给客户。

(3) 关系来源，即配送人员和客户之间的关系。

配送服务质量还会受配送技术质量和配送功能质量的影响，而被客户感知的配送服务质量要受到企业形象、质量预期、质量体验三方面内容的影响，具体体现如下：

(1) 企业形象。客户在选择配送服务之前，受到企业形象宣传的影响，以及曾经的体验或相关人士体验后的口碑宣传，对选择的配送服务已有一个初步的了解，同时对所选择的配送服务已有一个心理预期。

(2) 质量预期。客户购买商品后，在未收到商品前会对配送服务质量有一个预期，该预期会直接影响客户收到商品时的服务质量体验。

(3) 质量体验。在客户收到商品后，会不自觉地将自己得到的体验与预期体验相比较，从而得出该配送服务质量的优劣。但客户的最终评价往往会受到企业在客户心目中的形象的影响，如某配送服务一直在业界有较好的口碑，对于偶尔的配送失误造成的损失，通常情况下客户也可原谅。

2. 配送服务质量评价指标

在配送服务质量的考核和评价中，最直接最有效的方法就是对业务流程进行考核及对配送服务质量进行评价，主要评价指标如下：

(1) 货品精确率：实际配送商品和订单描述商品相一致的程度，包括货品的规格、型号、品种、数量等因素。其计算公式为

$$\text{货品精确率}=\frac{\text{正确的货品数量}}{\text{所配送的货品总数量}}\times 100\%$$

(2) 货品破损率：货品在配送过程中的损坏程度，通常用货品的外包装破损及内部商品破损占全部货品的比例表示。其计算公式为

$$\text{货品破损率}=\frac{\text{破损货品个数}}{\text{配送总货品个数}}\times 100\%$$

(3) 货品遗失率：通常用货品在配送过程中遗失的数量占全部货品的比例表示。其计算公式为

$$\text{货品遗失率}=\frac{\text{遗失货品件数}}{\text{配送总货品件数}}\times 100\%$$

(4) 订单妥投率：通常用配送员成功投递的订单数占总订单数的比例表示。其计算公式为

$$\text{订单妥投率}=\frac{\text{投送成功的订单数}}{\text{配送总订单数}}\times 100\%$$

(5) 配送准时率：通常用按照客户的要求，在规定的时间内成功完成配送的订单量占总配送订单量的比例表示。其计算公式为

$$\text{配送准时率}=\frac{\text{规定时间内成功投递的订单数}}{\text{配送总订单数}}\times 100\%$$

3. 配送服务质量常见的问题与对策

1) 送货不准时，送货速度不能达到客户的要求

对此问题的建议对策如下：

(1) 制定合理的配送管理规章制度和作业规范，并严格按照制度执行。

(2) 重新测算配送所需要的时间，调整配送路线。

(3) 严格执行配送车辆的检修和保养制度，避免行车配送过程中出现故障。

(4) 加强配送人员的业务标准培训，提高配送人员的素质，防止出现在配送时间内做与工作内容无关事情的情况。

(5) 调整商品品种，适当增加容易缺货商品的库存量，避免某订单因缺某种商品而迟迟不能发货。

(6) 调整配送作业流程，进一步提高配送作业效率。

2) 服务过程中缺乏与客户有效沟通的途径

为了解决与客户之间的沟通问题，提高客户满意度，可以通过学习、宣传配送服务的理念强化员工的服务意识，增强关心服务质量和保护服务质量的自觉性，真诚有礼地与客户进行有效沟通。另外，还可以从以下几个方面加强与客户的有效沟通：

(1) 在企业网站主页上公布查询系统界面，并向客户公布查询的信息。

(2) 在企业网站主页上公布客户服务电话和人员名单及投诉处理程序。

(3) 建立覆盖整个物流配送的信息网络，实时更新物流配送信息。

3) 配送商品的品质问题

解决配送商品品质问题主要从以下几个方面入手：

(1) 严格验收。首先商品在进入物流配送中心前要进行严格验收，保证商品及其包装的质量完好。例如，对吸湿性强的商品要检测其含水量是否超过安全水分标准，以防止商品在入库前便发生质量变化。

(2) 科学分类与分区。需要配送的商品在装车前要放在暂存区，在暂存区保管时也要注意对商品的温湿度控制。例如，怕潮湿和易霉变、易生锈的商品应存放在较干燥的区域，怕热易融化、发黏、挥发、变质或易发生燃烧、爆炸的商品应存放在温度较低的阴凉场所。此外，性能相互抵触或易串味的商品不能在同一区域混存，以免产生相互不良影响。

(3) 加强温湿度控制。温度和湿度对商品质量的影响极大。各种商品由于其本身特性，对温湿度一般有一定的适应范围，超过该范围，商品质量就会发生不同程度的变化。配送作业中，可对配送车辆进行温湿度控制，如冷链配送；也可通过商品包装进行温度控制，如生鲜配送时，可采用外用泡沫箱、内填冰袋的方法保证生鲜商品的质量。总之，应根据商品的性能要求，力求把温湿度保持在适应商品保管的范围内，以保证商品的质量安全。

(4) 加强检查与监控。做好商品在配送过程中的检查与监控，对保证商品质量安全具有重要作用。商品质量发生变化，如不能及时发现并采取补救措施，就会扩大损失。因此，应该在日常监控的基础上，对商品质量进行定期或不定期的抽查。

(5) 做好清洁卫生工作。如果配送环节不清洁，则容易引起微生物、虫类滋生繁殖，危害商品。因此，应对配送中心的内外环境和配送车辆经常清扫，彻底清除垃圾等异物，必要时采取相应措施杀灭微生物和潜伏的害虫。

(6) 严格执行配送系统岗位责任制，明确各岗位的职责，加强配合和协作，保证岗位职责的落实。建立严格的质量管理制度、配送服务规范标准、配送服务质量档案等，严格执行配送作业流程，并加强对配送人员的业务培训。

6.10 退货作业管理

随着经济的发展，传统物流的内涵不断扩大，逆向物流随之发展起来。而在逆向物流管理中，退货管理占有很大的比例。尤其是近几年来，电子商务的发展以及消费者维权意识的增强，使得产品退回的数量增加。退货量的增加无疑会增加退货成本，使得企业的利润减少。目前，退货管理已成为各大商家竞争的焦点，在保证商品和服务质量的同时，物流配送中心要把退货管理作为一个系统工程来对待，予以高度重视。

6.10.1　退货管理的内涵

商品退货是指物流配送中心按订单将货物发出之后，可能会在交货中或交货后，客户由于错发货、货物质量等原因将商品退回物流配送中心的活动。商品退货会减少企业营业额，增加成本，降低利润。如果物流配送中心对退货情况处理不当，可能影响消费者对一个品牌或公司的信心，也可能使公司在竞争对手面前变得脆弱。因此，退货管理已成为企业竞争中不可缺少的重要组成部分。

1. 退货管理的概念

退货管理是指在完成配送活动的过程中，由于配送方或用户方关于配送物品的有关影响要素存在异议而进行处理的活动。通常，退货管理包括以下几项内容：

(1) 减少或消除退货。

(2) 退货作业处理。

(3) 退货再分配。

随着企业间竞争日益激烈，为了提高客户的购物体验，企业采取更为自由的退货政策，如七天无理由退换货等。企业应采用积极的退货政策，以提高客户黏性，使客户对企业有更强的依赖感、信任感、忠诚感。因此，做好商品退货管理工作，对企业的发展有着举足轻重的作用。

2. 退货管理的原则

物流配送中心在处理退货时，不管是零售商还是消费者的退货，都必须遵循一定的原则。

(1) 明确责任。商品发生退货时，物流配送中心一定要先明确退货产生的责任人，即是供应商供货品质的问题，还是物流配送中心配送产生的问题，或者是客户使用时产生的问题等。如果是供应商的责任，则由客户退回物流配送中心，再由物流配送中心退给供应商；如果是物流配送中心的责任，则由物流配送中心自行处理，根据具体情况采取相应的解决方案，如降价、配赠、销毁等；如果是客户自身的原因，则与客户进行协商，妥善处理。原则上由于客户自身问题产生的退货，物流配送中心应拒绝处理，若必须退货，客户需承担相应的费用。

(2) 分担费用。物流配送中心在处理大量的退货商品时，需要消耗物流配送中心大量的人力、物力和财力。除物流配送中心自身原因产生的退货外，其他情况均需责任人承担部分费用。例如，网购商品客户收到货物后，若是因为客户自己选择失误导致退换货，这时客户需承担往来的快递费用。

(3) 确定条件。物流配送中心应事先确定好退货细则，包括符合哪种退货条件、具备哪些凭证、退货期限的限定等。例如，定制类的商品不退不换、退货商品应不影响二次销售(包装完好、配件齐全、未被使用过等)；退货客户除具备完好的商品外，还需准备购物凭证及发票(如卖家已提供)；客户想要退货，则需要在签收货物之日起 45 天内(以货物签收单为准)提出退货申请等。

(4) 合理计价。退货的计价与购物的价格不同。物流配送中心应将商品退货计价方法向客户说明，通常情况下是取购进价和现行价的最低者计算。如果与零售商签订退货协议，则需按照协议中退货商品计价方法进行计算。

6.10.2 退货产生的原因

商品退货会导致企业物流成本增加，相应地利润随之减少。因此，物流配送中心必须认真了解退货产生的原因，采取适当措施，减少退货的产生，加强退货管理，提高营运绩效。常见的退货原因有以下几种。

1. 依照协议

物流配送中心会与客户就某些商品签订特殊协议，如季节性商品、试销商品、代销商品等，协议期满后，剩余的商品将退回物流配送中心。例如，某大型超市与某物流配送中心签订《年度贸易合约》，合约约定："销售过程中出现的库存量过大的商品，物流配送中心应无条件退货或回购。"

2. 质量问题

因商品质量问题产生退货主要有两种情况：一种情况是生产商在设计和制造产品过程中造成的商品质量问题。这种情况一般是在商品销售后被消费者或商家发现，必须立即部分或全部召回。例如，一汽大众汽车有限公司按照《缺陷汽车产品召回管理条例》的要求，于 2014 年 10 月 17 日向中国国家质检总局递交了召回报告，在中国召回装配了耦合杆式后悬架的 563 605 辆一汽大众速腾和 17 485 辆大众进口汽车甲壳虫。另一种情况是由于鲜度不佳、含量超标等形成的商品质量问题，物流配送中心对于此种情况应给客户或商家予以解释，说明原因并表示歉意，对问题商品予以退回。例如，某电商物流公司春节期间配送鲜活海鱼，由于在仓库存储不当，送到客户手中时，"活鱼"变"死鱼"。面对此种情况，客户一定会拒收，物流配送中心需立即进行退货处理。

3. 搬运途中损坏

对于由于包装不良或搬运中剧烈震荡，甚至出现野蛮装卸，造成商品破损或包装污损的情况，物流配送中心应退回商品。此时管理人员需考虑本商品的包装材质是否合适，提高装卸搬运人员素质，避免搬运过程中磕碰情况的出现。例如，《央视财经评论》曾播出的快递员暴力分拣现象、野蛮装卸快件、快递能抛多远抛多远、乱踩乱扔乱摔的情况时有发生，势必会造成易碎物品的破损。

4. 商品错送

由于物流配送中心自身处理不当，导致实际配送的商品在品种、规格、数量、重量等方面与订单不符，客户需要换货或退货。这时工作人员要立即处理，减少客户抱怨。物流配送中心人员在处理客户退货的同时，要查明到底是哪个作业环节造成了实物与单据不符，加强管理，细化流程，在容易出错的地方增强控制，提高作业的准确率。

5. 商品过期

通常，食品或药品都有相应的保质期，如面包、牛奶、消炎药等。对于临近或超过保质期的商品，客户都不能够接受，一种情况是拒收，另一种情况是退货。对于过期商品的处理，须采取恰当的手段和方法，如药品一旦过期变质就应彻底销毁，以防流入不法分子之手。需要注意的是，要认真分析产生过期或临期商品的原因，提前处理，从源头上减少过期商品产生的可能。

6.10.3　退货管理策略

退货管理最重要的一点就是减少退货量。一个企业不可能完全避免退货，但可以通过管理制度和策略使退货量最小化。为了确保客户的退货产品得到及时有效的处理，并预防类似问题再次发生，促使客户满意及供方得到及时的信息与产品改善，本节从起点管理、流程管理、后续管理和从退货处理中获取利润四个方面介绍退货管理策略。

1. 起点管理

起点管理即“源”管理，从源头上控制，减少顾客的退货。其主要包含以下内容：① 物流配送中心做好商品入库验收工作，确保商品品质，保证配送前商品的完好性；② 必须为消费者提供完整、有效的商品信息；③ 要尽可能减少自己的损失，如对顾客的定制货物，要严格限制退货条件等。

2. 流程管理

流程管理主要是针对退货的作业流程进行管理，目的在于缩短退货的处理周期，增加其再售的机会，提高效率。这主要体现在退货处理的标准化和自动化层面。管理学认为，标准化是提高效率的有效手段。对于退货处理，企业必须要有详尽的可操作性标准，而且要渗透到退货作业中的各个环节。这样可以减少处理人员在面临复杂决策时的时间成本，同时也增加了处理人员退货处理的权利，培养了其处理问题的能力。

3. 后续管理

退货管理中应该渗入可持续发展的思想。退货管理的目的不是成功处理退货，而是避免同类退货再次发生。因此，要有详细的退货管理记录，对退货数据进行统计分析，包括横向比较和纵向比较两个方面。横向比较是与传统的销售渠道比较，纵向比较是针对历史记录进行分析，目的在于发现规律和问题，以有效地预测退货的高发期，合理安排退货处理人员和库存量。

4. 从退货处理中获取利润

一个好的退货系统可以成为企业建立竞争优势的有力渠道，可以加强物流配送中心与上游供应商与下游零售商和客户的联系，还可以降低企业成本，提高企业声誉，甚至成为企业的利润中心。那么，如何通过高效的退货系统使物流配送中心在退货处理中获取更多的利润呢？可以从以下三个方面来考虑：

(1) 为退货处理配备专门的场地，并安排专人负责，以方便对退回商品进行重新整理，获得更高的价值，如重新包装、重新分拣挑选、重新加工等。

(2) 把退货商品视为待售商品。若退货商品在品质上没有问题，可以考虑为它们寻找合适的买主，立即转售。

(3) 根据具体情况，为退货设计高效的运送渠道。在提高运送效率的同时，也加速了退货商品的周转，减少部分存储空间，从而为企业降低成本，提高利润。

企业要从各个方面着手，尽量避免退货现象，但退货只可能减少，不可能杜绝，往往有时候，企业设法避免退货产生的成本比退货本身产生的成本还要高。因此，企业要学会妥善处理退货，明智地处理退货，即企业不要把退货看成一种负担，而是要把它视为创造利润的待售品。

6.10.4 退货流程管理

为规范商品的退货工作，物流配送中心需制定一套符合本企业标准的退货管理流程，以保证退货作业的规范化。从物流配送中心的角度来说，做好退货流程管理，可以提高退货快速处理能力，降低退货费用，从而提高企业利润和竞争力；从客户的角度来说，做好退货流程管理，能够减少客户抱怨，提升客户购物体验，加强客户对企业形象的认识，提高客户对企业的忠诚度。根据行业、配送类型等的不同，其退货流程也有所区别。

1. 电子商务购物退货

电子商务主要有三种模式：B2B、B2C 和 C2C。B2B 和 B2C 的退货流程类似，但每一家商城又有自己特殊的退货流程规定；C2C 主要是通过卖家与消费者协商确定退货流程。

下面以某网上商城为例，说明电子商务购物退货作业流程，如图 6-19 所示。

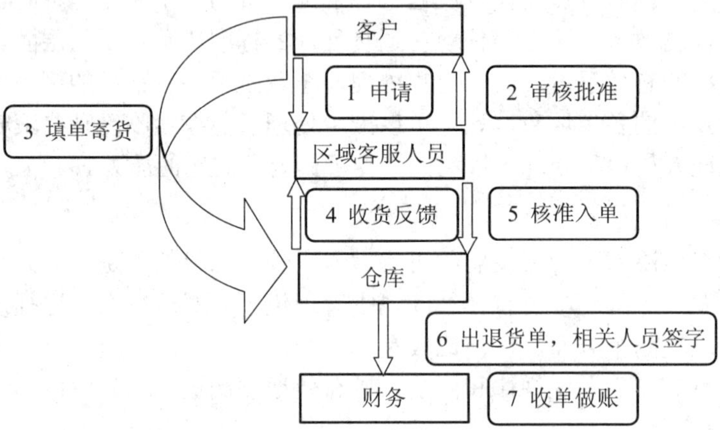

图 6-19 某网上商城退货作业流程

该网上商城退货作业流程步骤说明如表 6-10 所示。

表 6-10 某商城退货作业流程步骤说明

步骤	工作内容简要描述	相关表单
1	客户向公司负责该区域的客服人员打电话或在线提出退货申请	
2	公司区域负责人接受客户申请，初步审核，允许退货	
3	客户填写补货、退货明细单，将财务联与仓库联同实物一同寄回仓库	补货、退货明细单
4	仓库人员收到客户退货后转给区域客服人员最终审核	
5	区域客服人员确认无误后将退货信息输入计算机系统，产生退货单，通知仓库	退货单
6	仓库人员看到电子退货单后做退仓单，给区域负责人签字后将补货、退货单订在一起，财务联给财务做账	退仓单
7	财务人员根据补货单、退货明细做账，调整客户账户余额	

对于以上流程，需要特别说明的是：

(1) 客户必须向区域客服人员提出退货申请，批准后才可以退货，不得擅自将货品直接退回仓库。

(2) 客户退货必须清楚填写补货、退货明细单，货品必须清洁无破损。残次品必须另外独立分开打包，并在残次位置清晰标注，以便生产部检查。

(3) 区域客服人员审核批准客户退货后需提醒仓库收货，收到客户退货后要回复客户收货及退货情况，并及时做单录入计算机。

(4) 仓库收到客户退货后要第一时间通知区域客服人员，做退货单后要给区域客服人员签名并将退货单与补货、退货明细订在一起留底，财务联留给财务。

(5) 财务收到退货单后及时做账，调整客户金额。

注：以上特别说明来自京东的退货规定。

2. 实体店向物流配送中心退货

对于实体店向物流配送中心退货方式，在规范退货作业流程时需要注重细节，严格把关各个重要环节，并不断优化流程。该退货方式的一般作业流程如图 6-20 所示。

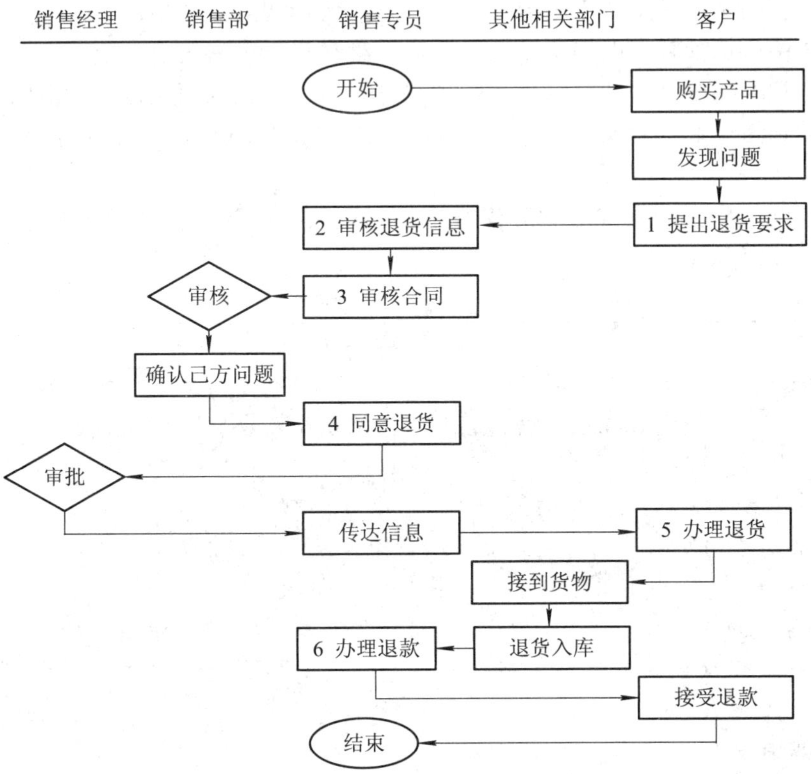

图 6-20　实体店向物流配送中心退货作业流程

对于以上流程，需要特别说明的是：

(1) 物流配送中心的销售部门在接到客户退货信息时，应及时将退货信息通知仓储部门和市场部门，并会同仓储部门及时找出退货原因，明确责任。

(2) 对于客户退回的货物，物流配送中心销售部门对货物的数量和退货单的相关信息进行初步检查，并核对是否与发货单一致，查验无误后，由仓储部门入库。

(3) 退回货物重新入库时，需要协同仓储部门按照新品入库的标准对退货商品进行新一轮的检查，确认退回商品的品质、规格、名称等是否符合要求。对于符合标准的商品，应进行储存或分拣配送；对于有问题的商品，应为其贴上“拒收标签”后隔离存放。

(4) 对于退回的问题商品，如果物流配送中心不能退回至供应商，仓储部应安排相关责任部门对商品进行挑选、重新加工、降级使用或做报废处理，使物流配送中心减少库存(呆滞品)压力。

3. 智能储物柜退货

快件送来了，但客户刚好不在家或物业不接收，怎么办？快件因无人接收，快递员只能“二次投递”“三次投递”。不过，有了智能储物柜后，这些问题将迎刃而解。智能储物柜外观类似于超市储物柜，柜子中间有触摸屏幕，主要有收件和取件两个功能。快递员将快件放进去后，收件人凭借收到的一次性提取码短信，就可在 24 小时内随时取件。同时，这种“智能储物柜”还有收件功能，客户可将所购的不满意商品通过此柜进行退货，具体流程如下：

(1) 客户在网站退货中心申请退货，配送方式选择智能储物柜。

(2) 退货中心接受客户的退货申请，并返回给客户一个密码。

(3) 客户把商品拿到智能储物柜，用密码打开柜门，放入商品，关上柜门。

(4) 商家退货中心的信息系统收到商品放入柜子的信息后，通知物流配送中心或快递公司取件，并分配其开柜密码。

(5) 物流配送中心或快递公司凭借开柜密码取出柜中商品，并做好标记(退货授权)，再将货物运送到商家的退货中心。

经典案例

高效合理的联华便利物流配送中心

一、联华便利物流配送中心的需求背景与设计思想

随着经济形势的发展，上海连锁商业的竞争蔓延到了便利店。联华便利店发展势头迅猛，以每月新开 60 家门店的速度急剧扩张。但是，联华便利店规模的不断扩大也带来了新的问题：传统的物流已经不能为公司庞大的便利店销售网络中商品的顺畅流通提供保障。因此，建立现代化物流系统、降低物流成本成为联华便利店在竞争中掌握先机的关键。由于便利店商品价格低、物流配送中心投资有限，因此如何兼顾需求和投资合理性是项目成功的决定因素。

联华便利店在选择物流硬件设备和软件设计的整体方案时充分考虑了上述实际情况，认真选择了一家有经验的设计方，量体裁衣，制订了一套完整的解决方案，即将现有的建筑物改建成物流配送中心，采用仓库管理系统(Warehouse Management System，WMS)实现整个物流配送中心的全计算机控制和管理；而在具体操作中实现半自动化，用上海先达条码技术有限公司提供的无线数据终端进行实时物流操作，用货架形式保管货物，用自动化

流水线输送货物，用数字拣选系统(Digital Picking System，DPS)拣选货物。另外，在设备的选择方面也采取进口设备与国产设备合理搭配的方式。该方案既引进了先进的物流理念，提升了物流管理水平，又兼顾了联华便利店配送商品价值低、物流配送中心投资额有限的实际情况。在整个方案的设计中，设计方没有一味追求一步到位的先进性，而是力求使合理的投入得到较高的回报。

该方案在细节方面考虑得也非常周到。联华便利店物流配送中心总面积为 8000 m^2，建筑物共有 4 层。由于是多层结构，因此设计方对各层平台间的搬送自动化做了特别的考虑，采用托盘垂直升降机和笼车垂直升降机。其中，两台托盘垂直升降机能对以托盘为单位的进货货物进行各层平台自动分拣，并将空托盘自动回收至一层的进货区域；空笼车另有专用电梯送往各层平台。为了提高拣选效率，物流配送中心被分成了 17 个分拣区域，利用笼车良好的流动性设计了区域拣选方式。在各个区域的起始位置装有商店号码提示器，拣选时将显示出库单上的商店号码，因此可多人进行拣选作业，即使逢年过节工作量增加也能大量出货，应付自如。物流配送中心采用托盘货架与流动式货架为主的布局设计，托盘货架保管以整箱为单位的货物，流动式货架保管非整箱货物。为了提高分拣作业效率和正确率，托盘货架的最下端和流动式货架的外侧都装有数码拣选显示器。

二、联华便利物流配送中心作业流程

进货后，立即由 WMS 进行登记处理，生成入库指示单，同时发出是否能入库的询问信号。如果仓库容量已满，无法入库，系统将发出向附近仓库入库的指示。接到系统发出的入库指示后，工作人员将货物堆放在空托盘上，并用手持终端对该托盘的号码及进货品种、数量、保质期等数据进行进货登记。在入库登记完成后，工作人员用叉车将货物搬运至入库品运载装置处。按下入库开始按钮，入库运载装置开始上升，将货物送上入库输送带。在货物传输过程中，系统将对货物进行称重和检测，如果不符合要求(如超重、超长、超宽等)，系统将指示其退出；符合要求的货物方可输送至运载升降机。输送带侧面安装的条码阅读器对托盘条码加以确认，计算机将对托盘物的保管和输送目的地发出指示。接到向第一层搬运指示的托盘在经过升降机平台时，不再需要上下搬运，将直接从当前位置经过第一层的入库输送带自动分配到第一层入库区等待入库；接到向第二层至第四层搬运指示的托盘，将通过各层的入库输送带自动输送货物到入库区。货物在下平台前，工作人员根据入库输送带侧面设置的条码阅读器将托盘号码输入计算机，并根据该托盘情况，对照货位情况，发出入库指示，并由叉车从输送带上取下托盘，叉车作业者根据手持终端指示的货位号将托盘入库。经确认后，在库位数将进行更新，完成入库作业。

当全部区域拣选结束后，装有货物的笼车由笼车升降机送至第一层。工作人员将分散在多台笼车上的货物归总分类，附上交货单，依照送货平台上显示的商店号码将笼车送到等待中的对应运输车辆上，计算机配车系统将根据门店远近合理安排配车路线。出货完成后，工作人员将空托盘堆放在各层的空托盘平台上，并返回输送带上，由垂直升降机将空托盘传送至第一层，并由第一层进货区域的空托盘自动收集机收集起来，随后送到进货区域的平台上堆放整齐。

三、实际运作效果

联华便利物流配送中心在实际运作中收到了良好的经济效益和社会效益。原来为联华便利门店配送的江杨物流配送中心每天的拆零商品配送能力在 1 万箱左右，单店商品拆零配置时间约需 4 min，由于场地小、科技含量低、人力资源耗费大、人工分拣的拆零差错率达 6%，而且每天只能配送 200 多家门店。

联华便利物流配送中心建成后，其以高效率、低差错率和人性化设计受到各方好评。物流配送中心的所有操作由计算机中心的 WMS 管理，并将在库信息与公司 ERP 系统连接起来，使采购、发货有据可依。新物流配送中心库存商品可达 10 万箱，每天拆零商品可达 3 万箱，商品周转期从原来的 14 天压短到 3.5 天，库存占用资金大大降低；采用 DPS 方式取代人工拣选，使差错率减少到万分之一，配送时间从 4 min/店压缩到 1.5 min/店，每天可配送 400 多家门店。联华便利物流配送中心投入使用后，配送准确率、门店满意度等都有了大幅提升，同时物流成本在整个销售额中所占比例降低，从而为联华便利店的良好稳定发展奠定了坚实的基础。

【本章小结】

本章首先介绍了进货作业、储存作业、搬运作业管理的内容，其中重点介绍了进货作业流程和货物编码、储存作业安全管理和组织与搬运作业合理化；然后介绍了订单处理、拣货与补货作业、配货作业管理的内容，重点介绍了订单处理步骤、拣货作业方法与补货作业的步骤流程；最后介绍了送货作业、直接转运、配送服务作业和退货作业管理的内容，重点介绍了车辆调度的方法、配送服务的标准及服务质量管理以及退货产生的原因和处理策略。

【拓展阅读】

1. 王文杰, 陈颖, 蒋帅杰. 考虑平台竞争的众包物流社会配送服务最优定价策略[J]. 运筹与管理, 2020, 29(10): 11-20.

2. 孔继利, 贾国柱. 考虑学习率和搬运时间的人工作业系统生产过程时间组织与优化[J]. 管理评论, 2015, 27(3): 196-208.

3. 陈斌, 姚媛媛, 安裕强. 基于订单智能协同处理的产销存一体化管理[J]. 中国烟草学报, 2017, 23(3): 119-123.

4. 胡振华, 舒行钢. 线上销售渠道下平台零售商的退货策略选择研究[J]. 湖南大学学报(社会科学版), 2021, 35(2): 45-56.

【实践作业】

1. 任务名称

配送中心作业内容分析训练。

2. 任务描述

通过学习本章内容，读者已经对物流配送中心的作业内容有了基本了解。接下来通过对某物流配送中心作业情况进行研究和分析，加强对物流配送中心作业管理相关知识的掌握。

3. 任务实施

(1) 选择感兴趣的一家物流配送中心，以该配送中心为研究对象，查找相关的最新资料，了解其物流作业的相关流程和内容。

(2) 对该物流配送中心作业的内容进行具体分析，总结优点和不足，并提出合理优化建议。

(3) 完成《××物流配送中心作业内容分析报告》。

第 7 章　物流配送中心设施设备管理

学习目标

配送中心设施设备是完成配送中心各种功能的基础要素，主要包括储存设备、装卸搬运设备、输送设备和站台设备。配送中心设施配备是否合理，直接影响着整个配送中心的作业效率和服务水平。希望读者通过本章的学习，掌握储存设备的功能与分类，了解各货架的结构特点和使用场合；掌握装卸搬运设备的功能与特点，了解各装卸搬运设备的性能和使用场合；掌握输送设备的功能与类型，了解各输送设备的性能与使用场合；掌握站台的结构类型和形式，了解各站台设备设施的优缺点。

关键术语

搁板货架　托盘货架　重力式货架　旋转式货架　自动立体仓储货架　叉车　托盘搬运车　链条输送机　滚筒输送机　皮带输送机　AGV　可移动式货架　升降货柜　后推式货架　阁楼式货架　无动力式输送机　动力式输送机　车辆固定装置　站台高度调整板　装卸货作业门

思维导图

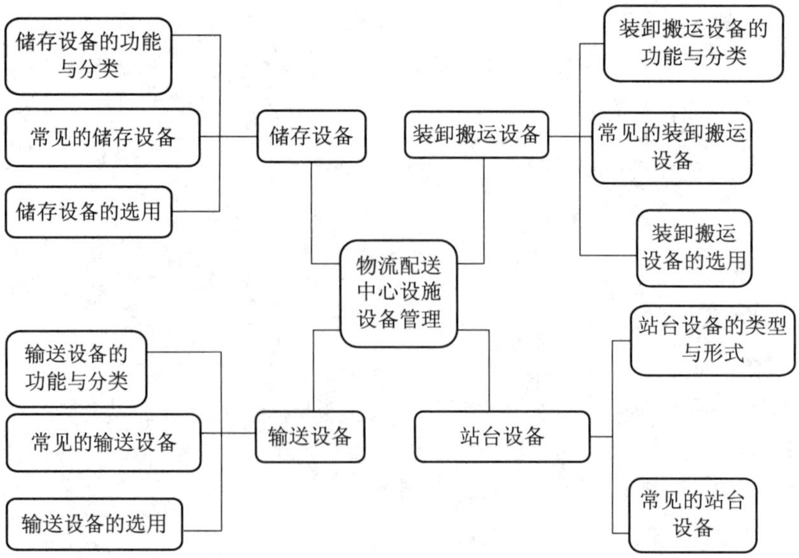

7.1 储存设备

配送中心的储存设备种类很多，其中货架作为物流配送中心最主要的储存设备，具有存取方便、可以实现先进先出或自由存取、货物之间不会相互挤压等优点，除适用于多样规则性货品的储存外，也能用于不规则形状货品的储存。本节主要介绍储存设备的功能与分类、常见的储存设备，以及储存设备的选用。

7.1.1 储存设备的功能与分类

储存设备的功能是对货物进行存储，通过配备不同类型的储存设备，可以适应各种货物的储存和出货需求。

1. 储存设备的主要功能

储存设备的主要功能包括：充分利用仓库空间，提高库容利用率；便于货物存放，提高货物保管质量，减少货物损失；货位明确，便于清点计量；存取方便，利于实现机械化、自动化作业等。

2. 储存设备的分类

储存设备主要包括：储存货架、托盘和容器等，用以满足各种不同的物品、储存单位、承载容器及存取方式的需求。其中，托盘和容器一般已经有标准或系列，可以根据货物的特性和数量进行选择；而储存货架的种类很多，在配送中心内的应用灵活多变，是配送中心内的关键设备。

按存取作业方式的不同，储存货架可以分为三类，如表 7-1 所示。

表 7-1　储存货架按存取作业方式分类

作业方式	分　类
人工或叉车作业	托盘货架
	驶入式货架
	流动式货架
	可移动式货架
	阁楼式货架
	悬臂式货架
	窄道式货架
	可携带式货架
	后推式货架
自动化设备配合存取	垂直旋转式货架
	水平旋转货架
全自动存取	托盘单元自动仓库
	箱单元自动仓库

按储存单元分类，储存货架可分为托盘、容器、单品及其他四大类。其中，每类货架因设计结构不同，又可分为多种形式，如表 7-2 所示。

表 7-2　储存货架按储存单元分类

作业方式	分　类		作业方式	分　类
托盘	托盘货架	一般托盘货架	单品	搁板式货架
		窄道式货架		旋转式货架
	驶入式货架			自动拣货系统
	流动式货架		其他	悬臂式货架(长料)
	移动式货架			可携带式货架(不规则、易碎)
	后推式货架			阁楼式货架(托盘、容器、单品)
	托盘单元立体仓库			特殊货架
容器	搁板式货架			
	流动式货架			
	旋转式货架			
	料箱单元立体库			

储存货架的分类方法还有很多，如按货架是否移动分类，可分为固定型和驱动型；按货架高度分类，则分为高层(>12 m)、中层(5～12 m)和低层(<5 m)；按货架材料分类，可分为钢货架、钢筋混凝土货架和钢与混凝土混合式货架；按货架本身的结构方式分类，可分为焊接式货架和组装式货架等。下面分别介绍各类货架的结构特点，并说明各类常用货架的设计及选用原则。

7.1.2　常见的储存设备

常见的储存设备有托盘货架、立体自动仓储货架、双深式货架、轻型货架、流动式货架、驶入式货架、旋转式货架、后推式货架、升降货柜、移动式货架、悬臂式货架与阁楼式货架。

1. 托盘货架

1) 一般托盘货架

一般托盘货架是最常用的传统式货架，用于储存托盘货物单元，可按物品堆码的高度任意调整横梁位置，又称可调式托盘货架，如图 7-1 所示。目前一般托盘货架大都采用组合方式，易于拆卸和移动，采用普通叉车进行作业。

一般托盘货架的特点如下：

(1) 储物形态为托盘。

(2) 可存取性好，出入库存取不受物品先后顺序的限制。

(3) 货架地脚需要加装叉车防撞装置。

(4) 货架高度较低，一般在 8 m 以下。

(5) 与叉车配合使用，巷道为 3～3.5 m。

此类货架在仓库中使用广泛，也常被用来在大卖场和仓储超市进行展销和储存。

2) 窄道式货架

窄道式货架如图 7-2 所示，需要配备窄巷道叉车(回转叉式叉车或无轨堆垛机)作业，巷道宽度比一般叉车作业的货架通道宽度要小许多。

图 7-1　一般托盘货架

图 7-2　窄道式货架

窄道式货架的特点如下：

(1) 储物形态为托盘。

(2) 存取自由，不受先进先出的限制。

(3) 施工精度要求高，且建造费时。

(4) 货架高度可达 15 m，但需要配合高架叉车作业。

(5) 巷道宽度为 1.8～2.2 m，储存密度较高。

2. 立体自动仓储货架

立体自动仓储货架是几层、十几层乃至几十层高的货架，中间配以专门的有轨堆垛机进行作业，如图 7-3 所示。按照货架的构造形式，立体自动仓储货架可分为整体式和分离式两种。

图 7-3　立体自动仓储货架

1) 分离式立体自动仓储货架

在已完成的厂房建筑物内直接装设仓库钢架，形成与厂房独立的结构体，称为分离式立体自动仓储货架。高度在 15 m 内且规模较小的高架中、小型立体自动仓库大部分采用分离式立体自动仓储货架。

分离式立体自动仓储货架的特点如下：

(1) 储物形态为托盘。

(2) 必须配有其他自动存取设备。

(3) 施工期较整体式短，费用也较低。

(4) 适合较小规模的高架仓库采用。

(5) 可于已完成的厂房内直接架设、布置。

2) 整体式立体自动仓储货架

立体自动仓储货架的高架钢骨为房屋建筑物结构体，并将房屋建筑物的屋顶与墙壁直接装设在仓库钢架的上面及外面，形成一体的建筑物；同时，自动消防系统也利用钢架作为消防配管支架，形成整体式立体自动仓储货架。

整体式立体自动仓储货架的特点如下：

(1) 储物形态为托盘。

(2) 施工困难，精度要求高，必须配合仓库结构体一起建造。

(3) 必须配有其他自动存取设备。

(4) 建筑成本高，施工困难且施工期长。

(5) 一般高度超过 15 m。

3. 双深式货架

双深式货架是一种采用剪刀式叉车，将货架设计成双排并列存放的货架类型，如图 7-4 所示。双深式货架是重型横梁式货架的延伸，采用双深式叉车作业，货物为先进后出，拣取率只有 50%，取货难度适中，在一些仓库面积有限而库存压力大的环境中运用较多。

图 7-4　双深式货架

双深式货架的特点如下：

(1) 储物形态为托盘。

(2) 需要配备专门的叉车。

(3) 建造成本在所有立体仓库系统中最低。

(4) 结构简便，储存量大。

(5) 存货时一般先存放后排货架，后存放前排货架。

(6) 减少了通道数量，叉车通道需要在 3.3 m 左右。

(7) 横梁高度较低，操作高度可达 8 m。

(8) 广泛应用于烟草、食品饮料、包装等行业。

4. 轻型货架

轻型货架属于搁板货架类型，整体采用无螺钉组合式设计，如图 7-5 所示。立柱上有相隔 50 mm 的调节孔，可根据货物高低调节层间使用高度，层板可配置钢板或者木板，安装、拆卸方便，单元货架每层载重不大于 150 kg，适用于量小、种类多的商品。

图 7-5　轻型货架

轻型货架的特点如下：

(1) 手工进行搬运、存储及拣选作业。

(2) 全组装式结构，可随意组合，安装、拆卸方便灵活。

(3) 可根据货物高低调节层间使用高度。

(4) 资金投入少。

5. 流动式货架

1) 重力式货架

重力式货架结构与横梁式货架相似，只是在横梁上安装了滚筒式轨道，轨道呈 3°～5°倾斜，一般高端为上货端，低端为出货端，如图 7-6 所示。托盘货物用叉车搬运至货架进货口，利用自重，货物从进口自动滑行至另一端的取货口。

重力式货架的特点如下：

(1) 货品可先进先出。

(2) 每一流道只能存放一种货物，适合品项少、批量大的货品存放。

(3) 无能耗，噪声低，安全可靠，可满负荷运作。

(4) 高度受限，一般在 6 m 以下。

(5) 采用密集式流道储存货物，空间利用率可达 85%。

2) 穿梭车式货架

穿梭车式货架是通过车体或台面上升或下降，提升与下降托盘货物，将托盘货物依次归位的一种高密度存储系统，如图 7-7 所示。穿梭车由无线电遥控，承载托盘货物在导轨上轻松运行，车载主要依靠四个轮子前后行走，穿梭台车的数量由巷道深度、货物总量、出货频率等综合因素决定。根据货物的存取端口布置，穿梭车可分为先入先出模式和后入先出模式。

图 7-6　重力式货架

图 7-7　穿梭车式货架

穿梭车式货架的特点如下：

(1) 货物的存取可以先进先出和先进后出。

(2) 工作效率高，可大大减少作业时间。

(3) 作业方式灵活。

(4) 可减少货架碰撞，提高安全生产率。

(5) 高密度储存，仓库利用率高。

(6) 与驶入式货架、压入式货架、重力式货架相比，综合成本更低。

穿梭车式货架在快速消费品、冷链仓储、食品饮料、医药、烟草等行业，特别是生产型企业的原料仓库有很强的适用性。

视频：穿梭车式货架
结合上述穿梭车式货架的知识，观看视频，了解穿梭车式货架进行货物储存操作的过程。

6．驶入式货架

驶入式货架又称通廊式货架，采用托盘存取模式，是一种不以通道分隔，连续性、整体性较高的存储货架，如图 7-8 所示。驶入式货架取消了位于各排货架之间的通道，将货架合并在一起，使同一层、同一列的货物互相贯通，托盘或货箱搁置于由货架立柱伸出的托梁上，叉车或堆垛机可直接进入货架每个流道内，每个流道既能储存货物，又可作为叉车通道。

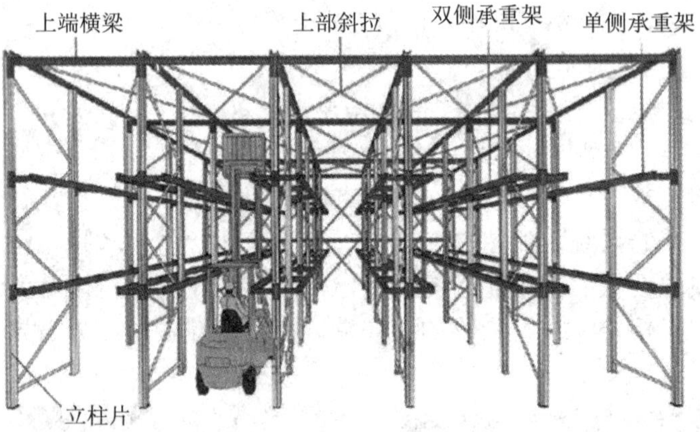

图 7-8　驶入式货架

与托盘货架相比，驶入式货架的特点如下：

(1) 储物形态为托盘。
(2) 高密度储存。
(3) 适用于多量少样货品。
(4) 不适合太长或太重货品。
(5) 出入库存取物品受先后顺序的限制。
(6) 高度可达 10 m。

7. 旋转式货架

传统的仓库由人或机械到货格前取货，而旋转式货架是将货格里的货物移动到人或拣选机旁，再由人或拣选机取出所需的货物。操作者可按指令使旋转式货架运动，达到存取货的目的。

旋转式货架适用于电子零件、精密机件等少量、多品种、小物品的储存及管理。其货架移动速度快，可达 30 m/min，存取物品的效率很高，又能按需求自动存取物品，且受高度限制少，可采用多层，故能有效利用空间。

旋转式货架的特点如下：

(1) 储物形态有纸箱、包、小件物品。

(2) 设备全封闭，可有效避免灰尘、阳光的侵害。

(3) 可利用计算机快速拣选、寻找指定的储位，适合拣货。

(4) 存取入出口固定，货品不易失窃。

(5) 需要使用电源，且维修费用高。

旋转式货架如图 7-9 所示。旋转式货架按其旋转方式可分为水平旋转式货架和垂直旋转式货架。

(1) 水平旋转式货架。水平旋转式货架可以在水平面内作循环旋转运动。各层同时旋转的水平旋转式货架称为整体水平旋转式货架，各层可以独立地正反向旋转的水平旋转式货架称为多层水平旋转式货架。

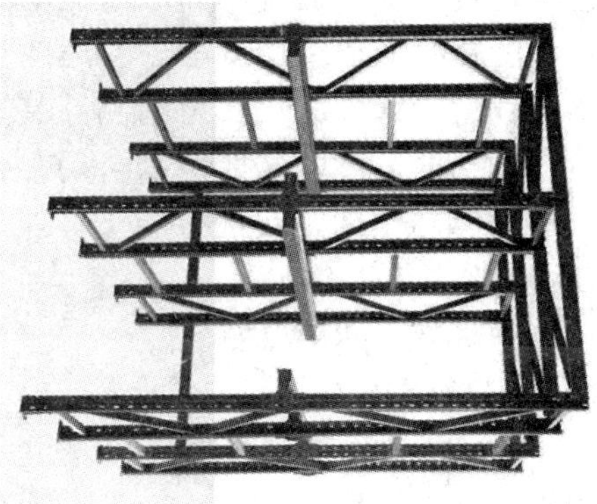

图 7-9　旋转式货架

(2) 垂直旋转式货架。垂直旋转式货架本身是一台垂直提升机，提升机的两个分支上悬挂有成排的货格。根据操作命令，提升机可以正反向旋转，使需要提取的货物停到拣选位置，拣选机(或人)由此进行拣选作业。

8. 后推式货架

后推式货架如图 7-10 所示，在前后梁间以滑座相接，由前方将托盘货物放在货架滑座上，后来进入的货物会将原先的货物推到后方，目前最多可推入五个托盘；滑座跨于滑轨上，滑轨本身具有倾斜角度，滑座会自动滑向前方入口。

图 7-10　后推式货架

后推式货架的特点如下：

(1) 储物形态为托盘。

(2) 适用于一般叉车存取。

(3) 不适合承载太重的物品。

(4) 货品会自动滑至最前储位。

(5) 较托盘货架省下 1/3 空间，可增加储存密度。

9. 升降货柜

升降货柜以托盘为存储单元，货柜中央是一个由计算机控制升降的小车，称为智能小车，它的前面和后面是储存架，这是存放物件的地方，如图 7-11 所示。升降货柜的存取动作是由智能小车通过计算机控制来实现的，通过托盘车的升降和水平运动，将存放货物的托盘取出或送到柜内合适的货位。存储货物时，入口处设有自动测高装置，检测所存物品的高度，从而可以自动、合理地安排柜内存储空间，实现智能化管理，真正实现“物到人”。

图 7-11 升降货柜

升降货柜的特点如下：

(1) 存取方便。

(2) 自动测高，合理安排储位，空间利用率更高。

(3) 适合存放尺寸规格差异较大的物品，功耗较小。

(4) 运行更平稳，更快捷，更安全。

(5) 单托盘承重可达 1 t，整体可达 60 t。

(6) 有效利用空间高度，高度可达 20 m 以上。

10. 移动式货架

移动式货架是将货架本身放置在轨道上，在货架底部设有驱动装置，靠电动或机械装置使货架沿轨道横向移动，如图 7-12 所示。当不需要出入库作业时，各货架之间没有通路相隔，紧密排列；当需要存取货物时，使货架移动，即可在相应的货架前开启叉车等设备的通道。

图 7-12 移动式货架

移动式货架的最大优点就是能提高仓库的空间利用率。例如，某仓库有六排货架，按照一般的布置，需要三个作业通道；而采用移动式货架，只需要一个通道，在这唯一的通道两侧，所有的货架都是紧密排列的。如果需要到其中某一排货架存取货物，可将货架向原来的通道方向移动，形成新的作业通道。因此，这种货架可充分利用空间，其空间利用率比一般货架高 2～3 倍。

移动式货架的特点如下：

(1) 储物形态为托盘。

(2) 可直接存取每项货品，不受先进先出的限制。

(3) 建造成本高，施工速度慢。

(4) 机电装置多，维护困难。

(5) 使用高度可达 12 m，单位面积的储存量比托盘货架可提升 2 倍左右。

(6) 节省占地面积，地面利用率可达 80%。

视频：移动式货架

结合上述移动式货架的知识，观看视频，了解移动式货架进行货物储存操作的流程。

11. 悬臂式货架

悬臂式货架是在立柱上装设悬臂构成的，悬臂可以是固定的，也可以是移动的，如图 7-13 所示。由于悬臂式货架形状像树枝，故其又形象地称为树枝形货架。悬臂式货架若要放置圆形物品，则要在其臂端装挡块以防止滑落。

图 7-13　悬臂式货架

悬臂式货架的特点如下：

(1) 只适用于存放长条状或长卷状货品。

(2) 应配有叉距较宽的搬运设备。

(3) 适用于杆料生产工厂。

(4) 空间利用率低，为 35%～50%。

(5) 高度受限，一般在 6 m 以下。

视频：悬臂式货架

结合上述悬臂式货架的知识，观看视频，了解悬臂式货架进行货物储存操作的流程。

12. 阁楼式货架

阁楼式货架如图 7-14 所示，简单来说，就是利用钢梁和金属板对原有储区设置楼层间隔，每个楼层可放置不同种类的货架，而货架结构具有支撑上层楼板的作用。

图 7-14 阁楼式货架

阁楼式货架的特点如下：

(1) 储物形态有托盘、纸箱、包、散品。

(2) 适合存放各类型货品。

(3) 上层物品的搬运必须加装垂直输送设备。

(4) 上层仅限轻量物品储存，不适合重型搬运设备行走。

(5) 提高了仓储高度，增加了空间利用率。

(6) 可实现人工分拣和提高空间利用率的双重目标。

7.1.3 储存设备的选用

配送中心要保证对下游需求的适时、适量供给，储存设备是最基本的需求，假如没有储存设备保持适当的物品保管量，便无法出货供给需求者。因此，储存设备的合理配置和选择尤为重要。

1. 选择要素

储存设备选择时要考虑的主要因素包括物品特性、出入库量、存取性、搬运设备、厂房结构等，如图 7-15 所示，即要根据各储区的功能和特征进行适当的选择。例如，仓储区的主要功能是供应补货，则可选用一些高容量的货架；而分拣区的主要功能是拣货，故可选用一些方便拣货的流动架等，以方便拣货作业。

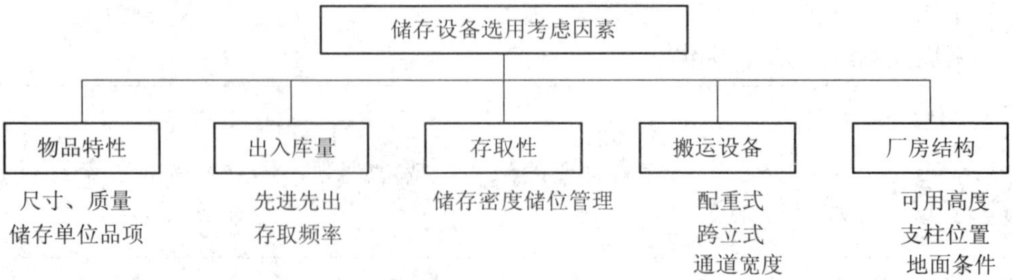

图 7-15 储存设备选用考虑因素

(1) 物品特性。物品的尺寸、外形包装等都会影响储存单位的选用，储存单位不同，使用的储存设备就不同。例如，托盘货架适用于托盘储存，而箱货架则适合箱品使用。若外形尺寸特别，则可选用一些特殊的储存设备。对于货品本身的材料特性，如易腐性或易燃性等，在储存设备上就必须做防护考虑。

(2) 存取性。一般存取性与储存密度是相对的，即为了得到较高的储存密度，必须相对牺牲物品的可存取性。有些货架虽具有较好的储存密度，但其储位管理较为复杂，可存取性较差。唯有自动仓库可向上发展，存取性与储存密度俱佳，但相对投资成本较大。因此，选用何种式样的储存设备，应综合考虑各种因素才能做出决策。

(3) 出入库量。某些式样的货架虽有很好的储存密度，但出入库量却不高，适合于低频度的作业。出入库量是选择储存设备的重要影响因素，根据出入库量可以选用适当的储存设备。储存设备与出入库频率的关系如表 7-3 所示。另外，还要考虑是否有先进先出的需求，一些时效性较强的物品，如食品等，都有先进先出的需求，在选择储存设备时要加以注意。

表 7-3　储存设备与出入库频率的关系

储存单位	高 频 率	中 频 率	低 频 率
托盘	托盘流动式货架(20～30 托盘/h) 立体自动仓储(约 30 托盘/h) 水平旋转自动仓储(10～60 次)	托盘式货架(10～15 托盘/h)	驶入式货架(约 10 托盘/h) 驶出式货架(同上) 后推式货架(同上) 移动式货架(同上)
容器	容器流动式货架 轻负载自动仓储(30～50 箱/h) 水平旋转自动仓储(20～40 s/次) 垂直旋转自动仓储(20～30 s/次)	中型货架	移动式货架
单品	单品自动拣取系统(6000 件/h)	轻型货架	抽屉式储柜

(4) 搬运设备。储存设备的存取作业是通过搬运设备完成的，因此选用储存设备时应同时考虑搬运设备。货架通道宽度直接影响叉车的选型，另外还需要考虑搬运设备的提升高度及提升能力。

(5) 厂房结构。厂房结构也是影响设备选择的重要因素，如厂房的净空高度、梁柱的位置等都会影响货架的配置，地板的承载能力、平整度等也与货架的设计、安装等有密切关系。另外，还需要考虑防火设施和照明设施的要求。

2. 储存货架的性能比较

各种储存货架的性能比较如表 7-4 所示。

表 7-4　各种储存货架的性能比较

比较项目	托盘货架	立体自动仓储货架	双深式货架	轻型货架	流动式货架	驶入式货架	旋转式货架	后推式货架	升降货柜	移动式货架	悬臂式货架	阁楼式货架
面积	大	大	中	小	小	小	中	中	大	小	小	大
储存	低	高	中	低	高	高	高	中	高	高	低	高
空间利用	普通	很好	佳	佳	非常好	很好	好	佳	好	非常好	较差	好
存取性	非常好	非常好	普通	普通	普通	差	好	普通	好	好	好	好

续表

比较项目	托盘货架	立体自动仓储货架	双深式货架	轻型货架	流动式货架	驶入式货架	旋转式货架	后推式货架	升降货柜	移动式货架	悬臂式货架	阁楼式货架
先进先出	可	可	不可	可	可	不可	可	不可	可	可	可	可
通道数	多	多	中	少	少	少	少	少	少	少	少	少
货格储位数	1	1	2	1	1	15	1	10	1	1	1	1
堆码高度/m	10	15	10	2	10	10	6	10	20	10	6	6
存取设备	叉车	堆垛机	双深堆垛机	人工、叉车	叉车	叉车	人工、叉车	叉车	托盘车	叉车	侧面叉车、起重机	叉车、提升机
入出库能力	中	大	中、小	小	小	小	大	中	大	小	小	大

3．储存设备的选用原则

储存货品的进出货频率、品项及数量都会影响储存设备的选用。储存设备的选用原则如表 7-5 所示。

表 7-5　储存设备的选用原则

装载形态	频　率	品　项	数　量	储存系统的选用
托盘	高	多	大	较大规模的自动仓库
			中	中型自动仓库
		少	大	流动托盘货架
			中	小型自动仓库
			少	输送带等暂放保管系统
	中	中	中	中型自动仓库
	少	多	大	托盘货架
	少	少	中	托盘货架
			少	地面堆码
箱	高	多	少	箱货架
		少	大	箱流动货架
			少	输送带等暂放保管系统
	中	中	中	箱货架
	少	多	大	箱货架
			少	箱货架
	少	少	大	箱流动货架
			少	箱货架
单品	高	多	少	轻型货架
		少	少	储物柜
	少	多	少	轻型货架

7.2　装卸搬运设备

配送中心的装卸搬运设备以搬运车辆为主，可以分为手推车、搬运车和叉车三大类型。本节主要介绍装卸搬运设备的功能与分类、常见的装卸搬运设备以及搬运设备的选用。

7.2.1　装卸搬运设备的功能与分类

配送中心的装卸搬运设备以搬运车辆为主，一般可分为四大类：第一，适用于轻负载、较短距离搬运的手推车；第二，高举升的叉车；第三，低举升的托盘搬运车；第四，自动导引搬运车(Automated Guide Vehide，AGV)。

1. 装卸搬运设备的主要功能

物流配送中心的装卸搬运设备主要具有装卸货场、站台上的货物，进行短距离搬运，以及从库房中的货架上存取货物等功能。

2. 装卸搬运设备的分类

装卸搬运设备通常分为手推车、托盘搬运车、叉车以及 AGV 四种。托盘搬运车的举升高度为 100～150 mm，叉车的举升高度可达 12 m。装卸搬运设备的分类如表 7-6 所示。

表 7-6　装卸搬运设备的分类

装卸搬运设备	手推车	二轮手推车
		多轮手推车
		物流笼车
	托盘搬运车	手动托盘搬运车
		电动托盘搬运车
	叉车	平衡重式叉车
		前移式叉车
		侧面叉车
		插腿式叉车
		高位叉车
	AGV	电光 AGV
		电磁 AGV

7.2.2　常见的装卸搬运设备

1. 手推车

手推车系列的设计以轻便易携带为主，故广泛用于仓库、制造工厂、百货公司、物流中心、货运站或配送途中，进行短程搬运。但手推车系列均不耐负重(一般限制在 500 kg 以下)，且大多数没有举升能力，因此和举升搬运堆高车辆有很大差异。手推车系列以其用途及负荷能力来分类，一般分为二轮手推车、多轮手推车及物流笼车三类。

1) 二轮手推车

二轮手推车可分为东方型(Eastern Type)与西方型(Western Type)两类。东方型二轮手推车的结构架呈推拨状，轮子在外侧，具有弧状或平的横板，用来搬运混装的货物时非常有用，如桶、袋子、箱子或其他重物，如图 7-16(a)所示；西方型二轮手推车的结构架平行，轮子在内侧，手把呈弧状，可配合货车搬运，如图 7-16(b)所示。

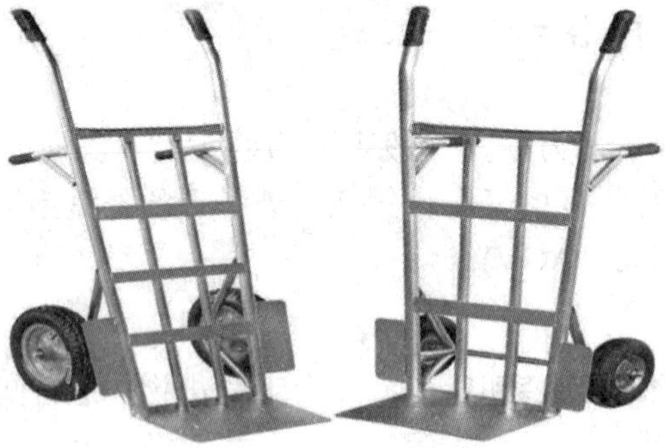

(a) 东方型

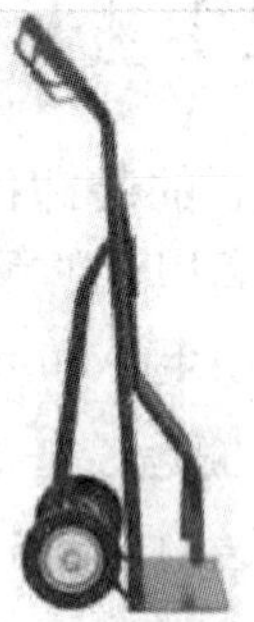

(b) 西方型

图 7-16　二轮手推车

2) 多轮手推车

依据用途及负荷不同，多轮手推车有不同的尺寸及设计方式，可按脚轮类型或用途进行分类。

(1) 按脚轮类型分类，多轮手推车可分为两大类，即平置式(Nontilting Style)与平衡式(Tilting or Balancing Style)，其中常用的有以下三种。

① 脚轮平置式手推车(见图 7-17)：一端为两个固定脚轮[见图 7-18(a)]，另一端为两个活动旋转脚轮[见图 7-18(b)]或者是带制动的活动旋转脚轮[见图 7-18(c)]。脚轮平置式手推车高度较低，适用于轻度及中度负荷。

图 7-17　脚轮平置式手推车

(a) 固定脚轮

(b) 活动旋转脚轮

(c) 带制动的活动旋转脚轮

图 7-18　脚轮种类

② 六脚轮平衡式手推车(见图 7-19)：两固定脚轮在中间，两端各有两个活动脚轮，适用于一般中重负荷。

图 7-19　六脚轮平衡式手推车

③ 脚轮平衡式手推车(见图 7-20)：四轮均为活动脚轮，灵活度很高，适用于轻度负荷。

图 7-20　脚轮平衡式手推车

(2) 按用途分类，多轮手推车可以分为四种，即立体多层式、折叠式、升降式和附梯式。

① 立体多层式手推车(见图 7-21)：为了增加置物空间及存取方便，把传统单板台面改成多层式台面设计。此种手推车常用于拣货。

② 折叠式手推车(见图 7-22)：为了方便携带，手推车的推杆常设计成可折叠形式。此种手推车使用方便、收藏容易，故普及率高，市面上均有标准规格产品出售。

图 7-21　立体多层式手推车

图 7-22　折叠式手推车

③ 升降式手推车(见图 7-23)：在搬运某些体积较小、质量较大的金属制品或人工搬运移动不便的搬运场合中，由于场地的限制而无法使用堆高机时，可采用升降式多轮手推车。此种手推车除了装有升降台面来供承载物升降外，一般还采用耐负荷且附有制动定位的车轮，以供准确定位上下货。

④ 附梯式手推车(见图 7-24)：在物流中心，手推车在拣货作业中使用最广，而拣货作业常因货架高度的限制而需要爬高取物，故有些手推车附有梯子以方便取物。

图 7-23　升降式手推车

图 7-24　附梯式手推车

3) 物流笼车

物流笼车(见图 7-25)的设计以大置物空间及可折叠收藏为考虑重点，故笼车高度一般高于 1450 mm，其利用向上延伸的空间实现置物空间的最大使用率。物流笼车的使用场合大都为配送出货前的集货及随车全程运送，故采用高强度焊接架构，表面经热浸镀锌处理再粉体涂装，以延长使用寿命。为了让流程作业清晰，物流笼车上一般均附有标识。

图 7-25　物流笼车

物流笼车常因制造厂家设计的差异而有不同的分类方式，一般可按笼车前方开口的封闭方式来区分，分为栅门式及挂钩式，如摆放货品体积较小且容易翻落时采用栅门式，反之则采用挂钩式。另外，配合组合方式的不同，可自行分隔中间隔层，以方便小件货品的摆放管理。

2. 托盘搬运车

低举升的托盘搬运车分为手动和电动两种形式。手动托盘搬运车一般称为“托盘千斤顶”，靠人力进行水平或垂直移动；电动托盘搬运车由蓄电池提供动力进行举升及搬运。所有的电动托盘搬运车都可由人员站立于地板上操作，如步行式搬运车，具有安全的操作平台及可以抓持的护栏。

1) 手动托盘搬运车

手动托盘搬运车如图 7-26 所示，在使用时将其承载的货叉插入托盘孔内，由人力驱动液压系统实现托盘货物的起升和下降，并由人力拉动完成搬运作业。它是托盘运输中最简便、最有效、最常见的装卸搬运工具。

图 7-26　手动托盘搬运车

手动托盘搬运车通常用于搬运 1500～3000 kg 的负载，适合搬运宽度为 750～1500 mm 的托盘。托盘搬运车的两叉宽度不可调，因此托盘的尺寸必须标准化。地板的构造及地板表面平整程度会影响安全的举升高度、搬运效率及操作性。

手动托盘搬运车的基本性能参数如表 7-7 所示。

表 7-7　手动托盘搬运车的基本性能参数

项　目	单　位	参　数				
额定起重量	kg	1000	1500	2000	2500	3000
货叉起升高度	mm	120				120
货叉下降最低位	mm		80			100
托盘叉口有限高度	mm	100				120

2) 电动托盘搬运车

电动托盘搬运车由外伸在车体前方的、带脚轮的支腿保持车体的稳定，货叉位于支腿的正上方，并可以微起升，使托盘货物离地面进行搬运作业。它通常用于短距离搬运中等质量负载。

根据驾驶员操作的不同，电动托盘搬运车可分为步行式、踏板驾驶式和侧座式三种形式，如图 7-27 所示。

(a) 步行式　　(b) 踏板驾驶式　　(c) 侧座式

图 7-27　电动托盘搬运车

3. 叉车

高举升的叉车分为平衡重式叉车、前移式叉车、插腿式叉车、侧面叉车和高货位拣选叉车五种形式，下面具体介绍。

1) 平衡重式叉车

在车体前方具有货叉和门架，在车体尾部设有平衡重的装卸作业车辆称为平衡重式叉车，简称叉车，如图 7-28 所示。以内燃机为动力的平衡重式叉车简称内燃叉车，其机动性好，功率大，吨位重，是应用最广泛的叉车。

平衡重式叉车按动力可分为柴油(FD)叉车、汽油(FG)叉车、液化石油气(FL)叉车和电动叉车，按传动方式可分为机械传动叉车、液力传动叉车和静压传动叉车。

平衡重式叉车的主要参数如下：

(1) 额定起重量、载荷重心。

(2) 起升高度、自由起升高度。

(3) 运行和起升速度。

(4) 最小转弯半径、最小直角通道宽度、最小直角堆垛宽度。

平衡重式叉车广泛应用于港口、车站、机场、货场、工厂车间、仓库、流通中心和配送中心等，并可进入船舱、车厢和集装箱内进行托盘货物的装卸搬运作业。

2) 前移式叉车

前移式叉车是门架(或货叉)可以前后移动的叉车。运行时，门架后移，使货物重心位于前、后轮之间，运行稳定，不需要平衡重，自重轻，可减小直角通道宽度和直角堆垛宽度，适合在车间、仓库内工作，如图 7-29 所示。

图 7-28　平衡重式叉车

图 7-29　前移式叉车

3) 插腿式叉车

插腿式叉车一般由电动机驱动、蓄电池供电。其特点是质量小、车速低、结构简单、外形小巧，适于在通道狭窄的仓库内作业，如图 7-30 所示。

4) 侧面叉车

侧面叉车的门架、起升机构和货叉位于叉车的中部，可以沿着横向导轨移动。货叉位于叉车的侧面，侧面还有一个货物平台。当货叉沿着门架上升到大于货物平台高度时，门架沿着导轨缩回，降下货叉，货物便放在叉车的货物平台上。侧面叉车的门架和货叉在车体一侧，车体进入通道，货叉面向货架或货垛，装卸作业不必先转向再作业。因此，这种叉车适合于窄通道作业，适用于长、大物料的装卸和搬运，如图 7-31 所示。侧面叉车按动力不同可分为内燃型、蓄电池型，按作业环境可分为室外工作(充气轮胎)型、室内工作(实心轮胎)型。

图 7-30 插腿式叉车

图 7-31 侧面叉车

5) 高货位拣选叉车

高货位拣选叉车的主要作用是高位拣货，适用于多品种、数量小的货物的入库、出库的拣选式高层货架仓库，如图 7-32 所示。高货位拣选叉车的起升高度一般为 4～6m，最高可达 13 m，可大大提高仓库空间利用率。高货位拣选叉车操作台上的操作者可与装卸装置一起上下运动，并拣选储存在两侧货架内的物品。

图 7-32 高货位拣选叉车

4. AGV

AGV 是指装有自动导引装置，能够沿规定的路径行驶，在车体上还具有编程和停车选择装置、安全保护装置以及各种物料移载功能的搬运车辆。多台不同类型的、用计算机控制的 AGV 组成自动导引搬运车系统(Automated Guided Vehicle System，AGVS)。

AGVS 广泛应用于柔性制造系统、柔性搬运系统和自动化立体仓库中。AGV 根据导引方式不同，可分为自由路径导引型[包括激光导引(见图 7-33)和惯性导引等]和固定路径导引型[包括电磁导引(见图 7-34)、光导导引和磁带导引]。

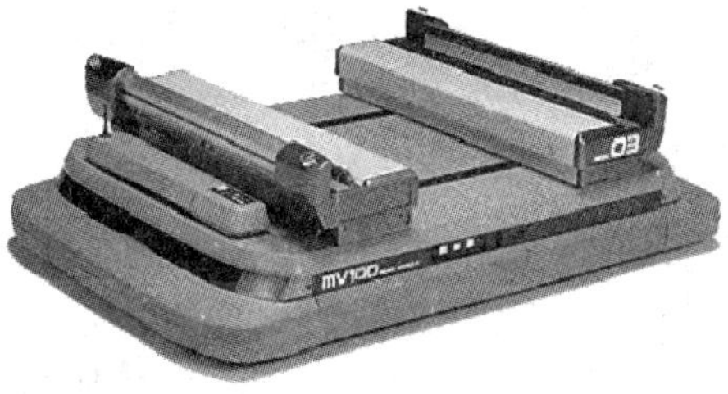

图 7-33　激光 AGV

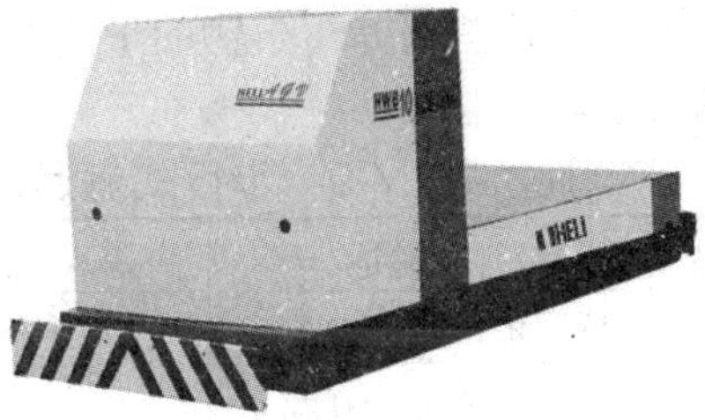

图 7-34　电磁 AGV

7.2.3　装卸搬运设备的选用

选择装卸搬运设备时，需要考虑的主要因素包括商品的特性、单位、容器、作业流程、储位空间的配置以及配送中心自动化水平等。

1. 装卸搬运设备的比较

各类装卸搬运设备的性能与应用如表 7-8 所示。装卸搬运设备的主要选择要素是搬运的距离及速度。

表 7-8　各类装卸搬运设备的性能与应用

<table>
<tr><th>类别</th><th colspan="3">形　式</th><th>举升高度/m</th><th>负载能力/kg</th><th colspan="2">用　途</th></tr>
<tr><td rowspan="4">手推车</td><td colspan="3">二轮手推车</td><td>N/A</td><td>200～500</td><td colspan="2">以人力推进搬运</td></tr>
<tr><td colspan="3">四轮手推车</td><td>N/A</td><td>200～500</td><td colspan="2">轻负荷产品的搬运或用于拣货，可配合叉车作业</td></tr>
<tr><td colspan="3">托盘车</td><td>0.15</td><td>1000～2500</td><td colspan="2">轻负荷、短距离搬运</td></tr>
<tr><td colspan="3">动力提升叉车</td><td>1～3.6</td><td>500～1000</td><td colspan="2">轻中负荷、短距离搬运</td></tr>
<tr><td colspan="4">电动托盘车</td><td>0.15</td><td>1000～2500</td><td colspan="2">具动力，水平搬运</td></tr>
<tr><td rowspan="7">动力叉车</td><td rowspan="6">电动式</td><td rowspan="3">平衡重式</td><td>三轮坐式</td><td>3～4.5</td><td>1000～2000</td><td rowspan="3">用于室内干净、安静的作业</td><td>在狭窄空间作业灵活，适用于站台作业</td></tr>
<tr><td>四轮立式</td><td>3～4.5</td><td>1000～2000</td><td>四轮设计，可提高舒适性与生产力</td></tr>
<tr><td>四轮坐式</td><td>3～4.5</td><td>1000～5000</td><td>重负载，适用于货柜车的装卸</td></tr>
<tr><td rowspan="3">窄道式</td><td>支腿式</td><td>4.5～6</td><td>1000～2000</td><td rowspan="3">可减小通道宽度，提高空间利用率</td><td>可快速处理单一规格的托盘负载</td></tr>
<tr><td>前移式</td><td>4.5～6</td><td>1000～2000</td><td>具有伸缩机构的举升叉，可用于不同托盘规格</td></tr>
<tr><td>拣取式</td><td>4.5～6</td><td>1500</td><td>用于快速货品拣取，作业员与举升叉一同升降</td></tr>
<tr><td colspan="5">引擎式硬胎叉车</td><td colspan="2">用于室内、站台附近，适用于货柜车的装卸</td></tr>
<tr><td colspan="6">引擎式气胎叉车</td><td colspan="2">用于工厂、较不平地面或斜坡及长距离搬运</td></tr>
</table>

2. 步行式搬运车辆

步行式搬运车辆的操作速度通常限制在 5 km/h 以下，单向搬运的距离在 100 m 以内。使用的频率也要考虑在内，因为使用步行式搬运车辆时，如果搬运距离太长，次数频繁，则易造成作业员疲劳，降低作业效率。储存密度及高度也是考虑的重要因素，在较密集及堆码高度较低的储存情况下，步行式搬运车辆可提供较好的作业性。通道宽度及高度也必须考虑，这些条件与车辆的形式有关，现列于表 7-9 供参考，实际规格尺寸可参考厂商产品目录。

表 7-9　步行式搬运车辆的通道宽度、安全高度及扬程

举升能力	步行式搬运车辆	直角堆码通道宽度/m	交叉通道宽度/m	安全高度/m	扬程/m
低举升	步行式托盘车	1.5～1.8	1.5～1.8	—	0.150
	步行式/立式托盘车	1.8～2.1	1.8～2.1	—	0.150
高举升	支腿式叉车	1.8～2.4	1.8～2.4	2.4	4
	前移式叉车	1.8～2.4	1.8～2.4	2.4	4
	平衡重式叉车	2.7～3.3	2.7～3.3	2.4	4

步行式搬运车辆堆码高度一般在 5 m 以下。基于安全理由，在作业区域均要装有安全架。负载的举升速度在 0.1～0.2 m/s，举升速度与蓄电池电压的大小、升降架的形式、负载的质量及油压泵的大小有关。另外，单位负载的规格必须考虑与标准规格的相容性。这些规格包括负载的高度、宽度、长度、质量以及储存运输的标准——托盘的形式、运输的距离及堆码的高度。最后，还要考虑的因素包括斜坡的坡度、地板的负荷条件、举升的限制、作业的间隔及环境的条件，如危险的化学物品、湿度、温度等。

3. 叉车的选用

叉车的选用必须评估最基本的五个性能因素，即负载能力和尺寸、扬程、行走举升速度、机动性及爬坡力。因此，必须向制造商咨询详细的规格资料，仔细评估每项性能因素，并考虑作业环境与作业条件，以确定叉车是否能满足作业需求并有效存取货品。

影响叉车搬运作业的最主要因素为扬程及行走举升速度。伸展扬程决定货品堆码的高度，一般可视需求选购高低扬程不同的升降架；行走举升速度则直接影响叉车的作业效率。叉车行走举升速度受动力系统的形式影响，而蓄电池、电动机及控制技术的不断进步对于行走举升速度有很大的提升；叉车油压系统的设计、功率及流量(L/min)也可直接影响行走举升速度。目前在室内，电动叉车最大的行走举升速度为 10～13 km/h，在室外则大于此速度。电动叉车的举升速度为 18～30 m/min。

视频：叉车
综合上述叉车的知识，观看视频，加深对叉车的了解与认识。

7.3　输送设备

输送设备是一种通过摩擦驱动以连续方式运输物料的机械，可以将物料放在一定的输

送线上，在最初的供料点到最终的卸料点之间形成一种物料的输送流程。它既可以进行碎散物料的输送，也可以进行成件物品的输送，除进行纯粹的物料输送外，还可以与各工业企业生产流程中的工艺过程要求相配合，形成有节奏的流水作业运输线。下面主要介绍输送设备的相关内容。

7.3.1　输送设备的功能与分类

输送设备承担着物流配送中心转移货物的功能。

1. 输送设备的主要功能

输送设备主要是指输送机。输送机是按照规定路线连续或间歇地运送散料和成件物品的搬运机械。在物流系统中，搬运作业以集装单元化搬运最为普遍，输送的单元负载包括托盘、纸箱、塑胶箱容器以及其他固定尺寸单位的货品，因此所用的输送机也以单元负载式输送机为主。本节主要介绍单元负载式输送机的种类及特点。

2. 输送设备的分类

根据是否需要动力源，单元负载式输送机可分为无动力式(重力式)输送机和动力式输送机两种。无动力式输送机以欲输送物品本身的质量为动力，在一倾斜的输送机上由上往下滑动；动力式输送机一般均以电动机为动力。根据传送的介质不同，动力式输送机又可分为链条式、滚筒式、皮带式及悬挂式。其分类如表 7-10 所示。

表 7-10　单元负载式输送机的分类

<table>
<tr><td rowspan="5">输送设备</td><td>无动力式输送机</td><td colspan="2">滚轮式、滚筒式、滚珠式</td></tr>
<tr><td rowspan="4">动力式输送机</td><td>动力式链条输送机</td><td>滑动式、滚动式</td></tr>
<tr><td>动力式滚筒输送机</td><td>平皮带驱动、V 形皮带驱动、链条驱动、圆皮带驱动、齿形皮带驱动、伞齿轮驱动、电动滚筒</td></tr>
<tr><td>动力式皮带输送机</td><td>转弯模式、螺旋模式</td></tr>
<tr><td>动力式悬挂输送机</td><td></td></tr>
</table>

7.3.2　常见的输送设备

常见的输送设备包括无动力式输送机、动力式输送机和积存输送机。

1. 无动力式输送机

无动力式输送机根据其输送介质不同，可分为无动力滚轮式输送机、无动力滚筒式输送机和无动力滚珠式输送机。

1) *无动力滚轮式输送机*

无动力滚轮式输送机(见图 7-35)有时也称为“溜冰鞋滑轮(Skate Wheel)”，其主要特点为质量小，易于搬动，在转弯段部分滚轮独立转动。对于较轻的物品，滚轮的转动惯量较低，且组装、拆装快速容易。

(1) 材质选择。无动力滚轮式输送机的骨架有钢和铝两种材质可供选用。铝的骨架材质用于负载较小且可移动装设的情况，与钢骨架相比，其负载能力较小。而滚轮则有钢质、铝质、塑料之分，一般钢质滚轮的负载能力为 11～23 kg，铝质的为 4.5～18 kg，塑料的则在 10 kg 以下。

(2) 应用范围。对于一些表面较软的物品，如布袋，滚轮较滚筒有更佳的输送性，在这种应用场合中，可选择排成一列的方式，如此物品会循迹滑动。若底部有挖空的容器及篮子，则不适合使用滚轮式输送机。为使物品输送平顺，在任何时候一个物品至少要有五个滚轮支撑(分布在三个支轴上)，如图 7-36 所示。

图 7-35　无动力滚轮式输送机

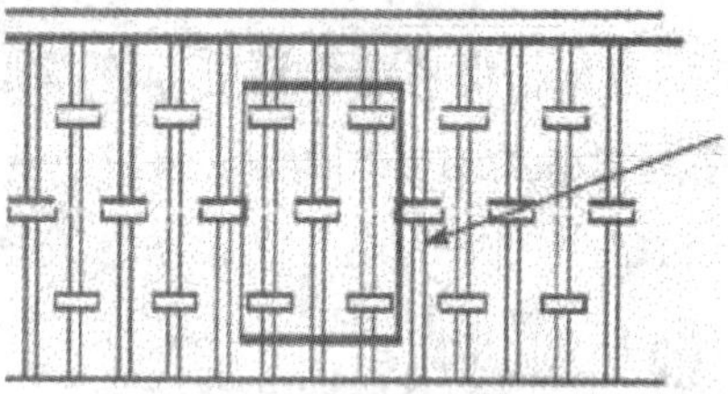

图 7-36　物品至少要有五个滚轮支撑

2) 无动力滚筒式输送机

无动力滚筒式输送机(见图 7-37)的特点为滚筒、轴、轴承、骨架、支撑架等组件的组合非常多样，可满足各种不同的应用需求。在选择组合方式时，要考虑输送的物品特性、安装的环境及设备的成本等条件。物品特性会影响输送的稳定性，一般至少应有三个滚筒同时接触一个物品，如图 7-38 所示。

图 7-37　无动力滚筒式输送机

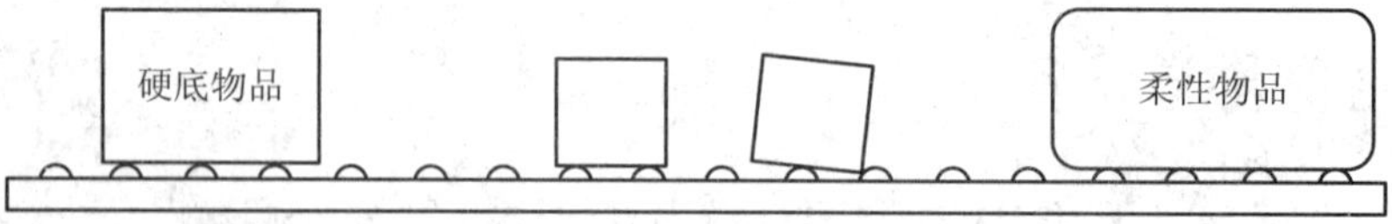

(a) 硬底物品至少需要三个滚筒　(b) 少于三个滚筒将不稳定　(c) 柔性物品需要四个以上滚筒

图 7-38　滚筒支撑数与物品输送稳定性的关系

无动力滚筒式输送机的应用范围较滚轮式广，塑料篮、容器、桶形物等均适用于滚筒式输送机，而不适用于滚轮式输送机。不过，虽然一些模块的骨架及滚筒使用铝质材料来减小质量，但滚筒式输送机还是比滚轮式输送机重，故并不适用于需要经常移动或拆装的场合。

3) 无动力滚珠式输送机

无动力滚珠式输送机(见图 7-39)是在一个床台上装有可在任意方向自由转动的万向滚珠，用于较硬表面的物品在输送机之间的传送。无动力滚珠式输送机使用时不需要润滑，并且不能用于灰尘多的环境中；定期维护时，应清理灰尘及其他物质。

图 7-39　无动力滚珠式输送机

对于底部较软的物品，如湿纸箱或托盘、桶状物、篮子等，不适合使用无动力滚珠式输送机来传送。使用无动力滚珠式输送机移动物品所需的力量与物品的质量及物品表面的硬度有相对关系，表面越硬的物品越容易移动，所需力量通常为负载质量的 5%～15%。

2. 动力式输送机

1) 动力式链条输送机

动力式链条输送机(见图 7-40)可用于输送单元负载货物，如托盘、塑料箱，也可利用承载托板输送其他形状的货物。动力式链条输送机根据输送链条所装附件的变化可产生不同的应用形式(滑动式、推杆式、滚动式、推板式、推块式)，而在物流中心则以滑动式及滚动式为主。

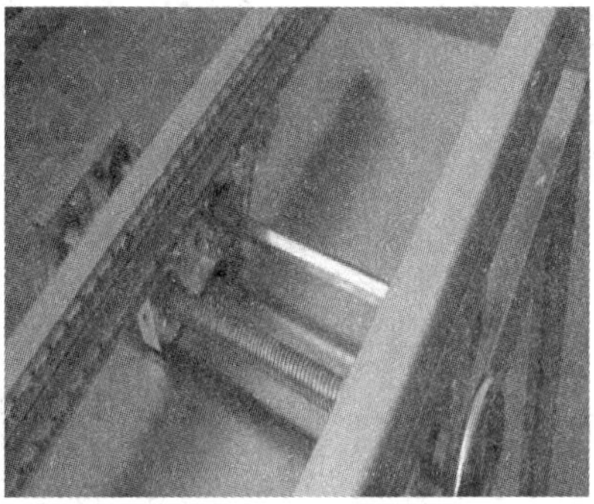

(a) 直接用链条输送

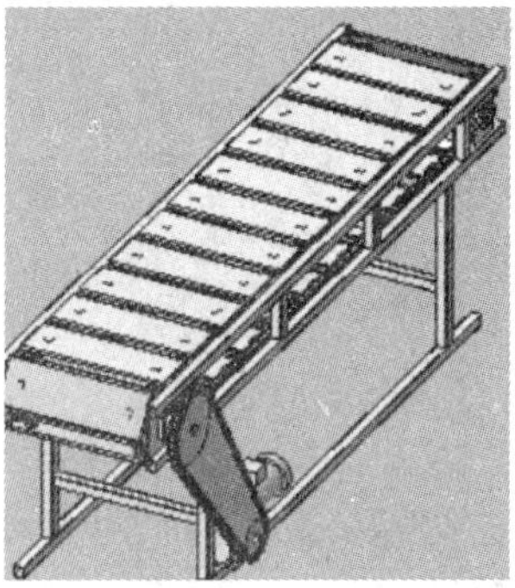

(b) 利用承载托板输送

图 7-40　动力式链条输送机

(1) 滑动式链条输送机。滑动式链条输送机(见图 7-41)直接以链条承载货物，且链条两边的板片直接在支撑轨道上滑行。由于链条承载了货物质量后会与滑行轨道产生较大的摩擦阻力，因此滑行轨道必须使用低摩擦系数且耐磨耗的材料，其适用于较小的荷重及较短距离的输送。

图 7-41　滑动式链条输送机

滑动式链条输送机输送链条构造简单，维护容易且成本低廉，但噪声大、动力损耗高且不耐荷重，故已逐渐被滚动式链条输送机取代。

(2) 滚动式链条输送机。滚动式链条输送机在承载链条上的每目之间加装了一个较高的承载滚子附件来承载货物，链条以滚子在轨道上滚动滑行，如图 7-42 所示。由于链条上的滚子与轨道之间为滚动接触，摩擦阻力小，因此其动力损耗低且可承载较大的荷重。其荷重能力与支架强度、链条大小及滚子尺寸、材质均有关系，而滚子的材质一般为钢，但有些场合为了降低噪声，会采用耐磨耗的工程塑料制造。

图 7-42　滚动式链条输送机

动力式链条输送机的特点如下：

第一，动力式链条输送机连续式运转，链条必须有轨道支撑，除输送方形的规则物外，其他货品必须以承载托板进行输送；

第二，承载托板输送时，必须加装承载托板的回收装置；

第三，输送速度慢，且构造简单，维护容易；

第四，可应用于自动仓库前段及装配、包装等区域。

2) 动力式滚筒输送机

动力式滚筒输送机的应用范围很广，可用于积存、分岔、合流及较重的负载，另外也广泛用于油污、潮湿及高、低温的环境。动力式滚筒输送机有多种不同的驱动方式，下面进行具体介绍。

(1) 平皮带驱动滚筒输送机。平皮带驱动滚筒输送机的构造与皮带输送机的构造非常类似，只是在皮带上方装有一列承载滚筒，下方装有调整松紧的压力滚筒，如图 7-43 和图 7-44 所示。

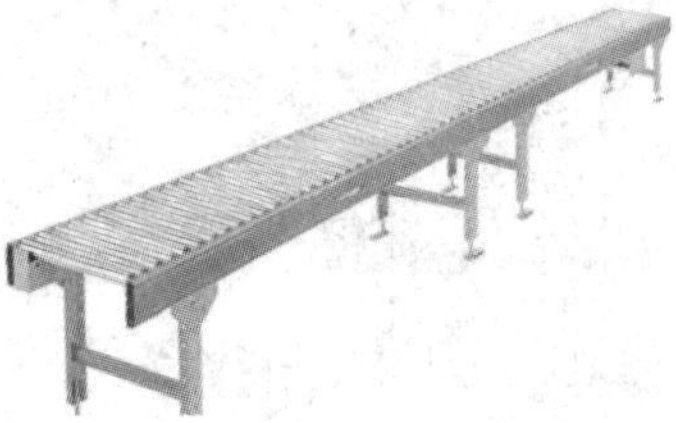

图 7-43　平皮带驱动滚筒输送机

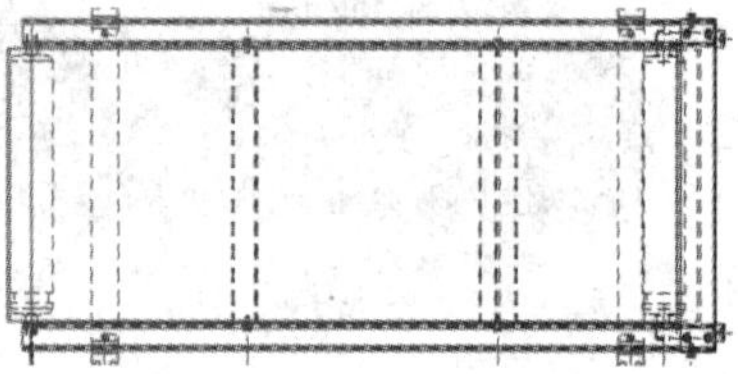

图 7-44　平皮带驱动滚筒输送机断面图

(2) V 形皮带驱动滚筒输送机。V 形皮带驱动滚筒输送机(见图 7-45)的驱动方式与平皮带驱动滚筒输送机的驱动方式相同，只是将平皮带换成了 V 形皮带，压力滚筒换成了压力滚轮，安装于骨架的侧边。V 形皮带主要用于较小负载及较短的输送机，最好使用一体成形的整圈 V 形皮带，如使用搭接方式，则强度较差，寿命较低。V 形皮带很适合用于转弯及接合的部分，因为它可以沿着曲面弹性变形；另外，使用相同的动力及 V 形皮带，除

图 7-45　V 形皮带驱动滚筒输送机

可驱动直送模块外，还可带动转弯及接合模块。

(3) 链条驱动滚筒输送机。链条驱动滚筒输送机可用于较严苛的工作环境，如重负载、油污、潮湿及较高或较低的环境。链条驱动分为两种形式：连续式及滚筒对滚筒式。连续式链条驱动成本较低，但应用的限制条件较多。

连续式链条驱动滚筒的构造如图 7-46 和图 7-47 所示，使用单一链条驱动附有链轮的滚筒(每支滚筒只焊接一个链轮)。因只使用单一链条，故每支滚筒的链轮只有几齿与链条接触，所以不适合输送较重的负载，也不适合频繁启动、停止的情况。链轮的大小会影响滚筒的间隔，如需要较小的滚筒中心距，可使用数倍宽度的链条，配合交错排列的链轮；或者在每两个驱动滚筒之间设置一惰轮滚筒，但驱动电动机部分应置于输送机的输出端。

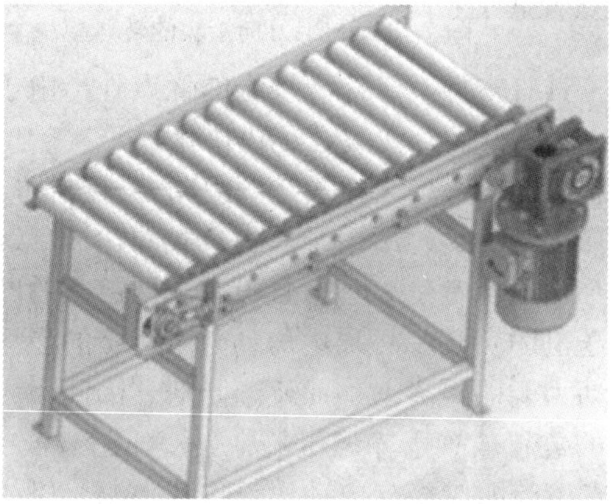

图 7-46　连续式链条驱动

图 7-47　应用于连续式的单链条滚筒

滚筒对滚筒式链条驱动滚筒的构造如图 7-48 和图 7-49 所示，在每支滚筒上焊有两个链轮，链条以交错的方式连接一对对的滚筒，使得每支滚筒上的链轮与链条有较大的接触弧角，因而具有较大传动力。因为链条的拉力及松弛会累积，所以此种输送机的长度有限制，一般连续链条圈数不超过 80，如将驱动单元置于输送机中心，则可两边各 80 圈，总数达到 160 圈。至于保养方式，可以手动转动滚筒，定期润滑链条；而如果速度超过 45 m/min，或者在较高温度的环境中使用，则需要安装自动链条润滑装置。

图 7-48　滚筒对滚筒式链条驱动

图 7-49　应用于滚筒对滚筒式的双链轮滚筒

(4) 圆皮带驱动滚筒输送机。圆皮带驱动方式是利用电动机带动线轴，再经由线轴上的圆皮带驱动每支滚筒，如图 7-50 所示。利用万向接头接合各模块传动线轴，则线轴可用于驱动转弯模块、分岔模块等，而不需要另装电动机，如图 7-51 所示。

图 7-50　圆皮带驱动滚筒输送机

图 7-51　利用万向接头的转弯模块

圆皮带驱动滚筒输送机线轴的传动方式除了具有安静、干净、安全的优点外，由于线轴的衔接很容易，且动力传递距离长，配合铝合金支架后，尤其适于模块化。

(5) 齿形皮带驱动滚筒输送机。这种驱动方式与滚筒对滚筒式链条驱动方式类似，只是在每一对滚筒间改用小型的塑料齿轮配合齿形皮带传动，适用于较小负载的输送。这种传动方式省去了链轮所要占用的大空间，使整个输送机宽度缩小，且没有金属链条的摩擦传动声，减少了噪声。这种驱动方式使整个输送机的负载都必须由与动力源连接的齿形皮带承受，而其余的齿形皮带的负载则随着其与动力源的距离增加而逐渐降低。因此，为避免与动力源衔接的皮带负载过大，一般动力源的位置放置于输送机的中央，如图 7-52 和图 7-53 所示；或者当输送机过长时，每隔几支滚筒即以一支电动滚筒作动力源，以减小与动力源连接的皮带负载。当然，此时电动滚筒的距离间隔要比单纯装置电动滚筒与无动力滚筒的输送机大，可减少电动滚筒使用的支数。

图 7-52　动力源置于单边驱动(靠近动力源的皮带负载过大，容易损坏)

图 7-53　动力源置于中央驱动(可使动力源附近的皮带负载降为一半)

(6) 伞齿轮驱动滚筒输送机。伞齿轮驱动滚筒输送机如图 7-54 所示，以一个装有多个伞齿轮的传动轴，通过装在滚筒轴端的伞齿轮传动驱使滚筒转动。这种传动方式的负载能力强，但在输送机侧边所占的空间很大，且需要加覆盖，以避免造成工作上的危险。

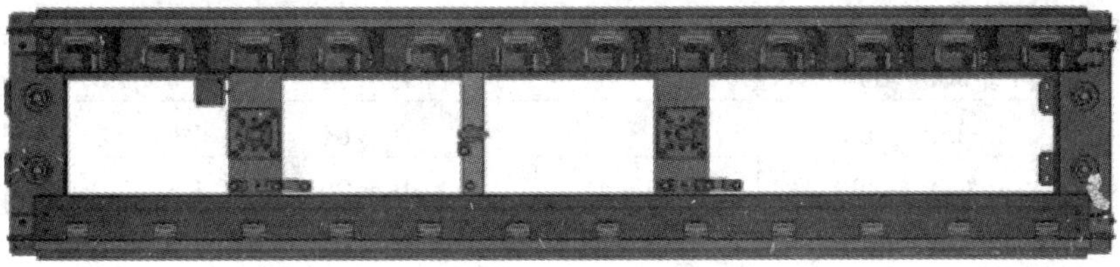

图 7-54　伞齿轮驱动滚筒输送机

当伞齿轮驱动方式应用于转弯模块时，传动轴必须以万向接头连接，或者在邻接滚筒的伞齿轮间加装自由游动的伞齿轮，以驱动全部滚筒，如图 7-55 和图 7-56 所示。

图 7-55　转弯模块以万向接头连接驱动伞齿轮来传动

图 7-56　伞齿轮直接传动的转弯模块

(7) 电动滚筒输送机。电动滚筒(见图 7-57)本身拥有动力，故不需要任何传动设备，输送线更简单、安全、洁净，一般用于动停控制频繁的场合。由于其价格昂贵，因此在实际使用时，每隔几支没有动力的滚筒才装置一支电动滚筒。

图 7-57　电动滚筒

动力式滚筒输送机因驱动形式的不同而使其承载滚筒设计不同(见表 7-11)，且在应用上也有一些差异，其比较如表 7-12 所示。

表 7-11 各种动力式滚筒输送机的承载滚筒设计比较

驱动形式	宽度/mm	速度/(m/min)	承载滚筒		
			直径/mm	壁厚/mm	间距/mm
平皮带	300～900	12～30	35～64	1.0～1.6	38～300
V 形皮带	300～600	3～18	35～48	1.6～1.8	38～150
连续式链条	250～900	1.5～30	48～64	1.6～2.0	90～318
滚筒对滚筒	300～1400	3～18	48～90	1.6～2.0	80～100
圆皮带	300～1300	9～36	50～64	1.4～1.6	75～230

表 7-12 各种动力式滚筒输送机的应用比较

驱动形式	压力滚筒间距/mm	平均最大负载/(kg/m)	平均最大长度/m	应　用
平皮带	150	186	60	压力滚筒可调，可用于积存
V 形皮带	150	75	15	不适用于重负载及连续作业
连续式链条	不用	225	15	适用于 45 kg 以上负载
滚筒对滚筒	不用	没有限制	12	适用于托盘及重负载
圆皮带	不用	90～300		只需要一个驱动电动机即可驱动复杂结构

3) 动力式皮带输送机

动力式皮带输送机是水平输送机中较经济的一种，也可用于有坡度的输送，如图 7-58 所示。皮带可由滚筒或金属滑板来支撑。皮带式滚筒、骨架及驱动单元有很多组合方式，由输送的物品及系统的应用需求来决定。皮带的断面也会影响输送机端部滚筒及驱动方式的设计，如较厚的皮带及较重的材料需要较大的皮带轮直径。

图 7-58 动力式皮带输送机

(1) 皮带支撑形式。

① 滑板式：皮带下方以滑板支撑，滑板式一般用于较轻负载及速度较低的情况(30 m/min 以下)。

② 滚筒式：皮带下方以滚筒支撑，滚筒式的床座所需动力较小，且皮带寿命较长，输送能力较大。

(2) 负载能力。动力式皮带输送机的负载能力与皮带支撑形式有很大关系，滚筒式不但输送能力较强，而且负载能力也很强，如表 7-13 所示。

表 7-13 动力式皮带输送机负载能力

输送能力/hp	滑板式负载能力/kg	滚筒式负载能力/kg
1/3	180	510
1/2	340	1130
3/4	540	2400
1	720	3180

(3) 模块形式。

① 转弯模块(见图 7-59)：动力式皮带输送机因皮带具有可伸张性，故其在转弯模块上应用很广，从 30° 至 80° 的都有，但以 90° 的使用最普遍。

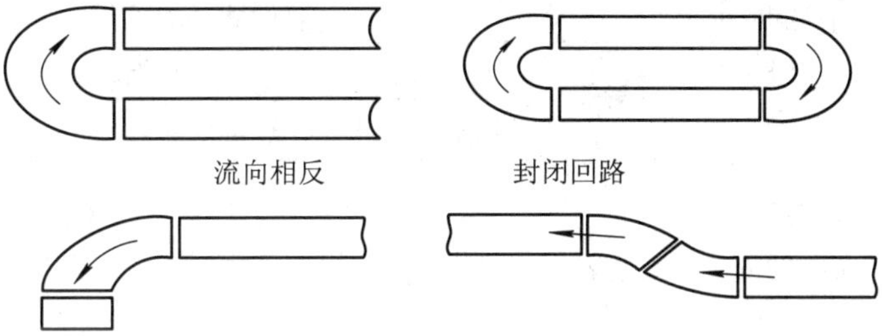

图 7-59　各种角度的转弯模块组合

② 螺旋模块(见图 7-60)：转弯皮带也有螺旋构造，可用于物品的爬升。其中心线的有效倾斜角一般为 16°～20°，有 90° 及 180° 的模块，可提供多种弹性的组装方式。螺旋模块与倾斜皮带所需空间尺寸比较如图 7-61 所示。

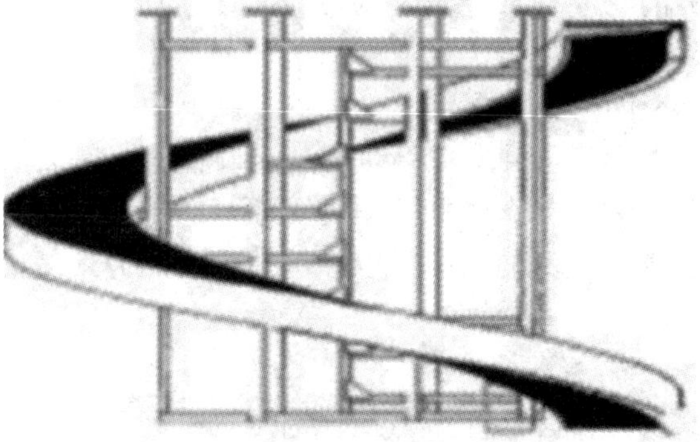

图 7-60　螺旋模块

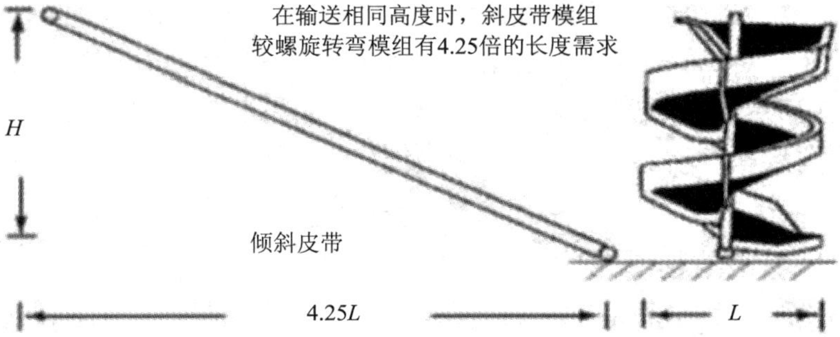

图 7-61　螺旋模块与倾斜皮带所需空间尺寸比较

3. 积存输送机

积存输送机既可以输送物品，又可以在输送线上暂存物品，阻止物品继续输送，起到调整物品间距或物品速率的作用。积存输送机的分类如表 7-14 所示。

表 7-14　积存输送机的分类

积存输送机	一般型	重力式滚轮及滚筒
		阶段指引皮带
		轻触式动力滚筒
	零挤型	区段式积存
		连续式积存

1) 一般型积存输送机

一般型积存输送机包括重力式滚轮及滚筒输送机、阶段指引皮带输送机以及轻触式动力滚筒输送机。

(1) 重力式滚轮及滚筒输送机是常用的最便宜、最简单的积存输送机，其应用非常广泛，但对于某些物品易造成安全及物品毁损问题。

(2) 积存输送机也可由几段皮带输送机组成，称为阶段指引皮带输送机。物品移动到第一段皮带上，物品尾端碰到传感器，从而停止输送；下一件物品抵达时，输送机再次激活移动，直到此物品尾端完全在皮带上。这将持续到第一件物品到达输送机的末端，接着传感器会指示有一排满列的物品在第一段输送带上，这一列物品会被完整地移动至最远程的空输送带上。物品可以从此积存线上释放端移走，可一次移出一件物品或一整列物品。当此释放端的输送带完全空闲时，会再将前一段输送机上的一列物品送入。

(3) 轻触式动力滚筒输送机应用皮带驱动的滚筒调整压力滚筒，使带动承载滚筒的驱动力为最小。此方式对前端物品会产生推挤压力，而且对于质量变化较大的物品推挤情况会比较明显。另外，由于压力滚筒的设定是以带动最重物品为最低设定基准的，因此也会对其他较轻物品增加推挤压力。

2) 零挤型积存输送机

大部分制造商均有其设计独特的零挤型积存输送机，其基本原理是以间歇方式停止部分区段输送机滚筒的动力，以避免后方物品推挤前方物品。零挤型积存输送机的积存方式可以分为两种：区段式及连续式。

(1) 区段式积存(见图 7-62)：将输送机分为几个区段，通常一个区段长度为 600～760 mm，每区段的动力由一个传感器控制，动作时可将下一个区段的动力切断。积存线的第一区段由一个外部传感器控制(通常由前方物品堆积满线的传感器感应通知)，或者由来自系统控制器的信号控制，当物品到达第一区段时即停止，并触发传感器而切断第二区段的动力。

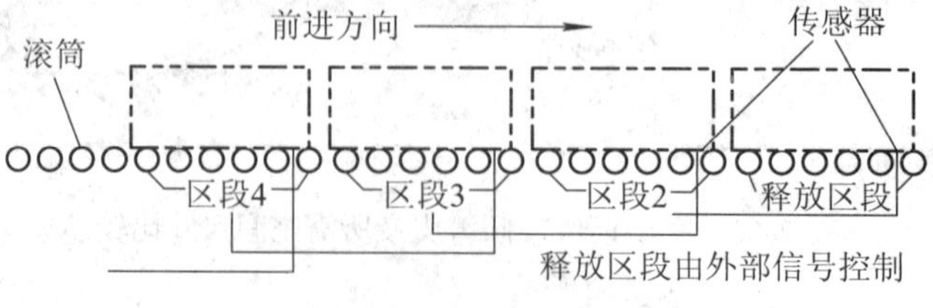

图 7-62　区段式积存输送机

物品从积存输送线上释放有两种方式，即间隔式及整列式，如图 7-63 所示。

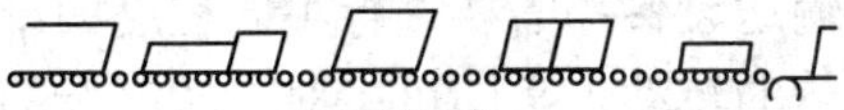

(a) 间隔式

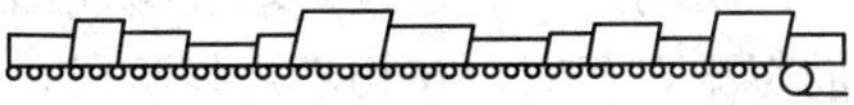

(b) 整列式

图 7-63　区段式积存输送机的释放方式

有些形式的区段式积存输送机只具有间隔式释放功能：上一区段的传感器开启后即作为释放区段的动力，使暂停于此区段的物品随即送出。例如，应用纸箱进行密封包装时，应选择间隔式，可将物品与物品加以间隔。整列式释放则是在同一时间启动所有区段的动力，而将整条积存线上的物品送出。

对于区段式积存，物品的最大、最小长度与区段长度的关系非常重要，区段的设计通常以处理最大的物品为主。但有些情况下，一个物品可能会横跨两区段，从而产生物品的推挤压力；另一种情况是两个较小的物品可能停留在一个较大的区段内，导致不可预测的释放问题。

(2) 连续式积存(见图 7-64)：物品一个靠着一个堆满整个输送机，如堆挤压力过大，则易造成物品损坏。为了降低堆挤压力，有许多种设计方式，主要原理即在某段时间内移去大部分输送机区段的动力，而保持少许区段的动力，这样整线仍存有很小的驱动力，但已不足以对物品造成损坏。

图 7-64　连续式积存输送机

7.3.3　输送设备的选用

因为输送物品的表面与输送设备直接接触，所以物品的特性会直接影响输送设备的选择及系统的设计。输送物品的特性包括尺寸、质量、表面特性(软或硬)、处理的速率、包装方式及重心等，这些均是要考虑的因素。规划时，应将欲输送的所有物品列出，如最小的及最大的、最重的及最轻的、有密封的及无密封的。并非仅有最大的或最重的物品会影响设计，较小的物品也会影响设备的选择，因为较轻的物品可能无法使感测器动作。对于某些累积式输送机来说，物品质量的分布范围则有重要影响。在规划时，主系统并不需要处理所有的物品，用人工方式处理较不常用的物品可能会较为经济。

所有新的输送设备都必须与现有的作业系统做最好的配合，无论是简单的系统(如叉车)还是复杂的系统(如机器人、无人搬运车或存取机等)，都会影响新设备的选择及配置，特别是在交接的输送作业点上；环境条件也要考虑，大部分仓库是在有空调及灯光的情况下作业的，如有极端温度的情况，还需要选用特殊的皮带、轴承及驱动单元；另外，虽然仓库的环境相对比较洁净，但是输送设备系统有时必须连接比较洁净的区域与比较恶劣的环境(如废纸箱区)，所以有些物品基于健康、安全的因素必须隔离。上述这些因素都会影响输送设备系统及储存区域的设计。

所有的货品搬运设备和输送设备都需要进行不同程度的维护。对于无动力系统，通常只需要定期检查，以确保滚轮的转动正常即可；对于较复杂的系统，则应由制造商提供定期性维护措施。一般公司对于昂贵的生产制造设备均会编制固定的维护人员，但对于仓库中的设备则会认为无此需要而忽略。其实，在初步规划阶段，对于复杂的搬运系统，维护的成本必须列入采购预算中，而维护的需求也应列为系统的选择及评价的考虑因素。

7.4 站台设备

站台是货车装卸货物的场所，是线路与仓库的连接点，是仓库进出货的必经之路。站台是车辆停靠处以及货物装卸、暂存处。利用站台能方便地将货物装进车辆中或者从车辆中取出，实现物流网络中线与节点的限界转运。

7.4.1 站台设备的类型与形式

站台的作业区域配置形态可分为两大类型，即集中型及分散型，主要形式则有锯齿型、尾端型、突出型及侧边型。

1. 站台区域配置类型

站台区域配置类型如图 7-65 所示。

- 站台区域配置类型
  - 集中型
    - 混合型
    - 相邻型
    - 分离型
  - 分散型

图 7-65　站台区域配置类型

(1) 集中型站台。传统上，仓库(或物流中心)只有一个站台区域，而且在较小的仓库(或物流中心)中出库及进库是合并的，在较大的仓库(或物流中心)中进货及出货就可能分开，如图 7-66 所示。集中型站台规划方式最大的好处就是可以降低监管成本，而且可以有效运用仓管人员及设备。此类型站台外部货车的作业空间必须以最大型的货车来规划。

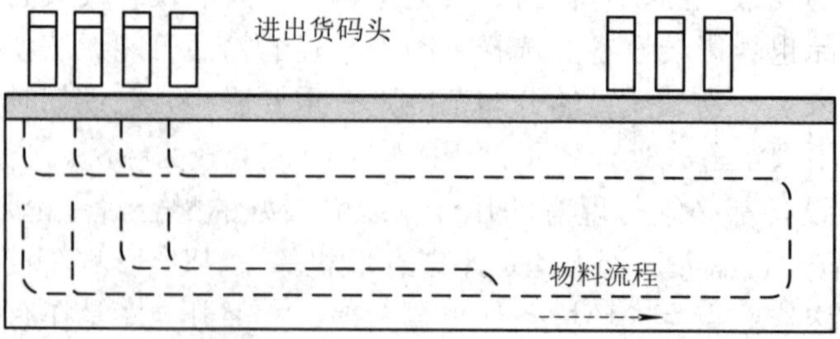

图 7-66　集中型站台区域配置

(2) 分散型站台。分散型站台因及时(Just-in-time)库存管理的要求，有普遍发展的趋势。此种安排方式是将好几个站台分散于厂房四周，每个站台配合特定的产品线或作业区域，如图 7-67 和图 7-68 所示。

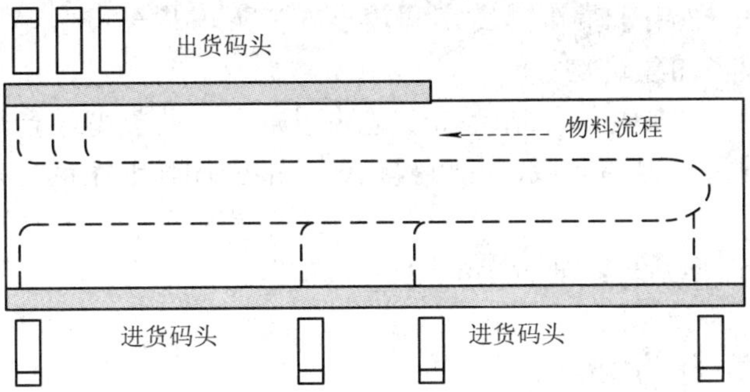

图 7-67　分散型站台区域配置

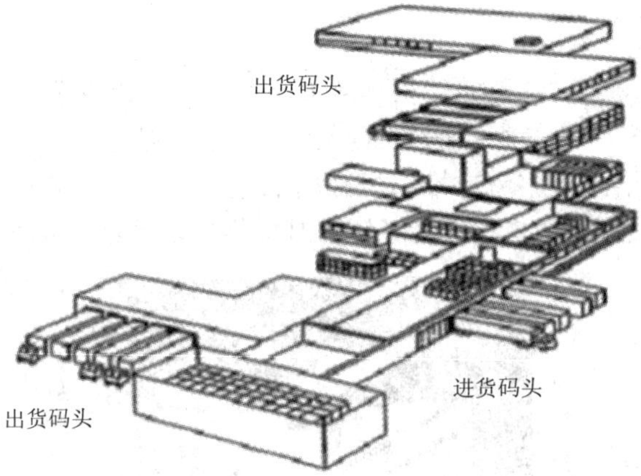

图 7-68　分散型站台的实际应用

2. 站台形式

站台形式分为锯齿型、尾端型、突出型及侧边型，如图 7-69 所示。

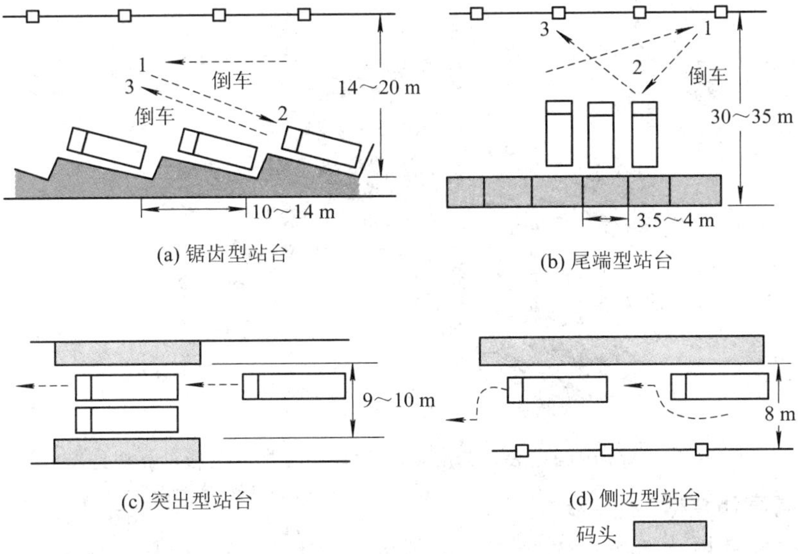

图 7-69　站台形式

(1) 锯齿型站台：适用于货车回转空间较小的情形，货车可由尾端或侧端装卸货，其主要缺点是会占用较多的建筑物空间。

(2) 尾端型站台：现在大部分站台属于尾端型站台，此类型站台最大的好处是站台外侧齐平，可完全包围站台内部区域，并可提供较佳的密闭作业空间，对于天气控制的效果较好。

(3) 突出型及侧边型站台：通过车的侧边装卸货物。

7.4.2 常见的站台设备

常见的站台设备包括车辆固定装置、站台高度调整板、站台缓冲垫和装卸货作业门。

1. 车辆固定装置

车辆固定装置装设于站台正面，货车停靠于站台时，此装置有一个卡钩可手动或自动升起，钩住货车保险杠下方的底盘固定杆(见图 7-70)，以避免因站台作业人员与货车驾驶员沟通不良而货车过早驶离，造成堆高机翻覆的危险，如图 7-71 所示。此装置附有管制标志，可让货车驾驶员或堆高机作业员了解何时可将货车驶离，或堆高机何时可驶入货车。

图 7-70　车辆固定装置

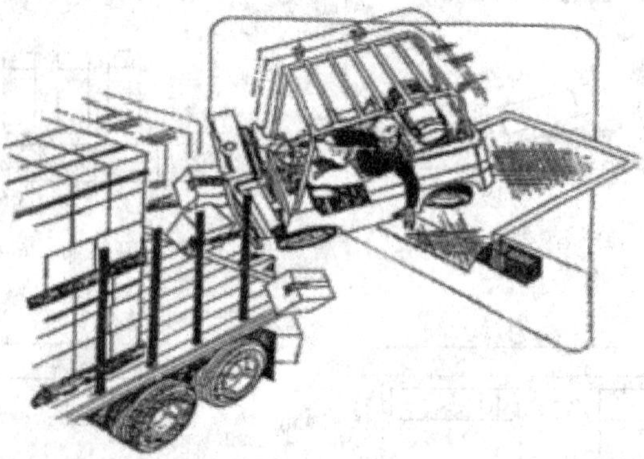

图 7-71　未使用固定装置的危险性(货车早驶离，造成堆高机翻覆)

2. 站台高度调整板

站台高度调整板可以配合各种不同高度的货车在站台方便地上下货，如图 7-72 所示。其按升降驱动方式可分为以下两种形式。

(1) 机械式：在动作时，由操作员将链条拉起，此时调整板会向上升起，再由操作员拉至货车床台高度。

图 7-72　站台高度调整板

(2) 油压式：操作员激活按钮，调整板即自动升起，再降至货车床台高度，货车驶离时，会自动恢复水平位置，保证安全，如图 7-73 所示。

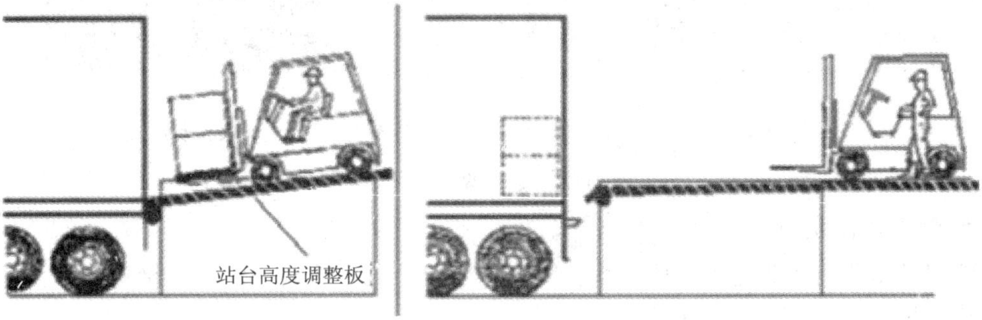

图 7-73　油压式站台高度调整板自动恢复演示

1) 站台高度调整板的负载能力

站台高度调整板的负载能力是由进出的频率及货物质量决定的。堆高机的速度、调整板坡度及使用频率都会影响此设备的寿命，尤其是三轮式堆高机，质量集中在一个区域，所以应选择较高负载能力的高度调整板。堆高机负载驶入货车时会产生巨大的冲击力，最大的冲击力是以作业的速率及坡度来预估的，高度调整板的负载能力根据此冲击力确定，如 1000 kg 能力的高度调整板应吸收 1000 kg 物品产生的冲击力，此冲击力与堆高机的速度及坡度有关，但不能超过 3000 kg。

2) 站台高度调整板的尺寸规格

站台高度调整板最普遍使用的长度是 2.5 m，长度越长，坡度越小，产生的冲击力也就越小，对于调整板的磨损越小，寿命也就更长。如调整板太短，则会产生两种问题：第一，坡度太陡，堆高机上货车时不稳定，使物品翻覆损坏；第二，坡度太陡，堆高机的轮胎及传动系统磨耗较快，也会缩短蓄电池的寿命。

一般高度调整板最常使用的宽度是 1.8 m，因为大部分货柜车内部宽度是 2.3 m，如货柜尾端装载的频率增加，则可使用 2.1 m 宽的调整板。调整板的唇片两侧边设计成推拔(Taper)状，以容许货车停靠月台边的误差，但推拔斜度也不宜太大，否则易造成堆高机翻落，较好的折中方法是采用 2 m 宽且没有推拔的唇片设计，如此设计的高度调整板对于货车尾端负载容易存取，且不会造成堆高机翻落。

3. 站台缓冲垫

一辆满载的货车重 20 000 kg，以 6 km/h 的速度倒车，则对站台可能有 67 000 kg 左右的撞击力。这么大的撞击力对钢筋混凝土的站台及货车本身都会造成损坏。但如果在站台前端加装 25 mm 厚的缓冲垫，则可将 67 000 kg 降至 6700 kg。站台缓冲垫的应用如图 7-74 所示。

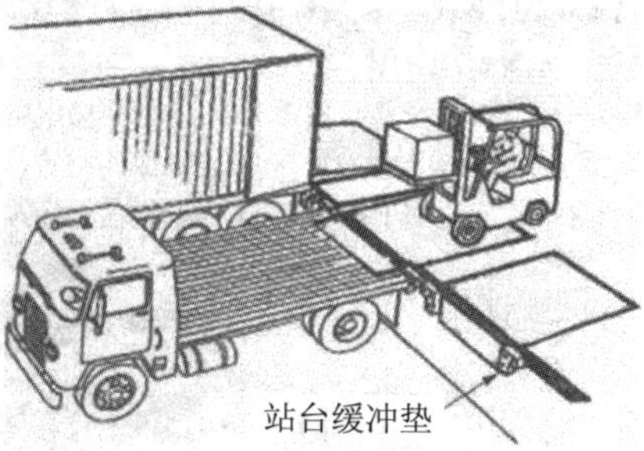

图 7-74　站台缓冲垫的应用

站台缓冲垫可吸收巨大的冲击力，以保护设施及货车。站台缓冲垫的厚度为 100～150 mm，可分为长方形、L 形或多片式等形式，如图 7-75 所示。

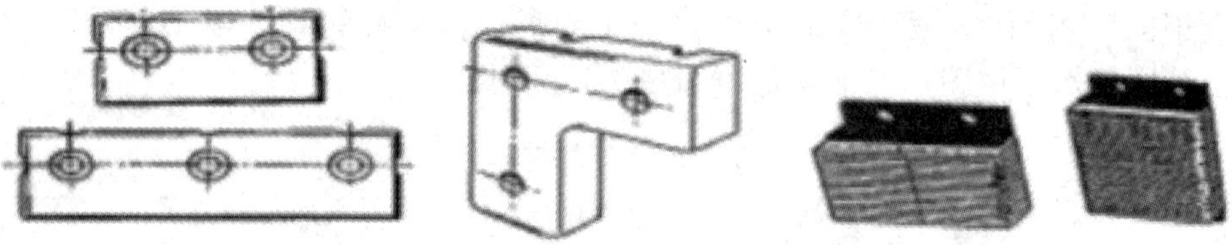

(a) 长方形　　(b) L 形　　(c) 多片式

图 7-75　站台缓冲垫的形式

4. 装卸货作业门

装卸货作业门主要是将厂房与站台隔开，防止冷气、暖气外泄，隔绝噪声。使用装卸货作业门时以不妨碍堆高车的进出为原则。

1) 摆动门

如图 7-76 所示，摆动门以铰链固定，开启时由堆高机前进推开，门需要足够的宽度，以便堆高机顺利通过。由于是以推撞方式开门，因此通常在摆动门底部常受撞击的区域加钉一层橡皮以减小撞击力，延长使用寿命。

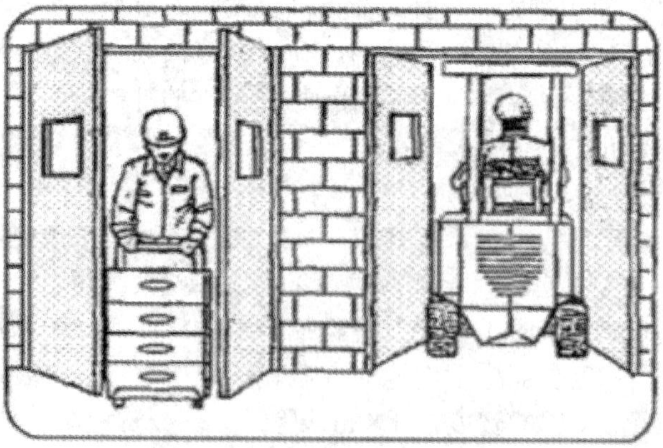

图 7-76　摆动门

2) 弹性片门

如图 7-77 所示，弹性片门由细长透明的塑料片构成，由上方悬吊垂下，这些塑料片应保持干净，不能妨碍工作人员的视线。

图 7-77　弹性片门

3) 电动门

如图 7-78 所示，电动门的开关动作非常迅速，一般都在 10 s 之内，以减少暖气或冷气的流失。以下是两种基本的快速电动门：

(1) 垂直快速卷门：提供最好的能见度，门的开关可自动控制。

(2) 快速拉门：可从中央往两边拉开，或由一边往另一边拉开，门的开关可自动控制。

电动门一般设定成自动模式，当堆高机通过电眼传感器时即自动开关；也可以手动通过无线电遥控器来控制。

4) 气密门

如图 7-79 所示，安装气密门主要是为了节省能源，防止冷气外泄，并可隔绝风雨、灰尘，以避免湿滑对堆高机造成危险。气密门的尺寸必须配合货柜车，以得到应有的密闭效果。气密门主要应用于各种冷气厂房、冷冻冷藏库及气候恶劣的地区。

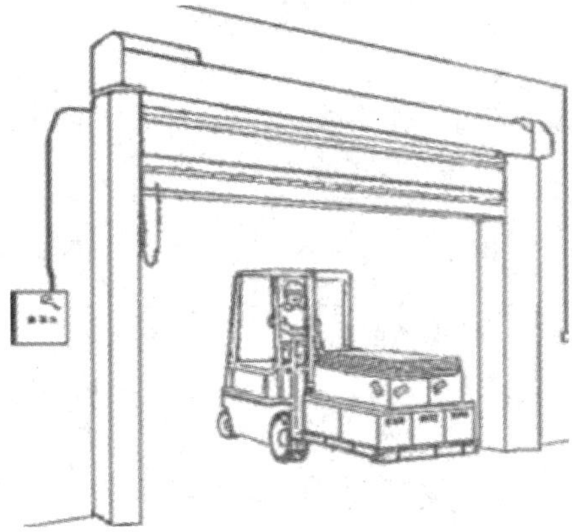

图 7-78　电动门

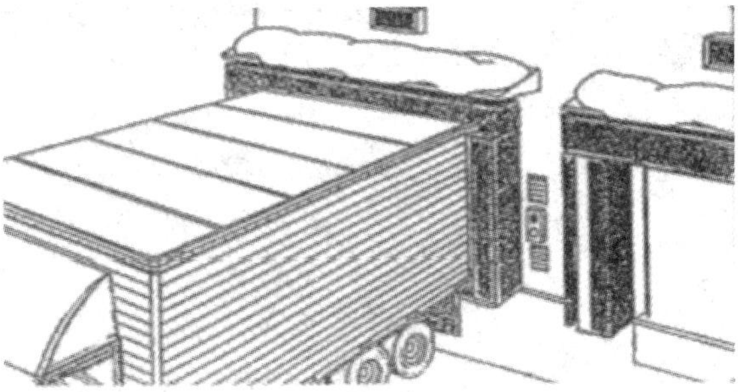

图 7-79　气密门

经典案例

澳德巴克斯公司日本物流中心

一、澳德巴克斯公司概况

澳德巴克斯公司于 1948 年 8 月 12 日成立于日本大阪，1996 年年销售额高达 2121 亿日元，在 1997 年 3 月资本金达到 319 亿 5870 万日元，当年职工人数为 1679 人。

澳德巴克斯集团是亚洲最大的汽车市场服务商，采用连锁店铺经营模式向广大消费者提供汽车用品销售、车检及维修、车辆买卖等一系列汽车后市场相关服务。其主要店铺品牌有 AUTOBACS、SUPER AUTOBACS、AUTOBACS 二手市场、AUTOBACS EXPRESS 以及 AUTOBACS CARS 等。澳德巴克斯公司采用自愿加盟方式在日本建立汽车用品综合专业店“澳德巴克斯”销售网，到 1997 年 12 月底共有店铺 483 个。澳德巴克斯公司紧跟汽车用户需求的变化，发展速度十分惊人，零售店铺总销售额从 795 亿日元上升到 2743 亿日元，从而确定了其在行业中的领先地位。

随着公司的发展，作为后方支援的物流体制如何改进就提到了议事日程上来。1996 年和 1997 年，公司相继在东日本和西日本各修建了一座基本构造相同的物流中心，引入了先进的信息和物流体系，实现了世界级水平的物流管理供应。

二、澳德巴克斯公司物流战略

澳德巴克斯公司作为加盟店总部，综合管理着全日本的加盟店铺，进行商品供给、物流和采购工作。根据其物流战略，澳德巴克斯公司在东、西日本分别建设了两个物流中心。

东日本物流中心在千叶县市川市，1996 年 9 月 17 日投入使用，统管静冈、长野、新潟县以东的约 220 个店铺和海外 3 个店铺；西日本物流中心在兵库县美囊郡吉川町，1997 年 10 月 13 日投入使用，统管爱知、岐阜、富山县以西的约 270 个店铺。两个物流中心的管理对象都是零件、修理用品和附件等，约 11 000 种品种，对所有店铺提供统一质量的物流服务。轮胎由其他基地提供。

两个物流中心的设备基本相同，系统布局也左右对称。但是，新建的西日本物流中心总结吸收了 1 年多以前开始使用的东日本物流中心的经验和教训，进行了局部改进。两个物流中心的基本指导思想及特点如表 7-15 所示。

表 7-15　两个物流中心的基本指导思想及特点

基本指导思想	特　点
按照物流观点进行系统构筑	从综合观点重新构筑店铺—本部—采购点间的商品流通模式，追求整体的最佳效果，同时降低物流中心的成本
高度信息化、机械化	以作业的机械化、计算机控制化为基础，做到最彻底的省人省力。以连接店铺—本部—采购点的信息网络 HYPER-ANS 为核心，实现高度信息化。运用“标准物流标志”ITF 码(外装箱用条形码)系统，并继续推行与 EDI(Electronic Data Interchange，电子数据交换)的联动
多品种、小批量的配送与高质量的店铺服务	通过信息支援防止店铺中出现商品短缺。向店铺发送的商品包装要考虑到陈列分类的方便，以减轻商品开包、陈列等作业负担；降低误差率，以简化店铺方面的商品进货检查工作

两个物流中心为店铺提供各项细致周到的服务。例如，商品箱上要贴出货标签，注明箱内物品内容，做到不用开包就能了解箱内的商品；商品到达的前一天就要把预订送货的箱数等信息预先通知店铺等。西日本物流中心概要如表 7-16 所示。

表 7-16　西日本物流中心概要

建筑概要	占地面积/in^2	23 368
	建筑面积/m^2	12 230
	室内面积总和/m^2	30 765
	建筑构造	钢骨结构 3 层，高度 AS/RS 楼 30.80 m，货物处理楼 17.55 m
	货物电梯	2 台 3.5 t
	站台登车桥	油压重量级型 2 台
	地面承重	1 层 1 t/m^2，2 ~ 3 层 0.6 t/m^2
滑块式分拣机	输送能力/(箱/h)	3600
	行走速度/(m/min)	110
	分拣出口	13 个出口(含未扫描和未能处理过量出口)
	附带功能	自动测定体积
自动仓库系统	出入库能力/(p/h)	400(入库或再入库是 200 p/h，出库 200 p/h)
	货架规模	12 列 × 34 货位 × 17 层 – 96 p = 6840 p
	货物尺寸	高托盘 1200 mm(*W*) × 1200 mm(*L*) × 1650 mm(*H*) (含 p 厚度)4392 p 低托盘 1200 mm(*W*) × 1200 mm(*L*) × 1000 mm(*H*)(含 p 厚度)2448 p
	货物质量	最大 100 kg/p，平均 600 kg/p
	堆垛机	双叉式 6 台 行走速度 3 ~ 160 m/min 升降速度 3 ~ 63(80) m/min 叉爪速度 5 ~ 71.5(50) m/min 注：()内是无负荷时
	货物处理设备	1 层环状 STV(Sorting Transfer Vehicle，高速分拣车) 轨道输送系统 16 台
	拣选台	工作台 9 个
分流数字拣货	进发货数量/(箱/h)	1400 ~ 1700
	搬送物	托盘或装载单元
	拣货台	工作台 51 个
	显示位数	4 位
	分支能力/(箱/h)	850
	附带设备	充填用窄幅输送带分拣机 3000 箱/h 硬纸箱制箱机 850 箱/h/台，3 台 折叠箱打开机 700 箱/h/台，2 台
周边设备	拣货台车	带触摸屏终端 17 台
	简易数字拣货机	显示器 432 个
	空硬纸箱处理机	处理能力 2400 箱/h
	叉车	配重式 4 台 前置式 7 台 电动式 1 台(蓄电池式)
	体积测量器	2 台
	信息处理设备	富士通 DS/90

三、西日本物流中心概况

西日本物流中心如图 7-80 所示，整个系统最大的特点是以 30 m 高的大型立体自动仓库为储存设备的核心，根据商品及其物流特性设置了六种拣货和出货系统。

图 7-80　西日本物流中心

现场人员约 120 名(计时工、临时工、委托作业人员)，1 天不用加班即可完成 9～10 万件(约 1 万箱)拣货作业。澳德巴克斯公司原来的旧物流中心每天加班加点才能勉强完成 5 万件拣货作业，现在人员减少了 20%，作业效率约翻了一番。

西日本物流中心投资总额为 110 亿日元(含土地费用)，东、西日本两个物流中心都由物流咨询公司 OMNI 承担综合基本计划的制订，大福公司提供自动仓库和周边设备，TKSL 公司提供各种分拣系统和分拣机，富士通公司提供信息处理系统。

下面以将西日本物流中心为例，详细介绍该物流配送中心设施设备在其整个作业环节中的管理和运用。

1. 入库及准备环节

(1) 货物到达和接收：国内外供货商提供的商品到达进货停车场，进口货物用 40ft 集装箱运来，使用欧洲托盘等各种国外规格的托盘；日本国内的进货有的则不使用托盘。但无论哪种情况，都一律按品种换装到物流中心自备的塑料托盘(1100 mm × 1100 mm)上，大型商品则运到另外的货架上，如图 7-81 所示。

(2) 数量验收和登记：首先进行数量验收(见图 7-82)，然后使用手提式扫描器扫描(见图 7-83)箱子上面的标准 ITF 条码，由主机计算机发出的是否进入自动仓库的指示就会显示到扫描器屏幕上。

图 7-81　货物到达和接收

图 7-82　数量验收

(3) 入库：用叉车将进入自动仓库的商品托盘送到左边的托盘输送机上，不进入自动仓库而直接送往拣货工序的少量商品和混装商品箱等则送到变更货物状态输送机中，如图 7-84 所示。

图 7-83　使用手提式扫描器扫描

图 7-84　入库

2. 入库确定及自动仓库设施

(1) 变更货物状态：初次进入自动仓库的商品种类和少量商品通过箱子输送机进入后，通过用条码补充检验进行进货确定，然后换装到折叠箱，或在原箱上粘贴条码标签，送往拣货工序处，如图 7-85 所示。

图 7-85　变更货物状态

(2) 进货检查站：托盘货物首先通过货物状态检查机检查有无堆码塌落等情况，然后暂停于进货检查站，如图 7-86 所示。用手提式无线扫描器扫描箱子上的 ITF 条码(或 JAN 条码)，与预先通过 VAN 输入的进货预订数据进行核对检查，最终完成进货。

(3) 用有轨穿梭车运入自动仓库：托盘通过运行在环状轨道上的 16 辆出入库有轨穿梭车(见图 7-87)送入自动仓库。

图 7-86　进货检查站

图 7-87　有轨穿梭车

(4) 托盘自动仓库：自动仓库可容纳6840托盘货物，货位高度有1650 mm和1000 mm(含托盘)两种，以提高容纳效率，如图7-88所示。共有6台双叉式堆垛机，能力高达400托盘/h(入库200 p，出库200 p)。

(5) 箱拣货站：自动仓库的拣货作业在该工作站进行，如图7-89所示。载有商品的托盘由穿梭车供给，有的以整箱为单位直接出库出货，有的向2～3楼的拣货区补充商品，拣货指示和剩余数量可在终端得到显示。牌子上如果有ITF条码，则将其投入输送机后会自动贴上出货-补充标签；如果没有ITF条码，则用人工贴上标签。

图7-88　托盘自动仓库

图7-89　箱拣货站

3. 分流与数字拣货环节

(1) 折叠箱打开机：三楼大面积空间的绝大多数区域采用分流式(纸箱和折叠箱只分流到需要进行拣货的部位)数字分拣系统，可处理8000种商品。

图7-90所示是从物流中心直接向店铺进行近距离配送时使用的折叠箱成型与供给系统。折叠为扁平状的折叠箱(50 L)通常堆叠达14～20层，通过该系统可以把它们一个一个地打开组装成箱。偏远地区的出货用硬纸箱，由自动硬纸箱制箱机供给。

(2) 数字拣货区：如图7-91所示，左边为流动货架区，右边为固定货架区。纸箱和折叠箱通过输送机线自动分流到需要拣选的商品存放区前。

图7-90　折叠箱成型与供给系统

图7-91　数字拣货区

(3) 拣货站：在分流拣货线上，每小时有1400～1700个纸箱和折叠箱在流动，拣货站有51个，如图7-92所示。从图7-92中可以看出，左边的是主输送机线，如果有需要，在该拣货站拣货的箱子过来后就会分流到右边的输送机支线上，操作盘上就会显示出该箱子的号码和需要拣货的商品所在的货架位置，同时该货架拣货口的信号灯会亮并显示出所需的拣货数量，由此可迅速完成拣货任务。

图 7-92　拣货站

4. 简易数字拣货线、拣货台车设备

(1) 简易数字拣货线：异型物品等约 2000 种商品在二楼进行拣货。图 7-93 所示是简易数字拣货线，这里没有分流支线，集中处理出货率较高的商品组。根据各类商品的不同特点采用最合理的系统，可以提高效率，体现出大型化、高度集中化物流中心的优点。

(2) 拣货台车：拣货台车分为大型和小型，如图 7-94 所示。汽车脚垫、车罩、休假用品等大尺寸商品用带有触摸屏终端的 17 台拣货台车进行拣货。

图 7-93　简易数字拣货线

图 7-94　拣货台车

(3) 拣货信息的输入和指示：触摸屏终端的信息是通过 IC 卡输入的，扫描商品收集标签，屏幕上就会显示拣货商品名称、商品所在处的号码、需要拣货的数量等，如图 7-95 所示。

(4) 拣货台车的作业：作业人员按照屏幕上的指示沿货架通道依次拣货，如图 7-96 所示。因为每次都要扫描 JAN 条码，所以作业精度为 100%，大大降低了误差率(现在的整体误差率为 0.01%)。

图 7-95　拣货信息的输入和指示

图 7-96　拣货台车的作业

(5) 捆包和抽查：在三楼、二楼完成拣货工序的折叠箱和纸箱被送到二楼的捆包区，根据需要进行抽查。与计算机数据核对商品种类及数量是否无误、商品是否有损坏，然后放入缓冲材料进行捆包，如图 7-97 所示。

5. 分拣和出货环节

(1) 体积测定机：所有出货物品都要送到体积测定机上分别测量各自捆包后的体积，这样可以记录出货情况，确切掌握运输配送的成本，如图 7-98 所示。

可以用输送机输送纸箱和折叠箱到一楼，在进入自动分拣线之前进行自动体积测定和条码扫描；通过拣货台车拣货的异型商品则用人工体积测定机进行测量。

图 7-97　捆包和抽查

图 7-98　体积测定机

(2) 自动分拣机：用自动分拣机(TKSL 公司制造)把硬纸箱和折叠箱各自分拣到 13 个出口(含退出口)，效率为 3600 箱/h，如图 7-99 所示。

(3) 分拣出口和货架托盘台车：被分拣到各个分拣出口的纸箱和折叠箱由操作人员按店铺分类装入货架托盘台车，并用手提式扫描器扫描出货标签上的条码，做最后的确认，如图 7-100 所示。以货架托盘台车为单位，送往西日本各个澳德巴克斯店。

图 7-99　自动分拣机

图 7-100　分拣出口和货架托盘台车

6. 人性化作业环境和环保

除了具有上述自动、省力、高效的系统外，西日本物流中心还引入了空硬纸箱处理机等设备，推进了资源回收方面的工作。此外，西日本物流中心在工作人员作业环境的改善和环保方面都投入了很大力量，所有室内区域全部安装了空调，室内采光合理、色彩明亮，在食堂、休息室可瞭望四周风景，并配有淋浴室和女职工化妆室等。优良的工作环境加上自觉的环保意识，可以说，这是一个具有世界先进水平的物流系统。

【本章小结】

本章系统介绍了现代化物流配送中心的主要设备与设施，主要包括储存设备、搬运设备、输送设备及站台设备。储存货架包括托盘货架、驶入式货架、流动式货架、移动式货架及后推式货架等，可根据储存单元类别、储存密度要求和出入频率需求进行选择。搬运设备主要包括手推车、托盘搬运车和各式叉车，可根据商品的特性、储存单元类型、作业要求和货架配置等综合因素选择合适的搬运设备。配送中心内的输送设备多为单元负载式输送设备，根据是否需要动力源，单元负载式输送设备可分为无动力式(重力式)及动力式两种；根据传送的介质不同，又可分为链条式、滚筒式、皮带式及悬挂式；根据应用功能和场合不同，可分为基本输送型输送机、积存式输送机和分类输送机等。货品的外形、包装、尺寸特性及作用环境是选择输送设备类型的主要考虑因素。站台设施与设备是配送中心的重要组成部分，应根据货物特征、每天进出货量大小、进出货车型等进行综合分析和设计，以达到最佳的作业效率。

【拓展阅读】

1. 周三元.通用库装卸搬运机械设备配置[J]. 起重运输机械, 2018(11): 97-102.

2. 张革伕, 陈建华, 胡朝晖. 基于互联网+货架的新零售仓储系统[J]. 中国物流与采购, 2019(2): 58-59.

3. 李辉. 我国托盘数字化管理发展前景分析[J]. 物流技术与应用, 2020, 25(12): 134-137.

4. 《物流技术与应用》编辑部. 货架行业：市场助推密集存储系统升级[J]. 物流技术与应用, 2020, 25(12): 90-91.

【实践作业】

1. 任务名称

物流配送中心设施与设备认知强化训练。

2. 任务描述

通过本章内容的学习，去图书馆借阅书籍或上网查阅相关知识，加深对物流配送中心设备设施的种类与作用的记忆和理解。

3. 任务实施

(1) 选择储存设备、搬运设备、输送设备、站台设施与设备中的一类，了解它们的历史、现状以及未来的发展趋势，分析它们各自的适用条件。

(2) 完成《××设备发展分析报告》。

第 8 章　物流配送中心系统方案评估与规划实例

学习目标

了解物流配送中心系统方案评估的内涵；明确系统方案评估的基本步骤；掌握系统方案评估的三种方法；了解物流配送中心的总体规划和主要功能系统规划的主要内容。

关键术语

物流配送中心　系统方案评估　规划实例　加权因素法　因素分析法　点评估法　权重分析法　成本比较法　功能系统规划　仓储系统规划　运输系统规划　装卸搬运系统规划　信息系统规划

思维导图

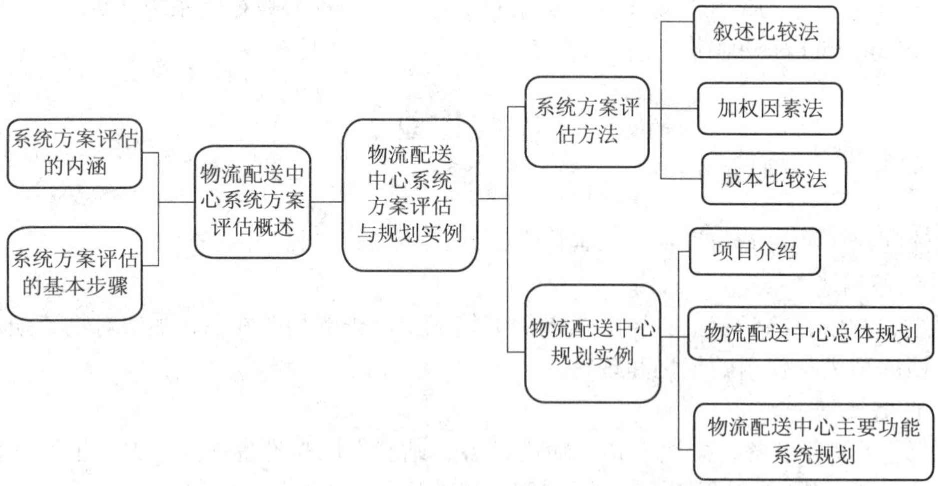

8.1　物流配送中心系统方案评估概述

在开发和建设物流配送中心系统的过程中，需要合理统一社会因素、经济因素和技术因素，将物流配送中心系统的功能与社会需求有机结合，对提出的各种建设方案进行分析、论证，实现方案在技术上的先进性、生产上的可行性和经济上的合理性。

8.1.1　系统方案评估的内涵

系统方案评估对物流配送中心系统的效益乃至整个企业的发展都会产生很大的影响。下面从系统方案评估的概念、特点、重要性和原则四个方面来理解其内涵。

1. 概念

系统方案评估是从系统的整体出发，在调查和可行性研究的基础上，利用模型和各种数据对系统设计方案进行评审，对系统现状进行评估，最后选择出技术先进、生产可行、经济合理的最优或最满意的方案。对物流配送中心系统的评估需要有一定的量化指标，这样才能衡量系统实际的运行状况。建立一套完整的量化指标体系，有助于对物流配送中心系统进行合理的规划和有效的控制，有助于准确反映物流配送中心系统的合理性及改善的方向。

2. 特点

物流配送中心系统一般具有多个规划目标和多种影响因素。对多个目标进行评估，一方面需要将多目标进行分解，分别建模、分别评估；另一方面，还要将这些子目标进行整体评估，将各子目标归一化，以便进行比较。对多种因素进行评估，需要考虑各种与之相关的因素，如考虑经济、技术等主要指标时，也要考虑社会、环境等相关指标。由此可见，物流配送中心系统方案的评估具有系统性、复杂性、综合性等特点。

3. 重要性

系统方案评估是系统分析中复杂而又重要的一个环节，其重要性具体体现在以下两个方面：

(1) 系统方案评估是系统决策的重要依据。系统方案评估的主要任务是从评估主体出发，按照预定的评估指标体系，根据所给定的评估尺度，进行首尾一贯的、无矛盾的价值测定，以获得一个可以付诸实施的优选方案，为正确决策提供所需信息。可以说没有正确的评估，就不可能有正确的决策。

(2) 系统方案评估便于掌握系统的结构，寻求系统的改善点，把握系统的改善方向。通过对物流配送中心系统方案的评估，可以判断物流配送中心系统是否达到了预先设定的各项性能指标。

4. 原则

物流配送中心系统涉及面广，构成要素繁多而且关系复杂，对其进行评估也是一项烦琐的工作，必须采用科学的方法进行客观、公正的评估。在对物流配送中心系统方案进行评估时，必须有一定的规则来约束评估人的主观因素，以便达到评估结果的有效性和指导性。为了对物流配送中心系统进行合理的评估，应该坚持遵循以下原则：

(1) 客观性。为了使对物流配送中心系统的评估更加有效，必须保证评估的客观性。评估的目的是管理和决策，而评估的质量是管理和正确决策的前提。也就是说，必须弄清楚评估资料是否全面、可靠、正确，防止评估人员带着个人主观感情进行评估，并注意评估人员的组成需要有代表性。

(2) 可操作性和可比性。影响系统功能发挥的因素非常多，因此在建立物流配送中心系统评估指标体系时不可能面面俱到，但应在突出重点的前提下，尽可能做到先进合理、可操作性强，不能脱离现有的技术水平和管理水平而确定一些无法达到或无法评估的指标。可比性是指对系统方案进行评估时，评估项目等内容含义确切，对每一项指标都要进行比较。个别方案可能功能突出、内容新颖，但也只能说明其相关方面，不能代替其他方面。

(3) 整体性。在进行物流配送中心系统评估时，所选择的指标应该能够整体评估系统性能，而不是从某一方面来衡量。物流配送中心系统由若干个子系统和要素构成，如果每个子系统的效益都是好的，那么整体效益可能比较理想。但在某些情况下，有些子系统的效益是好的，但整体效益却不理想，这种方案是不可取的；反之，在某些情况下，有些子系统的效益一般，但整体效益却很好，这种方案则是可取的。因此，要保证整体效益最优化，局部效益服从整体效益。

(4) 定性指标与定量指标相结合。在对物流配送中心系统进行评估时，应坚持定性分析与定量分析相结合的原则。在定性分析的基础上，以定量分析为主，既要反映物流配送中心系统实现功能的程度，又要确定其量的界限，争取对系统做出客观合理的评估结果，从而确定最优方案。

8.1.2 系统方案评估的基本步骤

物流配送中心系统方案评估是由评估对象、评估主体、评估目的、评估时期、评估地点等多个评估要素组成的一个综合体。其基本步骤是先确定系统评估的尺度(系统评估的指标、原则)，再对照系统评估尺度测定待评估系统的价值。

正确执行物流配送中心系统方案评估的步骤是有效进行系统评估的保证。一个较为完整的物流配送中心系统方案评估过程一般包括从“明确系统相关问题”到“提供决策参考”等多个阶段，具体步骤如图 8-1 所示。

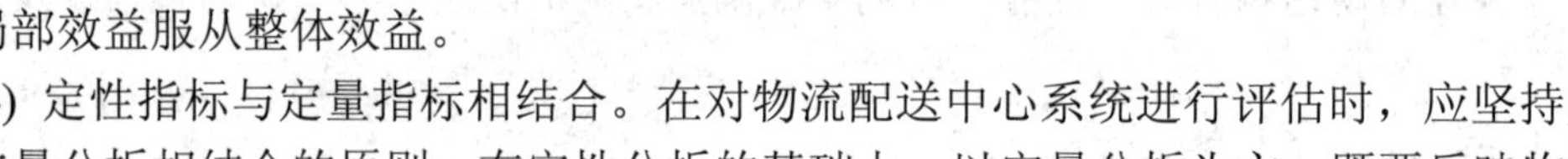

图 8-1　物流配送中心系统方案评估的步骤

1. 明确系统相关问题

这一阶段主要明确物流配送中心系统评估的目标、范围、时期和立场。

(1) 明确系统评估的目标，就是要明确为什么要进行物流配送中心系统评估以及进行系统评估的目的，即从总体上把握物流配送中心系统的现状，寻找系统的薄弱环节，明确系统的改善方向。

(2) 明确系统评估的范围，就是确定待评估系统所涉及的部门、地区、内容等。

(3) 明确系统评估的时期，就是确定针对物流配送中心系统哪个时期进行评估比较合适。这里的系统评估时期一般可以分为系统评估初期(如对物流配送中心系统建设方案的评估)、系统评估中期(如对物流配送中心系统建设过程中的评估)、系统评估终期(如对物流配送中心系统建成后的评估)以及系统跟踪评估(如对物流配送中心系统投入使用若干年后的评估)。

(4) 明确系统评估的立场，就是明确评估主体(评估人)是使用者、开发者还是第三者，这对以后评估方案和评估指标体系的确定都有直接影响。

2. 分析评估系统要素

当系统评估问题确定以后，就可以对评估对象进行分析。其内容包括收集有关资料和数据，对组成系统的各个要素及系统本身的功能、费用、时间等进行全面分析，并分析整个系统所处的环境以及相关的可行性方案，找出评估的项目。

3. 建立系统评估指标体系

指标是衡量系统总体目标的具体标志。对于所评估的系统，必须建立能对照和衡量各个方案的统一尺度，即评估指标体系。从系统的观点来看，评估指标体系是由若干个单项评估指标组成的有机整体，其应该反映出评估的要求，并且全面、合理、科学地考虑各种因素。为此，在建立物流配送中心系统综合评估的指标体系时，应选择有代表性的系统特征值指标，以便进行对比和评估，对发现的问题提出相应的对策。

4. 确定评估方法和模型

物流配送中心系统评估指标体系确定后，可根据系统目标、系统分析结果、系统评估准则等选择合适的评估方法，通过系统评估模型描述和测定评估对象的指标值。如评估指标多且划分为不同层次，可通过逐级综合得出各部分的评估及对系统的总体评估结果。由于物流配送中心系统是多属性的系统，评估结果用一个数值表示不够全面和精确，因此对物流配送中心系统的评估一般采用综合评估方法，以进行全方位多角度的评估。

5. 计算系统评估值

在这一阶段，可通过物流配送中心系统模型的运行计算评估对象的指标值。不仅要计算各个阶段的评估指标值，而且还要把它们综合起来计算，得到综合评估值。得到评估值后，应通过咨询、对话等方式与专家交流，对该评估结果进行分析和判断。如果认为该评估结果不合理，应反馈至第 2 步，重新对系统进行评估分析，逐阶找出系统存在的问题，进行修正。通过这一计算过程，可以反映出物流配送中心系统评估需遵循统筹兼顾、全面衡量、部分服从整体的思想。

6. 提供决策参考

当评估者得到合理的系统评估值后，便可撰写报告，提交决策者进行决策。如果发现物流配送中心系统仍存在较大问题，一般应反馈至第 1 步，重新明确系统评估问题等工作。决策者进行决策并实施方案后，应收集实施效果等信息，进行跟踪评估，以便及时总结系统使用效果，对出现的问题加以解决。

8.2 系统方案评估方法

对物流配送中心进行系统规划后，可设计出几个可行的布置方案。为了从中选出一个最优方案，规划设计者应对各方案进行分析、比较和评估，提供完整客观的方案评估报告，用以辅助决策者进行方案的选择。系统方案评估的方法有很多，常用到的方案评估方法包括以下三种：叙述比较法、加权因素法和成本比较法。

8.2.1 叙述比较法

叙述比较法是将每个方案的布置图(见图 8-2)的物流动线、搬运距离、建设成本、作业安全、扩充弹性等相关因素罗列出来进行比较。采用此方法进行评估比较省时，但缺乏说服力，常用于粗略方案的初步选择。有时为了使方法更加准确，可对优缺点的重要性加以讨论并用数值表示。

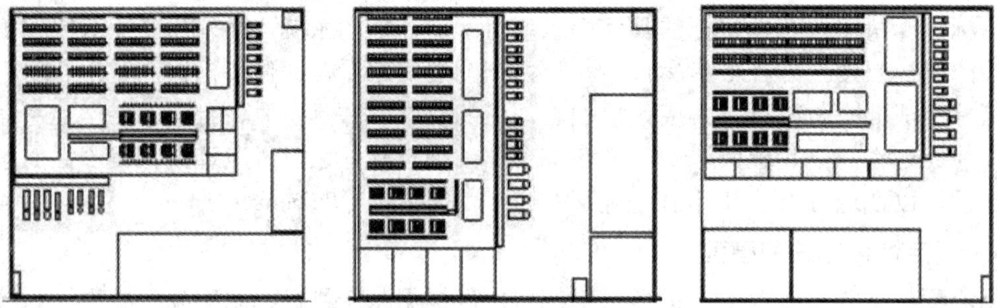

(a) A 方案　　(b) B 方案　　(c) C 方案

图 8-2　方案布置图比较

8.2.2 加权因素法

加权因素法是指把布置方案的各种影响因素划分成不同等级，并赋予每个等级一个分值，以此表示该因素对布置方案的影响程度；同时，根据不同因素对布置方案的影响重要程度设立加权值，计算出布置方案的评分值，根据评分值的高低评估方案的优劣。加权因素法根据评估的粗细程度可以分为因素分析法、点评估法和权重分析法。

1. 因素分析法

因素分析法是对方案规划的目标因素进行分析，从而确定方案优劣的方法。一般首先由规划者与决策者共同讨论列出各个目标因素，并设定各个因素的重要程度——权重，权重可用百分比值或分数值表示；然后用每一个因素评估比较各个方案，确定每个方案各因素的评分数值(如 4、3、2、1、0 等)；当所有因素评估完成后，再将各因素权重与评估分数值相乘加总，数值最大的为最优方案。方案评估表如表 8-1 所示。

表 8-1 方案评估表(因素分析法)

评估因素	权 重	方 案 号		
		A	B	C
服务方便性	10	U	I	E
		0	20	30
可控性	6	O	A	A
		6	24	24
扩充性	5	I	E	O
		10	15	5
投资成本	8	O	E	I
		8	24	16
弹性	7	A	I	E
		28	14	21
搬运经济性	10	I	O	I
		20	10	20
总计		72	107	116

注：A=4 表示很好，E=3 表示较好，I=2 表示好，O=1 表示一般，U=0 表示不好。

2．点评估法

点评估法与因素分析法类似，都是考虑各种评估因素并计算各方案的得分高低，作为方案取舍的依据。其主要包括两大步骤。

步骤一：对评估因素进行权重分析，建立评估矩阵，如表 8-2 所示。

表 8-2 评估因素权重分析(点评估法)

评估因素		A	B	C	D	E	F	G	权重和	权重/%	排序
面积需求	A		1	1	0.5	1	1	0.5	5	25	1
扩充性	B	0		0.5	0	0.5	1	0.5	2.5	12.5	4
弹性	C	0	1		0	1	0	0	2	10	5
人力需求	D	0.5	1	1		0	1	1	4.5	22.5	2
自动化程度	E	0	0.5	0	1		1	1	3.5	17.5	3
整体性	F	0	0	0.5	0	0		0.5	1	5	7
先进先出	G	0	0.5	1	0	0	0		1.5	7.5	6
合 计									20	100	

(1) 经由小组讨论，决定各项评估因素。

(2) 各项评估因素两两比较，如以 A > B，权重值 = 1；A = B，权重值 = 0.5；A < B，权重值 = 0 为原则，建立评估矩阵，并分别统计得分，计算权重及排序。

步骤二：进行方案评估，其分析过程如表 8-3 所示。

表 8-3　方案评估分析过程(点评估法)

评估因素		权重/%	方案一		方案二		方案三	
			点数	乘积	点数	乘积	点数	乘积
面积需求	A	25	3	75	5	125	5	125
扩充性	B	12.5	5	62.5	3	37.5	5	62.5
弹性	C	10	4	40	2	20	2	20
人力需求	D	22.5	3	67.5	2	45	2	45
自动化程度	E	17.5	4	70	4	70	2	35
整体性	F	5	1	5	5	25	1	5
先进先出	G	7.5	3	22.5	5	37.5	2	15
合　计		100		342.5		360		307.5
优先顺序			II		I		III	

(1) 制定评估给分标准，如非常满意(5 分)、佳(4 分)、满意(3 分)、可(2 分)、尚可(1 分)、差(0 分)。

(2) 以规划评估小组表决的方式，就各项评估因素，依据方案评估资料给予适当分数。

(3) 计算乘积数 = 分数 × 权重。

(4) 各方案统计其乘积数，排出方案优先级。

3. 权重分析法

权重分析法是一种更细化、更准确的评估方法，它是将各个评估因素分成不同的组别和层次，然后分别进行评估和比较的方法。其方案评估过程如表 8-4 和表 8-5 所示，步骤如下：

(1) 设定评估因素项目。

(2) 将评估因素适当分组及分层，建立第一层的评估指标以及第二层的详细评估因素。

(3) 将各组的指标因素给予适当的百分比权重后，再对各所属因素分配权重。

(4) 评估各方案在评估因素的得分点数。

(5) 计算各方案各项因素的权重与点数乘积之和。

(6) 选择最佳方案。

表 8-4　评估要素群组与权重分配表(权重分析法)

层次	要素编号	组与主要要素	权重/%	
			组别	因素
I	1	最佳运输系统	100	
	2	经济面	30	
	3	技术面	25	
	4	系统面	30	
	5	建筑面	15	
II	2	经济面	30	
	2.1	投资成本		7
	2.2	运营成本		8
	2.3	人力节省		4
	2.4	保证条件		5
	2.5	财务可行性		2
	2.6	期间推销		4
III	3	技术面	25	
	3.1	自动化可能性		6
	3.2	人员适应性		8
	3.3	搬运条件		5
	3.4	物料流程与动线		6
	4	系统面	30	
	4.1	整体观		4
	4.2	使用弹性		4
	4.3	扩充性		5
	4.4	可维护性		4
	4.5	易学习导入		7
	4.6	操作安全性		6
	5	建筑面	15	
	5.1	土地面积		4
	5.2	地面平整程度		3
	5.3	地面承载能力		1
	5.4	柱子跨度		2
	5.5	厂房高度		3
	5.6	空间的适用性		2

表 8-5　方案评估表(权重分析法)

组	评估要素编号	权重①	方案					
			甲		乙		丙	
			得分	权重积分	得分	权重积分	得分	权重积分
			②	③=①×②	④	⑤=①×④	⑥	⑦=①×⑥
经济面	2.1	7	4	28	2	14	2	14
	2.2	8	5	40	5	40	3	24
	2.3	4	4	16	4	16	5	20
	2.4	5	4	20	4	20	3	15
	2.5	2	3	6	4	8	4	8
	2.6	4	4	16	2	8	2	8
	Σ	30	126		106		89	
技术面	3.1	6	4	24	5	30	5	30
	3.2	8	4	32	3	24	3	24
	3.3	5	5	25	4	20	4	20
	3.4	6	3	18	3	18	5	30
	Σ	25	99		92		104	
系统面	4.1	4	4	16	5	20	4	16
	4.2	4	3	12	2	8	3	12
	4.3	5	4	20	3	15	3	15
	4.4	4	4	16	3	12	4	16
	4.5	7	2	14	3	21	2	14
	4.6	6	3	18	5	30	4	24
	Σ	30	96		106		97	
建筑面	5.1	4	1	4	5	20	5	20
	5.2	3	4	12	2	6	2	6
	5.3	1	4	4	4	4	4	4
	5.4	2	4	8	4	8	2	4
	5.5	3	4	12	1	3	3	9
	5.6	2	5	10	3	6	4	8
	Σ	15	50		47		51	
合计		100	371		351		341	
方案选择			I		II		III	

因素分析法、点评估法以及权重分析法具有以下几个共同点：

(1) 必须成立小组或委员会，通过头脑风暴等方法共同讨论决定方案评估的主要因素，其成员包括决策者、规划成员及使用者等。

(2) 要素类别根据项目系统目标的需求而定，凡是有形的、无形的、定性的及定量的因素均可列入考虑范围。

(3) 评估的主要因素根据系统目标需求的差异性不同，其彼此间的重要度也将有所不同。

(4) 各要素的权重大多数以小组表决或两两比较等方式决定，因此主要因素及决策逻辑的不一致性将对决策结果造成影响。

(5) 各方案要素的评估若缺乏客观的评估标准，对方案的决策也会造成影响。

8.2.3 成本比较法

成本比较法是通过比较实现各种方案的成本、费用等，选择其最小值为最优方案的方法。该方法具有极高的参考和实用价值，虽然成本分析结果未必是决策唯一衡量的依据，但大多数的决策评估者会将它列为一项重要的评估内容。

成本比较法的方法很多，常用的方法包括年成本法、现值法、投资收益率法等。由于一般物流配送中心投资金额大而利润较低，且常被视为非生产性的投资，因此经常采用年成本法来分析。而提供专业物流服务的物流配送中心以物流、仓储保管、配送等服务为主要经营收费项目，因此这类物流配送中心更为重视回收年限的长短，故实际上经常以回收年限配合投资收益率法来评估各规划方案。每种成本比较法各具特色，但究竟哪种方法最好并无一致的看法，需根据评估对象的特性决定。

下面通过投资收益率法说明成本分析法的应用。某物流配送中心的建设方案如表 8-6 所示，下面通过投资收益率分析三个方案哪个更可行。

表 8-6　某物流配送中心的建设方案

序号	指　标	单位	方案Ⅰ	方案Ⅱ	方案Ⅲ
1	造价	万元	98	84	73
2	建成年限	年	5	4	3
3	建成后需流动资金	万元	44.8	32.8	37.5
4	建成后发挥效益时间	年	10	10	10
5	年产值	万元	264	200	224
6	产值利润率	%	10	13	10.5
7	环境污染程度		稍重	最轻	轻

根据公式：

$$总利润额 = 年产值 \times 产值利润率 \times 发挥效益时间$$

$$总投资额 = 造价 + 流动资金$$

$$投资收益率 = \frac{利润总额}{项目总投资} \times 100\%$$

建立表 8-7 所示的各方案的投资收益率比较分析结果，得出方案Ⅱ的投资收益率最高，即为最优方案。

表 8-7　某物流配送中心建设各方案投资收益率比较分析结果

指标	单位	方案Ⅰ	方案Ⅱ	方案Ⅲ
总利润额	万元	264	260	235.2
全部投资额	万元	142.8	116.8	110.5
利润高于投资的余额	万元	121.2	143.2	124.7
投资收益率	%	185	223	213

8.3　物流配送中心规划实例

在规划物流配送中心时，不同类型的物流配送中心具备不同的规划特点，但其中一些基本思路并没有很大的差别。本节以某连锁超市的物流配送中心为例，从总体规划和主要功能系统规划两个方面分别介绍其主要规划内容。

8.3.1　项目介绍

某市某企业下属的连锁超市欲建一物流配送中心，通过高度信息化、适度自动化实现“准确、高效、低成本”的物流配送，以满足企业未来业务扩展的需要。该物流配送中心要在信息平台的支持下，实现对收货作业、配货作业、拣选作业、入库上架作业、退货作业、打包配送作业等的统一管理。

1. 项目目标

物流配送系统建设是降低超市物流成本的重要举措。本物流配送中心系统的建设要达到以下目标：

(1) 对该企业的连锁超市进行集中配送，提高该超市在行业中的整体竞争力。

(2) 整合优化物流资源，吸引外部投资，建立信息平台，提高物流服务水平，降低物流总成本，保障物流配送。

具体来看，主要需实现仓库资源的优化配置，实现作业的标准化、单元化，提升配送作业的效率和准确性，实现物流配送中心的信息化管理等。

2. 项目建设的必要性

此物流配送中心的建设是整个连锁超市配送系统的需求，并能够满足企业未来业务扩大对配送提出的更高要求。其必要性主要体现在以下三个方面：

(1) 它是提升企业核心竞争力和实现企业发展战略的关键。

(2) 它是企业物流活动达到协调一致的客观要求。

(3) 它是完善企业物流配送系统的统一要求。

3. 自身具备的条件

(1) 该企业下属多家大中小型超市，年销售量可观，且各超市的位置相对来讲不是太远，适合集中配送。

(2) 该企业经营的品类众多，且对店面各单品的库存量有严格的限制，需要多品种、多批次、小批量地补货，适合集中配送。

(3) 该企业是某些品牌的区域代理商，这些商品除供应本企业的超市外，还向其他批发商、零售商供货，适合集中配送，以取得规模成本优势。

(4) 该企业具备向更广泛区域扩张的实力，并且在经营品类上也有较大的扩展空间，适合自营配送。

(5) 该物流配送中心具有发展区域性物流配送中心的丰富经验，地理位置优越，交通便利，地势平坦，交通方便。

4. 当前面临的机遇

(1) 区域经济合作范围的扩大为现代服务业的发展带来了优势，有利于拓展该物流配送中心的发展空间以及物流配送中心的高起点发展。本项目起点、资金密集度和技术密集度都比较高，将会促进科技、人力、智力、信息、资金等向物流业集中，推动现代物流业的高速发展。

(2) 电子商务的高速发展、人们消费观念和模式的转变、同城配送的地位日益提高等现状，都为企业连锁经营这种业态拓展了更广泛的经营创新和发展空间，而物流配送中心则是企业实现这些创新发展的基础条件。

(3) 从国家政策层面上看，国务院大力支持物流产业的发展，提供了一系列的支持政策；地方政府也针对区域经济发展特色进行物流产业方面的政策倾斜，如税收优惠、地价优惠等。这些对企业建设物流配送中心来讲都是利好政策。

5. 需要应对的挑战

(1) 在终端越来越被商家重视的年代，便利店、超市、百货商场、购物广场、大型卖场在各大城市迅速发展起来，同行竞争激烈，而且很多竞争对手都在布局自己的物流配送中心网络。

(2) 网络购物抢占了一部分连锁超市的市场份额，且呈逐步上升的发展势头，服务也日益完善，原来在物流配送方面的缺陷正逐渐被弥补。

8.3.2　物流配送中心总体规划

结合第 4 章的内容，本实例主要从功能分区、设施设备和业务流程三个方面对该物流配送中心进行总体规划。

1. 功能分区

为保证各连锁超市的配送需求，结合未来的业务需要，物流配送中心需设立入库区、储存区、分拣理货区、流通加工区、出库区、回收区、管理区等，下面分别对其进行介绍。

(1) 入库区。其功能主要是货物到达物流配送中心之后的相关作业，包括核对单据、卸货、检验点收、理货等。

(2) 储存区。其功能主要是储存保管货物。根据商品的属性，可分别设立普通仓库、低温冷藏仓库和自动化立体仓库等。

(3) 分拣理货区。其功能主要是订单分拣、拣货分类、集货等。

(4) 流通加工区。其功能主要是简单包装、分割、称重、刷标志、贴标签等。

(5) 出库区。其功能主要是货物暂存、出库交接、装车等。

(6) 回收区。其功能主要是包装中转、容器回收、退货回收、废弃物回收等。

(7) 管理区。其功能主要是人员管理、车辆管理、流程管理、客户关系管理等。

根据场地的要求和物流需求，该物流配送中心的总体功能分区布置如图 8-3 所示。

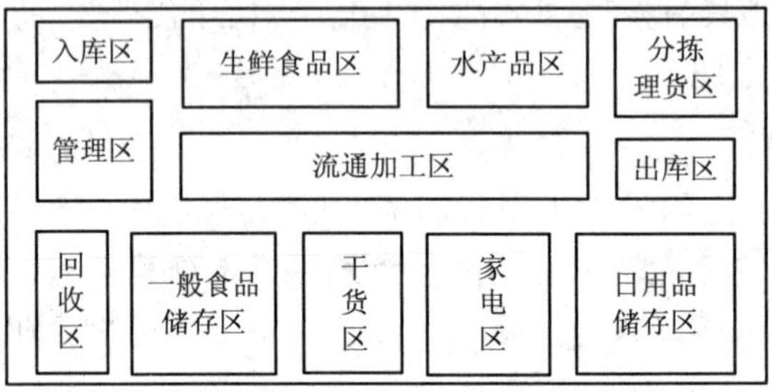

图 8-3　某物流配送中心总体功能分区布置

2. 设施设备

(1) 入库区设备：包括电力叉车、托盘、手动叉车、货车等。

(2) 存储区设备：包括托盘、货架、叉车、托盘、搬运车、电子秤等。

(3) 分拣理货区设备：包括货架、托盘、冷库、叉车、搬运工、刀具、加工工具、打包机、清洗机等。

(4) 出库区设备：包括叉车、托盘、货车等。

(5) 回收区设备：包括手动叉车、托盘、货架等。

(6) 管理区设备：包括计算机、打印机、监控器、服务器等。

3. 业务流程

该物流配送中心的作业内容包括进货、收货、验货、编码、入库、分拣、补货、检查与加工、装配与出库、配送等。其业务流程如图 8-4 所示。

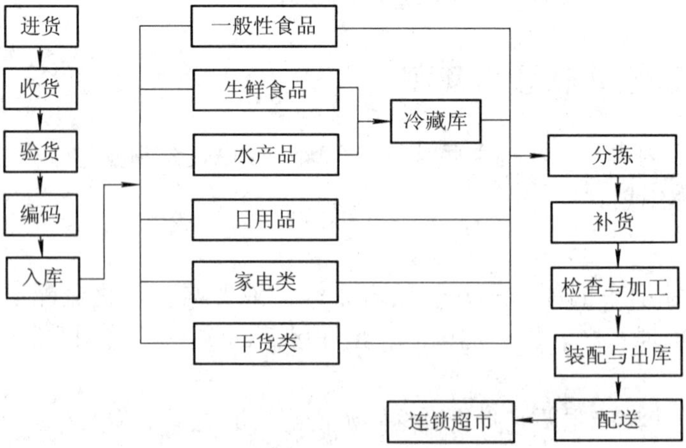

图 8-4　某物流配送中心的业务流程

8.3.3 物流配送中心主要功能系统规划

物流配送中心系统功能包括诸多方面，根据该物流配送中心的建设目标，下面主要从仓储系统、运输系统、装卸搬运系统和信息系统四个方面进行规划。

1．仓储系统规划

1) 仓库主要功能区规划

(1) 生产作业区。生产作业区是仓库的主体部分，是商品储运活动的场所，主要包括储存保管作业区、收发货作业区、分拣理货作业区、集货配送作业区。生产作业区的面积为仓库总面积的 85%左右，占地面积为 1700 m^2 左右。

(2) 辅助生产区。辅助生产区是为生产作业区服务的辅助区域，主要包括配电室、制冷机房、垃圾处理站、油库、维修车间等。辅助生产区占仓库总面积的 10%左右，占地面积为 200 m^2 左右。

(3) 行政生活区。行政生活区一般设在仓库入口附近，便于与供应商和客户接洽。行政生活区与生产作业区尽量分开，方便仓库的安全管理和行政办公人员的办公环境管理。行政生活区的面积占仓库总面积的 5%左右，占地面积为 100 m^2 左右。

(4) 通道。仓库内的通道一般包括主通道(运输通道)、副通道(作业通道)和检查通道。主通道指供作业叉车等进行货物运输的通道，宽度一般为 1.5～3 m；副通道指供作业人员进行货物存取搬运的走行通道，宽度一般为 1 m；检查通道指供仓管员进行货物数量和质量查验的通道，一般宽度设定在 0.5 m，供一个人自由通行即可。

(5) 墙间距。墙间距的作用是防止货架与墙壁发生碰撞，避免货物受外界温度的影响，并且还兼有通道的作用。墙间距的距离一般设定在 0.5 m 左右，如若兼做通道，宽度要增加一倍。

2) 存储设备选择

存储设备是指仓储业务所需的所有技术装置与机具，即仓库进行生产作业、辅助作业以及保证仓库及作业安全所必需的各种机械设备的总称。根据该物流配送中心建设的需求，存储设备主要以货架为主，选择的货架主要为三类：托盘货架、隔板式货架和全自动立体货架，如表 8-8 所示。

表 8-8　存储货架选择

存储设备名称	图　示	说　　明
托盘货架		用于整箱存储及拣选区部分存储，层高五层(含地面层)，第五层为预留层。货架最上层横梁高度为 5000 mm，每层净高 1250 mm，每层横梁承重 1300 kg
隔板式货架		用于拆零拣选作业区以及不适合托盘货架存放的货品，单组货架长度为 1800 mm，深度为 800 mm，层高四层，单层载重 200 kg
全自动立体货架		由货架、托盘、巷道堆垛机、输送机系统、自动控制系统和库存信息管理系统组成，能够按照客户的需求完成货物的自动有序、快速准确、高效的出入库作业

2．运输系统规划

1) 运输系统规划原则

(1) 及时性：衡量运输效果的重要指标，在规定的时间内保证货物准时到达，缩短货物的在途时间，使客户满意。

(2) 低成本：在进行运输系统规划时，要保证在合理的时间范围内完成工作量的同时尽量降低运输成本，提高运输效率。

(3) 信息化：现代运输系统的规划必须建立在信息化的基础之上，以互联网为平台，通过 GPS 和 GIS 现代化的信息技术相结合的方式，来满足大量客户的多样化和个性化需求。

(4) 安全性：合理选择运输方式、运输线路和运输工具，保证配送货物、配送人员和配送车辆的安全。

2) 运输系统规划目标

对运输系统进行规划的最终目标就是在规定的时间内完成所需配送量的同时，实现运输成本最低，客户体验最好。例如，选择配送线路时，可采用最短路径法、插入法、节约里程法等对其优化，并结合 GPS 和 GIS 等现代物流信息技术，凭借司机对道路的熟悉情况及驾驶经验，选择一条最适合的路径进行配送，缩短货物在途时间，提高运输效率。运输系统规划目标如图 8-5 所示。

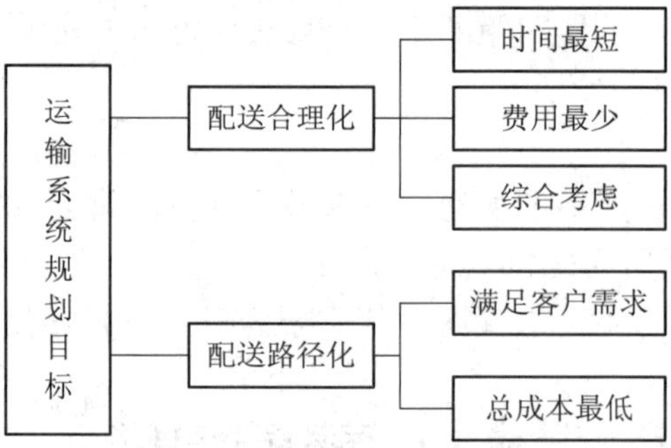

图 8-5　运输系统规划目标

3) 运输工具选择

由于是同城内的配送，只涉及短途运输，因此运输工具可以选择小型冷藏车和厢式货车，如图 8-6 所示。运输工具选择的车型及尺寸的具体说明如表 8-9 所示。

(a) 小型冷藏车　　(b) 厢式货车

图 8-6　冷藏车和厢式货车

表 8-9　运输工具的选择

设备名称	型　号	价　格	规　格
小型冷藏车	福田驭菱 BJ5020XLC-A 型	55 000 元/辆	外形尺寸(mm)：4360、4460 × 1600、1670 × 2400；货箱尺寸(mm)：2600、2580 × 1460、1390 × 1470
厢式货车	庆铃 QL5070XHKAR1J	78 000 元/辆	总质量 7100 kg，整备质量 3470 kg，额定载重量 3500 kg

3．装卸搬运系统规划

1) 装卸搬运的作业方法和设备选择

装卸搬运的作业方法主要有四种：单件逐件作业、集装作业、散装作业和托盘化作业。其中，单件逐件作业是人工作业的主要方法，在连锁超市配送中宜采用单件逐件作业法。

为连锁超市配送的装卸搬运设备可以选择以下几种，如图 8-7 所示。

(1) 四轮手推车。其特点是方便、灵活，容易操作，回转半径小，储放空间小，载荷可达 300 kg，适合于短途搬运物料，价格 100 元左右。

(2) 手动液压叉车。其可配合托盘使用，也可单独使用，灵活易操作，载荷可达 3000 kg，价格 1500 元左右。

(3) 蓄电池叉车。蓄电池叉车环保，无污染，配合托盘使用，操作难度大，操作员需要持证上岗，适应性强，作业效率高。

(a) 四轮手推车　　(b) 手动液压叉车　　(c) 蓄电池叉车

图 8-7　装卸搬运设备

2) 装卸搬运线路选择

装卸搬运的主要线路有以下三种：

(1) 直达型：货品到达目的地的线路最短，适合短距离、大量货品的搬运。

(2) 渠道型：货品在预订路线上从不同的地点向同一终点移动，适合中少量、中长距离、不规则存放货品的搬运。

(3) 中心型：货品向一个中心集中，最后送到同一个终点，适合少量、中长距离货品的搬运。

物流配送中心应根据超市的订单量、商品品种、商品数量等因素选择合适的装卸搬运路线。具体来讲，装卸搬运应符合以下要求：

(1) 应尽可能使作业线路最短。

(2) 选择的作业线路应尽量平坦，保证搬运设备的顺畅运行。

(3) 作业线路尽可能没有大幅度、大角度旋转。

(4) 同时进行的不同作业线路不交叉，都保持同一方向运行。

(5) 作业线路不穿过正在进行的作业现场。

3) 装卸搬运活性指数选择

装卸搬运活性指数是指搬运某种状态下的物品所需要进行的四项作业(集中、搬起、升起、运走)中已经不需要进行的作业数目。装卸搬运活性指数为自然数，指数越大，其搬运活性就越高，即货品就越容易搬运；反之，则越难搬运。

4) 装卸搬运合理化的措施

要确保物流配送中心的运营效率和效益，在装卸搬运环节必须做到：

(1) 实现装卸搬运作业省力化。

(2) 消除无效搬运。

(3) 提高装卸搬运活性指数。

(4) 注意重力的影响和作用。

(5) 合理利用机械，保证物流的均衡顺畅，提高综合效果。

4. 信息系统规划

1) 信息系统规划目标

信息系统规划目标如下：

(1) 实现仓储配送信息的智能化管理，充分发挥人机协同效用。

(2) 做好仓库收、发、验、存等基本信息的收集、保存、提炼加工等工作，为其他系统的需求做好基础数据的支持。

(3) 通过批次批号管理提高商品周转效率。

(4) 最大限度地缩短商品的出入库时间，减少劳动消耗，提高工作效率。

(5) 利用盘点作业系统，方便查验实际盘点数据与库存账面数据的一致性。

(6) 通过系统内部和公众网络，可以使相关部门及时获得最新的库存信息，提高管理工作的有效性以及供应商和超市的服务质量。

(7) 实现配送车辆的在途信息查询、显示及路径规划。

2) 信息系统的总体结构设计

在充分考虑系统的开放性、集成性、实用性、先进性、可靠性和经济性的基础上，按照系统总目标的建设要求，形成该物流配送中心信息系统的体系结构，如表 8-10 所示。

表 8-10 信息系统的总体结构设计

<table>
<tr><td colspan="9">操 作 系 统</td><td>支撑平台</td></tr>
<tr><td>进货管理</td><td>收发货管理</td><td>库存管理</td><td>分拣管理</td><td>盘点管理</td><td>需求信息管理</td><td>GIS系统</td><td>财务管理</td><td>商业信息公开发布</td><td>应用系统</td></tr>
<tr><td colspan="8">内部数据库</td><td>公共信息系统库</td><td>数据库</td></tr>
</table>

当然，在整个物流配送中心系统规划的过程中，还应包括投资预算、经济分析、风险评估、组织架构和人员设置等模块，需要在掌握财务管理、人力资源和经济学知识的基础上对其进行分析。

3) 信息系统配置规划

基于该物流配送中心的功能需求及配送目标完成的时效性，对其信息系统规划设置如下：

(1) 数据库服务器采用计算机工作站。

(2) 数据库采用大型关系数据库，以确保数据库核心的可靠性。

(3) 操作系统采用 Windows NT 平台。

(4) 前端采用高性能、高可靠性的 PC 终端访问数据库，通信采用网络、串口、无线三种通信方式。

(5) 系统内部增加部分无线终端，方便对数据的采集、存取和优化。

另外，为在物流配送中心内部实现作业管理的现代化，可以引进 WMS。按照业务的要求和规则，对信息、资源、存货的运作进行更完善的管理，使其最大化满足有效产出和精确性的要求。WMS 主要包括进货管理、收货处理、上架管理、补货管理、库内作业、循环盘点、加工管理等模块。

为了提高配送效率，提升客户满意度，规范配送人员管理，可以引进 GPS 和 GIS，实时对车辆、人员和货物进行跟踪，通过电子地图可以实时关注道路和交通情况，对配送线路进行优化，及时高效地完成配送作业。

为了提高拣选作业的效率，可以引进电子标签操作系统，方便分拣员直观精确地进行拣选作业，在提高作业的效率同时还提高了拣选作业的准确性。

【本章小结】

本章主要介绍了物流配送中心系统方案评估的重要性、原则、基本步骤和评估方法，重点介绍了加权因素法中的因素分析法、点评估法和权重分析法；以某企业连锁超市的物流配送中心系统规划方案为例，介绍了物流配送中心系统方案规划与设计的主要内容，旨在使读者能够明确物流配送中心系统规划的主体和内容，能够根据项目背景和要求进行物流配送中心整体系统方案的规划和设计。

【拓展阅读】

1. 周辉, 张毅, 周宁. 配送中心的物流系统评估[J]. 物流科技, 2013, 36(6): 102-104.

2. 胡永彪, 程益宏. 模糊层次分析法对物流配送中心选址决策评估[J]. 合作经济与科技, 2015(14): 88-89.

3. 张云帆, 李莉. 基于 SLP 的物流配送中心布局规划研究[J]. 物流科技, 2019, 42(10): 32-33+41.

【实践作业】

1. 任务名称

简述物流配送中心系统方案评估的原则和基本步骤。

2. 任务描述

通过学习本章内容，选取某一物流配送中心系统方案进行评估，加强对系统方案评估方法的使用。

3. 任务实施

在物流配送中心系统建设规划的过程中，讨论分析应该规划哪些系统模块，这些模块都需要规划设计哪些内容。

实践篇

实践 1　项目管理工具运用

实践指导

实践 1.1

编制项目策划任务书。

【任务及分析】

物流配送中心项目是一个系统工程，耗时长、投资大、涉及面广，而且需要众多不同方面专业人员的参与合作。一般而言，建造一个设施完整、功能齐全、服务优良的现代化物流配送中心需要经过规划设计与施工作业两个过程，经历项目前期论证规划、项目中期施工、项目后期竣工验收生产准备三个阶段。因此，在规划物流配送中心时需要用到项目管理的知识和一些工具。在现实工作中，我们更多地会遇到为了进行物流配送业务而租赁仓库的情况。项目管理的工具在租赁仓库的行为中也同样适用。

在项目起始过程中会涉及项目策划任务书。本书第 2 章介绍了项目策划任务书的主要组成部分，现在以快速消费品销售公司 A 为例，采用租赁仓库的形式组建自己的小型物流配送中心，配送某市区范围内的客户。根据项目策划任务书的主要内容分析如下：

(1) 项目背景与目的：公司主营食品、饮料等快速消费品，进入市场较晚，以配送零售客户和网络终端客户为主。客户对价格和服务敏感度较高，公司希望通过较好的配送服务抢占市场份额。

(2) 项目目标：靠近本市主城区(不含周边县市)区域范围内的中心位置，仓库面积 2000 m^2 左右，2 个月内完成选址、签订合同、装修、安装货架等事宜，价格适中等。

(3) 项目节点计划：按照主要项目内容划分，确保其合理性。

(4) 项目评价标准：项目实际完成情况与项目目标的差距。

结合以上主要分析内容，参考项目策划任务书表格的格式，编制本项目的策划任务书。

【参考解决方案】

项目策划任务书如表 S1-1 所示。

表 S1-1 项目策划任务书

<table>
<tr><td colspan="5">一、项目基本情况</td></tr>
<tr><td>项目名称</td><td colspan="2">A 公司物流配送中心策划项目</td><td>项目编号</td><td>YZJ-2015-008</td></tr>
<tr><td>制表人</td><td colspan="2">×××</td><td>编制日期</td><td>2015 年 5 月 12 日</td></tr>
<tr><td>项目经理</td><td colspan="2">×××</td><td>审核人</td><td>×××</td></tr>
<tr><td colspan="5">二、项目描述</td></tr>
<tr><td colspan="5">1．项目背景与目的</td></tr>
<tr><td colspan="5">A 公司成立于 2014 年 5 月，主营食品、饮料等快速消费品。鉴于行业的成熟程度及货品消费特点，A 公司将目标客户定位于便利店、社区店、网吧等消费领域以及网购客户，这些客户具有对配送服务水平要求比较高、销售品类比较杂且库存保有量少等特点。因此，A 公司领导层认为特别有必要设立一个物流配送中心。客户对价格和服务敏感度较高，公司希望通过较好的配送服务抢占市场份额。</td></tr>
<tr><td colspan="5">2．项目目标</td></tr>
<tr><td colspan="5">(1) 本配送中心仓库的地址宜选择在靠近本市主城区行政区的中心位置，以使配送范围辐射整个城区，降低配送成本，提高配送速度。考虑到主城区中心位置的租金比较高，因而着重寻找旧仓库改造、楼层库、旧厂房闲置等建筑。
(2) 本配送中心仓库的面积宜选择在 2000 m^2 左右。若所选址区域内没有单独库房满足此要求，可以选择选址区域内两个库房独立运作，但需要两者之间的距离不能太远(建议小于 20 m)。另外，办公区域最好在库房内部或紧邻库房，以提高物流配送系统的运转效率。
(3) 本配送中心库房的选址、合同签订、装修、安装货架等事宜需在 35 天之内完成，在 6 月 18 日之前新配送中心投入正常使用。
(4) 本配送中心库房的租赁价格应该在每天每平方米××元与××元之间，年租赁费应该控制在××元之内。
(5) 本配送中心的配送效率应满足以下时间约束：下午 2 点前接收到的订单，当天送达；下午 2 点之后的订单，第二天上午 11 点之前送达。</td></tr>
<tr><td colspan="5">三、项目节点计划</td></tr>
<tr><td colspan="5">(1) 5 月 12 日—5 月 14 日，完成项目的初期规划，如各项主要工作的目标与方向等，报领导层审批。
(2) 5 月 15 日—5 月 18 日，根据领导意见修改部分计划，并形成终稿。
(3) 5 月 19 日—5 月 28 日，通过多种途径寻找合适的仓库资源，并整理选址资料，形成初步的多个备选方案。
(4) 5 月 29 日—6 月 2 日，分析各方案的利弊，形成三个待选方案，形成报告供领导审批。
(5) 6 月 3 日—6 月 5 日，根据审批的意向方案与出租方进一步接触，商讨详细的合作事宜，并形成合同。在此期间可进行货架等设备的采购工作。
(6) 6 月 5 日—6 月 12 日，进行库房的简单整改，使之符合使用要求。
(7) 6 月 12 日—6 月 15 日，完成货架安装、地面划线、布网线、办公设备到位等工作。
(8) 6 月 16 日，完成旧仓库搬迁。
(9) 6 月 17 日，新仓库开始试运营。</td></tr>
<tr><td colspan="5">四、项目评价标准</td></tr>
<tr><td colspan="5">(1) 物流配送中心所在位置交通便利，四通八达。允许所在地偏离主城区中心区域，但切忌选择交通不便的区域。
(2) 库房要符合国家的有关规定，且租金应按市场价确定，根据便利条件可适当上浮 5%。
(3) 各项主要工作按时间节点的计划执行，可偏离 1 天。但旧仓库的搬迁工作必须在 1 天之内完成，以免影响订单处理。
(4) 新仓库的改造要参照旧仓库的成功之处，弥补其不足，并考虑到业务的扩展性。</td></tr>
<tr><td colspan="5">五、项目主要利益相关人</td></tr>
<tr><td>姓名</td><td>工作岗位</td><td>隶属单位</td><td>职务</td><td>联系方式(至少两种)</td></tr>
<tr><td>×××</td><td>物流经理</td><td>物流部</td><td>经理级</td><td>手机、邮箱</td></tr>
<tr><td>×××</td><td>行政经理</td><td>行政部</td><td>经理级</td><td>手机、邮箱</td></tr>
<tr><td>×××</td><td>财务经理</td><td>财务部</td><td>经理级</td><td>手机、邮箱</td></tr>
<tr><td>×××</td><td>客服经理</td><td>客服部</td><td>经理级</td><td>手机、邮箱</td></tr>
</table>

实践 1.2

编制项目工作分解结构表。

【任务及分析】

简单理解工作分解，就是把一个项目，按照一定的规则分解成多个任务，再把每个任务细分成多个子工作项，每一个工作项贯穿到每个人的日常工作中，每个人可以把手中的工作项再进行细分，直到不能分解为止。工作分解结构处于规划过程的中心，是制订工作进度计划、资源需求、成本预算、风险管理、采购计划等工作的重要基础。

本实践仍以快速消费品销售公司 A 租赁新仓库组建小型物流配送中心，并对其进行简单整改的项目为例，对其进行工作分解。其大体可分为以下几个工作项：

(1) 减少货品的采购量，增加采购频率，进行商品促销，以最大限度地降低库存，降低仓库搬迁的工作量。

(2) 在预定范围内进行新仓库的选址。

(3) 新仓库选址评价。

(4) 采购新仓储设备及充分利用原有设备。

(5) 新仓库简单整改。

(6) 新仓库投入使用。

其中，每一个工作项还可以细分，以新仓库选址评价为例，该工作内容又可分为以下几项：整理备选仓库资料、进行选址分析、形成选址报告、建议备选方案、报领导审批。其他各项也可以进一步细分，最终形成项目工作分解结构表。

【参考解决方案】

在此仅以两个工作项为例，其他工作项读者可自行分解，如表 S1-2 所示。

表 S1-2　工作分解结构表

一、项目基本情况			
项目名称	A 公司物流配送中心策划项目	项目编号	YZJ-2015-008
制表人	×××	编制日期	2015 年 5 月 12 日
项目经理	×××	审核人	×××

二、工作分解结构(多个成员从事一项活动时，成员 A 为负责人，估算值为最可能值)										
代码	任务名称	活动内容	时间估算	人员估算	费用估算	其他安排	关联事项	任务分配		
								成员 A	成员 B	成员 C
001	减少采购，促销商品	减少采购量，增加采购频率	25 天	采购部 2 人	××元，一般增加订购费用	做好与供应商的沟通	与销售、客服做好沟通	采购经理	采购员	采购员
002		处理积压库存	25 天	采购 1 人、销售 1 人	××元，配送费、利润损失	做好与客户的沟通	积压品退厂	采购经理	销售员	物流经理
003		正常品促销	25 天	×人，全体客服与销售人员	×元，促销费用及利润损失	配送及时	与采购配合，使库存合理	销售经理	客服	采购员

续表

<table>
<tr><th rowspan="2">代码</th><th rowspan="2">任务名称</th><th rowspan="2">活动内容</th><th rowspan="2">时间估算</th><th rowspan="2">人员估算</th><th rowspan="2">费用估算</th><th rowspan="2">其他安排</th><th rowspan="2">关联事项</th><th colspan="3">任务分配</th></tr>
<tr><th>成员A</th><th>成员B</th><th>成员C</th></tr>
<tr><td>004</td><td rowspan="7">新仓库选址</td><td>发布信息、寻找信息</td><td>1天</td><td>物流、行政2人</td><td>××元，信息费、咨询费</td><td>可通过第三方协助</td><td>多种途径</td><td>物流经理</td><td>行政经理</td><td></td></tr>
<tr><td>005</td><td>实地寻找</td><td>6天内</td><td>物流、行政3人</td><td>××元，路费、其他支出</td><td>可通过第三方协助</td><td>多种途径</td><td>物流经理</td><td>行政经理</td><td>物流主管</td></tr>
<tr><td>006</td><td>意向洽谈</td><td>6天内</td><td>物流、行政2人</td><td></td><td>注意横向对比</td><td></td><td>物流经理</td><td>行政经理</td><td></td></tr>
<tr><td>007</td><td>整理资料</td><td>1天</td><td>物流、行政2人</td><td></td><td>资料丰富性、完整性</td><td>整理方法要科学</td><td>物流经理</td><td>行政经理</td><td>物流主管</td></tr>
<tr><td>008</td><td>选址分析</td><td>0.5天</td><td>物流、行政、财务3人</td><td></td><td>对比分析</td><td>分析方法要科学</td><td>物流经理</td><td>行政经理</td><td>财务经理</td></tr>
<tr><td>009</td><td>形成报告建议备选方案</td><td>0.5天</td><td>物流、行政、财务3人</td><td></td><td>数据支持</td><td></td><td>物流经理</td><td>行政经理</td><td>财务经理</td></tr>
<tr><td>010</td><td>领导审批方案修正</td><td>1天</td><td>物流、行政、财务3人</td><td></td><td>数据支持，共识</td><td></td><td>物流经理</td><td>行政经理</td><td>财务经理</td></tr>
<tr><td colspan="7">项目经理(签字)：</td><td colspan="4">日期：　　年　　月　　日</td></tr>
</table>

实践 1.3

用鱼骨图分析项目问题。

【任务及分析】

鱼骨图的基本原理：问题的特性总是受到一些因素的影响，项目组成员可以首先通过集思广益把这些因素都找出来，分清重点和次要；然后把这些因素有条理地整理出来，并标出重要因素的图形。这是一种透过现象看本质的分析方法。把要解决的问题标在“鱼头”，产生问题的几个主要方面标在“鱼刺”，每一个方面又由哪些因素造成标在更细的“小刺”，如此问题产生的原因就会很明晰，再根据具体的原因即可找出对应的解决方法。

在此，还是以快速消费品销售公司 A 租赁新仓库组建小型物流配送中心为例，采用鱼骨图的方式分析 A 公司的新仓库地址选在什么位置比较合适。

要解决的问题，即“鱼头”是选址新仓库作为物流配送中心；影响选址的主要方面，即“鱼刺”是公司状况、客户情况、库房条件和行业竞争情况等；每一个方面又可以细分为更细的因素，即“小刺”，如经营货品种类、客户类型、配送效率、供应商送货情况、租金、交通情况、员工稳定性、库房标准性、库房配套条件、库房可扩展性、周边环境等。在此基础上，可以绘制出辅助 A 公司进行物流配送中心选址的鱼骨图。

【参考解决方案】

简单的参考鱼骨图如图 S1-1 所示。

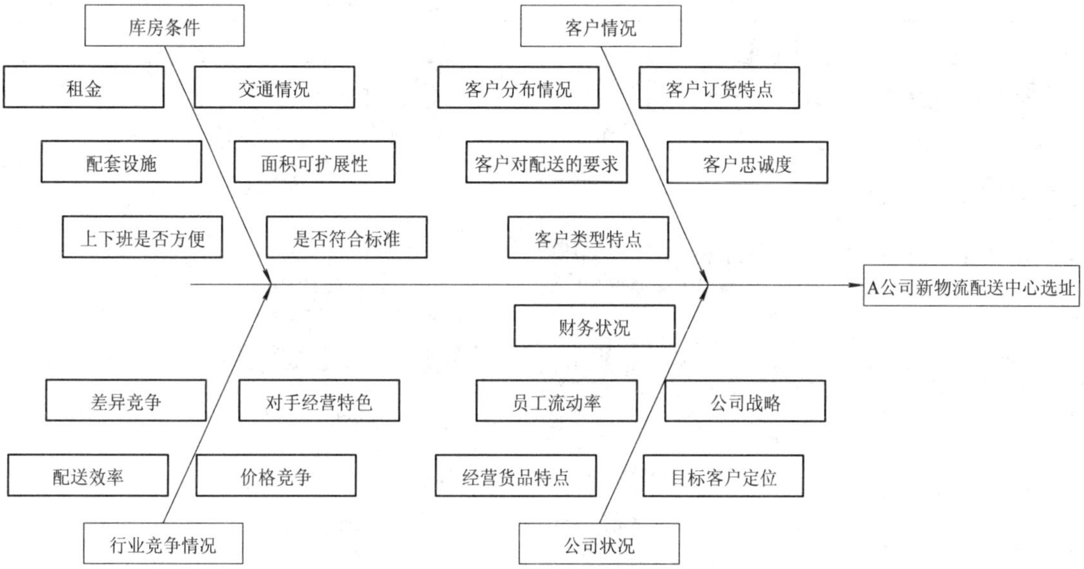

图 S1-1　鱼骨图

实践 1.4

编制项目进度甘特图。

【任务及分析】

甘特图由亨利 • 甘特于 1910 年开发，通过条状图来显示项目、进度和其他时间相关的系统进展的内在关系随着时间进展的情况。其中，横轴表示时间，纵轴表示活动(项目)，线条表示在整个期间计划和实际的活动完成情况。甘特图可以直观地表明任务计划在什么时候进行及实际进展与计划要求的对比，管理者由此可以非常便利地弄清每一项任务(项目)还剩下哪些工作要做，并可评估工作是提前还是滞后，抑或正常进行。

在此，仍以快速消费品销售公司 A 租赁新仓库组建小型物流配送中心为例，根据实践 1.1 中项目策划任务书的项目节点计划，编制出该项目进度的甘特图。项目的时间节点可以整理如表 S1-3 所示。

表 S1-3　物流配送中心选址节点计划

内　容　项	时间起点	时间止点
项目初期规划	5.12	5.14
修改计划，形成终稿	5.15	5.18
寻找资源，整理资料，形成备选方案	5.19	5.28
讨论分析备选方案	5.29	6.2
谈判细节，形成合同；同时采购货架等	6.3	6.5
库房整改	6.5	6.12
完成库内布置	6.12	6.15
旧仓库搬迁	6.16	6.16
新仓库开始运营	6.17	6.17

根据以上内容项和时间节点，利用 Microsoft Visio 软件中的甘特图模板，根据模板提示填写各种数据，即可生成该项目进度的甘特图。

【参考解决方案】

步骤 1：打开 Microsoft Visio 软件，如图 S1-2 所示。

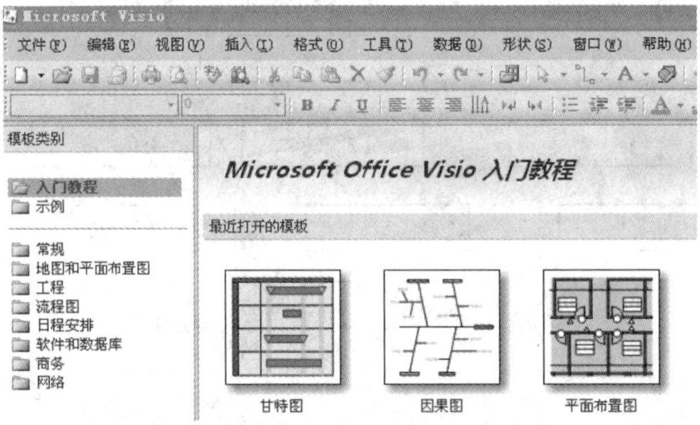

图 S1-2　打开 Microsoft Visio 软件

步骤 2：单击“甘特图”图标，出现图 S1-3 所示界面。

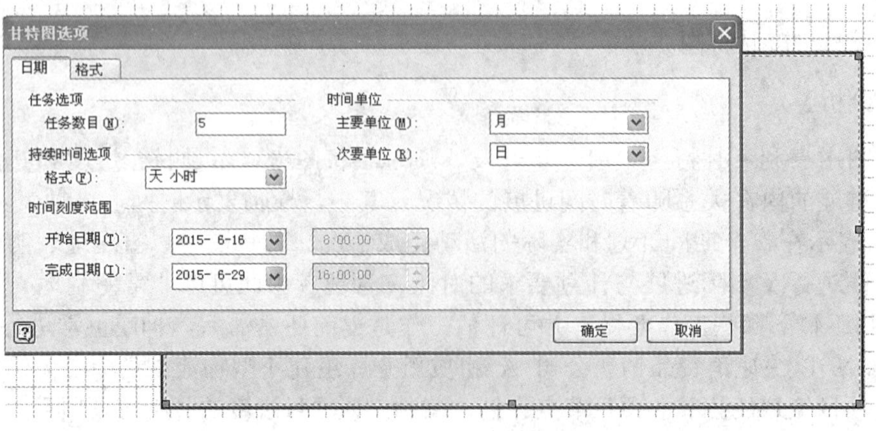

图 S1-3　甘特图进入界面

步骤 3：根据表 S1-3，本项目中的任务数目为 9，开始日期为 2015.5.12，完成日期为 2015.6.17。“格式”采用默认设置。将数据填写完毕后，单击“确定”按钮，即出现图 S1-4 所示界面。

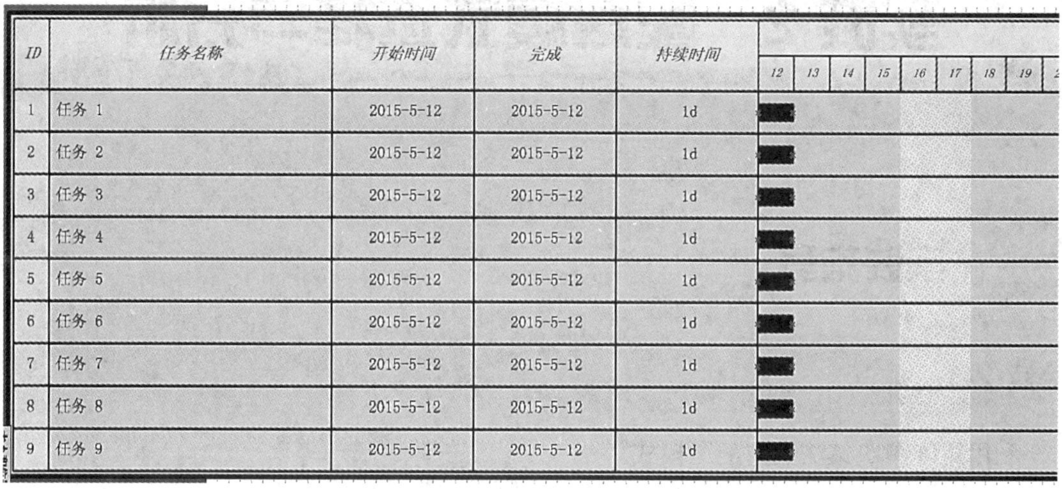

ID	任务名称	开始时间	完成	持续时间
1	任务 1	2015-5-12	2015-5-12	1d
2	任务 2	2015-5-12	2015-5-12	1d
3	任务 3	2015-5-12	2015-5-12	1d
4	任务 4	2015-5-12	2015-5-12	1d
5	任务 5	2015-5-12	2015-5-12	1d
6	任务 6	2015-5-12	2015-5-12	1d
7	任务 7	2015-5-12	2015-5-12	1d
8	任务 8	2015-5-12	2015-5-12	1d
9	任务 9	2015-5-12	2015-5-12	1d

图 S1-4　甘特图任务与时间编辑界面

步骤 4：对照表 S1-3 的内容，按照图 S1-4 中的内容项，修改“任务名称”“开始时间”“完成”时间，如图 S1-5 所示。

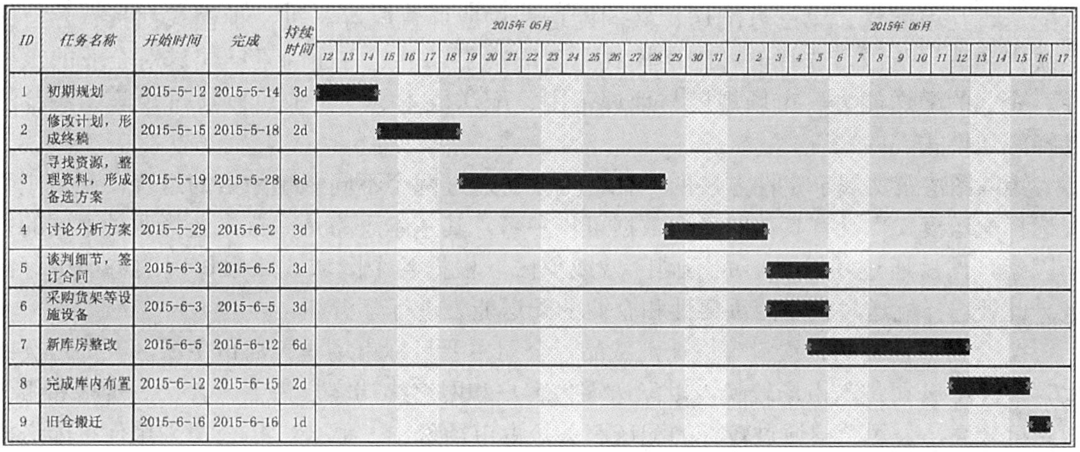

ID	任务名称	开始时间	完成	持续时间
1	初期规划	2015-5-12	2015-5-14	3d
2	修改计划，形成终稿	2015-5-15	2015-5-18	2d
3	寻找资源，整理资料，形成备选方案	2015-5-19	2015-5-28	8d
4	讨论分析方案	2015-5-29	2015-6-2	3d
5	谈判细节，签订合同	2015-6-3	2015-6-5	3d
6	采购货架等设施设备	2015-6-3	2015-6-5	3d
7	新库房整改	2015-6-5	2015-6-12	6d
8	完成库内布置	2015-6-12	2015-6-15	2d
9	旧仓搬迁	2015-6-16	2015-6-16	1d

图 S1-5　修改时间

注意：图 S1-5 中，“持续时间”未含周六、周日，实际作业中可根据工作进度合理安排周末时间。另外，任务 5 和任务 6 为体现时间交叉性，分别列出。此外，新仓库运营在 2015.6.17 开始，在甘特图中未标出。

实践 2　配送模式选择与分析

实践指导

实践 2.1

利用矩阵图决策法确定配送模式。

【任务及分析】

采用不同的标准，可以将配送模式分为不同类别。按配送的物品划分，配送模式可以分为生产资料产品配送模式和生活资料产品配送模式；按配送的形式划分，可以分为自营配送、互用配送、第三方配送、共同配送和供应商直配等。每一种模式都具有各自的优缺点和适用范围，选择何种配送模式主要取决于以下几方面因素：配送对企业的重要性、企业的配送能力、市场规模与地理范围、配送成本等。企业可以通过矩阵图决策法选择配送模式。

矩阵图决策法属于定性方法的一种，主要是通过两个不同影响因素的组合，利用矩阵图选择配送模式，没有具体的量化数据可供参考。其基本思路是：首先选择两种不同的影响因素，然后通过其组合形成不同区域或象限，根据各个区域或象限体现的特征进行决策。此处选择配送对企业的重要性和企业的配送能力进行分析。

A 公司主营食品、饮料等快速消费品，公司主要目标市场是青岛市主城区及周边县的大客户。A 公司进入市场较晚，以配送零售客户和网络终端客户为主。客户对价格和服务敏感度较高，公司希望通过较好的配送服务抢占市场份额。那么，A 公司采用何种配送模式比较合适呢？

根据矩阵图决策法的思路，选取配送对 A 公司的重要性和企业的配送能力两项因素组合成矩阵，分析矩阵中每一个象限的特征，进而辅助配送模式的决策。例如，A 公司取得客户较难，配送服务对公司的重要程度很高，那么这种情况下适合采用自营模式的配送。

【参考解决方案】

所选取的两种因素组成的决策矩阵如图 S2-1 所示。

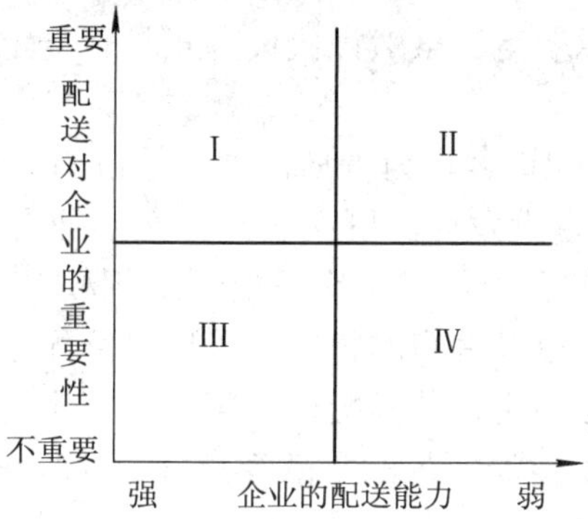

图 S2-1　矩阵决策图

(1) 情况Ⅰ。A 公司取得新客户的能力较强，配送对企业的重要性高。企业为了扩大市场占有率，需要通过配送服务水平的提升来进一步扩大优势。因而，这种情况下适合采用自营配送模式。考虑到企业市场扩展的速度比较快，可以考虑部分配送外包给第三方的方式，以缓解配送压力。

(2) 情况Ⅱ。A 公司取得新客户的能力较弱，配送对企业的重要性高。企业为了维持现有市场份额，必须做好配送服务。此时，采用自营配送是较好的选择。

(3) 情况Ⅲ。A 公司取得新客户的能力较强，配送对企业的重要性不是很高。这种情况下企业可以采用外包给第三方或共同配送(或互用配送)的方式。此时可能 A 公司具备一定的货品经营特权，但现实情况是市场竞争激烈，A 公司在经营上并没有一定的货品优势，因而可以判定这种情况的出现不合常理。

(4) 情况Ⅳ。A 公司取得新客户的能力较弱，配送对企业的重要性不高。在这种情况下，A 公司可能具备某些货品的独家经营权，而且货品的用户比较固定，市场竞争很弱，且无替代品可用，此时可采用第三方配送方式。这种情况显然与 A 公司的现状不符。

通过以上分析，结合 A 公司的实际经营情况可以得出：A 公司较适合采用自营配送模式，同时针对部分客户或部分货品，可以考虑采用外包第三方配送的方式，以此来提高公司的整体配送水平。

实践 2.2

利用比较选择法确定配送模式。

【任务及分析】

比较选择法属于定量方法的一种，主要是通过对企业配送活动的成本和收益进行比较而确定配送模式，有客观、量化的数据作为参考。比较选择法一般有确定型决策、非确定型决策和风险型决策三种方法。在此我们主要应用非确定型决策方法进行配送模式的决策。

非确定型决策是指一种配送模式可能出现几种不同的结果，而又无法知道各种结果发生的概率时所进行的决策。该类型决策的条件是：决策者有明确的期望目标，存在着不以决策者的意志为转移的两种以上状态，具有两个或两个以上可供选择的配送模式，不同模式在不同状态下的损益值可以获得。虽然该决策方式具有一定的主观性，但仍有一些公认的准则可作为参考。

以 A 公司为例，其主要配送客户为青岛市周边县市的大客户(以整件、大批量送货为主)，主城区的零售店面、小型批发商、网购客户、企事业合作单位等。公司计划通过提高配送效率满足客户对配送的要求，扩大企业的经营规模。通过分析，A 公司领导层认为，根据公司经营货品的特点以及客户的特征，采用自营配送模式是可行的，但却不是最优的，因此想通过以自营配送为主，共同配送、第三方配送为辅的方式，达到整个配送系统的最优化。也就是说，对于主城区内的零散客户(小批量、多品种、多批次配送)采用自营配送方式，对于周边县市的大客户主要采用第三方配送模式，对于主城区内的大客户主要采用共同配送模式。

未来几年内，A 公司对目前市场定位的配送规模无法做出准确的预测，可以大体估算出计划配送模式在未来几年内自然状态下的成本费用。那么作为公司领导该如何决策呢？A 公司配送模式非确定型决策如表 S2-1 所示。

表 S2-1　A 公司配送模式非确定型决策　　万元

自然状态	配送模式		
	自营配送	自营兼共同配送	自营兼第三方配送
配送市场规模大	120	130	140
配送市场规模一般	95	90	100
配送市场规模小	55	45	50

根据表 S2-1 中预估的费用，分别按乐观准则、折中准则和最小后悔值准则进行决策分析。另外，根据 A 公司的经营特点，再附以定性研究，以最终确定配送模式。

【参考解决方案】

(1) 按乐观准则来决策。首先在每种模式中选择成本最小的一个看作必然发生的状态；然后在这些最小成本的模式中再选择一个成本最小的，作为最优选。也就是说，分两步进行选择，每一步选择都是最优的，则最终结果即为最优选。该例中，三种模式的最小成本分别为 55 万元、45 万元、50 万元；其中又以自营兼共同配送模式的成本为最小，即可以作为最终选择。

(2) 按折中准则来决策。按照 A 公司领导层的战略布局，当前通过主流货品品种齐全、低价、配送效率高和拓展电子商务途径的思路，抢占市场份额，后期通过品牌代理、提供第三方物流服务等方式增加盈利点，因而对配送市场规模大的概率估计为 70%，即乐观系数为 0.7。那么，以上三种配送模式的折中值按以下公式计算：

$$Z = \alpha \times C_i + (1 - \alpha) \times C_j$$

式中：C_i 为最好时成本值；C_j 为最坏时成本值；α 为乐观系数。

那么，三种配送模式的折中值分别为 100.5 万元、104.5 万元、113 万元，可以看到自营配送的成本最低，为最优选。

(3) 按最小后悔值准则来决策。该方法以每种模式在不同自然状态下的最小成本值为最优目标，比较保险。如果在该状态下没有选择这一理想模式，会使成本增加，导致“后悔”，则每个自然状态下的其他模式的成本值与理想值之差造成的损失值就是后悔值。按模式选出最大的后悔值，在最大后悔值中再选出其中最小的后悔值，该值对应的模式就是企业的最优选。根据表 S2-1 给出的数据，按上面的方法计算出的后悔值如表 S2-2 所示。

表 S2-2　后 悔 值 表

自然状态	配送模式		
	自营配送	自营兼共同配送	自营兼第三方配送
配送市场规模大	0(120 – 120)	10(130 – 120)	20(140 – 120)
配送市场规模一般	5(95 – 90)	0(90 – 90)	10(100 – 90)
配送市场规模小	10(55 – 45)	0(45 – 45)	5(50 – 45)

从表 S2-2 可以看出，三种模式的最大后悔值为 10、10、20，其中自营配送和自营兼共同配送的后悔值都最小，可以作为企业的最优选。

从上面三种方法得出的结论可以看出，A 公司采用自营配送模式是合理的，其次是采用自营兼共同配送模式。采用自营兼第三方配送模式用前两种方法算出的成本分别比自营兼共同配送模式高 5 万元、8.5 万元，即高出 10%左右；后悔值高出 10。

当前，虽然国家也大力提倡共同配送，但操作起来还有许多不成熟的地方；另外，考虑到 A 公司抢占市场份额的战略规划，建议采用自营配送模式与第三方配送模式并行的方式，针对不同客户群和市场范围采用不同的配送模式，最终逐渐向全部自营配送转变。在条件允许的情况下，还可以对外提供第三方物流服务。

实践 2.3

京东商城自营物流配送模式分析。

【任务及分析】

自营配送是指物流配送的各个环节由企业自身筹建并组织管理，实现对企业内部及外部货物配送统一管理的模式，目前被大型生产流通或综合性企业所广泛采用。企业通过自建配送中心，实现企业内部各部门、厂、店等物品供应的配送。

企业自营配送主要具备以下几方面的优点：以自营配送中心为核心，可对整个供应链环节进行较强的管控，如对企业分销渠道的控制等，并有助于企业经营各环节间的衔接与配合；能够更合理地规划运营流程，提高物流效率，减少物流费用，如对某些业务环节的合并等；能够有效地对库存进行调控，在采购批次、批量、资金占用等方面都能够进行有效的调节，从而实现低库存水平甚至零库存水平下的运营；企业在对物流服务要求比较高的情况下，自营配送能够带来巨大的优势，能够快速、灵活、全方位地满足企业需求。

同时，企业自营配送也存在一些缺点，主要表现在：一次性投资比较大，整个配送体系的建立需要硬件、软件等方面的综合性一次性投资，会占用大量的资金；另外，当配送量较小时，规模效应难以体现，往往会导致很高的物流成本。对于配送业务及配送中心的管理方面，非物流企业存在一定的局限性，往往需要耗费大量的人力、物力来保证配送业务的正常运转，容易分散企业的管理资源，从而对企业的整体经营产生负面影响。

京东商城是国内领先的规模巨大的 B2C 网络零售商，拥有自己的仓储中心和配送队伍。2020 年京东物流为超过 19 万家企业客户提供服务，涉及快销、服饰、家电、家居、3C、汽车和生鲜等多个行业，其中一体化供应链客户数达到 5.27 万家，相比 2018 年增长 62%。截至 2020 年 12 月 31 日，京东物流运营超过 900 个仓库，包含京东物流管理的云仓面积在内，仓储总面积约 2100 万 m^2。其构建的仓储网络、综合运输网络、“最后一公里”配送网络、大件网络、冷链网络及跨境网络等六大网络，服务范围覆盖了中国绝大多数地区、城镇和人口，全球可触达超过 220 个国家和地区。

2007 年，京东商城的创始人刘强东不顾投资人和高管的反对，决意自建物流。这是京东历史上最重要的一个战略决策。现在，人们谈及京东的核心竞争力，都会说是物流。2014 年以前，京东采取平行库存模式，以北京、上海、广州、沈阳、武汉、成都的中心仓为核心，辐射周边区域，将中国分为华北、华东、华南、东北、华中、西南六个大区，就像是六个竹笼倒扣在中国版图上。2014 年 1 月，西安建立中心仓，成立第七个大区——西北大区。同年，开始实行一地库存全国发货的模式。只有实现一地发全国，京东物流才可成为穿梭如织、四通八达的网络。京东物流系统分为仓储、运输、终端三部分，终端是配送站，运输是干支线运输。不同于业内将跨省运输称作干线，京东内部将跨大区运输称作干线，大区内运输统称为支线。2017 年 10 月，京东物流与中国人民解放军空军后勤部达成“物流军民融合”战略合作。5 年内，双方将在运输配送、仓储管理、物资采购、信息融合、科研创新、力量建设、拥军服务、配套支撑等方面展开深入合作，最终达到后勤物流“成系统、整建制、全覆盖”融合的目的，真正将军事物流打造为国民经济向空军战斗力转化的纽带。2021 年 12 月，京东物流与东风轻型车正式达成战略合作。根据合作协议，双方将在智能物流领域，利用车联网、云计算等技术差异化优势，培育物流新业务、冷链新技术、配送新模式等，推进物流网络及服务领域的全面合作。

以上简要列举了一些关于京东商城自建仓储配送的资料，读者可上网查询更多关于京东商城经营、物流等方面的资料，结合物流配送模式选择方面的影响因素，分析京东为什么大部分的物流配送选择自营模式，以及这种模式存在哪些风险。

【参考解决方案】

1．选择自营模式原因分析

大体可以从以下几个方面分析京东商城选择自营模式的原因：

(1) 京东商城的销售以网络零售为主要方式，其客户分布广，且多为终端个人，个人订货数量少、频率高，对时效的要求比较高，而且京东商城经营商品的品种众多，因而做好配送服务是京东保持竞争力的重要手段。通过自营物流配送模式，京东能够控制配送质量与效率。

(2) 我国第三方物流服务尚处于初级发展阶段，存在一定的弊端。第三方物流企业规模小、资源分散、服务功能单一，并且商品配送缺乏一定的规范性；另外，京东商城的配送对物流信息管理系统的要求比较高，第三方物流企业在信息建设上明显不足且与京东的系统对接存在相当大的难度。从另外一个角度来看，采用第三方物流配送很容易泄漏客户的信息，给客户带来一定的风险。

(3) 来自竞争对手和其他物流公司的挑战。各大电子商务企业都纷纷自建物流配送中心，如苏宁易购、当当网等；而许多快递行业的公司也开始跨界电子商务。这些竞争使京东面临着自建物流配送中心及物流一体化的选择，以加强对整个供应链的控制力。

(4) 订单量的增加，使得物流成本呈现规模效应。随着京东商城经营品类的逐步增多，销售额的急速增长，通过自建物流配送，一方面能够支撑企业的快速发展，另一方面也能够取得一定的物流成本规模效应。

(5) 企业经营性质的特点。网上购物的方便之处在于不需要面对面交流就能够达成交易，但物流配送需要与客户直接面对面。通过自营物流配送，京东商城能够直接与客户接触，这无疑可作为一种营销方式。另外，对于货到付款的业务，自己的配送员可以直接收款，进入京东的资金系统，而不必通过其他公司转账，提高了资金利用效率。

(6) 提供第三方服务。鉴于我国第三方物流服务水平有限，京东商城通过自建成熟的物流配送体系形成了一整套适合电商操作的方案，在此基础上可以对外提供第三方服务，从而赢得更多的利润；另外，能够进一步扩大物流配送的范围与能力，从而取得更好的规模效应。

(7) 形成并巩固核心竞争力。公认的是，当前京东商城的核心竞争力就是在物流配送方面。由于物流配送体系的建设需要花费大量的资金和时间沉淀才能够形成一定的规模水平，因此通过自建物流配送能够使企业取得长远的竞争优势。

2. 风险分析

采用这种模式也存在一定的风险，对于京东公司来讲主要有以下几个方面：

(1) 京东首先是一个网络零售商，属于电子商务公司，并不擅长物流领域，因而在发展过程中会遇到很多困难，甚至走上弯路。

(2) 自建物流配送的投资成本过大，投资风险高、灵活性差，而且运营成本也很高，后期需要继续投入巨额资金才能支撑物流配送的正常运转；同时，投资回收周期比较长，对于没有巨额资金持续支持的公司来讲风险很大。

(3) 服务单一性。以快递公司为例，其可以提供送件与取件业务，而京东的物流配送仅能提供配送业务，属于消耗资源比较多的环节，其物流利用率远低于专业的物流公司。

(4) 持续的投资减弱了企业抵抗风险的能力。我国的电子商务市场快速发展，还有许多未知因素在影响企业的发展。因而，这种大规模的资金投入存在一定的未知风险。

实践 3　基础资料分析

实践指导

实践 3.1

EIQ 分析。

【任务及分析】

在 EIQ 中，E 代表订单件数(Entry)，I 代表货品种类(Item)，Q 代表数量(Quantity)。EIQ 分析即利用 E、I、Q 这三个物流关键要素，从客户订单的品项、数量、订货次数等方面出发，来分析物流配送中心系统的配送和出货特性，以进行基本规划。EIQ 分析的分析项目主要有订单的订货数量(EQ)分析、订单的订货品项数量(EN)分析、单品的订货数量(IQ)分析和单品的订货次数(IK)分析。

EIQ 分析通常分为以下几个步骤：对订单资料进行取样，分解订单资料，对数据进行统计分析，形成图表等直观的分析结果。每一个分析项目的图表形状对应着合理的规划思路。通过对物流配送中心订单数据的 EIQ 分析，可以分析出订单特性，选择合理的物流系统模块及物流设备，并可通过仿真分析系统进行仿真分析，且以此为依据进行物流配送中心系统的基础规划。

通过 IQ 分析，项目人员可以了解各类单品出库量的情况，分析出不同单品的重要程度与出库量在单品间的分散程度等信息。这些信息对规划仓储系统、估算储位与设置存储规则、规划拣选区等都有很大的帮助。

通过 EQ 分析，项目人员可以明确某日或某个周期内订单数量的分布情况，据此可以确定订单处理的原则，进行储存区、分拣方式、发货区及发货方式等方面的规划。

通过 EN 分析，项目人员可以明确客户订购商品品种数的情况，从而可以为商品存储区的规划和拣选方式的选择提供支持。

通过 IK 分析，项目人员可以了解各单品的出库频率，如果再结合 IQ 分析就很容易确定拣选方式，同时该分析结果还可以作为划分存储区、设定存储货位等内容的参考。

实际上，EIQ 分析就是对 EN、EQ、IQ 和 IK 四个分析项目的结果进行综合考量而得出分析结论，为物流配送中心规划提供数据依据。

以某零售业物流配送中心为例，选取其部分订单数据，根据数据资料对其拣货系统进行规划。所选取的订单资料如表 S3-1 所示。

表 S3-1　部分订单数据 EIQ 分解表

出库订单	出货品种							订单出货数量	订单出货品种
	I_1	I_2	I_3	I_4	I_5	I_6	I_7	EQ	EN
E_1	35	24	18	0	26	8	51	162	6
E_2	66	1	52	49	33	70	65	336	7
E_3	19	83	0	76	42	50	25	295	6
E_4	44	36	0	42	38	42	0	202	5
E_5	0	25	64	79	46	75	24	313	6
E_6	28	99	13	65	0	60	89	354	6
E_7	76	75	56	45	0	44	45	341	6
E_8	98	12	45	10	25	13	16	219	7
E_9	12	55	26	3	76	96	52	320	7
E_{10}	4	2	97	28	54	24	49	258	7
E_{11}	25	48	12	77	46	75	0	283	6
E_{12}	0	41	44	65	2	28	96	276	6
单品出货数量 IQ	407	501	427	539	388	585	512	3359	
单品出货次数 IK	10	12	10	11	10	12	10		75

根据以上数据，对该物流配送中心的本部分订单数据进行 EIQ 分析。

【参考解决方案】

1．IQ 分析

对每一种出货单品，按出库量排序，并进行出库量占比 ABC 分析，如表 S3-2 所示。

表 S3-2　货品出库量占比 ABC 分析

单品项	出库量	出库量占比/%	累计占比/%	品项数占比/%	类别
I_6	585	17.4	17.4	57	A
I_4	539	16	33.4		
I_7	512	15.2	48.6		
I_2	501	14.9	63.5		
I_3	427	12.7	76.2	29	B
I_1	407	12	88.2		
I_5	388	11.8	100	14	C
合计	3359	100		100	

通过表 S3-2 可以看出，单品 I_6、I_4、I_7 和 I_2 在总单品中的出库数量、出库品项数占比超过 60%和 55%，划分为 A 类货品，进行重点管理；单品 I_3、I_1 出库量累计占比 88.2%，品项数 I_3、I_1 占比 29%，划分为 B 类货品，进行次要管理；单品 I_5 占比 11.8%，划分为 C 类货品，进行非重点管理。例如，A 类货品存放于离出入口较近的位置，采用固定储位管理、重点补货的策略；而对于单品 I_5，则可以采取非固定储位、存储货位即分拣货位的策

略，以省略补货作业步骤。

2. EQ 分析

每一份订单按出库量排序，并进行出库量占比 ABC 分析，如表 S3-3 所示。

表 S3-3 订单出库量占比 ABC 分析

订单项	出库量	出库量占比/%	累计占比/%	订单数占比/%	类别
E_6	354	10.5	10.5	58.3	A
E_7	341	10.1	20.6		
E_2	336	10	30.6		
E_9	320	9.6	40.2		
E_5	313	9.4	49.6		
E_3	295	8.7	58.3		
E_{11}	283	8.4	66.7		
E_{12}	276	8.2	74.9	25	B
E_{10}	258	7.7	82.6		
E_8	219	6.5	89.1		
E_4	202	6	95.1	16.7	C
E_1	162	4.9	100		
合计	3359	100			

通过表 S3-3 可以看出，订单 E_6、E_7、E_2、E_9、E_5、E_3 和 E_{11} 出库数量累计占比超过 60%，订单个数占比超过 55%，划分为 A 类订单；订单 E_{12}、E_{10} 和 E_8 出库数量累计占比 89.1%，订单个数占比 25%，划分为 B 类订单；订单 E_4 和 E_1 出库数量少，且订单个数占比小，划分为 C 类订单。根据订单分布情况可知，该物流配送中心的订单量比较均衡，没有明显的少量订单大批量出货的情况，因而在规划分拣作业时，在人员安排、订单分配方面要注意其合理性，以提高分拣效率。

3. EN 分析

根据表 S3-1 可知，在选择的订单数据中共有 7 个品种的货品，总出货品种数为 7，累计出货品种数为 75。其中，7 个品种的货品全部出库的订单有 4 个，分别是 E_2、E_8、E_9 和 E_{10}，占比 33.3%；6 个品种的货品全部出库的订单有 7 个，占比 58.3%；5 个品种的货品全部出库的订单有 1 个，占比 8.4%。由此可见，所取每一个订单的出库品种数非常集中，适合采用合单后再二次分拣的方式，如此能最大限度地提高分拣效率，大大缩短总拣选路径的距离。

4. IK 分析

根据表 S3-1 可知，在选取的 12 个订单资料中，单品出库 12 次的有 2 个，占比 28.6%；单品出库 11 次的有 1 个，占比 14.3%；单品出库 10 次的有 4 个，占比 57.1%。由此可见，各单品的出库频率都很高，因而在规划分拣位置时，这些单品适合集中位置存放，以缩短分拣路径。

通过以上不同角度的分析数据可以看到，该物流配送中心选取的此部分订单数据中，各单品的出库频率高，各单品的出库数量波动不是很大、比较集中，订单之间单品的重合率非常高。因此，在规划分拣方式时，适合采用先合单再分拣的方式；在规划存储位置时，适合各单品集中存放，尽量靠近进出库的便利位置处；在规划建议分拣数量时，可以采用整包装或中包装发货的方式，以提高分拣效率。

实践 3.2

PCB 分析。

【任务及分析】

PCB 分析即货态分析。货态是指货品的基本储运单位及其形状、尺寸与质量等。货态分析主要是以货品的基本储运单位为研究对象，分析物流配送中心系统各作业环节的规划。在物流配送中心系统的作业过程中，各个作业环节以各种包装单位(P 为托盘，C 为箱子，B 为单品)作为作业基础。不同作业环节间可能存在包装单位转换的问题，而不同包装单位的物品对人员、设备的需求可能有所差别，对应的规划也会有所不同。

一般来说，货品入库的包装单位需要配合储存包装单位的要求，考虑到货品到货的运输包装问题，在货品检验入库环节需要进行必要的货态转换，如大包装货品分解为中包装货品。而储存包装单位需要配合拣选包装单位的要求，根据货品拣选单位的情况，可以确定是否需要在储存与拣选作业之间进行货态转换。例如，企业的订单资料中包含各种出货形态，包括整箱出货、零散出货和整箱与零散混合出货，根据出货形态的数据分析，以合理规划存储区、拣选区及货品包装形态等。

以某物流配送中心为例，其经营的货品以食品、酒水为主，主要配送范围为便利店、网吧、酒店等零售性质的客户以及部分终端客户，以同城配送为主。以该物流配送中心经营的食品和酒水为例，对其货态进行分析，从而确定合理的进销存形式。

【参考解决方案】

首先，对该物流配送中心的进货货态特点进行分析。食品类基本都是整箱进货，便于清点、搬运和检验；而酒水类货品大部分采用托盘搬运，有些供货商直接带板送货的可整板搬运，这样既能提高作业效率，又能降低搬运成本，还便于清点数量和货品抽检。

其次，对其存货货态特点进行分析。因其客户订货的特点是整件货品与零散货品都有，故在货品储存方面要求整件货与零散货并存，零散货多是采用原整箱包装拆箱而成，这样就保证了根据客户订购数量快速分拣出正确数量的货品。

最后，对其出货货态特点进行分析。考虑到货品配送过程中方便运输和货品安全等因素，在货品出库时均需采用一定的包装物进行包装，因而货品多以原包装整件或后期再包装整件的形式出库。

结合上述分析，其货态转换分析如表 S3-4 所示。

表 S3-4　货态转换分析表

进货	存货	拣选	出库	客 户 类 型
P	P/C	P/C	P/C	大型客户，以批发业务为主
C	C/B	C/B	C	零售客户
B	B	B	C	客户定制品

实践 3.3

作业时间分布分析。

【任务及分析】

物流配送中心运营过程中的作业时间分布是指不同作业内容或相同作业内容的时间安排情况。在进行物流配送中心作业时间规划时，要根据搜集的资料整理出各作业内容在时间安排上的规律与特点以及作业特性，运用统筹方法分析出合理的时间分布，以充分利用各种作业资源，提高运营水平。

以某物流配送中心的某天主要工作情况为例，下面根据其作业内容、时间及流程，制定出按小时计的作业时间合理分布表。作业情况如表 S3-5 所示。

表 S3-5　作 业 情 况

时间段	作 业 部 门	作 业 内 容
7:30—8:30	配送部	货品装车
8:30—9:30	订单部、仓储部、收货部、配送部	打印拣选单、分拣拣选单、收货验收、复核订单
9:30—10:30	订单部、仓储部、收货部、配送部	打印拣选单、分拣拣选单、货品上架入库、补货、盘点、收货验收、复核订单、装车配送
10:30—11:30	订单部、仓储部、收货部、配送部	打印拣选单、分拣拣选单、货品上架入库、补货、盘点、收货验收、复核订单
11:30—12:30	各部门	午餐、休息
12:30—13:30	订单部、仓储部、收货部、配送部	打印拣选单、分拣拣选单、补货、收货验收、复核订单、装车配送
13:30—14:30	订单部、仓储部、收货部、配送部	打印拣选单、分拣拣选单、货品上架入库、补货、收货验收、复核订单
14:30—15:30	订单部、仓储部、收货部、配送部	打印拣选单、分拣拣选单、货品上架入库、补货、收货验收、复核订单
15:30—16:30	订单部、仓储部、收货部、配送部	打印拣选单、分拣拣选单、补货、收货验收、复核订单、装车配送
16:30—17:30	订单部、仓储部、配送部	打印拣选单、分拣拣选单、货品上架入库、补货、盘点、复核订单
17:30—20:30	仓储部、配送部	分拣拣选单、复核订单、装车配送

该物流配送中心各主要部门职能与主要作业流程，如表 S3-6 所示。

表 S3-6　部门职能与主要作业流程

部门名称	主 要 职 能	主要作业流程
订单部	接收、记录、核实客户订单信息，或通过其他途径的订单均由该部门统一处理；根据订单内容、送货时间缓急等因素，在系统的基础上辅助进行订单分拣顺序安排；打印拣选单；维护与客户的关系等	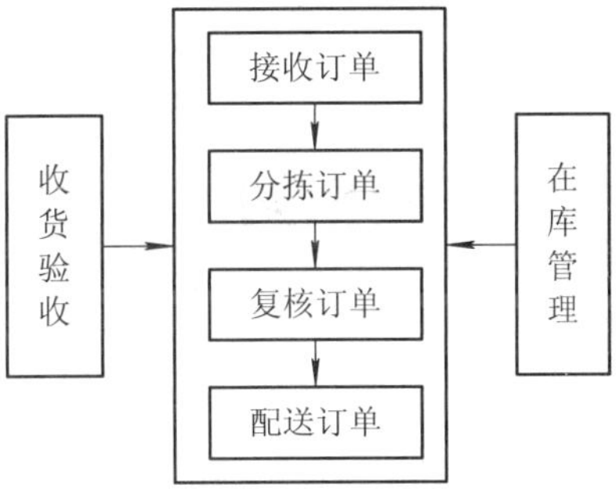
仓储部	根据分拣单分拣货品；日常货位补货、抽检盘点、货位整理、库存账调整、入库货品上架等	
收货部	收货、检验等	
配送部	检验复核订单商品的单货一致性、出库货品包装分类、安排订单配送路线、配送货品、反馈配送中的问题、维护与客户的关系等	

【参考解决方案】

各主要作业内容和作业时间合理分布表如表 S3-7 所示。

表 S3-7　作业内容和作业时间分布表

作业内容	作业时间/h													
	7:30	8:30	9:30	10:30	11:30	12:30	13:30	14:30	15:30	16:30	17:30	18:30	19:30	20:30
接收订单		■	■	■	■		■	■	■	■	■			
打印订单		■	■		■	■		■		■				
分拣订单		■	■	■	■		■	■	■	■	■	■		
复核订单			■	■	■		■	■	■	■	■	■	■	
配送订单		■	■	■	■	■	■	■	■	■	■	■	■	■
收货验收		■	■	■	■		■	■	■	■				
货品上架				■	■		■	■	■	■	■			
补货		■	■				■	■			■			
盘点				■	■					■				
配送反馈		■	■	■	■	■	■	■	■	■	■			
客情维护		■	■	■	■	■	■	■	■	■	■	■	■	■

实践 4　物流配送中心系统规划

实践指导

实践 4.1

物流配送中心平面布置规划。

【任务及分析】

某连锁超市的物流配送中心占地约 6000 m^2，土地形状呈梯形，其中上底边长约 90 m，下底边长约 110 m，宽度约 54 m。其服务范围主要为本公司的超市门店、市区范围内的网购客户(上门送货服务)和部分品牌(批发业务)。该地块北侧和西侧与外部交通道路连接，交通便利；东侧与南侧的道路正在建设中，建成后也可与配送中心相连接。因而，工程位置出入口可以选择在北侧和西侧区域，首先进行这部分区域的功能规划。

在物流配送中心规划设计时，需要结合实际地块的形状与面积，考虑周边各种环境的影响、仓容量、道路交通情况、作业流程、安全管理等方面的要求。该物流配送中心货品的运输与配送主要以厢式货车和面包车为主，车辆往来较为频繁，在设计道路时可按 8 m 宽度计算，月台按 4 m 的宽度计算，装卸区宽度也按 8 m 宽度计算，以方便若有一辆车在装卸货时不影响另一辆车的转弯通过。

方案一：可设置配送中心的西侧开门处为进货区，北侧开门处为出货区，进货区与出货区前方装卸场地按宽 20～22 m 计算。根据场地的实际大小，可规划配送中心库房长约 66 m，宽约 28 m，总建筑面积约为 1850 m^2。该方案为库房东面、南面留出 8 m 宽的道路，以方便车辆通行。平面布置如图 S4-1 所示。

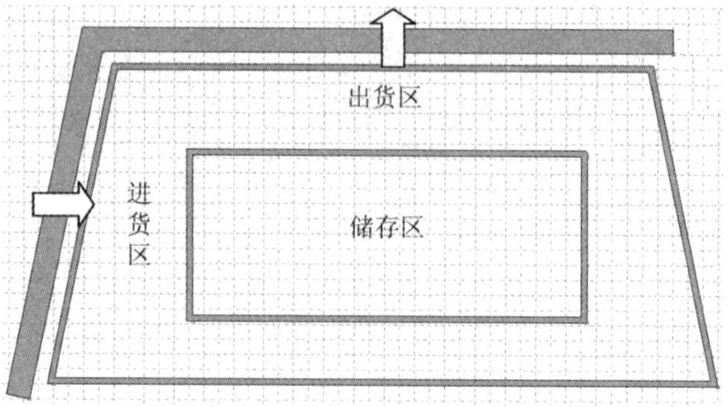

图 S4-1　方案一功能区平面布置简图

方案二：在库房北侧开门处同时设立进货区与出货区，规划库房长度约为 82 m，宽度约为 28 m，总建筑面积约为 2300 m^2，其他条件不变。

方案三：在库房北侧开门处同时设立进货区与出货区，规划库房长度约为 85 m，宽度约为 38 m，总建筑面积约为 3200 m^2。该方案在库房南面留出 2 m 宽的道路，不做通行用，为以后市政道路拓宽留有余地。

请根据以上方案二和方案三的描述，参照方案一的布置，绘制简单的功能区布置图，并分析三种方案的特点。

【参考解决方案】

方案二的布置简图如图 S4-2 所示。

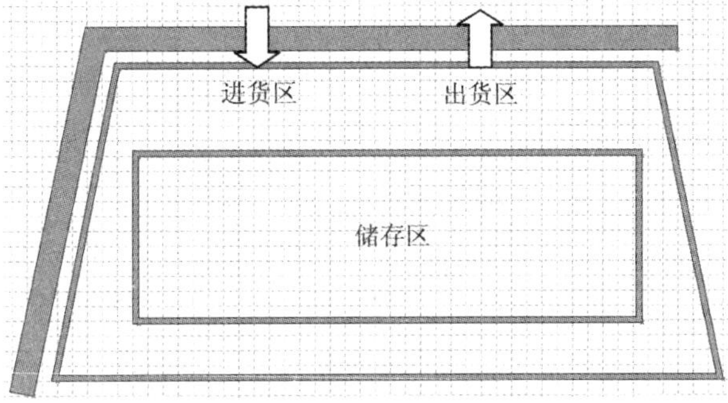

图 S4-2　方案二功能区平面布置简图

方案三的布置简图如图 S4-3 所示。

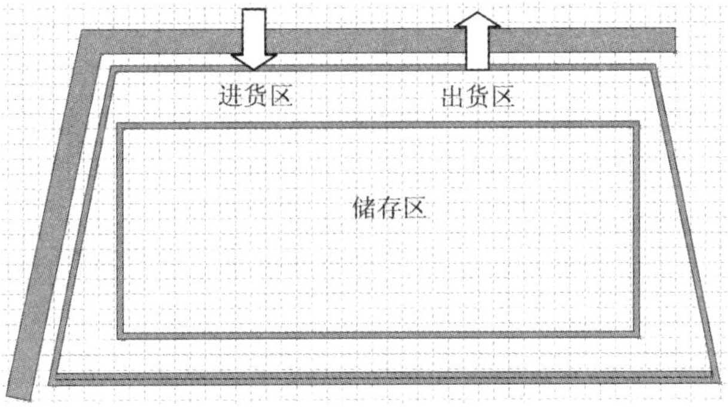

图 S4-3　方案三功能区平面布置简图

该案例中涉及的三种规划方案都具有可行性，主要区别在于进出货装卸平台设置的位置不同，由此而导致库房面积也不同，显然方案三的建筑面积要远大于方案一的建筑面积。在货品进出库数量大，需要仓容量也大，而且资金投入充足的情况下，方案三的设计是首选；而当对库房的仓容量要求不大时，可优先考虑方案二的设计。

实践 4.2

应用矩阵图法进行设备选型分析。

【任务及分析】

物流配送中心的设备主要分为三种类型：存储设备、搬运设备和运输设备。存储设备一般与货品品种、存储量、吞吐量、投资额等因素相关，在确定存储设备后，还要对应地确定合适的搬运设备和运输设备。搬运设备和运输设备的选型主要考虑两个方面的指标：一是货品的搬运距离，二个是物流量的大小。根据这两个指标，应用矩阵法，对应分析在不同情况下设备的选型问题，并予以解释。

【参考解决方案】

由搬运距离和物流量组成的矩阵图及对应的设备选型如图 S4-4 所示。

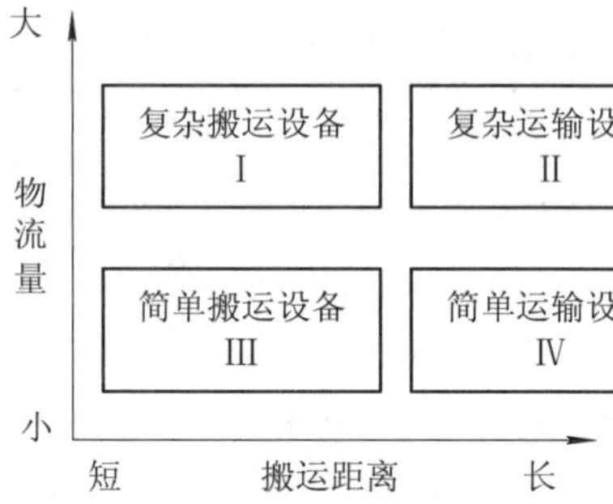

图 S4-4　设备选型矩阵图

对于选型Ⅰ的情况：虽然货品搬运距离短，但物流量大，需要复杂的搬运设备完成货品转移。此时运输距离短，可不必考虑采用运输设备，搬运设备即可满足需求，而物流量大，简单的搬运设备不能满足物流的需要，因而需要运用复杂的设备进行搬运作业。

对于选型Ⅱ的情况：搬运距离长，且物流量大，是一种最复杂的货品转移作业。此时需要特定的运输设备以满足长距离运输的需要，而物流量大，简单的运输设备不能满足物流的需要，因而需要运用复杂的设备进行运输作业。

对于选型Ⅲ的情况：货品搬运距离短，且物流量小，是一种简单的货品转移作业。应用简单的搬运设备，经过简单操作就能够满足物流的需要。

对于选型Ⅳ的情况：虽然货品搬运距离长，但物流量小，需要简单的运输设备完成货品转移。此时搬运距离长，需要考虑采用运输设备，而物流量小，则简单的运输设备即可满足物流的需要。

实践 4.3

物流配送中心一般作业流程规划分析。

【任务及分析】

一般物流配送中心的作业对象会涉及三个方面：第一是供应商，第二是客户，第三是配送中心内部运作。针对供应商的作业主要是收货与退货；针对客户的作业主要是送货与退货；针对配送中心内部运作的作业主要是进货、存货和出货，包含的内容比较丰富，进货方面如卸载、检验、入库等，存货方面如盘点、货位管理、流通加工等，出货方面如订单处理、分拣作业、复核包装作业、流通加工作业、配送作业等。根据所学知识，从作业对象的这三个方面出发，绘制物流配送中心的一般作业流程图。

【参考解决方案】

物流配送中心的一般作业流程图如图 S4-5 所示，其中虚线箭头表示货品存在逆向物流的情况。

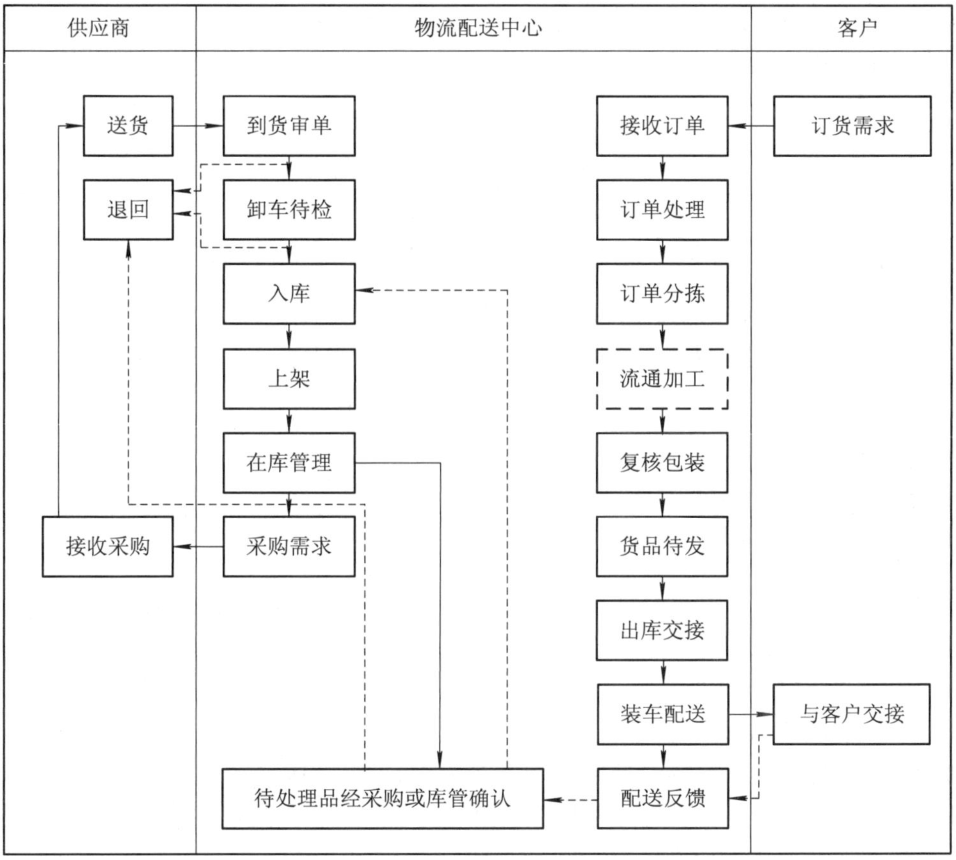

图 S4-5　物流配送中心的一般作业流程图

实践 4.4

某物流配送中心信息系统规划分析。

【任务及分析】

某商业集团主要在山东省内及周边省市从事连锁超市经营，以济南为核心，遵循“先济南、后周边”的发展策略，稳步抢占零售市场。该集团以先进的信息系统、完善的制度流程，辅以先进的物流配送中心，在山东各地市以及发达的县级城市建立了 170 多家连锁便民超市，其中 120 多家集中在济南市区。很多便民超市面积只有 100～200 m^2，依靠多点布局，形成网状结构，整合了济南市区及周边县市的大量客户。这种布局也给物流配送水平提出了很高的要求。目前该物流配送中心有配送车辆 30 辆，配送半径可达 100 多千米，中心内部配有电动叉车、电动拖板车、手持终端等较先进的设备，作业效率较高。但随着集团店面数量的增多，原有物流配送中心不能够满足业务量的激增，需要规划新的中心，以支持企业的快速发展。根据企业的经营情况，可以将新的物流配送中心定位为“城市配送中心”。

为了适应企业的发展，集团原有仓储配送的信息系统也需要进行升级，目前暂定的系统模块如图 S4-6 所示。结合企业的具体情况，分析每一个模块的主要功能，并分析该物流配送中心主要用到的信息技术。

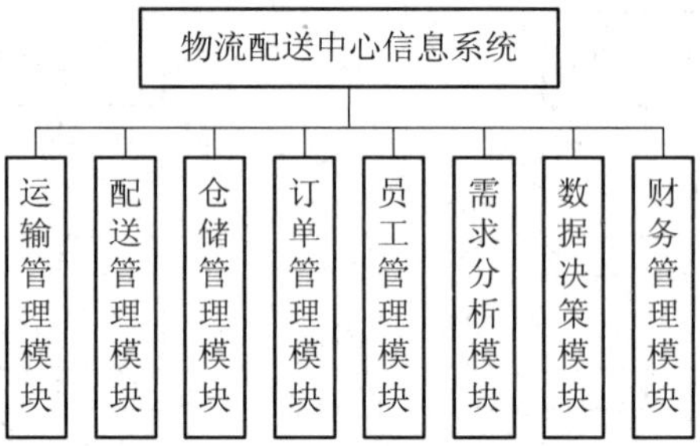

图 S4-6　信息系统主要模块

【参考解决方案】

1. 主要功能

信息系统主要功能如下：

(1) 运输管理模块：主要包括车辆资料管理与维护、制订运输计划、分析运输计划的合理性、车辆调度管理、车辆运输任务管理、车况管理、运输信息查询等功能。该模块需要与条形码技术、射频识别技术、GPS 系统和 GIS 系统对接，对运输作业实行实时控制与管理，以实现运输的最合理化。

(2) 配送管理模块：主要包括制订和实施配送计划(区域选择、货品拼装、调配等)、进行配送跟踪管理(配送位置、停留时间、任务完成情况等)及配送线路管理(配送路程、时间点、路况、油耗、运输成本、路径选择等)等。

(3) 仓储管理模块：主要包括库存管理(货位管理、账物管理、残次品管理、效期管理等)、订单管理(入库、出库、退换货等)及作业管理(收货、上架、分拣、复核、打包、盘点)等。该模块需要与条形码技术、射频识别技术对接，对货物实行动态管理，同时提供各种报表信息及满足信息查询需求。

(4) 订单管理模块：主要包括根据客户需求生成订单、审核订单、修改订单、优化订单、相关人员接收订单并进行相关作业等；同时，可记录所有订单的信息，方便查询与数据分析的调取。

(5) 员工管理模块：主要包括岗位设置、人员编制设置、岗位职责、劳动成本、制订员工需求计划、晋升路径、岗位轮换、绩效考核等。

(6) 需求分析模块：主要包括根据需求信息建立需求模型，进行需求分析；根据以往数据结合仓储信息生成店面需求预测与需求计划，供决策者参考。

(7) 数据决策模块：主要包括调用系统内的各种数据信息，根据模型设置模拟决策过程，为决策者提供决策所需要的信息，以提高决策水平。

(8) 财务管理模块：主要包括对物流配送中心的各种作业活动进行财务核算，并对各种作业的绩效进行评定，如库存周转率、仓容利用率、货品残损率等。

2. 主要信息技术

(1) 条形码技术：主要通过货品本身自带的条形码或配送中心自行打印的内部条码识别货品，达到信息系统与实物数据的统一性。条形码技术通常配合手持终端使用，是收货、发货、库存盘点等作业普遍运用的一种技术手段。

(2) 射频识别技术：与条形码技术类似，但其通过电子标签记录货品或车辆信息，比条形码技术更方便、信息流更大，但成本要高。

(3) POS 系统技术：通过该技术，各门店的销售数据可以即时地传递到物流配送中心，经过一定程序的数据计算，可生成门店补货订单。

(4) GIS 技术：通过该技术搜集、整理和分析大量的地理信息数据，可以有效地进行运输管理，还能协助制订生产作业计划。

(5) GPS 技术：通过该技术能够实时定位货品和运输车辆的空间位置，这些数据在计算机系统中储存，能够很好地帮助相关人员进行运输信息的查询和管理。

实践 4.5

物流配送中心库内布局规划。

【任务及分析】

物流配送中心库内布局主要分为三种形式，即 I 形、L 形和 U 形，如图 S4-7 所示。每一种布局形式的货物流动形式不同，都有其各自特点。其中，I 形布局的入口和出口分别处于库区的两端，货品流动过程贯穿整个库区；L 形布局的入口和出口在库区的不同侧，呈直角状，货品流动过程在库区呈 L 形；U 形布局的入口和出口在库区的同侧，货品在库区流动过程呈 U 形。

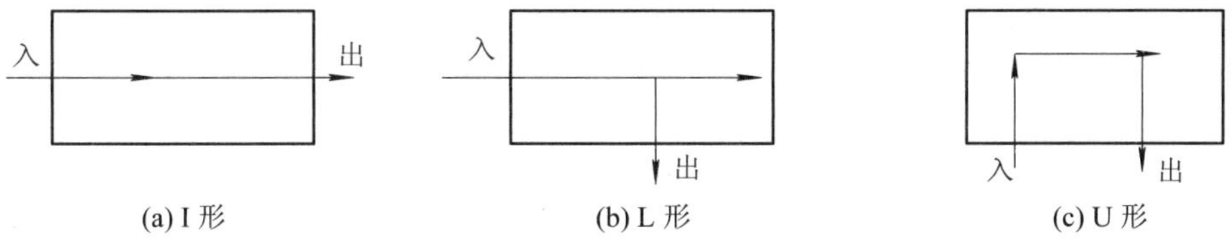

图 S4-7　三种库区布局形式

当进出货的量都比较大，且进出货车辆容易冲突时，可以优先考虑 I 形布局。

L 形布局能够满足货品快速进出和储存的需要，并且可以根据实际需求增加存储区的面积，适用的范围较广。

当货品量较大，且在库暂存时间短时，可以优先考虑 U 形布局；另外，该布置方式使得货品存放集中，空间利用率高，容易管理。

假设某物流配送中心库区面积为 2000 m^2，共分为 8 个功能区：进货区、出货区、流通加工区、退货区、办公区、重型货架区、平库区和中型货架区。分别设计该库区的 I 形布局、L 形布局和 U 形布局。

【参考解决方案】

物流配送中心库内布局的不同形式如图 S4-8～图 S4-10 所示。

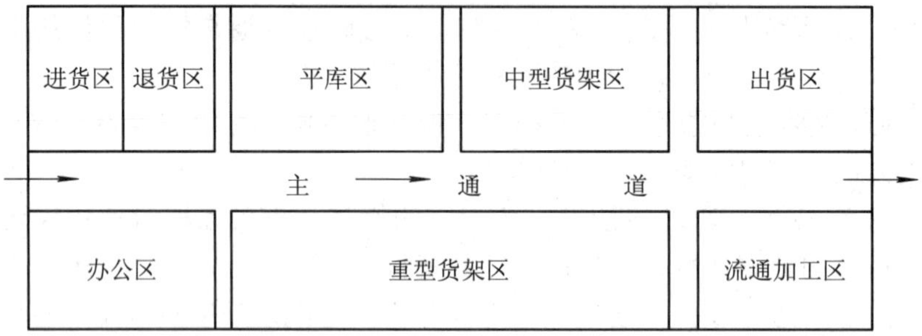

图 S4-8　I 形布局

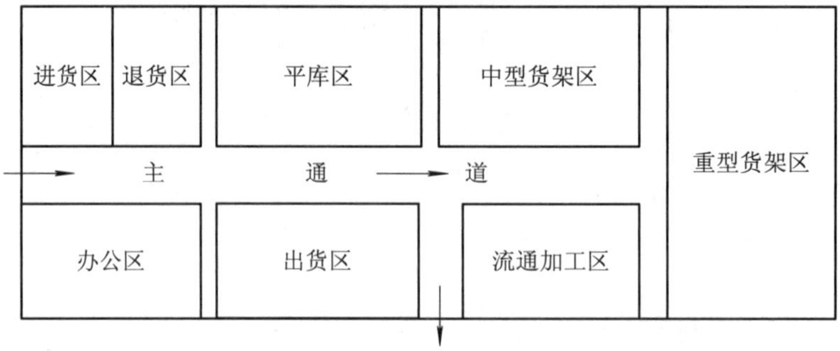

图 S4-9　L 形布局

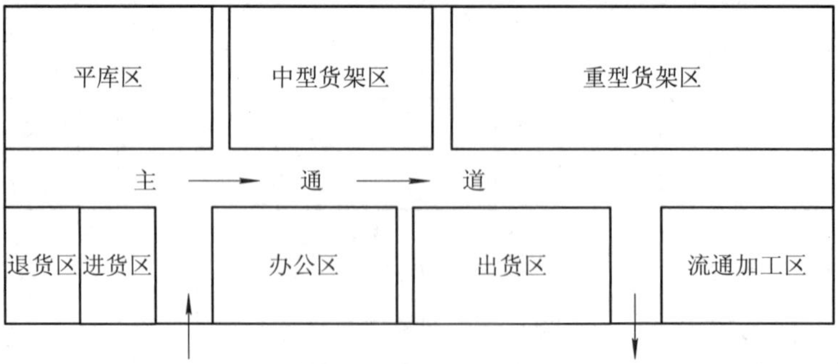

图 S4-10　U 形布局

注意：为了充分利用库区面积，图 S4-10 的出入口可以设计为共用一个。

实践 4.6

物流配送中心供应商送货预约与收货流程分析。

【任务及分析】

根据实践 4.3 流程图的格式，分别设计一份某物流配送中心供应商送货预约及收货的基本流程图。其中，供应商送货预约涉及采购、供应商、预约员三个方面的业务内容，收货作业涉及收货员、供应商、质检员三个方面的业务内容。

其大体流程可参考以下作业内容描述：供应商送货阶段包括采购人员下采购单、供应商确认订单内容、形成送货意向、预约送货时间、预约成功、安排如期送货。收货阶段包括供应商排队待收、收货员收货、货品卸车、核对单货、货品检验、货品入库、打印入库单等。这里省略工作细节方面的问题，仅讨论具有明显工作节点的流程。例如，在供应商确认物流配送中心采购订单内容时，可能还会包含价格变更、与采购人员协商采购价格的调整、库存数量不足而推迟送货时间或重新做单以类似品代替、运输方式由厂家自送改为第三方物流送货等事宜。

【参考解决方案】

供应商送货预约流程如图 S4-11 所示。

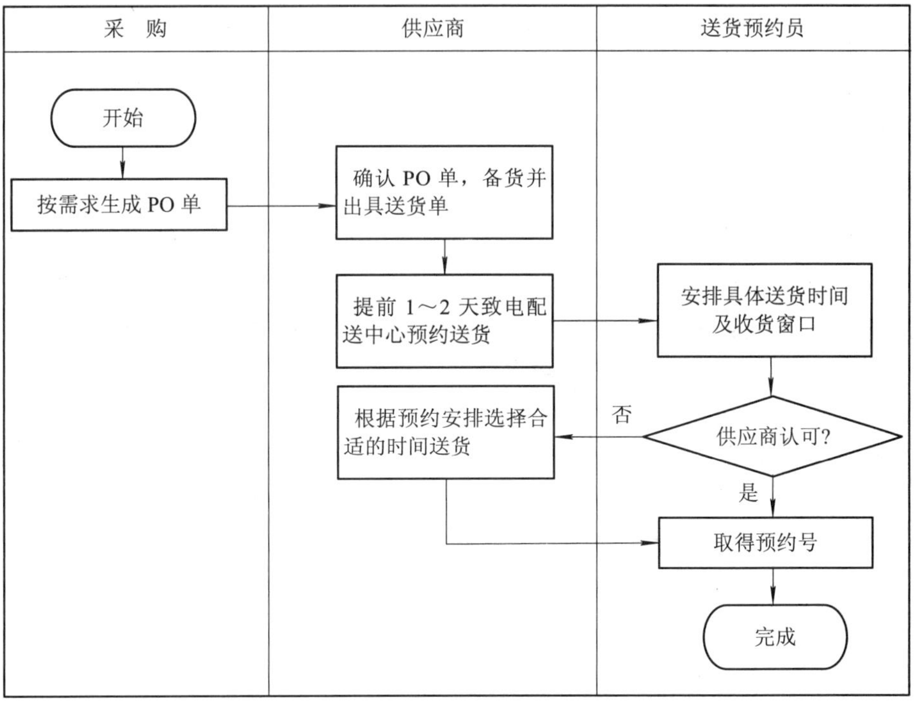

图 S4-11　供应商送货预约流程

收货流程如图 S4-12 所示。

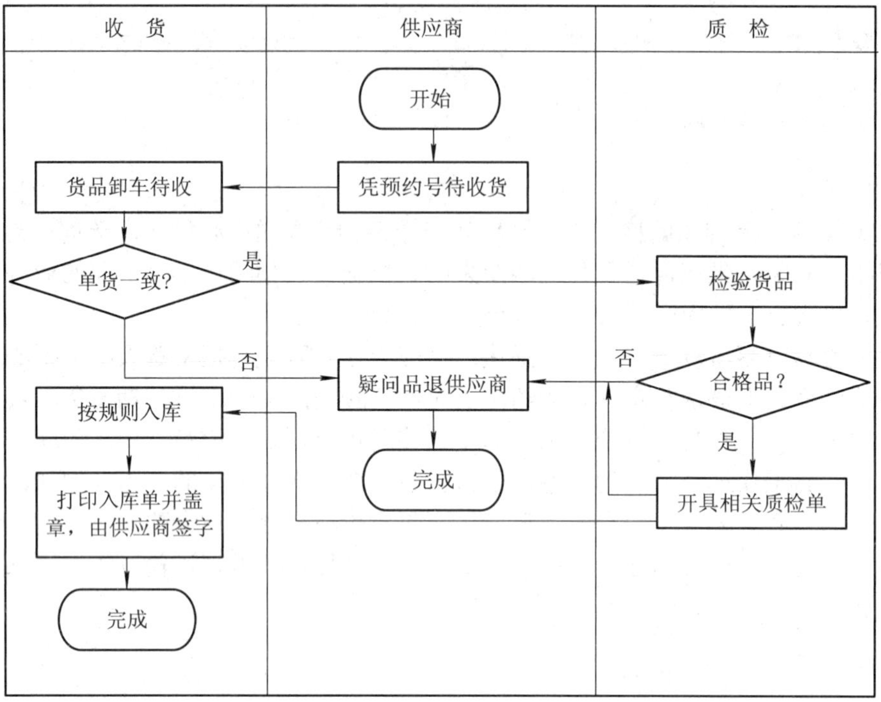

图 S4-12 收货流程

实践 4.7

物流配送中心拣选策略分析。

【任务及分析】

物流配送中心只有在拣选作业环节确保合理性和高效率，才能为提高配送效率提供前提条件。拣选作业效率受多方面条件的影响，如人员配置、拣选方法、订单性质、机械化水平等。而选择何种拣选策略或何种策略组合也对拣选作业效率有着重要的影响。结合分拣方法、分拣区规划等方面的知识，可以从分区规划、订单拆解及订单波次入手进行拣选策略方面的规划。

分区规划是指按照不同的标准对拣选作业进行分区，如按货品特性对货品进行分区，分别管理；订单拆解是指将一份订单或一个客户的订单分解成若干个组成部分，分别拣选以提高效率，如将一份 50 种单品的订单分成 5 份；订单波次是指按照一定的规则将多个订单整合后再分拣。根据以上信息，就三个方面的拣选策略进行较为详细的设计，以提高拣选作业的效率。

【参考解决方案】

分区规划策略可以从以下几个方面考虑：一是货品分区，即按照货品的特性和相关性进行分区放置，将同属于一类的货品或出现在同一张订单的频率高的不同货品临近放置，以缩短拣选路径。此种方法通常需要较长时间段的数据统计与分析支持。二是拣选货品的类型分区，如将整件发货的货品与拆零发货的货品分别存放在不同的区域内，如此便可实现整件货品的批量操作，也有利于拆零拣选的精细化操作，防止两者在拣选方式及运输工具等方面产生冲突。三是拣选方式的分区，即不同的分区采用不同的拣选方式，以有利于提升作业效率。拣选货品类型分区中的举例也同样说明了拣选方式分区的有效性，两者存在一定的关联。四是作业区域分区，主要体现在库区内部各功能区的划分以及不同功能区之间的位置关系，作业功能区的合理划分、相对面积及位置的确定能够对拣选效率及处理拣选差异产生重要的影响。

订单拆解策略可以从以下几个方面考虑：一是将一份多单品、多数量的大订单拆分成几个子订单，同时拣选每一个子订单，而后进行集货，完成分拣。此时的订单拆解不是简单的随意拆分，而是按照一定的规则，在有利于拣选的前提下进行拆分，如按照货位相近原则、按照整件与散货分离原则等，切实能够达到高效率拣选的要求。二是要注意完成各子订单拣选的同步性。只有各子订单处于基本同步完成的节奏，才能够完成整个订单；一旦出现某个子订单的完成速度明显落后于其他子订单，则难以达到提高拣选效率的目的。三是在实行订单拆解时，要注意其必要性。一般情况下，当订单的品项过多，或者订单需要紧急处理时，可以采用订单拆解策略，而且拆解的依据多以货品分区为主。

订单波次策略可以从以下几个方面考虑：一是波次的选择，通常需要根据订单的特点制定合理的波次设置条件，如按时间段、订单数量、缓急程度等条件设置订单波次规则，再结合日常积累的经验，以实现最佳的订单分拣策略；二是设置波次的必要性，一般情况下，当订单数量多、各订单间的重合品项多、订单处理不是很紧急的情况下，设置波次才能够切实提高拣选效率；三是订单货品分类的重要性，在根据波次拣选订单的同时要及时将拣选完的部分按客户订单将货品分类，以确保各订单及时完成分拣；四是拣选的灵活性，由于软件系统是按特定的约束条件处理订单的，灵活性方面不足，因此可根据实际情况进行临时的人为干预和调整，以有效处理部分特殊订单。

实践 4.8

物流配送中心经营管理规划。

【任务及分析】

物流配送中心的经营管理实际就是对物流、信息流和资金流的管理。物流是指货品从收货开始到配送给客户的过程，其中涉及进货受理、进货检验、入库、上架存储、流通加工、拣选、复核包装、装车、配送给客户、接收客户退货等作业内容；进一步地可以大体分为进货管理、存货管理、出货管理和退货管理几个部分。信息流是指物流配送中心与供应商、客户以及其内部各作业环节之间围绕订单而进行信息交流的过程，其中涉及向供应商采购货品、处理客户订单内容、各作业环节间传递作业信息等内容。资金流是指物流配送中心与供应商、客户之间因业务往来而产生的资金方面的关系，其中包括向供应商付款、向客户收款等内容。根据以上描述，围绕物流、信息流和资金流及各主要作业内容，制作出一份经营管理规划图。

【参考解决方案】

物流配送中心一般的经营管理规划图可参考图 S4-13。

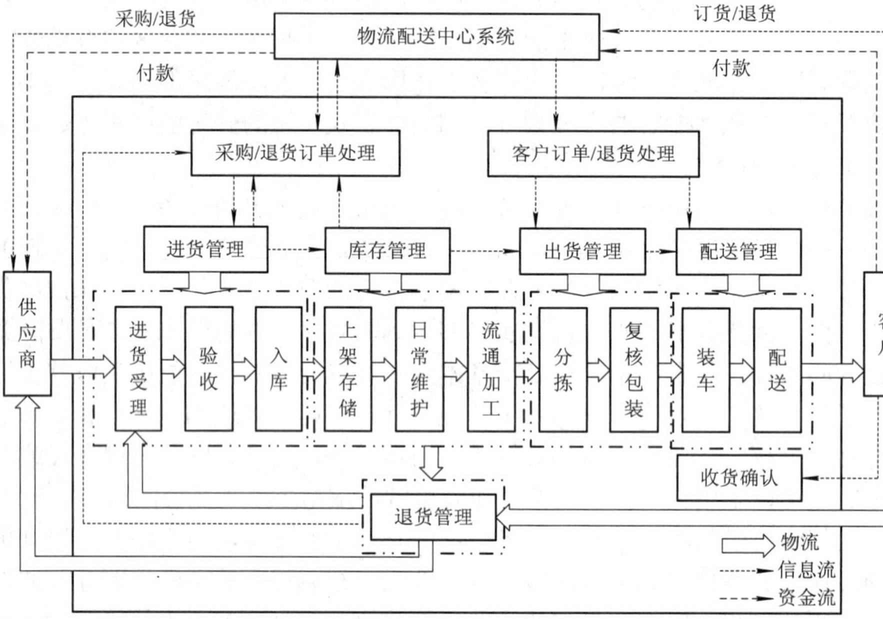

图 S4-13　物流配送中心一般的经营管理规划图

实践 4.9

物流配送中心规划问题分析。

【任务及分析】

物流配送中心规划是一个系统工程，在规划过程中，项目人员会遇到各种各样的问题。有些问题可能比较重要，项目人员也非常重视；有些问题可能相对不太重要，项目人员容易忽视。有些不重要的问题对项目的影响程度非常小，可以轻松化解；但有些小问题可能会引起大的麻烦，难以化解。有些问题还可能随着条件、时间等因素的变化而变化，其重要程度呈动态变化状态，等等。规划中，需要项目人员具备丰富经验和掌握科学工作方法，尽量使项目的运作处于可控制的范围内，避免产生失误。尽管如此，仍有一些问题会超出预估范围，甚至项目人员忽视了问题的重要性。在此对项目规划中的物流模式确定、业务需求与物流配送中心选择、规划中的资源整合与细节设计和团队协作精神培养四个方面进行分析。

【参考解决方案】

1．物流模式确定

明确所规划物流配送中心的主要功能，如以存储功能为主的物流配送中心，在规划时要更多地关注存储效率、存储量、空间利用率等方面的问题；以配送功能为主的物流配送中心，在规划时要更多地关注订单处理能力、分拣效率、配送效率等方面的问题；以存储功能和配送功能兼顾的物流配送中心，在规划时需要考虑各方面因素的平衡问题。通常以配送功能为主的物流配送中心适合于零售型或小批量批发型的业务，而批发型、分销型的业务则对流通方面的要求更高。由此可见，确定何种物流模式对于规划物流配送中心起到先决性的作用。

2．业务需求与物流配送中心选择

业务需求既包括当前的业务，也包括未来 3～5 年的业务发展预期。根据业务需求确定是新建、改建物流配送中心还是采用租赁的方式，以及需要的面积是多少，在此基础上再进行初步的选址。

选址时，按照由大到小的范围进行，即先选择区域(华东、华北等)，再选择区域内的城市，最后根据城市规划及物流状况选择合适的物流配送中心地址。对于选择自建配送中心的，在选择地块、交通规划、建筑内部规划等方面需要做出系统的规划。以地块规划为例，重点需要考虑以下几个因素：土地的用地指标(建筑限高、容积率等)、地质条件(地面承重情况、地基处理成本等)、地块的形状(形状规则或不规则，以长方形为宜)、地块面积(是否够用、是否具备扩展性等)等。

另外，业务需求与选址间存在互相影响、互为条件的关系。在选择土地面积时，参照业务需求的规划，以确保能够满足要求；而当确定地块时，可能诸多条件不能够满足企业的需求，如土地形状不规则、交通条件不完全满足前期的规划等，此时需要根据地块条件适当调整规划内容，以便确定比较合理的处理方案。

3．规划中的资源整合与细节设计

在物流配送中心规划中经常会遇到下面的情况：企业自行规划明显感觉资源不足，系统性不强，很多专业方面的知识欠缺；通过物流集成商来规划，虽具备一定的专业性，但集成商出于利益的考虑，往往在设备运用、软件选型等方面预算投入过高；通过物流咨询公司来规划，往往与现实操作存在一定的距离，而使规划方案难以落地。因而，在规划中需要整合各方面的优势资源，在合理支出成本的情况下，实现最优的规划设计。

另外，在规划过程中，规划人员往往忽略一些细节方面的设计，而这些细节通常会决定物流配送中心的运营效率。例如，忽略作业设备与建筑物之间的匹配关系，可能会出现设备作业高度需求高于建筑物高度，导致设备难以充分发挥作用；要充分考虑到建筑形式与通风的关系，否则会给货物保管的温湿度控制及员工作业舒适度带来影响。对于细节规划的把握，必须依靠丰富的经验和科学的管理方法。例如，参考成功企业的案例，学习他们的优点；在规划时采用简单的、能够满足一定时间段内需求的设备，而后根据业务需要再有步骤地进行一些设备的升级或更新，避免一次到位。

4．团队协作精神培养

物流配送中心规划涉及的内容非常广，不是一两个人或一两个部门就能够完成的，必须依靠各种专业人员及多部门的合作才能够制定比较完善的方案。因此，涉及的相关人员及部门要本着团结协作的精神，在各自负责的范围内做好专业方面的规划，并且顾全大局，自觉与项目目标统一。

对于企业来讲，其竞争的优势不只来自某个方面，而是更多地来自整个供应链。物流配送中心在供应链中处于非常重要的地位，既服务于生产、销售、采购等部门，又能够促进生产、销售、采购等部门工作的改进，同时其运营效率会直接影响到各部门的工作进展。因而，从供应链最优的角度来理解物流配送中心的规划，就需要各部门积极合作，工作中始终贯穿团队协作精神。

实践 4.10

利用仿真平台，根据需求对制造业设施设备进行模拟规划和仿真。

【任务及分析】

对制造业设施设备进行模拟规划和仿真的主要任务是：根据企业的经营目标和生产纲领，在给定的空间场所内，按照企业的运作需求，对系统的物流、人流、信息流进行分析，将人员、设备、物料等所需的空间进行最适当的分配和最有效的组合，以实现期望目标。给定的空间场所可以是一个工厂、一个车间、一座百货大楼、一个写字楼或一家餐馆等。

设施布置在设施规划中占有重要地位，历来备受重视。以工厂布置为例，它的好坏直接影响整个系统的物流、信息流、生产能力、生产率、生产成本以及生产安全。优劣不同的工厂布置在施工费用上可能相差无几，但对生产运营的影响会有很大不同，优良的平面布置可以使物流搬运费用减少 10%～30%。

现在有一个空的车间，规划未来需要生产不同的产品，不同产品的生产工艺不同。现需要采购各种生产机器和工人，并对该车间进行合理布局，同时设置人员进行搬运的初始位置，目的是达到生产要求，并尽量减少或消除不必要的作业，缩短生产周期，减少占地、物料停留、搬运和库存。

利用随堂练学习平台(www.suitanglian.com)对一个 20 m × 20 m 的车间进行设施设备布局和仿真，满足生产目标。车间要生产两种产品，零件 A 和零件 B，具体要求如下：4 h 生产 280 个零件 A，4 h 生产 300 个零件 B；8 h 生产 580 个零件 A，8 h 生产 610 个零件 B。

零件 A 工艺：磨床 35 s，车床 22 s，钻床 23 s，质检 12 s。

零件 B 工艺：锯床 33 s，车床 23 s，钻床 21 s，质检 11 s。

【参考解决方案】

步骤 1：使用计算机访问随堂练学习平台，通过分配的账号密码登录，进入开始实验界面，如图 S4-14 所示。

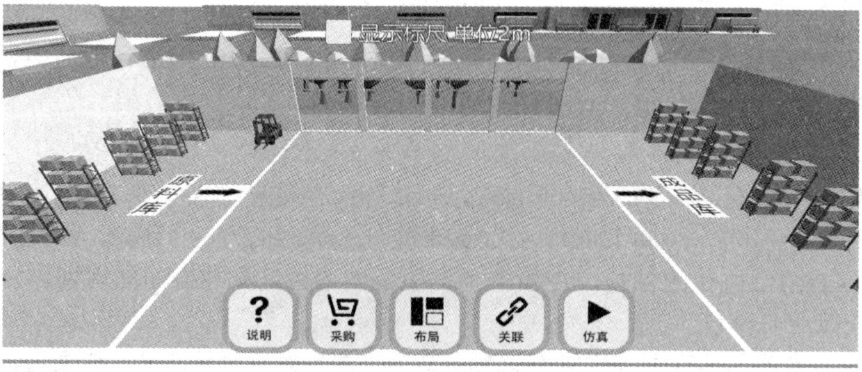

图 S4-14　登录仿真平台

步骤 2：根据实验说明，我们需要两条生产线，为此需要采购磨床、车床、钻床、锯床和质检等一些机器设备，还需要雇佣一些工人，并采购一些暂存区。首先单击界面下方的【采购】按钮，进入采购环节；接着点击右侧出现的道具栏中对应的设备，即可在虚拟车间中加入一个磨床(磨床 1)、两个车床(车床 1 和车床 2)、一个钻床(钻床 1)、一个锯床(锯床 1)和一个质检(质检 1)，两个小暂存区(小暂存 1 和小暂存 2)和四名员工(搬运 1、搬运 2、搬运 3、搬运 4)，如图 S4-15 所示。

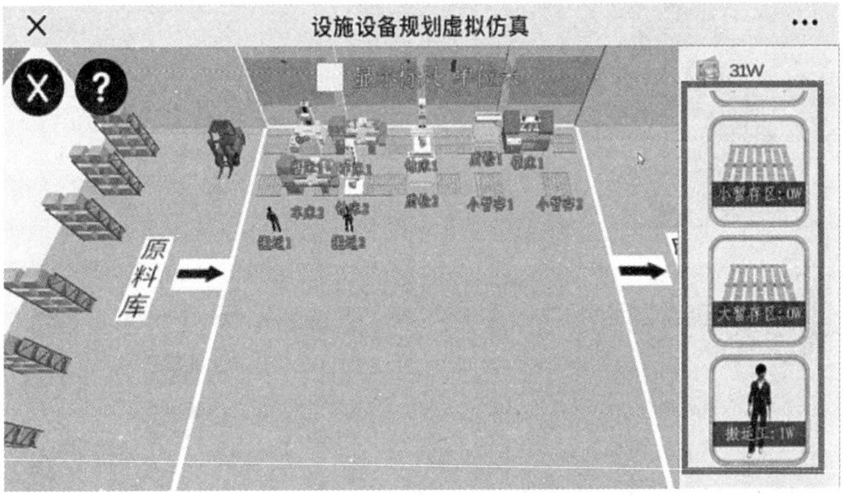

图 S4-15　采购设施设备

步骤 3：按照实验要求，对 A、B 货物生产线进行合理的布置与规划，并将员工放在适当的位置，以方便后期工作。单击界面下方的【布局】按钮，进入布局环节。在保证生产要求的前提下，以尽量减少或消除不必要的作业，缩短生产周期，减少占地、物料停留、搬运和库存为目的，拖动设备进行摆放，设备可以删除或旋转。一种参考摆放方式如图 S4-16 所示。

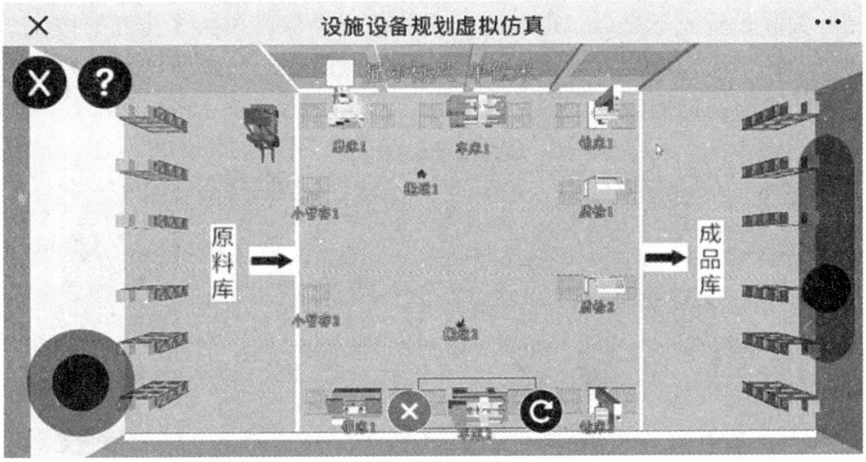

图 S4-16　布置设施设备

步骤 4：设备摆放完毕之后，下一步是根据设备之间的关系将它们进行关联，设置成一条生产线，并配备相应的员工进行作业操作。单击界面下方的【关联】按钮，先单击设备磨床 1，然后单击设备小暂存 1，即可将后者指定为前者的物料流转目的地，依次对每个道具的物料流转目的地以及其他物流相关参数进行设置，如图 S4-17 所示。

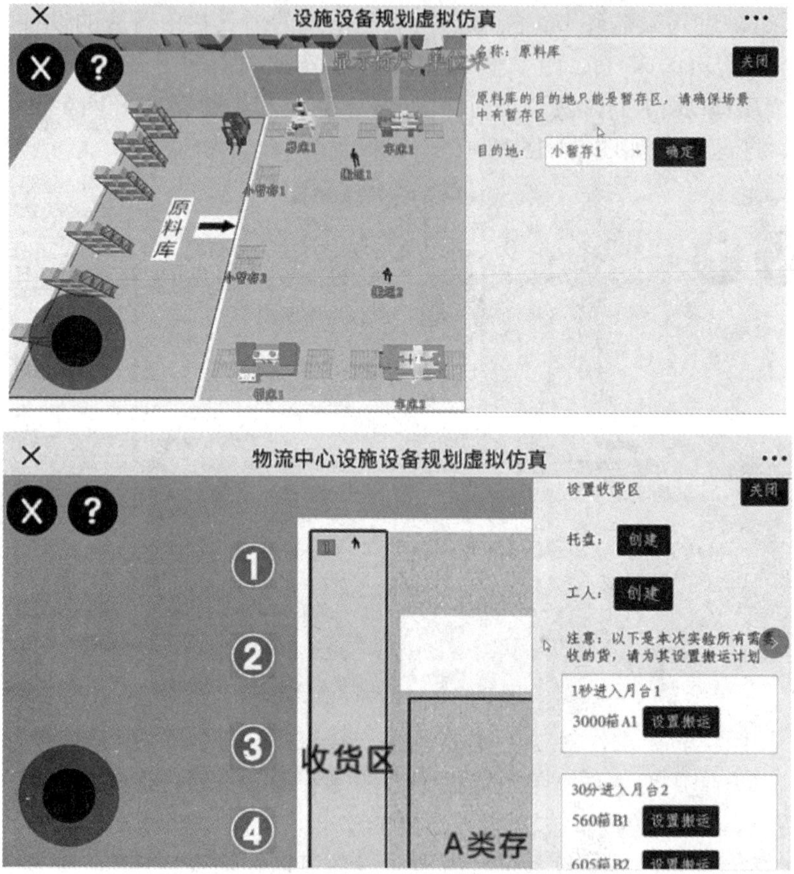

图 S4-17　关联设施设备

步骤 5：关联设置完毕之后，即可进行实验仿真操作。单击【仿真】按钮，进入仿真环节，车间中的各个道具就会根据设置进行仿真模拟运作，如图 S4-18 所示。可以观察运作流程，发现是否存在问题。

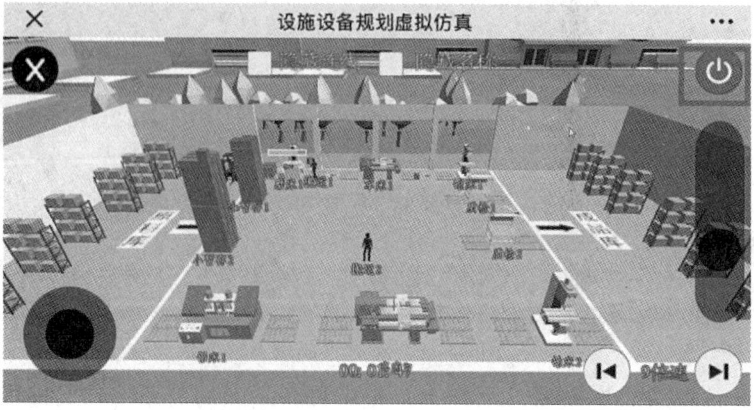

图 S4-18　进行仿真模拟运作

【实验结果】

(1) 基础数据统计：本次总投入 30 万元，总占地面积 112 m^2。

(2) 搬运次数统计：累计搬运总次数 3190 次，具体情况为原料库搬运 19 次、搬运 1 搬运 317 次、搬运 2 搬运 296 次、搬运 3 搬运 1318 次、搬运 9 搬运 1240 次。

(3) 机器闲置率统计：综合平均值 26.35%，具体情况为磨床 1 闲置率 8.88%、车床 1 闲置率 46.01%、钻床 1 闲置率 0.83%、锯床 1 闲置率 13.32%、质检 1 闲置率 46.17%、车床 2 闲置率 42.86%。

(4) 搬运工闲置率统计：综合平均值 57.44%，具体情况为搬运 1 闲置率 82.86%、搬运 2 闲置率 82.14%、搬运 3 闲置率 25.02%、搬运 9 闲置率 39.72%。

实践 4.11

使用仿真平台，根据需求设计和规划一个物流配送中心，并根据实际作业模拟仿真。

【任务及分析】

仓库一般划分为三大组成部分：生产作业区、辅助区和行政区。其中，生产作业区是核心区域，通常由装卸站台、出/入库区、储存区、通道、分拣区等组成。物流仓库设施设备整体布局指的就是根据实际物流作业的需求确定各区域的面积及相对位置，最终得到仓库的平面布局。在进行整体规划时，需要着重考虑生产作业区域的布局。

现在有一个物流仓库，未来要对多家超市进行物流配送。现需要根据配送要求进行功能区域布局，并根据配送节点创建每块区域的配送计划，目的是满足配送要求，同时尽量对仓库进行合理使用规划，进行专业化的分工、储存和作业划分，提高仓库的运作效率。

利用随堂练学习平台，对一个物流仓库进行设施设备布局和仿真。物流仓库需要对多家超市进行货物配送，货物包括 B1、B2、A1、C1 等，并且要满足以下两个要求：3 h 之内发出 5600 包 B1、6050 包 B2，4 h 之内发出 2155 包 A1、1794 包 C1。

【参考解决方案】

步骤 1：打开配送中心规划仿真平台，登录进入开始实验界面，如图 S4-19 所示。

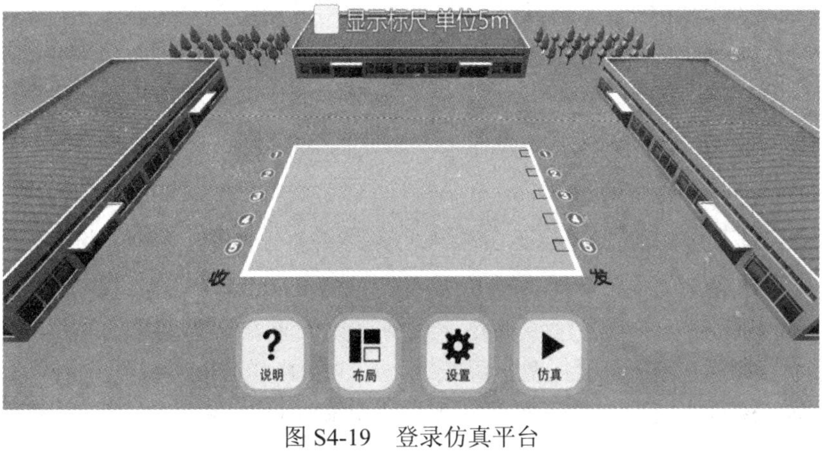

图 S4-19　登录仿真平台

步骤 2：根据实验要求，需要对仓库的生产作业区进行如下布局。

(1) 收货区和发货区：收货区与发货区一般占整个仓库面积的 10%～15%。且要分别靠近收货和发货月台，长宽都是 5 m × 30 m。

(2) 存货区：存货区一般占整个仓库面积的 40%～50%。通过分析收货和发货要求，可知收到的 B1 和 B2 会全部发送出去，而 A1 和 C1 分别有 2784 箱和 2720 箱会留在仓库，所以需要设立 A 类存货区和 C 类存货区各一个。

(3) 分拣区：分拣区一般占整个仓库面积的 10%～15%。根据实验流程描述，分拣区的分拣工会把货物分类后搬到发货区月台，所以分拣区需要靠近发货区，长宽为 5 m × 30 m。

(4) 叉车停放区：叉车需要往返收货区、存货区和分拣区，因此叉车停放区应该在底部居中的位置。

(5) 各个区域之间需要增加两条主干道。

单击界面下方的【布局】按钮，进入布局环节。单击左上角[+]按钮，在场景内添加发货区、过道、A 类存货区，C 类存货区、叉车停放区、收货区等区域。加入的上述区域可以拖动，也可以单击后在出现的修改界面中设置长度和宽度，按照上述布局要求调整各区域的参数和位置，最终整体布局效果如图 S4-20 所示。

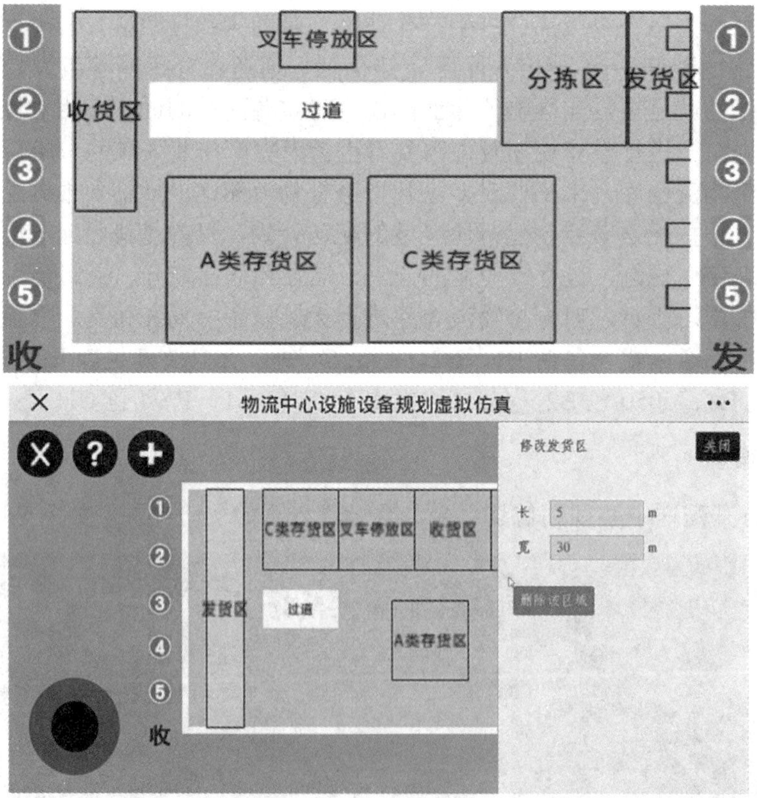

图 S4-20　规划仓库作业区域

步骤 3：根据任务要求对各区域的物流设备进行设置，具体要求如下。

(1) 收货区：在收货区设置托盘，并对货物分配固定的托盘，以便后续环节叉车装卸搬运，并配备相应人员。本实验需要设置 6 个托盘和 16 名人员。

(2) 存货区：在存货区放置货架，每个货架可以放置 6 个托盘。本实验需要在 A 区和 B 区共放置 12 个货架，并进行区域位置调整，以防区域出现交叉情况，导致货物存放间距不合理。

(3) 分拣区和发货区：在这两个区域设置集货位并配备人员，分拣货物并将货物送达发货区装车。为减少成本，本实验要求分拣区放置 10 个集货位和 10 名人员，发货区配备 5 名装卸搬运人员。

(4) 叉车停放区：设置 5 辆叉车进行装卸搬运，最多使用 4 辆叉车，多余 1 辆叉车留作其他叉车出现问题时备用。

(5) 过道：需在过道上划分叉车的行进路线。

单击界面下方的【设置】按钮，进入设置环节。按照上述要求，分别对收货区、存货区、叉车停放区和发货区进行设置。例如，先单击叉车停放区，再单击 A 类存货区，一条由叉车停放区到 A 类存货区的叉车搬运路线即设置完成。布局完毕，再次单击【设置】按钮，即可确认设置结果，具体效果如图 S4-21 所示。

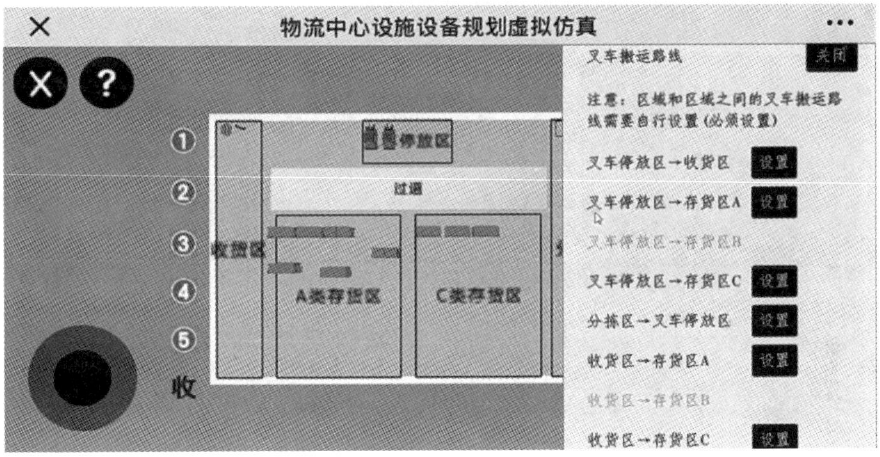

图 S4-21　设置各区域物流设备

步骤 4：单击界面下方的【仿真】按钮，即可进行仿真模拟运作，如图 S4-22 所示。

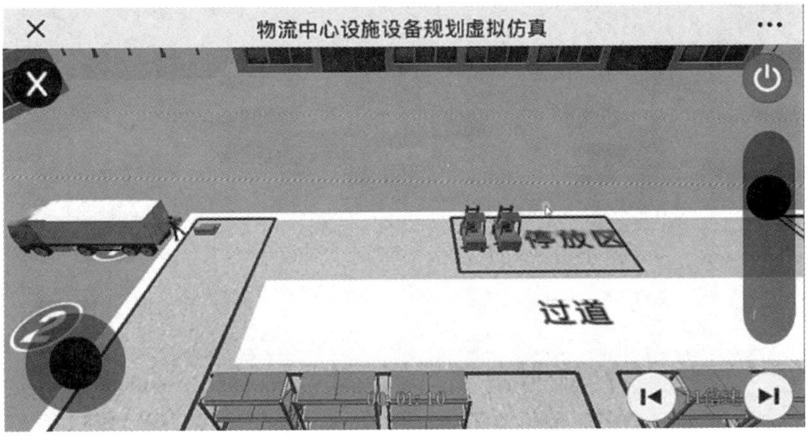

图 S4-22　进行仿真模拟运作

【实验结果】

(1) 道具投入统计：托盘 6 个、工人 31 个、货架 24 个、叉车 5 个、集货位 10 个。

(2) 占地面积统计：收货区 150 m^2、A 类货物存货区 195 m^2、C 类货物存货区 195 m^2、过道 50 m^2、发货区 150 m^2、分拣区 150 m^2、叉车停放区 60 m^2，合计 950 m^2。

(3) 搬运次数统计：收货区—存货区 138 次、收货区—分拣区 41 次、存货区—分拣区 11 次、分拣区—发货区 1600 次，合计 1790 次。

(4) 作业时间统计：收货区在 6 小时 1 分 48 秒时完成所有作业，分拣区在 3 小时 1 分 42 秒时完成所有作业，发货区在 3 小时 1 分 50 秒时完成所有作业。

实践5 车辆调度

实践指导

实践 5.1

应用图上作业法进行车辆调度。

【任务及分析】

车辆调度是指制定行车路线，使车辆在满足一定约束条件下有序地通过一系列装货点和卸货点，达到诸如路程最短、费用最小、耗时最少等目标。做好车辆调度工作，可以有效地缩短运输距离，减少运输时间，合理分配运输量，最终减少企业成本，提高运输效率，给客户提供更好的服务体验。

某物流配送中心站点 A、B、C，供应量分别为 3 t、3 t、1 t；连锁超市 D、E、F、G，需求量分别为 2 t、3 t、1 t、1 t。供需平衡，站点到超市的距离已给出，如图 S5-1 所示。应该如何调度，才能在满足需求量的同时使车辆行驶的里程最少？

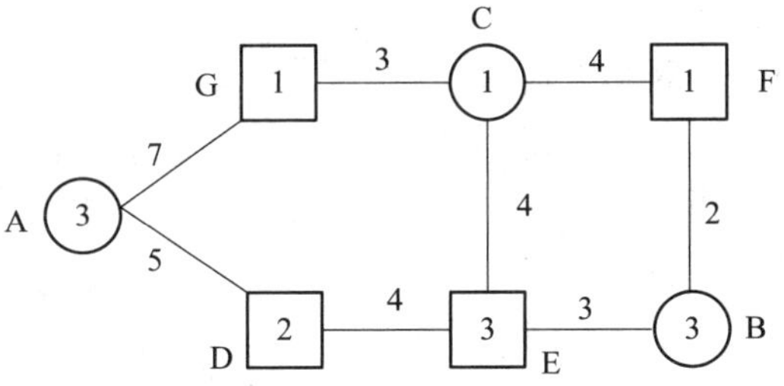

图 S5-1 交通图

【参考解决方案】

1．去线破圈

将成圈的交通图化为无圈的交通图，同时绘制一个流向图，要求该流向图无对流，无迂回。“去线破圈”的方法一般是去几条线破几个圈，本任务中有两个圈，需去掉两条线，去一线，破一圈，直至把有圈的交通图变成无圈的交通图。一般而言，去掉圈中线路最长的线，如去掉 AG(7 km)，破 ADECG 圈；再去掉 CF，破 CEBF 圈。这样，原来有两个圈的交通图变成了无圈交通图，逆时针流向箭头绘制在外圈，顺时针流向箭头绘制在内圈，()内的数字为流量，如图 S5-2 所示。

在图 S5-1 的基础上进行破圈，绘制一个基础的流向图，图 S5-2 已完成。其中，需要注意的是，图上作业法要求在流量图上的箭头数(有调运量的边数)应为供应点数 + 需求点数 – 1，即在去线破圈后得到的不成圈的交通圈上每边应该都有流向。本任务中箭头数为 3 + 4 – 1 = 6，因此在某一边无流向时，应该在这边填上调运量为 0 的虚流向，并用虚箭头表示。按照这一要求，需要在 CE 边填上虚流向，如图 S5-3 所示。

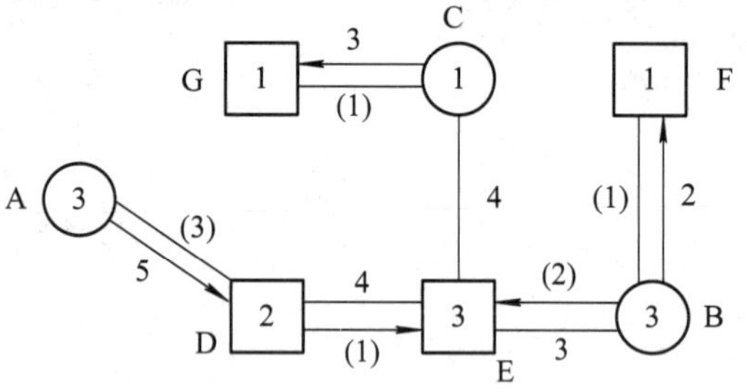

图 S5-2　去线破圈流向图

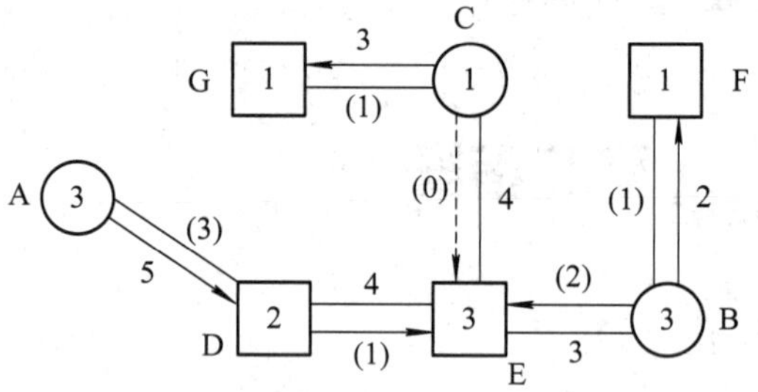

图 S5-3　完整的流向图

2．检查有无迂回

对完整的流向图中只有一边没有流向的各圈进行检查，如果没有对流或迂回，则为最优方案；如有，则需要对方案进行调整。其方法为计算各圈的全圈长、内圈长和外圈长，如果内圈长和外圈长都小于全圈长的一半，则为最优方案；否则，则为非最优方案，需要调整。圈 ADECG 的全圈长为 5 + 4 + 4 + 3 + 7 = 23，外圈长为 3 + 5 + 4 = 12，外圈长大于全圈长的一半 11.5，所以不是最优方案，需要调整。

3．调整方案

在有迂回的外圈减去一个最小的调运量，在内圈(含无流量的边)加上这一最小调运量。圈 ADECG 中的最小流量为 1，在外圈上减去最小流量 1，同时内圈和无流量的两边 AG 和 CE 各加上最小流量 1，得到调整后的方案图，如图 S5-4 所示。

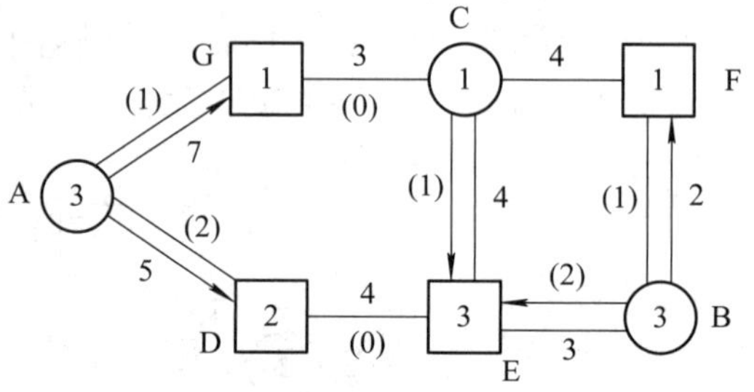

图 S5-4　方案调整图

经检查，圈 ADECG 的外圈长为 5，内圈长为 7 + 4 = 11，都小于全圈长的一半 11.5。圈 CEBF 的全圈长为 4 + 3 + 2 + 4 = 13，外圈长为 4+2=6，内圈长为 3，均小于全圈长的一半 6.5，所以此调整方案为最优方案。最优方案的总运输量 $Z = 1 \times 7 + 2 \times 5 + 1 \times 4 + 2 \times 3 + 1 \times 2 = 29$。

实践 5.2

应用表上作业法进行车辆调度。

【任务及分析】

配送是物流系统中一项非常重要的内容。随着物流行业的发展，物流公司的数量迅速增加，物流公司间的竞争日益激烈，如何加强管理、减少成本是各物流公司比较关注的问题。通常，物流配送中心数量越少，物流配送中心到客户的距离就会越长，配送成本就会越高；物流配送中心数量越多，物流配送中心到客户的距离就会越短，配送成本就会越低，但是物流配送中心的管理成本随之增加。本实践主要讨论利用现有的物流配送中心进行物资和车辆的调度。

某公司下属甲、乙、丙、丁四个储存某种物资的物流配送中心，供应 A、B、C、D、E 五个工厂的需要。四个物流配送中心的供应量和五个工厂的需求量以及由各物流配送中心到各工厂调运单位物资的运价如表 S5-1 所示。试求运输费用最少的合理调运方案。

表 S5-1　物资调运及运价表

	A	B	C	D	E	供应量
甲	3	2	3	5	3	100
乙	3	3	1	3	4	300
丙	7	8	4	2	2	600
丁	5	4	7	7	8	800
需求量	250	300	350	400	500	1800

【参考解决方案】

1．确定初始调运方案

应用最小元素法确定初始方案。先将运价 1 对应物流配送中心乙的物资供应给工厂 C，这样物流配送中心乙 300 的供应量全部供完，工厂 C 还需要 50 的供应量，依此类推，得到初始调运方案，如表 S5-2 所示。

表 S5-2　初始调运方案

	A	B	C	D	E	供应量
甲		100				100
乙			300			300
丙				400	200	600
丁	250	200	50		300	800
需求量	250	300	350	400	500	1800

总运费为

$$100\times2+300\times1+400\times2+200\times2+250\times5+200\times4+50\times7+300\times8=6500$$

2．检验初始方案是否为最优方案

可通过下面的矩阵检验初始方案是否为最优方案：

$$\begin{bmatrix}3 & 2* & 3 & 5 & 3\\3 & 3 & 1* & 3 & 4\\7 & 8 & 4 & 2* & 2*\\5* & 4* & 7* & 7 & 8*\end{bmatrix}\begin{matrix}+2\\+6\\+6\\ \\\end{matrix}\rightarrow\begin{matrix}-5 & -4 & -7 & -8 & -8\\ \end{matrix}\begin{bmatrix}5 & 4* & 5 & 7 & 5\\9 & 9 & 7* & 9 & 10\\13 & 14 & 10 & 8* & 8*\\5* & 4* & 7* & 7 & 8*\end{bmatrix}\rightarrow\begin{bmatrix}0 & 0* & -2 & -1 & -3\\4 & 5 & 0* & 1 & 2\\8 & 10 & 3 & 0* & 0*\\0* & 0* & 0* & -1 & 0*\end{bmatrix}$$

通过矩阵求解可知，当所有的基变量为 0 时，非基变量存在负数，即检验数存在负数，此方案不是最优方案，需要调整。

3. 调整方案

通过闭合回路法对方案进行调整。需要注意的是，当负检验数存在多个时，以负检验数绝对值最大者(本实践中为 −3)所在的空格(甲 E)为出发点，形成闭合回路。调整后的方案如表 S5-3 所示。

表 S5-3　调整后的方案

	A	B	C	D	E	供应量
甲					100	100
乙			300			300
丙				400	200	600
丁	250	300	50		200	800
需求量	250	300	350	400	500	1800

4. 再次对方案进行检验

可通过下面的矩阵再次对方案进行检验：

$$\begin{bmatrix} 3 & 2 & 3 & 5 & 3^* \\ 3 & 3 & 1^* & 3 & 4 \\ 7 & 8 & 4 & 2^* & 2^* \\ 5^* & 4^* & 7^* & 7 & 8^* \end{bmatrix}\begin{matrix} +5 \\ +6 \\ +6 \\ \\ \end{matrix} \rightarrow \begin{matrix} -5 & -4 & -7 & -8 & -8 \\ \end{matrix} \begin{bmatrix} 8 & 7 & 8 & 10 & 8^* \\ 9 & 9 & 7^* & 9 & 10 \\ 13 & 14 & 10 & 8^* & 8^* \\ 5^* & 4^* & 7^* & 7 & 8^* \end{bmatrix} \rightarrow \begin{bmatrix} 3 & 3 & 1 & 2 & 0^* \\ 4 & 5 & 0^* & 1 & 2 \\ 8 & 10 & 3 & 0^* & 0^* \\ 0^* & 0^* & 0^* & -1 & 0^* \end{bmatrix}$$

通过矩阵检验可知，当所有的基变量为 0 时，非基变量存在负数 −1，则此方案不是最优的调运方案，需要再次对方案进行调整。

5. 再次对方案进行调整

仍然用闭合回路法对方案进行调整，以负检验数 −1 所在的空格(丁 D)为出发点，正负号标注形成闭合回路，以回路上最小的调运量 200 为调整调运量，正号处加 200，负号处减 200，形成新的调整方案，如表 S5-4 所示。

表 S5-4　再次调整的方案

	A	B	C	D	E	供应量
甲					100	100
乙			300			300
丙				200	400	600
丁	250	300	50	200		800
需求量	250	300	350	400	500	1800

经检验，非基变量均大于等于 0，则此方案为最优方案。

总运费为

$$100\times3+300\times1+200\times2+400\times2+250\times5+300\times4+50\times7+200\times7=6000$$

实践 6　配送线路选择与优化

实践指导

实践 6.1

应用最短路径法进行线路优化。

【任务及分析】

配送线路的选择与优化就是整合影响配送运输的各种因素，适时适当地利用现有的运输工具和道路状况，及时、安全、经济、方便地将客户所需的商品准确地送到客户手中。在配送线路的选择和优化中，需要根据不同客户群的特点和要求，选择不同的线路优化方法，最终达到节省时间、距离和节约配送成本的目的。

某物流配送中心 A 向超市 G 运送货物，物流配送中心 A 到超市 G 的物流网络如图 S6-1 所示，B、C、D、E、F 为网络上的节点，图上数字表示两地之间运行所需的时间(单位：min)，寻求从 A 到 G 用时最短的一条路径。

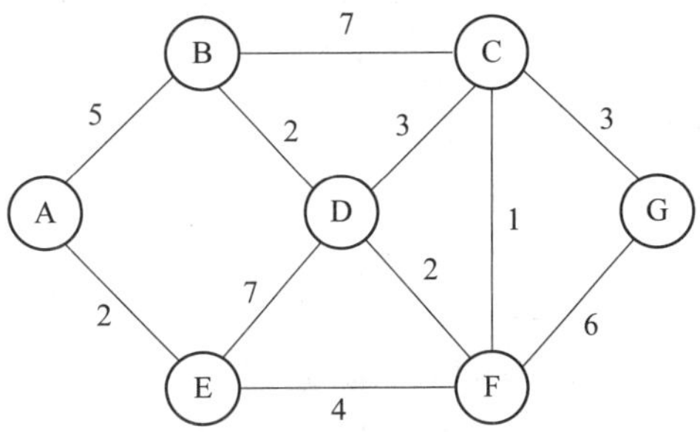

图 S6-1　物流配送中心 A 到超市 G 的物流网络图

本任务属于单车单点的线路优化，即运用一辆车从一个起点到达一个终点完成配送任务，宜采用最短路径法进行求解。最短路径是指一个节点到其他所有节点的最短线路。其主要特点是以起始点为中心向外层层扩展，直到扩展到终点为止。

【参考解决方案】

(1) 已知起点 A 为已解节点，与 A 点直接相连的未解节点为 B、E，其中 E 点为与 A 相连的最近的节点，记为 AE=2。由于 E 点为唯一可解点，所以 E 点为已解节点。

(2) A、E 为已解节点，与 A、E 直接相连的距离最近的未解节点有 B、F，从起点 A 到 B、F 节点最近距离记为 AB=5，AF=6，这样 B 点为已解节点。

(3) A、B、E 都成了已解节点，与 A、B、E 直接相连的最近未解节点分别为 D、F，从起点 A 到 D、F 的最近距离分别为 AD=7，AF=6，则 F 点为已解节点。

重复上面的迭代过程，直至到达终点 G，可以得出最优线路为 A—E—F—C—G，最短路线时间为 10 min。

实践 6.2

应用插入法进行线路优化。

【任务及分析】

某物流配送中心 A 向 B、C、D、E 四个连锁超市送货，送货任务完成后，要返回物流配送中心。物流配送中心 A 到超市以及超市到超市的距离如图 S6-2 所示。应用插入法试求最佳路线及其里程数。

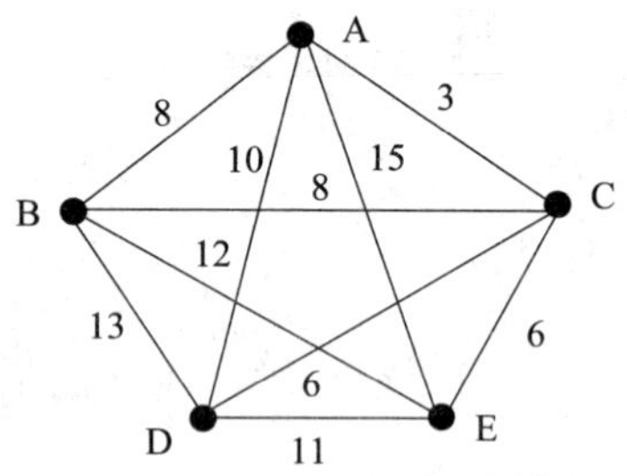

图 S6-2　物流配送中心向超市配送网络图

【参考解决方案】

(1) 确定距离矩阵，列出物流配送中心到超市以及超市到超市之间的距离矩阵表，如表 S6-1 所示。

表 S6-1　距 离 矩 阵

节点	A	B	C	D	E
A	0	8	3	10	15
B	8	0	8	13	12
C	3	8	0	6	6
D	10	13	6	0	11
E	15	12	6	11	0
∑	36	41	23	40	44

(2) 确定每一个节点到其他各节点的距离之和，如表 S6-1 最后一行所示。

(3) 在距离和中找到三个点形成初始路线，其中 A 点为始发点，必须含在这三点之内；再在其他点中找到距离之和最大的两个点 E、B，形成一个初始路线 A—B—E—A。

(4) 确定插入其他节点。本任务中选择距离之和最大的节点 D 点为插入对象。

(5) 确定插入的位置。计算循环回路的里程增量，增量最小的线路为 D 点插入的位置。

$$Z_{AB} = L_{AD} + L_{BD} - L_{AB} = 10+13 - 8 = 15$$

$$Z_{BE} = L_{BD} + L_{DE} - L_{BE} = 13+11 - 12=12$$

$$Z_{EA} = L_{ED} + L_{AD} - L_{AE} = 11+10 - 15=6$$

所以，D 点插在 E—A 之间，即形成路线 A—B—E—D—A。

同理可得，C 点插入 D—A 之间，可得最终循环路线 A—B—E—D—C—A，最佳路线的里程数为 40。

实践 6.3

应用节约里程法进行线路优化。

【任务及分析】

某物流配送中心向 5 个超市配送货物，其配送路线网络、物流配送中心到客户和客户到客户的距离如图 S6-3 所示。图 S6-3 中，括号内的数字表示需求量(单位：t)，线路上的数字表示两节点之间的距离(单位：km)。现物流配送中心有 3 台 2 t 车辆和 2 台 4 t 车辆可供使用。本任务属于多车多点的线路优化，试用节约里程法设计最优的配送方案。假定车辆行驶速度为 40 km/h，比较优化后的方案比车辆单独分别向超市配送货物节约多少时间。

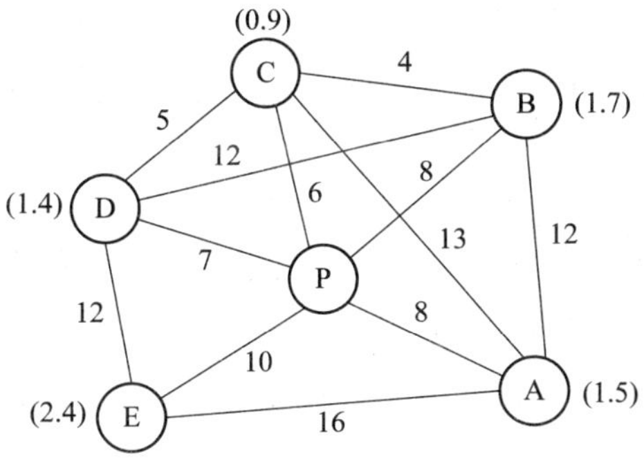

图 S6-3　物流配送中心 P 到超市各点及超市各点间的距离

【参考解决方案】

(1) 列出最短里程表，并计算物流配送中心到超市以及超市到超市之间的最短里程，如表 S6-2 所示。

表 S6-2　最短里程表

节　点	P	A	B	C	D	E
P		8	8	6	7	10
A			12	13	15	16
B				4	9	18
C					5	16
D						12
E						

(2) 应用节约里程法计算超市与超市之间的节约里程，列出节约里程表，如表 S6-3 所示。

表 S6-3　节约里程表

节　点	A	B	C	D	E
A		4	1	0	2
B			10	3	0
C				8	0
D					5
E					

(3) 将节约里程数据进行分类，按从大到小的顺序排列，如表 S6-4 所示。

表 S6-4　节约里程排序表

序　号	线　路	节约里程	序　号	线　路	节约里程
1	BC	10	5	BD	3
2	CD	8	6	AE	2
3	DE	5	7	AC	1
4	AB	4	8	AD	0

(4) 确定初始方案，即单独向超市分别配送的运输距离，如图 S6-4 所示。

计算初始方案的配送距离，为

$$S_1 = (8 + 8 + 6 + 7 + 10) \times 2 = 78\ (\text{km})$$

(5) 根据节约里程排序表、车辆载重量的约束，将超市的节点连接起来，形成最优配送线路图，如图 S6-5 所示。

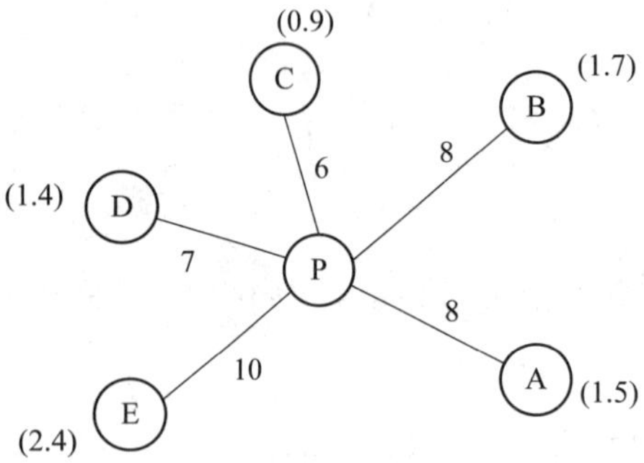

图 S6-4　单独向超市分别配送的运输距离

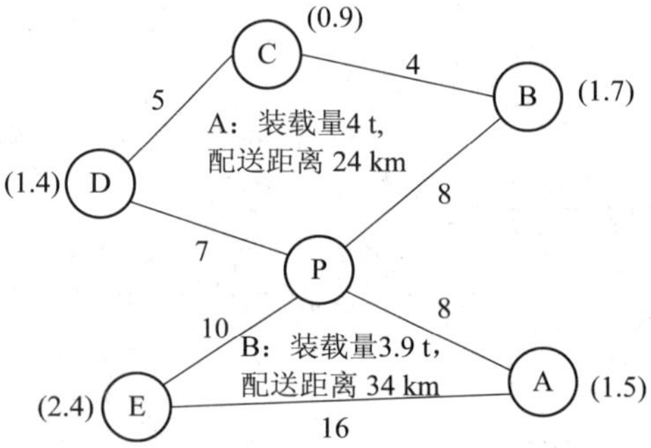

图 S6-5　最优配送方案

通过图 S6-5 求解，最佳的配送线路方案如下：

线路 A：闭环 PBCD，4 t 车，装载量 4 t，运送距离 24 km；

线路 B：闭环 PAE，4 t 车，装载量 3.9 t，运送距离 34 km。

(6) 与初始单独运送线路相比，计算总的节约里程数和节约时间。

总节约里程数为

$$S = 78 - (24 + 34) = 20\ (\text{km})$$

总节约时间为

$$T = \frac{S}{V} = \frac{20}{40} = 0.5\ (\text{h})$$

实践 7 配送服务管理

实践指导

实践 7.1

如何减少或避免因装卸产生的货损。

【任务及分析】

近期，快递业野蛮装卸快件时有报道。只要找准方向和位置，能抛多远抛多远。从卸车到分拣，再到扫描出库，一个快件最少要经过三次抛扔，部分快递公司暴力分拣现象被时常曝光。

记者前不久在广东东莞某快递公司看到，货车上的分拣员正站在车上根据快递单上的地点向不同的方向扔快件，包裹几乎是满天飞舞。明知道这样分拣会把一部分货物摔坏，但是这样的场景仍然屡见不鲜。一位快递员一边踩着一箱货物，一边告诉记者，有多大的力气就可以扔多远，不用担心物品摔坏了要承担责任。

记者：再踩就烂了。

某快递员 A：不行拿袋子封上，再封上嘛。这里头碎了的多了，里面踩坏的多了。

记者：再这么摔，就摔坏了。

某快递员 A：摔坏了不怕，摔坏了算我们公司的。

记者：坏了不管了？

某快递员 A：像这个，比如说这个货来了，我们拿到时这个货就坏了，我们首先告诉公司这个货已经坏掉了。

某快递员 B：摔坏了就扯皮，说你货没包装好啊。外包装是好，但里面货是烂的，就说内包装没包装好，反正客户只要签了字就不管了。

试分析如何减少和避免因装卸产生的货物损坏？暴力分拣的背后暴露出来的问题该如何解决？

【参考解决方案】

(1) 加强培训，提高员工专业素质。目前，人工装卸仍然是我国普遍采用的装卸方式。为了避免野蛮装卸，除了合理分工、严密组织外，还要加强员工的技术培训和考核。员工的技术水平和专业素质直接影响到货物破损率的高低，对员工要进行正规的岗位技能培训，使其了解操作规范，并通过考核后上岗。另外，要经常加强安全意识教育和职业道德教育，通过对员工进行“理想、道德、情操”教育，使其认识到规范操作和安全管理的重要性，提高员工敬业爱货的认识，从而减少野蛮装卸，严格执行安全操作规范，确保人货两安全。

(2) 健全操作规范。规范员工的操作要从各个环节入手，如包装人员是否将包装内衬物放足、不留缝隙、外封箱是否封实等。如果包装不符合要求，造成货损的概率就会增大。再如，装卸人员在装卸时要轻装轻卸，防止撞击、跌落，禁止拖拉、钩拖货物等。一旦出现不按规范操作的情况，必须按规定处罚。

(3) 协调分工，合理安排工作量。为了避免野蛮装卸，及时、安全地完成装卸任务，要根据装卸物品的特点、工作量和装卸人员的体力情况合理进行组织分工。例如，可以把装卸人员分为两组，一组负责搬运，一组负责装车。这样装卸人员可以手递手地将货物码放在车内，不会扔摔货物，避免货损，也提高了效率。另外，还要科学合理地安排员工和机械设备的工作量，既要防止人员过度疲劳，又要防止设备超负荷运转。

(4) 科学利用装卸设备和技术，加强对装卸活动的管理。装卸时如果能结合简单机械，做到“持物小步行”，则可以大大减轻劳动量，提高效率，减少野蛮作业，如可利用叉车、吊车等装卸设备。加强对装卸活动的管理，主要是确定最恰当的装卸搬运方式，力求减少装卸搬运的次数，充分利用重力，合理配置及使用装卸搬运机具，做到节能、省力、减少损失和加快速度，以获得较好的经济效果。

实践 7.2

如何改进物流配送服务标准。

【任务及分析】

某家电连锁企业致力于为消费者提供多品种、高品质、合理价格的产品和良好的售前、售中、售后服务，强调“品牌、价格、服务一步到位”。对于家电零售这种利润被日趋摊薄的行业，库存和物流成本的控制十分重要。没有现代的物流配送，就谈不上真正的连锁经营，物流配送的服务水平在一定程度上决定着连锁经营的成败。

该家电连锁企业的物流配送流程以财务为中心，将营销、物流和采购等统一在一个平台之下。在该平台下，POS 机的收款信息能立刻传到物流配送中心，由物流配送中心做出反应，产生配送指令。无论是企业的自备车辆还是外包车辆，在完成一项任务前，都要先到信息大厅办理出库手续，领取出库单，然后去库房提货、送货。配送人员完成该指令后，还要到信息大厅核销该项任务。

在先进的信息系统支撑下，该家电连锁企业对商品的流向进行了精准的控制。在仓库，仓管员仔细核对配送单后进行配货，而后家电产品由库房搬运、装卸至车辆上。由于作业全程机械化，装运的效率非常高，因此可以为消费者提供方便快捷的配送服务。

试分析在此基础上，在与其他大型家电零售企业的竞争中，如何改进物流配送服务，使客户获得更好的体验。

【参考解决方案】

(1) 采取自营配送与配送外包相结合的模式。家电零售业的运力需求淡旺季差别很大，针对这一情况，该家电连锁企业可以采取自备车和外包车相互补充的模式。在需求旺季，通过外包车辆满足大量订单的配送需求。

(2) 采用二级配送模式。物流配送中心一般采用三级配送模式，即一级配送到市、二级配送到店、三级配送到户。二级配送模式是指一级配送分拨服务负责将各类商品从区域大库分拨运送到区域内的所有二级城市，二级配送服务是由区域内二级城市物流配送中心将商品分拨服务到千家万户。采用二级配送模式，能够减少配送流程，提高配送效率。

(3) 采用 WMS 和 TMS 加强信息化管理。通过 WMS 实现订单管理、库存管理、收货验货管理、分拣管理、盘点管理、移库管理等的信息化；实现商品管理的条码化；通过与监控设备相结合，实现物流配送中心内部作业实时监控。通过 TMS 提高配送服务响应时间，提高车辆利用率，减少配送成本，将电子地图、GPS 全面用于配送服务管理，实现准时化配送。

(4) 选择中心城市建设物流配送中心。例如，在江苏、沈阳、成都等地按照“专业化分工、标准化作业、模块化结构、层级化管理”的标准建设物流配送中心，充分应用机械化、自动化、信息化的现代物流设备及系统。这些物流配送中心承担所在城市周边地区连锁店销售商品的长途调拨(200 km 范围内)、门店配送、零售配送(100 km 范围内)，以及所在城市市场需求的配送等。

(5) 建立标准化的配送服务制度。管理人员把标准化的配送服务作业流程与规范以制度的形式体现出来，并要求员工严格执行。例如，家电送到客户手中之后的安装和使用指导需要体现在服务制度中，实行标准化服务。

(6) 重视售后服务和逆向物流服务。商品售出后出现问题，需要售后服务的，公司除了提供上门服务外，还应该建立逆向物流服务。例如，电器出现问题需要维修，但又无法由公司人员上门服务的，需要客户将货物送到门店，而这部分逆向物流费用一般情况下由客户承担。要想在行业竞争中立于不败之地，就需要抓住客户心理，提供逆向物流服务，提升服务质量和客户体验。

实践 7.3

生鲜商品的冷链配送管理。

【任务及分析】

生鲜商品的物流配送备受关注。一方面，随着零售市场竞争加剧，居民生活水平提高，人们对生鲜食品、生鲜半成品、冷冻食品的需求越来越大，对生鲜食品的新鲜度要求也越来越高，客观上要求大型零售企业建立食品加工中心和物流配送中心；另一方面，由于生鲜配送不同于常温商品配送，需要一定的温度控制条件，经济投入比较高，物流配送半径有限，经营风险也比较大，因此一般适合同城配送。

某物流公司也顺应生鲜配送市场的变化，于 2014 年 11 月推出自己的冷运品牌，进军冷链物流行业。公司依托强大的空中、地面配送网络系统，专业的冷运仓储服务和温控配送能力，为客户提供一站式的配送服务和更佳的客户体验。针对冷运业务，该物流公司有专门的温度监控系统，融合当今前沿的物联网科技，结合物流服务需求，为物流配送过程提供温度、湿度检测和位置等数据，并且利用各种先进的通信技术为物流服务提供及时的数据信息。此外，该物流公司冷运具有全程可视化、可追溯、可监控、可预警的优势。通过强大的智能系统群、车载温控平台、手持终端，可在数分钟内将现场状况可视化，通过系统分析将数据转化为行动，实现实时监控、预警和通知。

该公司冷运主要针对两大客户群：一是生鲜食品行业，二是医药行业。以生鲜食品为例，该公司提供冷运仓储、干配、零担、速配等服务。目前，该物流公司在全国已有 5 个冷库，面积超过 1 万平方米，温区覆盖常温至−22℃，冷库分布在北京、上海、广州、深圳等一线城市。在冷运干线配送方面有两条主力干线：一条是上海—北京，另一条是广州—厦门—上海。公司拥有近百辆冷藏车，配备上千个冰柜，分布于 20 多个地区，用于冷运，并支持客户不在时的商品暂存等；另有冷藏箱、温控箱等 2000 多个灵便温控工具，以便于货物在配送过程中进行实时温度监控。

2015 年，该物流公司计划增加 8 个冷库，面积为 2.5 万平方米左右，其中 3 个是自有冷库，分布在长沙、成都和哈尔滨，类型包括生鲜食品仓和医药仓。此外，还计划在重庆、武汉、郑州、西安、广州 5 个城市租赁集散型冷库，为冷运网络提供货物集散和中转。

但需要认识到，我国的冷链行业尚处于较初级的发展阶段，面临着诸多问题，如硬件设施设备较落后、冷链易断、成本高、客户难培养等。在北京、上海等大城市愈发拥堵的交通环境下，一些冷运服务(如宅配)面临着巨大的交通压力。例如，宅配要求直接冷运送货到每家每户，但由于消费者居住环境的原因，如部委大院、大学、封闭家属院和高档社区的管理要求严格，冷链物流公司送货时很难进入。

根据该公司在冷链配送方面的现状及面临的主要问题，试分析相应的解决对策。

【参考解决方案】

关于该物流公司冷链配送面临的问题，可以从以下五个方面着手解决和加强管理：

(1) 坚持发展软硬件设施设备，内外结合。采购先进、环保的冷链配送设备及建立健全的信息管理系统，重视人才引进及培养，加强企业内部与外部的交流。

(2) 多种派送方式结合。一线城市实现非高峰期派送至自提点暂存，倡导客户按时间便利自取；尽快培养二三线城市的消费习惯，发展二三线城市的消费群体；当客户发展到一定数量时，可以考虑由分散派送改为集中派送。

(3) 继续升级配送设备。定制专业的温控设备，如冷藏箱、保温袋、冷冻箱等，确保“最后一公里”不脱冷。

(4) 优化包装、改进包装。提高包装材料的使用率和冷链配送设备的利用率，学习先进的冷链包装技术，并付诸实际应用。

(5) 重点发展优质客户。通过优质客户带动口碑营销，提高新老客户对该物流公司冷运配送服务的依赖性，根据目标客户的生活习惯，设计配送服务的标准与规则。另外，还可以加快与电商企业的合作。

实践 8 物流配送中心总体规划与设计

实践指导

实践

根据需求合理设计和规划一个物流配送中心。

【任务及分析】

为满足上海大众和上海通用汽车制造零部件的需要，上海某汽车制造有限公司将其旗下的多家汽车零部件运输企业整合为一家专业汽车零部件物流配送企业——上海某物流配送中心有限公司，该公司主要是对上海通用、上海大众以及其他汽车整车厂的汽车零部件进行配送。建设该物流配送中心的目的主要如下：

(1) 扩大经营规模和市场占有率。企业除了提供优良的商品品质外，还必须提供适时适量的配送服务，提高物流系统的吞吐能力，以适应经营业务扩展的需求，进而扩大市场占有率。

(2) 改进物流与信息流系统，以降低物流成本，增强物流服务竞争力。采用专业配送和配套配送可以迅速及时地给客户供货，保证主要物品不缺货，并为客户提供必要的信息服务。物流配送中心的目标任务就是降低物流成本，提高服务水平，缩短物流周期，使物流配送中心与客户之间物畅其流、信息快捷，增强物流服务竞争力。

(3) 提高物流服务质量。因用户需求的多样性、随机性，对供货时间要求也更加严格，这些因素都促使物流企业提高其配送系统的服务水平和服务质量。通过设立物流配送中心，可以从以下几个方面提高公司的服务品质：

① 缩短交货时间；

② 对商品进行实时跟踪；

③ 降低缺货率、误配率；

④ 紧急配送、假日配送；

⑤ 对运送过程中出现的意外和随机状况及时做出响应；

⑥ 改善司机的服务态度。

根据以上描述规划和设计一个物流配送中心，使其能够达到相应目的。建议从基本资料收集、作业流程规划、作业区域功能规划、设施系统规划、信息系统规划和仓储设备设计六个方面对该物流配送中心进行规划和设计。

【参考解决方案】

1．基本资料收集

根据欲建物流配送中心的类型，首先进行规划用基本资料的收集和调查研究工作。考虑到建造物流配送中心的专业性、技术性、系统性和前瞻性等因素，应与专家学者、物流系统工程技术人员紧密合作，全面听取有关物流建设的合理化建议，确保物流配送中心规划的顺利实施。规划资料的收集过程分为两个阶段，即现行作业资料的收集和未来规划需要资料的收集，其具体内容如下。

1) 现行作业资料的收集

(1) 商品资料：包括零部件的类型、品种规格、品项数、供货渠道、保管形式等。

(2) 订单资料：包括零部件的名称、数量、单位、订货日期、交货日期、交易方式、生产厂家等。

(3) 货物特性：包括湿度要求、腐蚀特性、装填性质，此外还包括零部件的质量、体积、尺寸、包装规格、储存特性和有效期限等。包装规格分单品、内包装、外包装等。

(4) 销售资料：按地区、零部件种类、道路、客户及时间分别统计销售资料。

(5) 作业流程：包括一般物流作业，即进货、储存、拣选、补货、流程加工、发货、配送、退货、盘点、仓储配合作业(移库调拨、容器回收、废弃物回收处理)等作业流程的现状。

(6) 事务流程与单据传递：包括按单分类处理、指派采购任务、传送发货计划、相关库存管理和相关财务系统管理等。

(7) 厂房设施资料：包括厂房结构与规模、布置形式、地理环境与交通特性、主要设备规格、生产能力等资料。

(8) 作业工时资料：包括机构设置、人员组织结构、各作业区人数、工作时数、作业时间与时序分布等。

(9) 物料搬运资料：包括在库搬运、进货与发货频率、数量、车辆类型及能力、时段分布与作业形式等。

(10) 供货厂商资料：包括供货厂商类型、供货厂商规模、特性、供货商数量及据点分布、送货时间段等。

(11) 配送网点与分布：包括配送网点分布与规模、配送线路、配送道路类型、交通状况、收货时段、特殊配送要求等。

2) 未来规划需要资料的收集

(1) 运营策略和中长期发展计划：这要根据外部环境变化、政府政策、企业未来发展等来决定。

(2) 商品未来需求预测：分析零部件的现在销售增长率，估计未来增长趋势。

(3) 商品品种变化趋势分析：根据目前零部件品种及市场需求情况预测未来零部件在品种方面的变化趋势。

(4) 预测将来可能发展的厂址和面积：根据要求，该物流配送中心涉及的配送对象主要是大众、别克等系列车型的零部件。在进行物流配送中心规划设计时，必须对所收集的资料从政策性、可靠性等方面进行分析。在对上述有关资料进行初步分析之后，再进一步确认系统规划目标和方针。

2. 作业流程规划

按作业顺序排列各作业项，上海某物流配送中心的基本作业项如下：零部件进货、进库验收、入库作业、保管储存、出库检查、装货、物流配送。归纳起来，该物流配送中心的作业管理主要有进货入库作业管理、在库保管作业管理、加工作业管理、理货作业管理和配货作业管理。该作业流程如图 S8-1 所示。

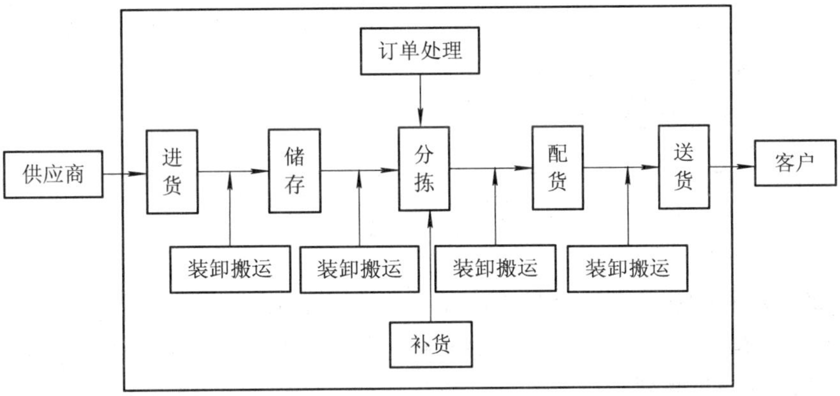

图 S8-1 上海某物流配送中心基本作业流程

3. 作业区域功能规划

在作业流程规划后，通过归类整理，可把上海某物流配送中心作业区域分为八类：

(1) 进货区：在该区域内完成入库前的全部工作，包括接货、卸货、验货、清点、分类入库等。

(2) 储存区：该区域主要分类存储所有进库的零部件，可分为暂存区与储存区。

(3) 理货区：在该区域进行分货、拣货、配货作业，为送货做准备。

(4) 配装区：将配好的货暂放等待外运，或根据每个客户货堆状况决定配车方式、配装方式，然后直接装车或运到发货月台装车。这一区域的零部件处于暂存状态，时间短、周转快，占地面积相对较少。

(5) 发货区：在该区域将准备好的零部件装入外运车辆发出。发货区结构和收货区类似，有月台、外运线路等设施。

(6) 流通加工区：在该区域进行分装、包装、零部件并包等各种类型的流通加工作业。该区域在物流配送中心所占面积较大。

(7) 办公事务区：管理人员办公室、值班室、小接待室等。

(8) 劳务活动区：物流配送中心相关作业工具、材料、物品保管，热水间及卫生间等。

本物流配送中心物流动向总体为 U 形设计，适用于出入口在仓库同侧，可依进出货频率大小安排接近进出口端的存储区，缩短拣货搬运路线，其功能区域划分如图 S8-2 所示。

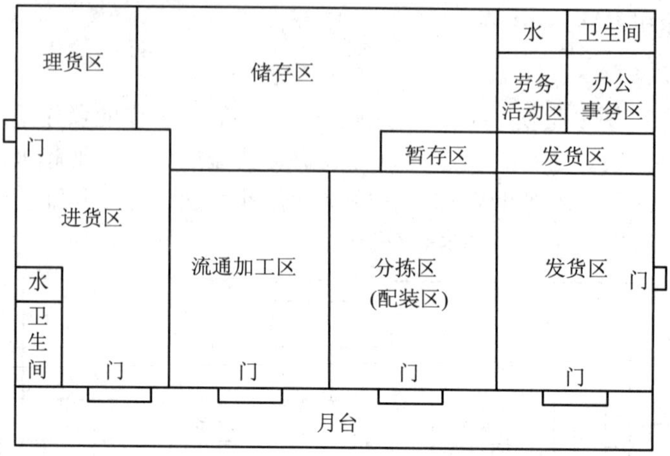

图 S8-2　上海某物流配送中心功能区域划分

4．设施系统规划

一个完整的物流配送中心包含的设施相当广泛，基本上可分为以下三类：

(1) 主作业区域设施。汽车零部件物流配送中心面对的是成千上万的供应厂商、需求多变的消费者以及竞争激烈的市场，必须配备现代化的物流装备。自动化物流系统中的主要设备包括计算机网络系统、自动分拣输送系统、自动仓库设备、自动旋转货架、仓储管理系统、监控设备、控制系统、通信网络系统、搬运设备、堆垛设备等。本物流配送中心的配送作业采用的配送器具主要是专业的汽车零部件配送工具箱，采用专用卡车进行配送，装卸车采用托盘与叉车。

(2) 辅助作业区域设施。在物流配送中心的运营过程中，除了主要的物流实施设备之外，还需要辅助作业区域的配合。上海某物流配送中心汽车零部件进出库采用条形码技术和计算机管理。

(3) 仓库建筑周边设施。此设施的建设主要是对主作业区和辅助作业区提供作业支持，如生活区域建设、办公区域建设和安全区域建设等。

5．信息系统规划

1) 信息系统的功能规划

在物流配送中心的全部运营中，信息流始终伴随着各项物流活动。当作业区域及基本作业程序规划完成时，通过对物流配送中心全部事务流程分析，便可进行信息系统框架结构及其主功能系统的规划。上海某物流配送中心要求具有以下主要信息系统功能：

(1) 采购功能：如采购订单处理、采购定价和市场分析等。

(2) 仓储保管功能：以仓储作业相关的业务为主，如进、销、存资料管理和库存管理等。

(3) 配送功能：以调度和线路优化工作为主，如车辆调度和配送线路规划等。

(4) 提供完整的管理信息：就现代化的物流配送中心而言，信息系统的功能不再是只处理作业信息，而是进一步向业绩管理和决策支持分析的高层次方向发展，如绩效管理、决策分析和资源计划等。

2) 信息系统的框架规划

在规划物流配送中心信息管理系统功能框架时，应至少包括如下六个部分，如图 S8-3 所示。

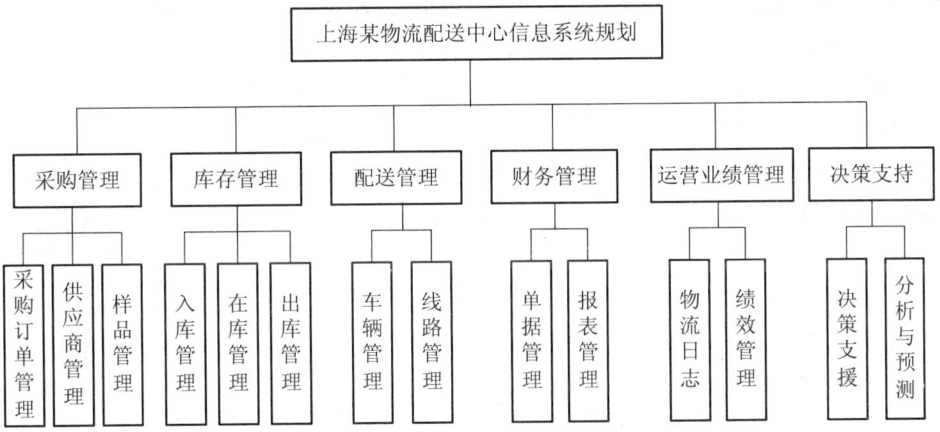

图 S8-3　上海某物流配送中心信息系统规划

(1) 采购管理系统。货品入库是物流配送中心实际物流的起点，必须自订单发出开始就应该掌握确实信息。采购管理系统主要包括采购订单管理、供应商管理、样品管理等模块。

(2) 库存管理系统。其主要包括入库管理、在库管理、出库管理等模块。该系统能够提供零部件的基本资料、进货日期、发货有效期等信息，按照产品先进先出的原则进行分析和处理，并进行盘点作业。

(3) 配送管理系统。其主要包括车辆管理、线路管理等模块。该系统能够提供完整精确的发货信息，供配送作业使用，并及时对储运经理、配送经理、司机及用户提供配送信息。

(4) 财务管理系统。其主要包括工资统计和打印、银行计算转账项目、应收账款系统管理、应付账款系统管理、物流成本分析系统、物流计费管理等功能。

(5) 运营业绩管理系统。其主要包括物流日志、绩效管理等功能。

(6) 决策支持系统。为使现代化物流配送中心具有竞争力，作为经营策略分析工具的决策支持系统应具备如下功能：整理并及时提供与决策问题有关的各种数据，尽可能收集、存储并及时提供系统之外的其他与决策问题有关的各种数据、分析与预测等。

6. 仓储设备设计

1) 货架及储位基本参数要求

货架及储位基本参数要求如下：

(1) 零部件的储存以高层货架为主。

(2) 根据托盘单元尺寸，货架储位具体参数如下：货格有效长 $A = 2650$ mm，货格层高 $H = 1250$ mm，货格有效宽 $B = 900$ mm。

2) 货架与仓库净空高度的关系以及货架层数的确定

货架与仓库净空高度的关系以及货架层数的确定方式如下：

(1) 货架层数应满足仓库的最大净空高度。

(2) 在货架最上层，托盘单元货物顶面与仓库净空高度最低障碍物之间保持 380 mm 的间距。

(3) 考虑库内拣货作业的要求，部分货架的底层高度设置为 2 m 左右。

(4) 采用托盘横梁式货架，每个托架的承载量不大于 3 t。

3) 货架种类的选择

货架种类的选择方式如下：

(1) 托盘式货架(见图 S8-4)。托盘式货架用以储存单元化托盘货物，配以巷道式堆垛机及其他储运机械进行作业。上海某物流配送中心将入库的汽车零部件进行托盘化分类成组，进而以托盘形式存储。采用托盘式货架可实现机械化装卸作业，存取灵活方便，空间利用率高，承载能力强，稳定性好，有利于实现计算机的管理和控制。

(2) 阁楼式货架(见图 S8-5)。阁楼式货架是在已有的工作场地或货架上建一个中间阁楼，以增加存储空间，可做二、三层阁楼。为了充分利用仓库的空间，部分仓库空间规划为阁楼式货架，用于小零部件的存储并满足人工分拣作业的需要。

(3) 流利式货架(见图 S8-6)。为了便于拣货作业，将部分托盘货架的底层设计成流利式货架，货物从有坡度的滑道上端存入，当在低端取货时，货物借助重力自动下滑，可实现“先进先出”作业。在拣选作业中使用流利式货架成本低，存储密度大，作业方便且分拣效率高。

图 S8-4　托盘式货架

图 S8-5　阁楼式货架

图 S8-6　流利式货架

4) 叉车种类的选择

叉车种类的选择方式如下：

(1) 电动平衡式叉车。电动平衡式叉车具有无污染、易操作、节能高效等优点，主要用于入库和出库的托盘搬运作业。本物流配送中心主要采用承载量为 3～5 t 的电动平衡式叉车，如图 S8-7 所示。

图 S8-7　电动平衡式叉车

(2) 电动托盘堆垛车。电动托盘堆垛车适用于狭窄通道和有限空间内的作业，主要用于货架巷道内进行托盘存取作业，其结构简单、操控灵活、微动性好。这种叉车由外伸在车体前方、带脚轮的支腿保持车体的稳定，货叉位于支腿的正上方，可以较高起升，进行堆垛作业。本物流配送中心主要采用载重量 1 t，最大起升高度达 4.5 m 的电动托盘堆垛车，如图 S8-8 所示。

图 S8-8　电动托盘堆垛车

为满足对上海通用、上海大众以及其他汽车整车厂的汽车零部件的配送需求，该物流配送中心针对其现有物流配送中心仓储系统进行改造，按满足需求为前提进行重新规划和设计，使该公司的物流仓储能力得以提高。本方案采用高层货架系统，配以流利式货架等，提高仓储能力和拣选能力，配以库内叉车，提高仓储系统的机械化作业水平。在规划设计中，对现有的仓储管理模式进行了分析和归纳，优化了各作业活动的作业流程，满足了上海通用、上海大众以及其他汽车整车厂的汽车零部件配送和储存要求，为公司今后的发展提供了足够的库区资源。

参考文献

[1] 徐贤浩，刘志学. 物流配送中心规划与运作管理[M]. 武汉：华中科技大学出版社，2014.

[2] 张芮. 配送中心规划设计[M]. 北京：中国物资出版社，2011.

[3] 王皓. 仓储管理[M]. 北京：电子工业出版社，2013.

[4] (美)BALLOU R H. 企业物流管理：供应链的规划、组织和控制[M]. 王晓东，胡瑞娟，译. 北京：机械工业出版社，2012.

[5] (英)马丁·克里斯托弗. 物流与供应链管理[M]. 何明珂，卢丽雪，译. 北京：电子工业出版社，2013.

[6] 贾争现，刘利军. 物流配送中心规划与管理[M]. 北京：机械工业出版社，2013.

[7] 梁晨. 配送中心规划与设计[M]. 北京：中国财富出版社，2013.

[8] 程洪海，刘华群. 配送中心管理理论与实务[M]. 北京：清华大学出版社，2011.

[9] 王道平，侯美玲. 供应链库存管理与控制[M]. 北京：北京大学出版社，2011.

[10] 陈平. 物流配送管理实务[M]. 武汉：武汉理工大学出版社，2007.

[11] 哈罗德·科兹纳. 项目管理：计划、进度和控制的系统方法[M]. 11 版. 杨爱华，王丽珍，洪宇，等译. 北京：电子工业出版社，2014.

[12] 孙科炎. 华为项目管理法[M]. 北京：机械工业出版社，2014.

[13] 王成林. 配送中心规划与设计[M]. 北京：中国财富出版社，2014.

[14] 徐天亮. 运输与配送[M]. 2 版. 北京：中国物资出版社，2012.

[15] 陈达强，谢如鹤. 配送与配送中心运作与规划[M]. 杭州：浙江大学出版社，2010.

[16] 汤义萌. 物流与仓储管理实操应用全案[M]. 北京：中国工人出版社，2013.

[17] 朱华. 配送中心管理与运作[M]. 3 版. 北京：高等教育出版社，2014.

[18] 卢静，赖敏，张议，等. 仓储与配送实务理实一体化教程[M]. 成都：西南交通大学出版社，2013.

[19] 孔继利. 物流配送中心规划与设计[M]. 北京：北京大学出版社，2014.

[20] 王转. 配送与配送中心[M]. 北京：电子工业出版社，2015.

[21] 王燕. 物流配送中心规划与运作管理[M]. 西安：西安电子科技大学出版社，2016.

[22] 吴菁芃. 重塑物流技术与应用：设备设施专题(番外篇)[EB/OL]. http://yl.oneroadedu.com/m/news_ show.php?id=3216,2020-09-10.

[23] 德马泰克. 德马泰克为 Centresoft 实施交叉带分拣机解决方案[EB/OL]. https://mh.vogel.com.cn/c/2014-02-20/793706.shtml,2014-02-20.

[24] 海鼎 HDWMS. 生鲜前置仓模式的供应链物流优化分享[EB/OL]. http://www.logclub.com/articleInfo/MTU0MDk=,2019-12-20.

[25] 物流技术与应用. 德马泰克多种自动化物流解决方案亮相 2019 CeMAT ASIA. https://mp.weixin.qq.com/s/2zc6tuC9-8uENaIK-gHdGQ,2019-11-08.

[26] 王克文. 延边烟草仓配一体的智能化配送中心[J]. 物流技术与应用，2016, 21(5): 84-86+88-90.

[27] 刘婧. 基于改进模拟退火算法的船舶物流配送中心选址研究[J]. 舰船科学技术，2020, 42(16): 199-201.

[28] 喜崇彬. 如何规划设计实施库架合一仓库项目[J]. 物流技术与应用，2019, 24(8): 98-100.